Hans Michelbach

Auf der Suche nach Marktwirtschaft

Hans Michelbach

Auf der Suche nach Marktwirtschaft

Als Unternehmer in der Politik

HERDER

FREIBURG · BASEL · WIEN

MIX
Papier aus verantwortungsvollen Quellen
FSC® C083411
FSC
www.fsc.org

Verlag Herder GmbH, Freiburg im Breisgau 2021

www.herder.de

Satz: ZeroSoft, Timişoara
Umschlaggestaltung: Verlag Herder
Herstellung: CPI books GmbH, Leck
Printed in Germany

ISBN Print: 978-3-451-39353-2
ISBN E-Book (E-Pub): 978-3-451-82597-2

Inhalt

Erhard statt Elvis

Meine Familie versammelt sich am 16. Oktober 1963 in unserer Wohnküche. Den ganzen Tag über hatte ich schon gespannt die Arbeit des Fernsehtechnikers verfolgt, der auf unserem Dach eine große Fernsehantenne montierte. Endlich sollte bei uns mit einem eigenen Fernseher „die Zukunft" in die Familie kommen. Oftmals war ich zu Besuch bei Freunden gewesen, die selbstverständlich schon einen Fernseher hatten. Meine Eltern dagegen hatten dies bisher immer abgelehnt, weil dies nur zur Ablenkung führe und ich mich auf meine schulischen Leistungen konzentrieren sollte. Außerdem war ich Fahrschüler, der täglich schon sehr zeitig mit dem Zug zum Gymnasium nach Lohr fahren musste. Ab 20 Uhr war eigentlich Bettruhe angesagt.

Ich hielt meine Eltern deshalb für streng und rückständig, was sie aber nicht wirklich waren. Sie waren strebsame und sehr fleißige Kaufleute. Zumeist verließen sie am Abend nicht vor 21 Uhr das Geschäft. Es gab nur sehr kurze Abende. Geschäft und Wohnung lagen unter einem Dach eng beieinander. Schon deshalb gab es keinen wirklichen Feierabend.

Nach der großen Zerstörung der Gemündener Innenstadt im Zweiten Weltkrieg hatten meine Eltern den Wiederaufbau mit einem großen Kaufhausgebäude sehr zukunftsgewandt gestaltet. Kurz vor Kriegsende hatten amerikanische Soldaten bei der Einnahme der Stadt das alte Kaufhausgebäude mit Leuchtmunition in Brand gesetzt. Es brannte bis auf die Grundmauern nieder.

Mit großer Energie und vielen Entbehrungen errichteten meine Eltern bis 1948 das neue, viel größere Gebäude. Um die Verkaufsfläche im Kaufhaus nicht zu verringern, gab es für die Familie eine bescheidene Wohnung im Obergeschoss.

Alles Leben in der Familie spielte sich in der Wohnküche ab. Das Wohnzimmer wurde nur zu großen Feiertagen wie Weihnachten oder Ostern benutzt. Somit war auch klar, dass der Fernseher nur in der Wohnküche aufgestellt werden konnte.

Weil meine Eltern noch im Geschäft zu tun hatten, „beaufsichtigte" ich interessiert die Aufstellung des Fernsehers in der Wohnküche. Der Fernsehtechniker machte es spannend. „Bevor ich euch das Wunderding auspacke, bekomme ich von meinen Kunden zunächst stets einen Cognac", ließ er mich wissen. Gesagt getan. Ich wollte, dass der Fernseher endlich läuft.

Der Techniker packte einen Fernseher von Loewe Opta mit kleinem Bildschirm in einem großen Holzkasten aus. Über das Format war ich etwas enttäuscht. Meine Eltern hatten wieder einmal ihre Sparsamkeit bewiesen. Warum nur standen bei meinen Freunden größere Fernseher mit größeren Bildschirmen? Aber meine Freude über den neuen Fernseher war schließlich größer als der Frust.

Kurz vor 20 Uhr war das Gerät angeschlossen und betriebsbereit. Ich sollte meine Eltern aus dem Geschäft holen, damit der Techniker den neuen Fernseher vorzeigen und übergeben könnte. Und so gab es pünktlich zur *Tagesschau* unseren Start ins Fernsehzeitalter. Der Aufmacher an diesem Abend war die Wahl Ludwig Erhards zum neuen Bundeskanzler. Mit 279 zu 180 Stimmen hatte ihn der Deutsche Bundestag zum zweiten Bundeskanzler der Bundesrepublik Deutschland gewählt.

Meine Eltern schienen mit dieser Wahl sehr zufrieden zu sein. Erhard sei der Vater des deutschen Wirtschaftswunders und der Sozialen Marktwirtschaft, erklärte mein Vater. Er habe mit der Durchsetzung der Währungsreform die Grundlage für einen Neubeginn und auch für unseren geschäftlichen Erfolg geleistet.

Erhard habe 1948 mit der Währungsreform ohne Zustimmung der Westalliierten die Basis für den wirtschaftlichen Erfolg gelegt. Für meine Eltern war dies eine mutige und richtige Entscheidung gewesen. Ihr Geschäft lief wieder an. Es entstand trotz der zerstörten Stadt neue Zuversicht. Pünktlich nach *Tagesschau* und Wetterkarte wurde der Fernseher ausgeschaltet. Es folgte ein gemeinsames Abendbrot, an dem auch der Fernsehtechniker wie selbstverständlich teilnahm.

Am Küchentisch entbrannte sofort eine heiße Diskussion über das gerade im Fernsehen Gezeigte. Mein Vater verdeutlichte, dass er mit der Abwahl von Konrad Adenauer sehr zufrieden sei, weil Ludwig Erhard eine neue Politik der Mitte und der Verständigung mit einem neuen politischen Stil machen werde. Ihm hätten wir zu verdanken, dass es in der Bundesrepublik eine neue Wirtschaftsordnung mit Sozialer Marktwirtschaft als Verbindung von freier Wirtschaft und sozialem Ausgleich gäbe. Seit 1949 habe er als Bundeswirtschaftsminister den Weg freigemacht für sein Konzept einer Marktwirtschaft mit sozial verpflichtetem Kapital. Der erfolgreiche Neubeginn auch unseres Kaufhauses sei eng mit dem unerwarteten Wirtschaftswachstum und der sinkenden Arbeitslosigkeit verbunden.

Erhard habe das Wirtschaftswunder gegen starken Widerstand aus SPD und Gewerkschaften, aber auch gegen weite Teile der CDU durchgesetzt. Außerdem, so mein Vater, kenne er die Familie Erhard gut. Der Vater von Ludwig Erhard sei wie wir Händler in Fürth gewesen und stamme aus Unterfranken. Mein Vater erzählte, dass das Geschäft in der Fürther Innenstadt wirtschaftliche Probleme bekommen hatte und Wilhelm Erhard, der Vater von Ludwig Erhard, im Alter von 66 Jahren für sein Geschäft Konkurs anmelden musste. Ludwig Erhard habe zwar als Geschäftsführer von 1925 bis 1928 versucht, seine Eltern zu unterstützen, aber das Ende des elterlichen Geschäfts, das seit der Inflation nicht mehr florierte, habe auch er nicht mehr aufhalten können. Aber mit seiner dreijährigen Kaufmannslehre in einem Nürnberger Textilgeschäft habe sich Erhard eine gute Grundlage für seinen weiteren Lebensweg geschaffen, die ihn als Kaufmann mit erfolgter Weiterbildung in die verantwortliche Position für unseren Staat gebracht hat.

Aus den Worten meines Vaters war Begeisterung, aber auch Stolz auf seine Kaufmannsehre zu hören. Damit war meine Neugier für Kaufmannstradition und Politik entbrannt. In der Folgezeit habe ich meinem Vater und meiner sehr belesenen Mutter Löcher in den Bauch gefragt, um über die wirtschaftlichen und politischen Werdegänge mehr zu erfahren. Sie haben mich für den Beruf des Kaufmanns begeistert. Fortan kannte ich nur ein Ziel: möglichst bald Unternehmer zu werden. Meine Eltern unterstützten diese Begeisterung. Mein Vater kaufte mir die Erstausgabe aus dem Jahr 1957 von Ludwig Erhards Buch „Wohlstand für Alle“.

Während meine gleichaltrigen Freunde für Elvis Presley schwärmten, verschlang ich dieses Grundsatzbuch über die Soziale Marktwirtschaft. Die Geburt der Marktwirtschaft, die Weichenstellung für die Steuerpolitik, die Marktwirtschaft als Gegenpol zur Planwirtschaft, die Kartelle als Feinde der Verbraucher, das Verhältnis zwischen Freiheit und Eigenverantwortung, die Ausgestaltung der Sozialen Marktwirtschaft, die Wettbewerbschancen für den Mittelstand waren für mich schon im jugendlichen Alter von höchstem Interesse.

Ich erkannte aber auch, dass Erhard bei der Erarbeitung seiner wirtschaftspolitischen Konzeption zwar immer ein eigenständiger Denker war, aber er die Soziale Marktwirtschaft nicht allein erfunden hatte. Vielmehr hatte er zu einem geschlossenen Konzept zusammengefügt, was Walter Eucken und Wilhelm Röpke in der sogenannten Freiburger Schule schon sehr früh entwickelt hatten. Schon damals vermutete ich, dass die Soziale Marktwirtschaft, die auf den Grundsätzen der Freiheit und der Ordnung beruht, eine große Chance für meine eigene Zukunft im Geschäft meiner Eltern sein könnte. Die Basis der Sozialen Marktwirtschaft mit der Bildung von Privateigentum war für mich überzeugend. Dagegen könnte Kollektiveigentum kollektive Verantwortungslosigkeit zur Folge haben, während Privateigentum einen verantwortungsvollen Umgang mit dem Eigentum sichert.

Ich war überzeugt, dass offene Märkte, Vertrags- und Niederlassungsfreiheit dafür sorgen können, dass die Einbindung der heimischen Wirtschaft in die internationale Arbeitsteilung den besten Erfolg erzielt. Als Sohn einer unabhängigen Kaufmannsfamilie war mir eine aktive Wettbewerbspolitik zur Verhinderung von Wettbewerbsbeschränkungen in Form von Kartellen, Monopolen und marktbeherrschenden Unternehmen ein wichtiges Anliegen.

Meine Eltern – wie konnte es anders sein – freuten sich, dass ich früh an die Grundlagen unserer wirtschaftlichen Unternehmung dachte, die ich mir durch das Lesen der einschlägigen Literatur aneignete und in vielen Gesprächen mit meinen Eltern vertiefte.

Mein Wissensdurst war sehr groß. Ich stillte ihn auch durch das tägliche Lesen von zwei Tageszeitungen, die meine Eltern abonniert hatten. Das stärkte auch mein Interesse an tagespolitischen Fragen. Ich erfuhr, dass Konrad Adenauer eine starke Abneigung gegen Erhard hatte und der betagte Altkanzler öffentlich und hinter dem Rücken von Ludwig Erhard in Parteikreisen intervenierte.

Erhard hatte sich in der Öffentlichkeit ein hohes Ansehen verschafft. Mit seinem Einzug ins Kanzleramt hat er einen neuen Stil in die Politik gebracht. Er suchte im Bundeskabinett den Dialog, er wollte als Bundeskanzler über Parteien und Gruppeninteressen hinweg Gemeinsinn fördern. Sinnbild dieses Wandels war der 1964 eingeweihte Kanzlerbungalow, der für eine zeitgemäße staatliche Repräsentation sorgen sollte.

Die Bundestagswahl 1965 wurde zu einem ersten Erfolg für Ludwig Erhard. Der populäre Bundeskanzler kam bei den Wählern gut an: CDU und CSU erhielten 47,6 Prozent der Stimmen. Auf einige wenige treue Mitarbeiter gestützt, glaubte er mit der breiten Zustimmung der Bevölkerung als eine Art überparteilicher Volkskanzler regieren zu können.

Adenauer hatte die Ministerien mithilfe des Kanzleramtes stark beschnitten und überwacht, während Erhard den Ministerien große Selbstverantwortung gab und eine Einmischung als Kanzler eher vermied. Unter Adenauer war eine Lenkung von oben durch seine starke Persönlichkeit die Normalität. Erhard setzte jedoch auf Nichteinmischung und auf Eigenverantwortung. Darin sahen viele Journalisten, aber auch Politiker aus der eigenen Partei, eine Führungsschwäche. Sein größter Fehler war es jedoch, seinem Widersacher, Altbundeskanzler Konrad Adenauer, zunächst den CDU-Parteivorsitz zu überlassen. Für Adenauer, dessen Beziehung zu Erhard nie spannungsfrei war, war sein Amtsnachfolger ohnehin nur eine Art Zwischenlösung mit der Hauptaufgabe, einen Wahlsieg bei der Bundestagswahl am 19. September 1965 zu erringen.

Erhard gelang dieser fulminante Erfolg. Er fuhr den bis dahin zweitgrößten Wahlsieg in der Geschichte der Union ein. Die absolute Mehrheit wurde nur knapp verfehlt. Das Wahlergebnis war ein enormer persönlicher Triumph Erhards. Er hatte aus eigener Kraft gesiegt und konnte aus dem Schatten des ersten Bundeskanzlers heraustreten.

Doch schon bei der Regierungsbildung konnte er seine Ansichten in der CDU/CSU-Fraktion nicht immer durchsetzen. Um seinen großen Rivalen in der Fraktion, Rainer Barzel, zu bremsen, ließ sich Erhard am

23. März 1966 auch als Nachfolger Adenauers zum CDU-Vorsitzenden wählen, obwohl ihm die Parteiarbeit eher fremd war.

Bald aber überschatteten Krisen den glanzvollen Wahlsieg. Ein Konjunktureinbruch und ein Konflikt um den Bundeshaushalt brachten Erhard in die Defensive. Sein Ansehen als Wirtschaftspolitiker wurde zudem stark erschüttert, als 1966 US-Präsident Lyndon B. Johnson hohe zusätzliche Zahlungen in Höhe von 1,35 Milliarden US-Dollar für Besatzungskosten und den Vietnamkrieg von Deutschland einforderte. Während des Landtagswahlkampfs im selben Jahr in Nordrhein-Westfalen, das sich mitten in der Kohlekrise befand, waren Erhards öffentliche Auftritte im Ruhrgebiet teilweise von ungewohnt starken Protesten begleitet, auf die er wenig souverän reagierte. Die CDU erlitt bei der Wahl große Verluste, konnte sich aber zusammen mit der FDP mit knappster Mehrheit an der Macht halten. In Bonn half Erhard das nichts. Seine Appelle an die wirtschaftliche Vernunft verhallten im Streit.

Nach der mittleren Reife begann ich eine kaufmännische Lehre in Würzburg bei dem bekannten Modehaus Seisser am Kürschnerhof. Das war ein Glücksfall für mich, da der Inhaber Günter Seisser für mich als Kollegensohn die Ausbildung persönlich übernahm. Er nahm mich schon als jungen Auszubildenden zu Modemessen in ganz Deutschland mit auf Einkaufstour und in langen Hotelnächten erläuterte er mir die Grundlagen für seinen unternehmerischen Erfolg. Ich durfte auf dem schmalen Rücksitz seines Sportwagens Porsche 911 in Begleitung einer Facheinkäuferin mitreisen und die Fachwelt der Modebranche erkunden. Es wehte die Luft der weiten Welt. Das gefiel mir.

Der Weg zum Unternehmer

Nach der Ausbildungszeit – ich war gerade 18 Jahre alt – wollte ich selbst in die Welt hinaus und mich möglichst weit von meinem Elternhaus entfernt selbst behaupten. Mein Vater kaufte mir einen gebrauchten VW Käfer, den ich für alle Fahrten quer durch Europa liebte und den ich zu den fälligen Vorstellungsgesprächen für meinen ersten Job nutzte. Die schriftlichen Empfehlungen meines Ausbildungsbetriebs waren so gut, dass sie mir eine große Auswahl von Möglichkeiten boten. So hatte ich das Glück, dass ich in einer deutsch-schweizerischen Unternehmensgruppe am Bodensee als Assistent der Geschäftsführung anheuern konnte. Mein neuer Boss war ein amerikanischer Manager, der vorher bei den Automobilwerken Ford den Lkw-Vertrieb gemanagt hatte und nun den Vertrieb des Handelsunternehmens auf Vordermann bringen sollte. Von einem Groß- und Einzelhandelsbetrieb hatte er wenig Branchenkenntnisse.

Das war meine große Chance, da ich mit dem Wissen aus dem Elternhaus und aus der Ausbildung sehr behilflich sein konnte. Das hat mein Vorgesetzter sehr honoriert und mich stark unterstützt. Er akzeptierte auch, dass ich neben meiner beruflichen Tätigkeit im Unternehmen als Assistent der Geschäftsführung als Nebenbeschäftigung auch noch den Weg in die Selbstständigkeit beschritt. Ich gründete das Anzeigenblatt *Wo kaufen wir*. Das war eine Kampfansage an die *Schwäbische Zeitung*, die das Zeitungsmonopol in der Stadt innehatte und teure Anzeigen gut verkaufte. So dauerte es auch nicht lange und das Monopol schlug zurück. Man suchte meinen Vorgesetzten auf und bestand darauf, dass ich die Konkurrenz sofort einstelle. Er dagegen fand meine Aktivität als großer Anzeigenkunde aber eher gut.

Als Marktwirtschaftler begrüßte er meine Risikobereitschaft und meinen Mut und Tatendrang. Er förderte mein Vorgehen. Allerdings riet er mir, eine Beteiligung bei dem neuen Unternehmen einzugehen, da ich als 19-Jähriger ja noch nicht volljährig sei. Volljährig und geschäftsfähig war man damals erst mit 21 Jahren. Deshalb fand ich einen selbstständigen Grafiker, den ich am Verlagsunternehmen beteiligte und mit dem ich in der Zukunft den guten Erfolg mit dem Anzeigenblatt teilte. Er hatte nur die Bedingung, dass ich bei den Textzeilen des Anzeigenblattes keine politischen Aussagen treffen dürfe. Denn er war Mitglied der SPD und er kannte meine Abneigung gegen seine Partei und mein Bekenntnis zur Sozialen Marktwirtschaft und der Politik der Union.

Wir lebten in der Zeit der großen Koalition, die am 1. Dezember 1966 mit dem Bundeskanzler Kurt Georg Kiesinger und dem Vizekanzler und SPD-Vorsitzenden Willy Brandt begründet wurde. Ich stand dieser großen Koalition allerdings sehr kritisch gegenüber. Es fehlten klare Positionen. Die Zusammenarbeit von Kiesinger und Brandt kam mir sehr merkwürdig vor. Beide Politiker standen für gegensätzliche Milieus und Lebensentwürfe. Kiesinger, von 1933 bis 1945 Mitglied der NSDAP, und Brandt, vor dem nationalsozialistischen Regime in die Emigration geflohen, saßen jetzt gemeinsam auf der Regierungsbank.

Alte Werte gerieten ins Wanken. Individuelle Selbstbestimmung, gesellschaftliche Teilhabe und der Abbau hierarchischer Strukturen und zunehmend freiheitlichere Lebensweisen und Normen wurden radikal eingefordert. Wir jungen Menschen forderten Reformen in Staat und Gesellschaft. Das politische System und viele soziale und staatliche Institutionen sollten reformiert werden.

Die neue Zeit wurde im Bonner Parlament durchaus verstanden. Denn von 1967 bis 1969 verabschiedete der Bundestag mit den Stimmen der großen Koalition wichtige Reformgesetze zur Modernisierung von Staat und Gesellschaft.

Allerdings erlebte ich auch zum ersten Mal, dass die Grundlagen der deutschen Volkswirtschaft in einer für damalige Verhältnisse bedrohlich erscheinenden Rezession infragegestellt wurden. Die Arbeitslosenzahl stieg zwischen Juli 1966 und Juli 1967 von 100 000 auf mehr als 400 000.

Doch die große Koalition überraschte mich. Wirtschaftsminister Karl Schiller (SPD) und Finanzminister Franz Josef Strauß (CSU) – im Volksmund Plisch und Plum genannt – schufen neue Instrumente, um die Probleme zu lösen. Die neuen Ziele hießen Preisstabilität, Vollbeschäftigung, außenwirtschaftliches Gleichgewicht und angemessenes Wirtschaftswachstum. Die Politik der Bonner Republik setzte erstmals auf eine aktive Konjunkturpolitik, die schon bald neuen Optimismus und Wirtschaftswachstum hervorbrachte.

Der Wirtschaftsboom befeuerte auch meinen Erfolg im neuen Verlagsunternehmen. Ich konnte bei meinen Besuchen in der Schweiz und meinem Leben in Oberschwaben richtig gut Geld ausgeben. Es war für einen jungen Mann ein unbeschwertes Leben in Freiheit und Luxus.

Doch dann kam der große Hammer. Meine Eltern übersandten mir aus der Heimat einen Einberufungsbefehl zur Bundeswehr. Ich wollte sofort in die Schweiz auswandern, zumal ich eine Schweizer Freundin hatte, die in Fribourg Wirtschaftswissenschaften studierte. Sie sah mich fast schon als Unternehmensnachfolger im elterlichen Textilbetrieb.

Meine Eltern waren mehr als besorgt. Sie forderten meine sofortige Rückkehr und die Ableistung meiner Wehrpflicht. Ich fuhr also in meine Heimatstadt Gemünden zurück und versuchte den Leiter des Kreiswehrersatzamtes zu überzeugen, dass ich eine Zurückstellung meines Einberufungsbefehls benötigte. Er war mir persönlich als Freund meines Vaters bekannt. Und so war ich völlig überrascht, dass er mir knallhart eine Absage erteilte und drohte, mich mit den Feldjägern in Ravensburg abholen zu lassen. Ich hielt meine Argumente für stichhaltig, hatte ich doch gerade erst ein junges Unternehmen gegründet und konnte die wirtschaftliche Problematik schildern. Aber mein Protest hatte keinen Erfolg.

Ich hatte meinen Vater in schwerem Verdacht, dass er mit dem Amtsleiter unter einer Decke steckte. Meine Mutter vermittelte schließlich, indem sie anbot, dass ich nach dem Wehrdienst in Gemünden ins Unternehmen einsteigen könnte. Ich musste erkennen, dass ich keine andere Chance hatte, als nach Ravensburg zu fahren, um die Abwicklung meines Start-ups und die Kündigung bei meinem Chef einzuleiten. Er riet mir, meine Verlagsunternehmung möglichst teuer an den Zeitungsverlag zu veräußern. Aber das wollte ich meinem Mitgesellschafter, Grafiker und SPD-Mitglied dann doch nicht antun. Nachdem ich selbst in den folgenden 14 Tagen eingezogen wurde, übertrug ich das Anzeigenblatt mit allen Rechten meinem Partner für kleines Geld. Meine erste hoffnungsvolle Unternehmertätigkeit war damit beendet.

Es ist leicht vorstellbar, dass ich nicht gerade mit fliegenden Fahnen zur Bundeswehr ging. Ich konnte mir schlecht vorstellen, dass ich nun auf Befehl im Kasernenhof marschieren sollte. Aber es ging dann besser, als ich ursprünglich gedacht hatte. Natürlich war es ein starker Kontrast zu meiner Zeit in Ravensburg. Doch der sportliche Leistungsanreiz bei der Grundausbildung gefiel mir. Ich war auch mit dem Standort sehr zufrieden, da ich es von dort nicht sehr weit nach Hause hatte. Schnell packte mich aber bei der Bundeswehr auch der Ehrgeiz. Nach der Grundausbildung wurde ich zum Unteroffizierslehrgang abkommandiert. Der fand allerdings in einer nahe gelegenen Kaserne der US-Streitkräfte statt, die dort auch Lehrgänge für US-Soldaten abhielten, die anschließend in Vietnam eingesetzt werden sollten.

Ich war schließlich froh, nach 15 Monaten Wehrdienst die Bundeswehr als frischgebackener Stabsunteroffizier wieder verlassen zu können. Im Nachhinein betrachtet war es eine lehrreiche Zeit, die ich insgesamt in meinem weiteren Leben als Erfahrung nicht missen wollte, auch weil sie mir zeigte, wie wichtig es ist, für das eigene Land einzutreten.

Frühe Verantwortung – und eine Geschichte aus der Vergangenheit

Mit dem Ausscheiden aus der Bundeswehr war mein unternehmerischer Tatendrang neu entfacht. Ich wollte in meinem beruflichen Engagement die Welt weiter entdecken. Doch zunächst einmal forderte jemand anderes meine Aufmerksamkeit: Bei einer Skifreizeit am Kreuzberg in der Rhön lernte ich eine hübsche junge Frau kennen. Ich war rasch sehr verliebt. Schon am ersten Abend in der Gemündener Hütte stellten wir fest, dass wir den gleichen Berufsweg eingeschlagen hatten.

Nach einiger Zeit beschlossen wir, unseren Eltern unsere Verbindung mitzuteilen. So förmlich machte man das damals noch. Beide Eltern fielen aus allen Wolken. Wir waren irritiert. Doch die Aufklärung sollte bald folgen. Die erheblichen Vorbehalte ihrer Mutter galten meinem Vater, wie sich herausstellte. Ihre Eltern betrieben wie meine Eltern ein Kaufhaus in der Nachbarstadt Hammelburg. Aber es war nicht die mögliche Konkurrenz. Auf intensives Nachfragen bei meinen Eltern stellte sich heraus, dass mein Vater einst eine Verlobung mit der Mutter meiner Freundin aufgelöst hatte. So war leicht erklärlich, dass es Vorbehalte statt Freude gab. Und überhaupt gab es die Vorgabe, dass meine Freundin möglichst bald in das Unternehmen ihrer Eltern einsteigen sollte.

Ich gab mir alle Mühe, die Bedenken zu zerstreuen, und trat zunächst in das Unternehmen meiner Eltern ein. Aber es war nicht zu verhehlen, dass es über die Expansion, Ausrichtung und Entwicklung des Unternehmens zwischen meinen Eltern und mir sehr schnell Differenzen gab.

Ich suchte deshalb nach einem eigenen Weg in die Selbstständigkeit, außerhalb des Unternehmens meiner Eltern. Ich wollte frei und unabhängig sein und das eigene Können als Unternehmer beweisen. Inzwischen war ich 21 Jahre alt und damit volljährig, damals eine wichtige Voraussetzung im Geschäftsleben.

Da kam mir ein Glücksfall zu Hilfe. Ein Konkurrenzunternehmer in unserer Stadt hatte wirtschaftliche Schwierigkeiten und trug sich mit dem Gedanken einer Veräußerung seines Geschäftes. Das war meine Chance. Ich war Feuer und Flamme und wollte das Unternehmen unbedingt erwerben. Meine Eltern hatten schwerwiegende Bedenken wegen der eventuellen Kannibalisierung von zwei gleichen Unternehmen am gleichen Standort. Ein Konkurrenzverhältnis zum eigenen Sohn – das ging gar nicht.

Doch ich hatte klare Vorstellungen und trug ihnen eine Neukonzeption für das Kaufhaussortiment vor. Ich schlug eine Konkurrenzausschlussklausel in der eigenen Familie vor. Ich würde im neuen Kaufhaus keine Textilwaren, Bettwäsche, Damen-, Herren- und Kinderbekleidung führen. Im Gegenzug mussten sie mir das Sortiment für Spielwaren, Heimtextilien, Drogerieartikel und Hartwaren wie Glas, Porzellan und Haushaltswaren überlassen. Dazu kam, dass ich einen größeren Lebensmittelmarkt im neuen Kaufhaus einrichten durfte. Mein Konzept war für meine Eltern akzeptabel. Fortan unterstützten sie mich nach Kräften beim Erwerb des neuen Kaufhauses.

Allerdings benötigte ich für die dauerhafte Liquidität noch Finanzmittel, die mir die Sparkasse als 21-Jährigem nicht zur Verfügung stellen wollte. Eine gute Warenausstattung war aber für den Geschäftserfolg besonders wichtig. Deshalb warb ich bei meinen Eltern für Liquiditätshilfe. Sie machten mir den Vorschlag einer Schenkung für mich und meine Schwester Edith, die ich am Unternehmen beteiligte, um schnell erfolgreich starten zu können.

Ich gründete eine Personengesellschaft, bei der ich als persönlich haftender Gesellschafter 50 Prozent der Gesellschaftsanteile und meine Schwester als Kommanditistin die anderen 50 Prozent innehatte. Nach intensiven Umbauten und Vorarbeiten konnte ich mit dem neuen unternehmerischen Abenteuer „Gemündener Einkaufszentrum" endlich starten. Schon die Eröffnung im Herbst 1970 brach alle bisherigen Umsatzrekorde in der Stadt. Mit einer großen Werbeaktion konnte ich sehr viele Kunden anlocken. Bei den offiziellen Eröffnungsfeierlichkeiten waren alle Vertreter des öffentlichen Lebens erschienen. Damit hatte ich nicht gerechnet. Ich war einfach nur platt. Meine Begrüßungsrede gelang alles andere als perfekt. Nie wieder habe ich eine Rede gehalten, die so schlecht vorbereitet war. Aber der wirtschaftliche Erfolg war so groß, dass ich die danebengegangene Eröffnungsrede gut verschmerzen konnte. Auf diesem Feld wollte ich jedoch für die Zukunft dazulernen.

Obwohl die Umsätze gut waren, drehte ich jede Mark zweimal um, damit ich das Warenangebot und die Dienstleistungen weiter verbessern konnte. Sehr schnell wurde das Warensortiment erweitert. Bei den Heimtextilien kamen die Bodenbeläge und eine Teppichabteilung hinzu. Es wurde eine Möbelabteilung ins Leben gerufen. Die Nachfrage nach Teppichböden und Kunststoffbodenbelägen war so groß, dass ich in kurzer Frist weitere Räumlichkeiten anmieten musste. Ich entschloss mich zudem, mich einem großen Einkaufsverband anzuschließen, mit dem ich mit 500 anderen Kaufhausunternehmen aus ganz Deutschland gemeinsame Einkaufsstrategien und -konditionen erreichen konnte. Damit war es möglich, attraktivere Preise anzubieten und dem zunehmenden Wettbewerb besser entgegenzutreten.

Ich aber war sehr sparsam. Ich kaufte zwei Lieferfahrzeuge, die ich auch privat für meine Fahrten nutzte. Ich konnte weitere Arbeitsplätze schaffen und sehr tüchtige Mitarbeiterinnen und Mitarbeiter gewinnen. Unternehmer war für mich kein normaler Job, sondern eine Berufung, mit der ich die Zukunft gestalten wollte.

Privat lief es auch sehr gut. Meine Freundin Christl und ich wollten bald heiraten. Gern hätte ich sie auch an meiner Seite im Kaufhaus gesehen. Doch dann mussten wir unsere Heiratspläne wegen des plötzlichen Todes ihrer Mutter zurückstellen. Da wir aber schon – was für die damalige Zeit noch ungewöhnlich war – zusammenlebten und ich eine schöne Wohnung im Kaufhausgebäude für uns neu ausgebaut hatte, gaben wir uns wenigstens mit einer Verlobungsfeier ein Versprechen.

Im Jahr 1975 war es dann so weit. Wir konnten unsere Heiratspläne vollenden. Unternehmerisch aber gingen wir zunächst weiterhin getrennte Wege. Als jedoch ihre Schwester in das Hammelburger Kaufhaus einstieg, konnte ich meine Frau bewegen, in das Unternehmen meiner Eltern einzusteigen und diese zu entlasten.

Neue Diskussionen in der Familie erregten mein starkes Interesse an der politischen Entwicklung. Mir wurde zunehmend deutlich, dass der Erfolg eines Unternehmens nicht nur stark von den Standortqualitäten abhing, sondern auch von den politischen Rahmenbedingungen. Die kommunale Entwicklung und die globalen Weichenstellungen hatte ich dabei gleichermaßen im Blick.

Zunächst einmal entschied ich mich, in meiner Heimatstadt eine Werbegemeinschaft anzuregen und gemeinsam mit den anderen Marktteilnehmern den Standort nachhaltig zu entwickeln und zu verbessern. Verbundwerbung, attraktive Veranstaltungen und neue Aktionen wurden gemeinsam gestaltet.

Es war für mich als Jungunternehmer nicht einfach, alle Mitbewerber und etablierten Betriebsinhaber für eine Gemeinschaft zu gewinnen. Aber es funktionierte. Ich integrierte die Werbegemeinschaft in den bestehenden Verkehrs- und Wanderverein, der sich intensiv um die Förderung des Tourismus bemühte. Die Tätigkeit als ehrenamtlicher Vorsitzender machte mir viel Freude und schuf eine enge Bindung mit vielen Mitbürgern und der Kommunalpolitik. Später übernahm ich auch den ehrenamtlichen Vorsitz des Feuerwehrvereins der Stützpunktfeuerwehr in der Stadt, um das gesellschaftliche Miteinander zu unterstützen. Damit kam ich zwangsläufig noch stärker in den Dunstkreis der etablierten Kommunalpolitik.

Die Stadt hatte einen starken Strukturwandel zu schultern. Der Eisenbahnknotenpunkt musste der neuen Schnellbaustrecke der Bahn weichen. Dadurch gingen viele Arbeitsplätze verloren. Darüber hinaus gab es viele Defizite – der schlechte Zustand der Innenstadt mit unsäglichen Bausünden der Wiederaufbauzeit und sanierungsbedürftigen Gebäuden, ein mangelnder Industriebesatz und fehlende Industriegebiete für eine wirtschaftliche Weiterentwicklung.

So kam die Kommunalwahl 1978 in Sicht. Die Parteien und Wählergruppen suchten Kandidatinnen und Kandidaten für ihre Wahllisten. Die Vorsitzenden der Freien Wähler, der FDP und der CSU kamen persönlich auf mich zu, warben für die Mitwirkung auf ihren Wahllisten. Der CSU-Vorsitzende Wolfgang Fechner, Stadtrat und im Beruf Präsident der Hochschule Würzburg-Schweinfurt, sowie der Landtagsabgeordnete und Staatssekretär Dr. Heinz Rosenbauer waren besonders hartnäckig. Sie besuchten mich im Büro meines Unternehmens, um mich zu überzeugen. Sie konnten überhaupt nicht verstehen, dass ich nicht spontan zusagte.

Mit meinen marktwirtschaftlichen Vorstellungen neigte ich sehr stark zu einer Mitwirkung in der CSU. Jedoch hatte ich auch das klare Veto meines Vaters gegen eine parteipolitische Betätigung als Unternehmer im Ohr. Ein Unternehmer solle die Politik beobachten, seine Schlüsse daraus ziehen, wählen gehen, aber nie selbst in der Politik tätig werden, befand er. Einerseits fürchtete auch ich negative Auswirkungen auf meinen Betrieb. Mit den politischen, wirtschaftlichen und gesellschaftlichen Entwicklungen der 1970er Jahre war ich andererseits aber ganz und gar nicht einverstanden. Bei mir hatte sich Enttäuschung breitgemacht.

Die Erwartungen, die für mehr Demokratie und mehr Emanzipation durch Bundeskanzler Willy Brandt geweckt worden waren, hatten sich als Schall und Rauch erwiesen. Nicht die Freiheit, sondern der Niedergang der Marktwirtschaft und eine Dominanz der Gewerkschaften hatten sich Bahn gebrochen. Wirtschaftswachstum war nicht mehr selbstverständlich. Weltwirtschaftlicher Abschwung, explodierende Energiekosten und Arbeitslosigkeit dämpften den Fortschrittsglauben.

Insbesondere das Hochschnellen der Rohölpreise hatte gravierende Folgen für unseren Wirtschaftsstandort. Die globalen Probleme wie die Ölkrise und der Fortbestand des Weltwährungssystems waren nicht mehr im nationalen Alleingang zu lösen. Rezession und struktureller Wandel in Wirtschaft und Arbeitswelt stellten den Staat vor neue Probleme. Die Inflationsrate und die Verschuldung der öffentlichen Hand stiegen unaufhörlich. Eine Inflationsrate von 6,3 Prozent, fehlende Reformen und die hohen Zinsen machten jeden Ansatz für eine bessere wirtschaftliche Entwicklung zunichte.

Es fehlte an einer gezielten Förderung des Strukturwandels. Wir verloren auf den internationalen Handelsmärkten. Viele Branchen gerieten unter Druck. Deutsche Erzeugnisse verloren Marktanteile. Unterhaltungselektronik, Uhren, Fotoapparate und viele Artikel des täglichen Bedarfs wurden nur noch in Fernost hergestellt. Die Bundesrepublik verlor an Wirtschaftskraft. Es fehlte eine moderne Industriepolitik mit Innovationen und Wettbewerbsfähigkeit. Gleichzeitig wurde Bundeskanzler Helmut Schmidt von vielen Medien als Weltökonom hochgejubelt. Und er selbst sonnte sich nur allzu gern in diesem Licht.

Dabei ging es mit der Wirtschaft im eigenen Land immer weiter bergab. Schmidt aber fehlte jeder Ansatz von Selbstkritik. Stattdessen suchte er Sündenböcke und ging mit den Unternehmen hart ins Gericht. Bei meinem ersten Deutschen Arbeitgebertag beschimpfte er die Unternehmer pauschal: „Hören Sie doch auf, so zu tun, als ob die Regierung die Löhne in Deutschland festsetzt." Die Wahrheit war indessen, dass es den Arbeitnehmern wegen der hohen Inflationsrate immer schlechter ging. Sie mussten erhebliche Kaufkrafteinbußen hinnehmen. Eine Politik zu Lasten der Arbeitnehmer und der Arbeitgeber gleichermaßen – so konnte und durfte eine erfolgreiche Soziale Marktwirtschaft nicht aussehen.

Das Haushaltsdefizit hatte sich seit 1975 auf rund 40 Milliarden DM nahezu verdoppelt. Um Wählerstimmen zu gewinnen, setzte die SPD auf den Vollkaskostaat. Gemeinsam mit der FDP warf sie weiter mit vollen Händen Geld aus dem Fenster, das sie eigentlich nicht hatte. Es entwickelte sich eine Gefälligkeitsdemokratie, die eine Flut von Ausgabenwünschen befriedigte, ohne auf eine stabilitätsorientierte Ausgabendeckung zu achten.

Von der Wirtschaft wurde Jahr für Jahr mehr gefordert, als sie zu leisten imstande war. Die Leistungspflicht des Sozialstaates wurde heillos übertrieben. Die Staatsquote erhöhte sich stark. Der Staat wurde zum Versorgungsbetrieb, der einen immer größeren Anteil am Sozialprodukt beanspruchte. Das Ergebnis waren steigende Arbeitslosigkeit, sinkende Produktivität und deutliche Preissteigerungen. Das Rezept der sozialliberalen Koalition, mit einer hohen Inflationsentwicklung die Vollbeschäftigung zu sichern, funktionierte einfach nicht.

Hinzu kam die zunehmende innenpolitische Verunsicherung durch den Terror bewaffneter linksextremistischer Gruppen wie der Roten Armee Fraktion oder der Bewegung 2. Juni, die in den 1970er Jahren den Rechtsstaat mit Entführungen und Morden herausforderten. Die Entführung von Arbeitgeberpräsident Hanns Martin Schleyer und seine Ermordung wurden für mich endgültig Antriebsfeder zu einem stärkeren politischen Engagement für eine friedlichere Gesellschaft.

Als Jungunternehmer in die Politik

Unter dem Eindruck der Ereignisse war ich schon im Jahr 1976 in die örtliche CSU eingetreten. Meinem Vater hatte ich das vorenthalten, wusste ich doch, dass er wenig davon hielt. Er erfuhr es gleichwohl – von einem Freund aus dem Kreis der Freien Wähler, die er manchmal finanziell unterstützte. Mein Vater hielt sich inzwischen völlig aus meinen privaten und wirtschaftlichen Unternehmungen heraus. Er war stolz auf die Entwicklung und setzte großes Vertrauen in mich. Doch über meinen Parteieintritt wollte er ernsthaft mit mir reden. Und dabei wurde deutlich, dass seine geschäftlichen Befürchtungen, die er früher geäußert hatte, nicht der hauptsächliche und wahre Hintergrund seiner Ablehnung waren.

Es kam etwas zutage, was ich bis dahin nicht gewusst hatte. Seine Familie hatte schon einmal unter der Politik gelitten. Er erzählte mir vom Schicksal seines Vaters, das er bisher völlig zurückgehalten hatte. Mein Großvater Carl Michelbach war Handwerker und Politiker, in der Regionalpolitik aktiv und vor allem 26 Jahre Erster Bürgermeister der Stadt Hammelburg. Im Bezirk war er Vorsitzender der Bayerischen Volkspartei, die bis zur Machtergreifung der NSDAP in der Region weitgehend die Mehrheit stellte.

Mit großem Mut stellte er sich persönlich gegen die zunehmende Gefahr durch den Nationalsozialismus. Seine Absetzung und die öffentliche Herabwürdigung seiner Person durch die Nazis bereits 1930 verkraftete er nicht. Sein früher Tod stellte meinen Vater, der in einem jüdischen Bankhaus beschäftigt war, ebenso seine Mutter und seine fünf Geschwister vor große Probleme.

Ich verstand jetzt die Beweggründe meines Vaters für seine Ablehnung. In der Nazizeit wurde die gesamte Familie geächtet. Wir haben lange darüber geredet und mein Argument, dass wir uns alle auch als Unternehmer stärker für unsere Gesellschaft engagieren sollten, war letztlich unser beider Konsens.

Meine erste Mitwirkung im CSU-Ortsverband war im Wahlkampf zur Bundestagswahl 1976. Bei den Wahlen zum 8. Deutschen Bundestag am 3. Oktober 1976 war ich zunächst überzeugt, dass mit dem Kanzlerkandidaten von CDU und CSU, Helmut Kohl, die sozialliberale Koalition endlich abgelöst würde. Die Union gewann 243 Mandate, die SPD mit Kanzler Helmut Schmidt nur 214 Sitze. Doch die FDP nutzte ihre nur 39 Sitze und wählte am 15. Dezember 1976 Helmut Schmidt zum zweiten Mal zum Bundeskanzler.

Das war die zweite große Enttäuschung in meiner politischen Wunschwelt. Doch aufgeben war nie meine Sache. Ich fühlte mich herausgefordert. Deshalb schloss ich mich der Arbeitsgemeinschaft Mittelstand in der CSU an, einem Interessenverbund für eine bessere Wirtschaftspolitik auf der Grundlage der Sozialen Marktwirtschaft. Da ich zu diesem Zeitpunkt schon Mitglied der Vollversammlung der Industrie- und Handelskammer Würzburg-Schweinfurt war, kannte ich viele Unternehmerpersönlichkeiten, die sich in der Arbeitsgemeinschaft ebenso engagierten. Ich ahnte damals noch nicht, dass die Mittelstandspolitik und die Ordnungspolitik der Sozialen Marktwirtschaft einmal meine politische Herausforderung und Chance werden würden.

Mein großes Interesse an der politischen Entwicklung war meinen Parteifreunden vor Ort natürlich nicht verborgen geblieben. Die Honoratioren des CSU-Ortsverbandes ließen nicht locker. Sie bearbeiteten mich, auf der CSU-Stadtratsliste mitzuwirken. Wegen der öffentlichen Wirkung für meinen Geschäftsbetrieb hatte ich zwar meine Bedenken, willigte aber schließlich ein, bei der Kommunalwahl im März 1978 auf einem hinteren Platz zu kandidieren. Bei der Aufstellungsversammlung wurde ich auf Platz 13 von 24 Plätzen der Stadtratsliste vorgeschlagen. Damit war ich zufrieden, weil es mir klar erschien, dass ich kein Stadtratsmandat bekommen könnte und annehmen müsste. Da es mehrere freie Wählergruppen gab, hatte die CSU zumeist nur acht Sitze im Stadtrat bekommen.

Der Wahlkampf begann mir Spaß zu machen. Die überaus gut besuchten Wahlveranstaltungen und das Gespräch mit den Bürgern in allen

Ortsteilen waren für mich eine neue und interessante Erfahrung. Es ging um die Zukunft der Stadt, die einen starken Strukturwandel zu bewältigen hatte. Die Abschlussveranstaltung des Wahlkampfes veranstalteten wir in der Hochburg der Freien Wähler.

Ich verabschiedete mich in den Skiurlaub in die französischen Alpen nach Courchevel. Denn mit dem Wahlausgang hatte ich ohnehin nicht sehr viel zu tun – so dachte ich. Doch ich hatte das bayerische Kommunalwahlrecht nicht bedacht. Und so kam alles völlig anders. Aus dem Stand heraus bekam ich als Neuling und Seiteneinsteiger die meisten Stimmen aller Bewerber – und wurde von Platz 13 auf Platz 1 gewählt, vorbei an all den Platzhirschen und langjährigen Stadträten.

Per Telefon teilte mir der Ortsvorsitzende dieses Ergebnis mit. Mit der Urlaubsruhe war es vorbei. Zu Hause stand mein Vater kopf, und ich war im Urlaub. Die Hotelrezeption war zunehmend genervt, weil in den Folgetagen stündlich neue Anrufe kamen. Es gab ja noch keine Handys. Meine Rückrufe summierten sich auf die stolze Rechnung von mehr als 900 DM innerhalb von acht Tagen.

Es ging vor allem um den Posten des 2. Bürgermeisters, der üblicherweise dem Stimmenkönig zustünde, wie meine Parteifreunde argumentierten. Das konnte ich mir aber überhaupt nicht vorstellen. Zu unerfahren und zu zeitaufwendig, wandte ich ein. Das ließen die Ortsvorstände aber nicht wirklich gelten. Sie nahmen mich ins Kreuzverhör. Wohl auch deshalb, weil man für die eigene Langfriststrategie eine Option für die Partei suchte. Schon deshalb leistete ich beharrlich Widerstand. Ich wollte mich für die internen Machtspiele nicht missbrauchen lassen. Der amtierende 1. Bürgermeister war eine beliebte, anerkannte und enorm fleißige Persönlichkeit im besten Alter und benötigte deshalb auch keinen Kronprinzen.

Ich erteilte meinen eifrigen Parteifreunden also eine Absage und hielt die Angelegenheit damit für erledigt. Aber weit gefehlt: Einen Tag vor der Konstituierung des neuen Stadtrates kam der Fraktionsvorsitzende zu mir und sagte: Ich habe jetzt die Verhandlungen abgeschlossen. Das Ergebnis ist, dass wir den 2. Bürgermeister den Freien Bürgern gegeben haben. Du musst jetzt den 3. Bürgermeister für uns machen. Das geht nicht anders, weil der Kandidat für den 2. Bürgermeister aus einem

Stadtteil kommt und wir aus kommunalpolitischen Gründen dich aus der Kernstadt brauchen.

Ich schnappte nach Luft. Wie erkläre ich das nur zu Hause und wie soll das gehen? Aber es nützte alles nichts. Wer A sagt, muss am Ende auch B sagen. Und so kam es, dass ich als Jüngster zum 3. Bürgermeister gewählt wurde und die Arbeit im Rathaus neben meiner Unternehmertätigkeit aufnahm.

Aus dem Unternehmen war ich es gewohnt, mir klare Ziele zu setzen. Deshalb entwickelte ich klare konzeptionelle Vorstellungen für meine zukünftige Arbeit in der Kommunalpolitik. Denn nur aus persönlicher Eitelkeit wollte ich den Ratssessel nicht ausfüllen. Den allseits vorhandenen Eitelkeiten vieler kommunalpolitischer Akteure wollte ich nicht auch noch eine Jugendvariante hinzufügen. Mein Ehrgeiz, etwas zu bewegen und Neues für die Stadt zu wagen, wurde freilich nicht von jedem positiv gesehen. Insbesondere dem amtierenden Bürgermeister war ich dann doch zu forsch. Es dauerte nicht lange und es gab Friktionen über meine Entwicklungsvorstellungen für die Stadt. Altgediente Stadträte sahen es wohl als Fehler an, mich für die Stadtratsliste nominiert zu haben.

Ich ließ mich aber als Jüngster im Stadtrat nicht beirren und kleinkriegen. Es ging mir darum, die Strukturen in der Stadt zu verändern, neue wirtschaftliche Wege zu beschreiten, den Wirtschaftsstandort auszubauen und vor allem neue Strukturen für die Zukunft zu schaffen. Ich blieb mir auf der Suche nach Marktwirtschaft treu. Mit dem Neubau der ICE-Strecke quer durch das Stadtgebiet wurden die bundesweiten Bahndirektverbindungen gekappt. Für die Auflassung des Eisenbahnknotenpunktes und des Bahnbetriebswerkes verlangte ich eine Kompensation. Das gefiel meinen Parteifreunden nicht unbedingt. Denn es war ja die bayerische Staatsregierung, die für den Strukturausgleich tätig werden müsste. Doch ich stellte mich öffentlich dieser Diskussion. Nach meinen Vorstellungen sollte mit der Tourismuswirtschaft ein neuer Wirtschaftszweig etabliert und mit neuen Wohngebieten, mit der Erschließung neuer Gewerbe- und Industriegebiete und einer umfassenden Stadtsanierung dem wirtschaftlichen Niedergang entgegengetreten werden. Wer soll das bezahlen?, schallte es mir aus vielen Mündern entgegen.

Auch mein Vater sah mein offensives politisches Treiben mit sehr gemischten Gefühlen, weil er immer wieder Auswirkungen auf unsere Unternehmen befürchtete. Doch da hatte er sich grundlegend getäuscht. Es ging immer weiter bergauf. Ich war auf einer geschäftlichen Erfolgsschiene. Meine unternehmerische Suche nach Marktwirtschaft rentierte sich.

So kam ich auf die Idee, mein Unternehmen aus der beengten Innenstadt auszulagern und damit zugleich die Verkaufsfläche und das Sortimentsangebot wesentlich zu vergrößern. Viele Einzelhändler empfanden das als Generalangriff auf den historischen Einkaufsstandort. Der größte Anbieter als Warenhaus sollte in der Innenstadt verbleiben. Doch ich wusste, dass Handel auch immer Wandel bedeutet und die Zeit sich im Einzelhandel stark verändern würde.

Schon damals wurde mir mit Blick auf die Einzelhandelsentwicklung in den USA klar, dass auch bei uns in Europa in der Zukunft der großflächige Einzelhandel dominieren wird. Fur Warenhäuser mit mehreren Verkaufsgeschossen ohne direkte Parkplätze und mit schlechter Anbindung würde es keine erfolgreiche Zukunft geben. Natürlich dachte ich damals, dass es nur die Klein- und Mittelstädte und vor allem die Familienbetriebe treffen würde. Dass es später auch in den Großstädten für Warenhäuser wie Hertie, Karstadt, Kaufhof schwierig werden sollte, konnte ich noch nicht ahnen. Aber für mich selbst stand fest, dass mein Unternehmen nach nicht einmal zehn Jahren für den künftigen Wettbewerb expandieren sollte. Vor allem die Entwicklung mit den neuen Discountern wie Aldi oder Lidl betrachtete ich als große Herausforderung.

Der Plan war nicht ohne Risiko. Die wirtschaftlichen Rahmenbedingungen in den späten 1970er Jahren waren nicht einfach. Wirtschaftswachstum war nicht mehr selbstverständlich. Rezession, explodierende Energiekosten und die Erhöhung der Arbeitslosigkeit bildeten ein schwieriges Umfeld. Wirtschaft und Arbeit befanden sich im Wandel. Vor allem die Entwicklung der Mikroelektronik führte zu massiven Veränderungen in den Unternehmen. Sie bedeutete einen gewaltigen Sprung in der technischen Entwicklung. Auch in der Führung meines Handelsunternehmens wurde vieles transparenter. Schon sehr frühzeitig hatte ich ein computergestütztes Warenwirtschaftssystem mit monatlicher kurzfristiger Erfolgsrechnung eingeführt. So konnte ich Warenüberhänge erkennen, den Warenumschlag vergrößern und die Liquidität im Unternehmen wesentlich steigern.

Was in meinem Unternehmen von großem Vorteil war, führte in der Industrieproduktion aber zu massiven Veränderungen. Es gab so etwas wie die dritte industrielle Revolution. Die Mikroelektronik führte dort zu einem gewaltigen Sprung in der technischen Entwicklung. Computer-Hardware und -Software aus den USA drängten auf den deutschen Markt. In Europa gab es auf diesem Feld keine nennenswerten Entwicklungen. Und in Deutschland wurden vor allem von Gewerkschaften und SPD angetriebene Debatten geführt, die eher an Maschinenstürmerei erinnerten statt an verantwortungsbewusste Zukunftsgestaltung.

Der deutsche Fahrzeug- und Maschinenbau konnte seinen internationalen Spitzenplatz zwar behaupten. In anderen Branchen entwickelten sich aber viele wirtschaftliche und soziale Probleme, die durch Rationalisierung und Standardisierung im Zuge technischer Neuerungen hervorgerufen wurden. Viele traditionelle Arbeitsplätze fielen weg. Zwar entstanden durch die neuen technischen Möglichkeiten auch zunehmend neue Arbeitsplätze und Berufe mit eigenem Qualifikationsprofil. Vor allem die Verluste von Arbeitsplätzen für geringer Qualifizierte konnte dies aber nur teilweise kompensieren. Viele Menschen hatten große Sorge um ihren Arbeitsplatz. Die Schwerindustrie verlor als Schlüsselindustrie in Deutschland an Bedeutung. Überkapazitäten, Quoten im EU-Binnenmarkt, ausländische Billigkonkurrenten, insbesondere aus Asien, waren Gründe dafür, dass die Verunsicherung zunahm. Hinzu kam, dass die Gewerkschaften die Folgen des technologischen Wandels nicht einsehen wollten.

Zur Sicherung der Arbeitsplätze riefen die Gewerkschaften einen großen Tarifstreit mit langem Streik aus. Doch diese Streiks konnten den strukturellen Wandel nicht aufhalten. Sie verschärften eher die Krise. Erstmals wurden in Deutschland mehr als eine Million Arbeitslose gezählt. War die Arbeitslosigkeit zuvor vor allem konjunkturbedingt, war sie jetzt zunehmend strukturell bedingt und somit auch in Phasen der Hochkonjunktur nur schwer abzubauen.

Natürlich gab es Arbeitslosengeld zur Sicherung des Lebensunterhalts, aber der Gang zum Amt war für viele Bürger eine deprimierende

Erfahrung. Viele Arbeitnehmer erlebten dabei, dass sie nicht mehr zu vermitteln waren, ihr Berufsbild nicht mehr gefragt war. Die Bildungsgrundlage weiter Bevölkerungskreise reichte für die Anforderung der neuen Arbeitsplätze einfach nicht mehr. Viele Menschen sahen sich schon im Alter von unter 50 Jahren ausgemustert.

Der strukturelle Wandel und die konjunkturelle Rezession in Wirtschaft und Arbeitswelt stellten Staat und Regierung vor große Probleme. Die sozialliberale Koalition unter Bundeskanzler Helmut Schmidt begann zu wackeln. Sie verlor zusehends an Zustimmung und Vertrauen. Sie setzte auf eine steigende Inflationsrate und eine höhere Staatsverschuldung. Die Deutsche Bundesbank steuerte dieser Inflation mit einer Politik der Einschränkung der Geldmenge und Zinserhöhungen entgegen. Der so entstehende Konflikt wurde auf offener Bühne ausgetragen, was die Verunsicherung der Menschen im Land weiter erhöhte.

Ich empfand das politische Treiben in Bonn als konzeptionslos, wirtschaftsfeindlich und gemeinwohlschädlich. Ich forcierte meine Mitwirkung bei den CSU-Mittelständlern. Die Soziale Marktwirtschaft als richtiges Konzept für die Wiederbelebung der Wirtschaft stand für mich im Mittelpunkt. Ich trug meine Positionen bei vielen politischen Veranstaltungen vor. Für meine praxisuntermauerten Wortmeldungen bekam ich Unterstützung und Anerkennung.

Ergebnis war, dass ich zum ehrenamtlichen CSU-Mittelstandsvorsitzenden des Bezirks Unterfranken gewählt wurde. Die Arbeitsgemeinschaft Mittelstand, die später auf meinen Vorschlag hin in Mittelstands-Union (MU) umbenannt wurde, vertritt innerhalb der CSU die Anliegen insbesondere der mittelständischen Unternehmen und Unternehmer einschließlich der Gewerbetreibenden sowie der freiberuflich Tätigen und der leitenden Persönlichkeiten in der Wirtschaft. Sie will dazu beitragen, eine freiheitliche Wirtschafts- und Gesellschaftsordnung auf der Basis der Sozialen Marktwirtschaft zu stärken und die Anreize für Eigeninitiative und Eigenverantwortung zu stärken. Die MU informiert und berät die Parlamente und deren Fraktionen, Fachausschüsse sowie Behörden über die Anliegen der Wirtschaft und des Mittelstandes.

Ich hatte mir also neben dem Stadtratsmandat noch eine weitere politische Verantwortung aufgebürdet. Das Grundsatzprogramm der

MU entsprach genau meinen politischen Idealen mit dem Ansatz der Sozialen Marktwirtschaft. Die sozialliberale Bundesregierung hatte keine langfristige Ordnungspolitik, sondern reagierte mit kurzfristigen und populistischen Einzelfallregelungen auf die wirtschaftlichen und sozialen Probleme.

Ich hielt es als Jungunternehmer einfach für meine Verantwortung, diese falsche Ordnungspolitik und die vielfältigen Fehlentwicklungen offenzulegen und auf die Rückbesinnung der Grundsätze der Sozialen Marktwirtschaft zu drängen. Meine feste Überzeugung war es, dass die junge Generation in Deutschland ihr Glück nach ihren eigenen Vorstellungen gestalten sollte und hierfür die nötige Kreativität, Energie und Solidarität in der Gesellschaft vorhanden war. Der Staat sollte sich wieder auf seine Kernaufgaben besinnen und den Bürgern ermöglichen, durch Eigenverantwortung, Eigeninitiative und Zukunftsbejahung zur Sicherung unseres Gemeinwohls beizutragen.

Ich war überzeugt, dass die einsetzende Globalisierung mutiges und kluges politisches Handeln erforderte. Die notwendige Reform der sozialen Sicherungssysteme, die Schaffung neuer, verbesserter Rahmenbedingungen für dauerhaft wettbewerbsfähige Beschäftigung und die Schonung der natürlichen Ressourcen konnte nur gelingen, wenn dem einzelnen Bürger wieder mehr Eigenverantwortung und Handlungsspielraum zugestanden würde. Der Staat sollte Schiedsrichter, aber nicht selbstherrlicher, handelnder Akteur im Wirtschaftsgeschehen sein. Ich vertrat meine Position in den Diskussionen sehr selbstbewusst und konsequent, was nicht unbedingt überall für große Freude sorgte.

Meine Funktion als Bezirksmittelstandsvorsitzender hatte aber zur Folge, dass ich viele wichtige CSU-Mitglieder kennenlernte. So kam ich erstmals in persönlichen Kontakt mit dem späteren Bundesfinanzminister Theo Waigel, dem späteren CSU-Landesgruppenchef Michael Glos, dem bayerischen Staatsminister und späteren EU-Kommissar Peter Schmidhuber, vielen Bundestagsabgeordneten und vor allem dem bayerischen Ministerpräsidenten und CSU-Vorsitzenden Franz Josef Strauß.

Besonders die kraftvolle Persönlichkeit von Strauß beeindruckte mich von Anfang an. Seine Überzeugungskraft war für mich als Mittelständler herausragend. Deshalb beteiligte ich mich auch aktiv an der historischen Bundestagswahl 1980 mit Franz Josef Strauß als Kanzlerkandidaten. Im Gegensatz zu den meisten jungen Altersgenossen war ich fasziniert von seinen Ansätzen für eine neue Politik durch eine neue Bundesregierung. Gemeinsam mit dem amtierenden Bürgermeister, der es sich nie selbst nehmen ließ, klebten wir in den Nächten vor dem Wahltermin Plakate mit dem Konterfei von Franz Josef Strauß. Es wurde eine heiße Wahlschlacht. Viele Plakate wurden zerstört oder überklebt. Wir erneuerten sie nahezu täglich.

Höhepunkt war eine große Wahlkundgebung auf dem Residenzplatz im nahen Würzburg mit mehr als 10 000 Menschen. Nicht alle waren so begeistert von Franz Josef Strauß wie ich. Es gab viele Störtrupps, die mit allen Mitteln die Rede von Strauß störten. Doch ich war mir sicher, dass sich mit dem Wahlgewinn und einem neuen Bundeskanzler Franz Josef Strauß in der Wirtschaftspolitik vieles positiv verändern würde. Das Duell zwischen Kanzler Helmut Schmidt und seinem Herausforderer Strauß endete mit einem Erfolg der Union, die 44,5 Prozent der Stimmen auf sich vereinigen konnte. Die FDP, die mit einem Plus von 2,7 Prozentpunkten aus der Wahl hervorging, verhalf dem geschlagenen Kanzler jedoch zu einer weiteren Amtszeit. Obwohl die Staatsverschuldung inzwischen ein Fass ohne Boden war, die Arbeitslosigkeit weiter stieg und die Inflation auf hohem Niveau verharrte, wurde in Bonn dank der Unterstützung durch die FDP eine Politik des „Weiter so" betrieben.

Ich fuhr mein politisches Engagement erst einmal zurück. Ich hatte auch keine Zeit, mich weiter intensiv in die große Politik einzumischen und viele Veranstaltungen zu besuchen. Expansion und Neubau meines Unternehmens verlangten meine volle Arbeitskraft. Im Spätherbst 1980 war die neue große Verkaufsstätte durch einen Generalunternehmer fertiggestellt. Es war ein finanzieller Kraftakt. Ich war gespannt auf die Eröffnung des gewagten Projekts auf einer Fläche von mehr als 10 000 Quadratmetern und vor allem auf den Kundenzuspruch. Mit einer großen Werbekampagne lud ich Verbraucherinnen und Verbraucher zur großen Eröffnungsveranstaltung ein. Der Zuspruch war gigantisch. Die Polizei musste die Zufahrtsstraßen sperren. Es hätte sonst kein Durchkommen mehr zu meinem neuen Kaufhaus gegeben. Ich spürte, dass ich alles richtig gemacht hatte und das Wagnis gelingen würde. Mein attraktiver Standort und das große Sortimentsangebot wurden ein Volltreffer.

Durch diesen unternehmerischen Erfolg motiviert, machte ich mich zusätzlich mit vollem Elan an die kommunalpolitischen Aufgaben in der Stadt. Zwei Jahre nach der Kommunalwahl und meinem Einzug in den Stadtrat waren noch immer keine wesentlichen Entscheidungen für die Weiterentwicklung der Stadt gefallen. Ich war sehr ungeduldig. Mit diesem Tempo ließ sich die Zukunft nicht gewinnen. Meine Hauptanliegen waren, durch eine Stadterneuerung die Belebung der Altstadt mit verschiedenen Aktivitäten zu erreichen und ein Bürgerzentrum für Kultur, Gesellschaft, Sport und Tagungen zu schaffen.

Bei der Stadtsanierung sah ich die Chance, mit Finanzmitteln aus der staatlichen Städtebauförderung voranzukommen und so die notorisch klamme Finanzlage der Stadt zu verbessern. Da war es ein glücklicher Umstand, dass unser örtlicher Landtagsabgeordneter zum Staatssekretär im Bayerischen Innenministerium berufen wurde. Dort war man auch zuständig für Städtebauförderung. Ihn konnte ich als Unterstützer für das Vorhaben gewinnen.

Denn die zuständige Fachabteilung bei der Regierung von Unterfranken hatte dem 1. Bürgermeister bisher eine Aufnahme in das Städtebauförderprogramm verwehrt. Beim Wiederaufbau der Stadt nach dem Zweiten Weltkrieg seien städtebauliche Gesichtspunkte und die Aspekte der Denkmalpflege unbeachtet geblieben, hieß es dort. Man erachtete 35 Jahre nach dem Wiederaufbau eine Stadterneuerung nicht als sinnvoll.

Damit wollte ich mich ganz und gar nicht abfinden. Deshalb bat ich meinen Stadtratskollegen, der Präsident der Fachhochschule Würzburg-Schweinfurt war, seine Professoren zur Vergabe von Studentenarbeiten für die Stadterneuerung zu ermuntern und Perspektiven und Möglichkeiten der Stadtentwicklung aufzuzeigen. Daraus entwickelte sich eine praktizierte Zusammenarbeit von Fachhochschule, Kommune und Öffentlichkeit. Die Professoren und ihre Studenten der Fachgebiete Städtebau und Architektur zeigten die Problemfälle in der Altstadt auf, und mit den entworfenen Plänen und Modellen wurden die Augen geöffnet und die Chancen zu einem Leben in einer Altstadt dargestellt. Diese Arbeiten gaben den Ausschlag, dass die Aufnahme der Stadt in die Städtebauförderung doch noch gelang und viele Investitionsmittel in die Stadt flossen.

Genauso wichtig war mir allerdings die Weiterentwicklung des Bürgerzentrums, das das kulturelle, sportliche und gesellschaftliche Leben fördern, die zentrale Funktion der Stadt, und den Tourismus unterstützten sollte. Das führte allerdings zu meiner ersten kommunalpolitischen Schlacht im Stadtrat. Der 1. Bürgermeister wollte die Auftragsvergabe an einen Architekten verzögern und auf die lange Bank schieben. Ich konnte dann jedoch im Stadtrat mit Hilfe Gleichgesinnter eine Mehrheit für die Auftragsvergabe an eine Architektengemeinschaft durchsetzen.

Allerdings war dies nur der Anfang der Auseinandersetzungen. Insbesondere bei der Standortsuche für die geplante Mehrzweckhalle schieden sich die Geister. Ich favorisierte einen Standort neben dem neuen Hallenbad auf dem Schulsportplatz, weil er großen Abstand zur Wohnbebauung hatte. Doch der Schulleiter, der bei den Freien Wählern im Stadtrat großen Einfluss hatte, wusste das zu verhindern, obwohl es ein Angebot für einen Ersatzsportplatz gab. Nun hieß es, das Projekt Mehrzweckhalle zu begraben oder einen Alternativstandort in der Nähe der Wohnbebauung zu akzeptieren. Ich war darüber nicht erfreut. Ausschlaggebend waren dann die Aussage der Architekten und die Baugenehmigung des Landratsamtes Main-Spessart, wonach der Lärmschutz eingehalten werden konnte. So wurden meine Bedenken überstimmt. Inzwischen fordert dasselbe Landratsamt Lärmschutzauflagen, die der Stadt und dem Steuerzahler schweren Schaden zufügen. Jetzt soll die Halle abgerissen und neu gebaut werden.

Bürgermeister als Unternehmer

Gerade da ereilte den Bürgermeister ein gesundheitlicher Schicksalsschlag. Er konnte seine Amtsgeschäfte im Rathaus nicht wieder aufnehmen. Eine Neuwahl war erforderlich. Die CSU-Ortsverbände im Stadtgebiet waren darauf überhaupt nicht vorbereitet. Doch die Mitglieder verlangten einen nahtlosen Übergang und einen Kandidaten aus der Stadtratsfraktion. Bei einem geheimen Treffen verständigten sich die Ortsvorstände darauf, mir die Kandidatur anzutragen. Ich fühlte mich als jüngstes Stadtratsmitglied durchaus geehrt, aber eine hauptberufliche Tätigkeit als Bürgermeister konnte ich mir nicht vorstellen. Doch die SPD-Fraktion und die Fraktion der Freien Wähler schlugen neue Kandidaten vor. Dadurch geriet auch die CSU-Fraktion massiv unter Druck. Eine Bürgermeisterwahl ohne eigenen CSU-Kandidaten als personelles und politisches Angebot an die Wählerinnen und Wähler war für viele unvorstellbar, obwohl in der Stadt traditionell die Freien Wähler die Favoriten waren.

Ich selbst fühlte mich in meinem Unternehmen stark gefordert. Meine Lebensplanung und Vision waren, dass ich mein Unternehmen nach dem gelungenen Neustart Schritt für Schritt weiter ausbauen und in andere Städte expandieren wollte. Mein Konzept mit Handelsgroßflächen auf der grünen Wiese und vielen kostenlosen Parkplätzen war der Zeit und Entwicklung im deutschen Einzelhandel voraus. Das wollte ich nutzen. Handelskollegen wie Herr Schwarz mit Lidl und Kaufland, Herr Haub mit Tengelmann, Kaisers und Plus oder die Drogeriemärktebetreiber dm, Müller oder Rossmann erkannten in dieser Zeit ebenso diese Zukunftschance. Ich dachte damals auch schon darüber nach, Standortentwicklung und Investitionen auf der grünen Wiese in Verbindung mit den Lebensmittelkonzernen anzupacken. Mein Tatendrang war enorm.

Andererseits war die Möglichkeit, mit unternehmerischen Erfahrungen und ordnungspolitischen Grundsätzen der Sozialen Marktwirtschaft in der Politik Erfolge zu erzielen, von ebenso großem Reiz. Den Neubau und Betrieb eines neuen Bürgerzentrums für Kultur, Sport, Gesellschaft und Tagungen, die gewünschte Stadterneuerung und den Strukturwandel mit neuen Betrieben und Arbeitsplätzen zu erreichen, war zweifellos eine interessante Herausforderung. So sagte ich den Freunden zu, für eine Nominierung zur Wahl und bei einem Wahlerfolg eine Legislaturperiode für das Bürgermeisteramt zur Verfügung zu stehen. Denn ich hatte das große Glück, dass meine Schwester und mein Schwager inzwischen in der Geschäftsführung im Unternehmen aktiv tätig waren.

Zur Nominierung für die Bürgermeisterwahl waren viele CSU-Parteimitglieder gekommen. Ich stellte meine Ziele für die Zukunft vor: wirtschaftliche Belebung, Entwicklung von neuen Bau- und Siedlungsgebieten, Stadtsanierung und Stärkung der Zentralität durch die Aufstufung der Stadt zum Mittelzentrum. Es war der Start in einen sehr intensiven Wahlkampf. Was ich vorher nicht erwartet hatte, war die Tatsache, dass es erhebliche Vorbehalte gegen einen Unternehmer als Bürgermeister gab. Sehr schnell lernte ich so unfreiwillig die Abgründe von Politik kennen. Man scheute auch keine persönlichen Attacken. Mein Unternehmensgebäude wurde mit Beschimpfungen und Gegenparolen beschmiert. Meine Familie und vor allem mein Vater, der immer gegen mein politisches Engagement gewesen war, reagierten schockiert. Ich fand das sehr ungerecht. Mir ging es ja mit dem Amt nicht ums Geldverdienen. Finanziell war ich durch eigene unternehmerische Leistung gut aufgestellt.

Der Widerstand stachelte meinen Ehrgeiz aber zugleich auch erst richtig an. Jetzt wollte ich diesen Wahlkampf erst recht gewinnen. Ich heuerte einen guten Werbefachmann für eine effektive Wahlkampagne an. Der war zwar politisch völlig anders gepolt. Aber er akzeptierte die Umtriebe gegen mich nicht und versprach mir einen guten konzeptionellen Wahlkampf. Uns war gemeinsam klar, dass wir eine Stichwahl vermeiden mussten, da sich die Wähler der Gegenkandidaten mit Sicherheit gegen uns verbinden würden. Trotz aller Mühen und Enttäuschungen erlebte ich, dass mir die vielen Veranstaltungen und die Gespräche mit den Bürgern zusehends Freude bereiteten.

Nach zehn Wochen heißer Wahlkampfphase erlebte ich einen spannenden Wahlabend, an dessen Ende ich schon im ersten Wahlgang zum Bürgermeister meiner Heimatstadt gewählt wurde. Die Fischertrachtenkapelle der Stadt spielte auf. Wir feierten eine große Wahlparty. Und ich versprach, für alle Bürger da zu sein und keine Nachhutgefechte zu führen. Bevor ich zu dieser Zeit offiziell der jüngste Bürgermeister einer bayerischen Stadt wurde, verkaufte ich meinen geliebten Porsche. Ich wollte Neid und Missgunst keinen zusätzlichen Raum geben.

Kurze Zeit später trat ich mein neues Amt im Rathaus der Stadt an. Mein Vater hatte mit meiner Wahl zum Bürgermeister noch keinen Frieden geschlossen. Am ersten Tag im Amt passte er mich vor dem Rathaus ab und fragte: „Wo willst du hingehen?“ Ich antwortete, dass er ja wohl wisse, dass ich jetzt Bürgermeisterpflichten übernehme. Darauf erwiderte er: „Geh in deine Firma und mach etwas Gescheites.“ Aber dafür war es einfach zu spät. Ich blickte erwartungsfroh in die Zukunft. Mein politisches Entree 1982 war eingebettet in eine neue Entwicklung in der Bundespolitik, die zum Ende der Kanzlerschaft von Helmut Schmidt und zu einem politischen Neuanfang mit Bundeskanzler Helmut Kohl geführt hatte. Die Zerrüttung der Regierung Schmidt/Genscher hatte sich zunehmend beschleunigt. Mit einem Thesenpapier hatte Graf Lambsdorff eine neue Programmatik für das Wirtschaftsleben in Deutschland gefordert. Das sprach mir aus dem Herzen.

Die Aufstellung war geschrieben worden, um die Koalition auszuhebeln und einen anständigen wirtschaftspolitischen Abgang aus der sozialliberalen Koalition zu sichern. Zugleich ging es Lambsdorff darum, den Anteil der FDP am wirtschaftlichen Niedergang zu verdecken. Die Abrechnung mit der Politik von Bundeskanzler Schmidt zeigte die gewünschte Sprengwirkung. Die FDP wusste, dass ihr bei einer Fortsetzung der Koalition mit der SPD bei der nächsten Bundestagswahl der Untergang drohte und die CDU/CSU die absolute Mehrheit gewinnen würde. Der Verfall der Bundesfinanzen lieferte Argument und Anlass zum Koalitionsbruch. Die SPD beharrte auf einer Politik der fortwährenden Kreditausweitung, was zum Scheitern der SPD-FDP-Regierung führte.

In unserer CSU gab es über den Weg zu einer neuen Regierung sehr unterschiedliche Meinungen. Franz Josef Strauß hatte das gescheiterte

Misstrauensvotum gegen Willy Brandt im Hinterkopf und stellte sich deshalb gegen das Vorhaben, Helmut Schmidt durch ein solches Misstrauensvotum abzulösen. Der SPD-Kanzler sollte im Deutschen Bundestag den politischen Offenbarungseid leisten. Der Verlust der parlamentarischen Mehrheit sollte für alle sichtbar werden, um dann bei Neuwahlen eine absolute Mehrheit für CDU und CSU zu erreichen. Strauß traute der FDP einfach nicht über den Weg, womit er wohl recht hatte.

Aber der CDU-Vorsitzende Helmut Kohl war nicht bereit, darauf einzugehen, und wählte den gemeinsamen Weg mit der FDP. Damit hatte sich die CDU/CSU endgültig von der absoluten Mehrheit verabschiedet. Diese Entscheidung führte zu vielfachen Zerwürfnissen zwischen Strauß und Kohl, denn die Mitverantwortung der FDP für die schwierige sozialliberale Erblast wurde so zugedeckt und eine Aufarbeitung der falschen wirtschaftspolitischen Konzepte unterblieb. Ohnehin rückte die CDU mit den Politikern Norbert Blüm und Heiner Geißler weiter nach links. Strauß erkannte damals, dass auf der rechten Seite des politischen Spektrums eine Kraft entstehen könnte, wenn sich die CDU in Konkurrenz zur SPD auf einen Wettlauf nach links einlässt. Er mahnte, dass es rechts von der Union keine demokratisch legitimierte Partei geben dürfe. Für einen Teil der Medien war dies Anlass genug, die CSU eines Rechtsrucks zu bezichtigen und zu diffamieren. Meines Erachtens lag Strauß richtig, wenn er im Kern dazu mahnte, dass die Union auch weiter Heimat für konservative Positionen bieten müsse. In den Parteigremien, in die ich nach der Bürgermeisterwahl kooptiert wurde, gab es dazu intensive Diskussionen.

Wenige Wochen später hatte ich das erste persönliche und direkte Treffen zu einem Meinungsaustausch mit Franz Josef Strauß. Als Ministerpräsident des Freistaats Bayern hatte er zur Meinungsbildung und zur Unterstützung der Bürgermeister ein Diskussionsforum in den Regierungsbezirken eingeführt. Dazu wurde ich als junger Bürgermeister in die Greisinghäuser, ein Tagungszentrum in Würzburg, eingeladen. Es war für mich ein sehr denkwürdiger Tag.

Nach langen Ausführungen von Strauß sollten die Bürgermeister zu Wort kommen. Die erfahrenen älteren Kollegen hielten sich auffallend zurück. Die Diskussion kam nur sehr schleppend in Gang. So meldete ich mich schließlich mutig, wie ich mich selbst als Unternehmer im Bürgermeisteramt sah, mit einer Bitte. „Herr Ministerpräsident", sagte ich, „in meiner Stadt hat der Verein SOS-Kinderdorf ein landwirtschaftliches Gut gekauft. Dort sollen behinderte Kinder in intakten Hausfamilien betreut werden und behütet aufwachsen. Nach dem Kauf soll jetzt eine große Erweiterung mit vielen landschaftstypischen Häusern für die Familien erfolgen. Dieser Ausbau wird aber von der Regierung Unterfranken blockiert. Die Stadt kann die Bauleitplanung für diese Dorfgemeinschaft nicht durchsetzen. Neben den hilfreichen sozialen Aspekten würde auch die Investition von mehr als 50 Millionen DM der regionalen Wirtschaft sehr guttun", erläuterte ich.

Ich hatte meine Worte noch nicht richtig beendet, da brach ein gewaltiges Donnerwetter los. Strauß schrie mit hochrotem Kopf den Regierungspräsidenten an. „Herr Regierungspräsident, wissen Sie, wer Hermann Gmeiner ist?" Strauß wiederholte diese Frage dreimal – immer lauter werdend. Der Regierungspräsident war so schockiert, dass er kein Wort herausbrachte. „Welche Idioten machen wir in Bayern eigentlich zu Regierungspräsidenten?", schimpfte Strauß weiter. „Hermann Gmeiner ist mit seinen weltweiten SOS-Kinderdörfern der sozialste Mensch dieser Welt und als Anthroposoph ein von mir hochverehrter Freund. Herr Regierungspräsident, der Bürgermeister hat innerhalb von vier Wochen eine Genehmigung für seine Bauleitplanung für das SOS-Kinderdorf", bestimmte Strauß. „Und Sie, Herr Bürgermeister, geben mir sofort Bescheid, wenn die Regierung weiterhin blockiert. Ich garantiere Ihnen, dass dieses SOS-Kinderdorf so gebaut wird, wie es dort gewünscht wird", setzte Strauß hinzu.

Ich war zwar einerseits hocherfreut über diese Zusage, aber andererseits hatte ich diesen Auftritt nicht gewollt und die Beschimpfung des Regierungspräsidenten war mir peinlich. Aber geholfen hatte die Attacke des Ministerpräsidenten, wenn ich auch sehr lange über meine forsche Wortmeldung und den Stil der Antwort nachdachte. Und einen weiteren Nebeneffekt hatte die Sache noch, denn auch bei Strauß schien die Begegnung Eindruck hinterlassen zu haben. Den Namen des Bürgermeisters von Gemünden hatte er sich gemerkt. Er erkannte mich schon von Weitem. Oftmals fragte er mich danach nach meiner Meinung. Strauß war sehr kommunikativ. Allerdings befolgte ich künftig den Rat eines älteren Kollegen: „Wenn er fünf Schoppen Wein hat, darfst du keine Beschwerden vorbringen."

Die mir schon vertraute Stadtratsarbeit ging gut voran. Die Stadt startete mit dem Bau der Mehrzweckhalle. Inzwischen hatte ich ein Betreiberkonzept für Kultur-, Sport- und Tourismusveranstaltungen in Verbindung mit einem Gastronomen entwickelt und den Namen „Scherenberghalle" nach dem historischen Fürstbischof Rudolf von Scherenberg durchgesetzt, der im Mittelalter die Stadt beherrscht und gefördert hatte. In der Rekordzeit von nur 15 Monaten wurde die Halle mit einer vierbahnigen Kegelbahn und einem integrierten Gastronomietrakt fertiggestellt. Mehr als 1300 Gäste kamen zur Eröffnungsfeier, lobten das gelungene Werk und erzeugten eine Aufbruchstimmung bei Vereinen und Organisationen in der Stadt. Ich war durchaus stolz auf meinen ersten kommunalpolitischen Erfolg, zumal ich als Marktwirtschaftler und Kaufmann im Bürgermeisteramt die Einhaltung des Kosten- und Finanzierungsplans sicherstellen konnte.

Die Kommunalpolitik faszinierte mich inzwischen wegen der enormen Gestaltungsmöglichkeiten. Ich wollte etwas bewegen. Meine marktwirtschaftlichen Vorstellungen für eine weitere Strukturverbesserung in der Stadt durch zielgerichtete Investitionen schlug ich dem Stadtrat vor. Als nächstes Großprojekt wollte ich eine umfassende Altstadterneuerung und die ganzheitliche Sanierung des öffentlichen Raums angehen. Dazu musste ich aber zunächst die Fachabteilung für Städtebauförderung bei der Regierung Unterfranken davon überzeugen, die Stadt in die staatliche Förderkulisse aufzunehmen.

Die Beamten in Würzburg ließen mich jedoch ebenso abblitzen wie schon meinen Amtsvorgänger. Sie blieben bei ihrer Argumentation, die Stadt sei nach der Zerstörung in den 1950er und 1960er Jahren nach neuen Grundrissen wiederaufgebaut worden. Damit sei die historische Bausubstanz verloren gegangen. Das war für mich nicht nachvollziehbar. Richtig war, dass die Stadt im Zweiten Weltkrieg zu 90 Prozent zerstört wurde. Dass man beim Wiederaufbau nicht auf alle städtebaulichen Gesichtspunkte achten konnte, war nur allzu verständlich, galt es doch zunächst, neuen Wohnraum für die Bevölkerung zu schaffen. Dass die

Leistung der Bevölkerung beim Wiederaufbau nun zum Nachteil der Stadt werden sollte, empörte mich. Die Menschen hatten damals unter großen Entbehrungen eine neue Heimat geschaffen. Der Wiederaufbau war als geglückte Synthese zwischen Alt- und Neuzeit gewürdigt worden. Natürlich hatte es auch das gegeben, was man mit dem Abstand von Jahrzehnten als Bausünden bezeichnete.

Hier einen Rückbau durchzusetzen, würde zu heftigen Auseinandersetzungen mit den betroffenen Eigentümern führen und das Vorhaben wohl am Ende unmöglich machen. Damit freilich wollte ich mich nicht abfinden. Ohne die staatlichen Städtebaufördermittel und Investitionsunterstützungen aber konnte ich mein Ziel vergessen.

So fuhr ich zur Obersten Baubehörde nach München, warb dort für die offizielle Aufnahme in das Städtebauförderprogramm und erkundigte mich zugleich, wer als Städteplaner für eine neue Sanierungsplanung das höchste Renommee bei der Regierung genoss. Es war das Architektur- und Planungsbüro für Städtebau Verena und Klaus Trojan aus Darmstadt.

Ich lud also Professor Trojan in die Stadt ein und warb mit meiner gesamten Überzeugungskraft für eine Mitwirkung an der Sanierungsplanung. Er sagte schließlich zu und machte sich sofort an die Arbeit. Es folgten viele Informations- und Abstimmungsgespräche, die in enger Zusammenarbeit mit der städtischen Verwaltung, dem für die Dauer der Planung eingerichteten Planungsbeirat, den wichtigsten Behörden und der Öffentlichkeit aufgenommen wurden.

Doch es dauerte nicht lange, bis ich im Stadtrat die unbequeme Frage gestellt bekam, wie das alles zu finanzieren sei. Das ging nur – so musste ich eingestehen –, wenn wir das staatliche Städtebauförderungsprogramm mit all seinen Bedingungen ohne Wenn und Aber akzeptierten.

Die Planung des Städtebauarchitekten war intensiv mit den Anliegern und Bürgern öffentlich diskutiert worden. An dem städtebaulichen Konzept konnte man nicht mehr vorbeigehen. Die Übersicht über die Planungsgrundzüge und das Maßnahmenkonzept zeigte, dass zwar in der Altstadt die Objektsanierung durch private Eigentümer ein wichtiger Sanierungsbeitrag sein musste, dass jedoch die weitaus umfassenderen und aufwendigeren Maßnahmen durch die Stadt selbst vorzubereiten und durchzuführen waren. Dazu gehörten die Modernisierung der Altstadt mit Verkehrsberuhigung und Neugestaltung der Altstadtstraßen und -plätze, eine Verkehrsneuordnung in den Randzonen, eine Neuordnung von Bauflächen, die Sanierung von Gebäuden, eine weitere Ansiedlung von Betrieben und der Ausbau weiterer öffentlicher Einrichtungen.

Der Architekt warb engagiert für seinen Plan, der der Stadt in den nächsten zehn Jahren ein neues, attraktiveres Gesicht geben sollte. Die zuständigen Behörden gaben schließlich grünes Licht. Ich war mir sicher, dass in den nächsten Jahren viele Millionen Investitionsgelder fließen würden, die der Stadt und den Betrieben zugutekämen.

Die Kofinanzierung der Stadt aber stellte weiter ein großes Hindernis dar. Besonders die Sanierung des unterirdischen Versorgungsnetzes war nicht eingepreist und erforderte hohe Eigenmittel. Die marode Infrastruktur musste mitsaniert und ausgebaut werden. Aber unerschrocken sah ich die dringliche Erneuerung der Infrastruktur im Rahmen der Stadtsanierung als einmalige Chance. Auch im Stadtrat hatte sich der Wind positiv für die Investitionen gedreht. Alle Ausbaukriterien, alle Planungen, alle Baumaterialien – selbst die Pflasterstrukturen – wurden im Detail mit dem Sanierungsbeirat und im Stadtrat beraten und beschlossen. Dazu gehörte auch die Verwendung von gebrauchtem roten Granitpflaster, die der Stadtrat nach Begutachtung von Musterflächen einstimmig billigte.

Damit entstand eine einheitliche Gestaltung des öffentlichen Raums, die zum Aufenthalt und Besuch der Altstadt einlud. Aber mir war auch bewusst, dass meine Vorstellung einer erfolgreichen Sozialen Marktwirtschaft in der Kommunalpolitik nur mit der Teilhabe der bürgerlichen Gesellschaft möglich war, so wie das Ordnungsprinzip die Selbstverantwortung, die persönliche Initiative und die Mitwirkungsbereitschaft beinhaltet. So konnte ich Stadtrat und Förderbehörden auch überzeugen, ein Kulturhaus im alten Schulgebäude und das Huttenschloss neu auszubauen.

Die Investitionen wirkten sich positiv auf das Vereinsleben aus. Dieses bereicherte ich mit der Idee der Gründung einer Vereinigung der Gmünder in Europa. Ziel waren Partnerschaften mit möglichst vielen europäischen Städten, die ihren Namen von der Mündung eines Flusses ableiteten, als ein Beispiel für ein gemeinsames Europa.

Dahinter stand meine Überzeugung, dass die europäische Wirtschaftsgemeinschaft in eine allumfassende Friedens- und Wertegemeinschaft für alle europäischen Länder weiterentwickelt werden musste. Ich wollte diesen Prozess mit den kommunalen Möglichkeiten unterstützen. Ich träumte schon damals von der Schaffung einer europäischen Wirtschafts- und Währungsunion, die den Abbau der Zollschranken zwischen den einzelnen Staaten Europas vorsah. Denn nur ein geeintes Europa könnte den Machtansprüchen der Sowjetunion erfolgreich entgegentreten, war ich überzeugt. Ich war auch davon überzeugt, dass nur ein geeintes Europa eine stabile und dauerhafte Friedensordnung auf dem Kontinent zu sichern in der Lage war. Ein großer Binnenmarkt werde ein Wohlstandsgewinn für alle Menschen auf dem Kontinent sein. Davon waren wir aber Mitte der 1980er Jahre noch weit entfernt. Die Einigung Westeuropas sah ich dabei eher als Vorstufe zu einem größeren Europa, das auch die mittel- und osteuropäischen Länder umfasste. Die Trennung West- und Osteuropas durch den Eisernen Vorhang durfte keinen dauerhaften Bestand haben.

So reiste ich als Bürgermeister mit den jungen Leuten der Volkstanzgruppe zu Besuchen in die osteuropäischen Länder. Mit dem Stadtrat besuchte ich die Gmünder in Europa. Darunter war auch ein hochemotionaler Besuch der elsässischen Stadt Sarreguemines. Der dortige Bürgermeister Jean Pax, eine charismatische Persönlichkeit, zugleich Spitzenpolitiker in der Region und in der Hauptstadt Paris, mahnte die Notwendigkeit einer Beschleunigung der politischen Einheit Europas an. Ein uneiniges Europa sei dem sowjetischen Machtstreben wehrlos ausgeliefert. Er beschwor die deutsch-französische Achse als Dreh- und Angelpunkt. Ich war begeistert über die Übereinstimmung der Ansichten und förderte in der Folge verstärkt den deutsch-französischen Jugendaustausch.

Ich organisierte auch weitere Treffen mit anderen Gmündern in Europa. Mit einer niederländischen Partnergemeinde Duiven gab es in den Folgejahren einen regen freundschaftlichen, gesellschaftlichen und politischen Austausch. Ich hatte das gute Gefühl, auf dem richtigen Weg zu sein.

In Gemünden galt es, den Strukturwandel weiter voranzubringen. Dazu gehörte nicht zuletzt das Konzept, Wachstum nicht nur auf die

Ballungsräume zu konzentrieren, sondern die Industrialisierung des ländlichen Raums mit einer dezentralen Verdichtung zu entwickeln. Es gelang mir, die Stadt in ein Förderprogramm zu bringen, das die Erschließung neuer Industrie- und Gewerbegebiete ermöglichte. Damit konnte die Stadt erstmals in die Ansiedlung von Unternehmen einsteigen, die neue Arbeitsplätze schaffen. Es gab bei diesen Bemühungen Erfolge und Ansiedlungen, aber auch Enttäuschungen.

So verhandelte ich mit dem Vorstandsvorsitzenden von Mannesmann Rexroth, die ihre Zentrale in unserer Nachbarstadt hatten. Das Unternehmen plante einen neuen Standort mit rund 1000 Arbeitsplätzen. Nach sehr guten Vorgesprächen mit dem Vorstandsvorsitzenden, der auch Präsident der Industrie- und Handelskammer Würzburg-Schweinfurt war, ging ich fest von einem Zuschlag aus. Doch ich hatte die Rechnung ohne die Subventionsmentalität des Konzerns gemacht. Ich konnte bei den Verhandlungen zwar einen sehr günstigen Grundstückspreis bieten. Dieses Angebot wurde schließlich aber nur dazu benutzt, um die Nachbarstadt unter Druck zu setzen und zu Lasten des Gemeinwohls Subventionen einzufordern. Ich hätte den städtischen Haushalt mit mehreren Millionen DM belasten müssen, um den Subventionswettlauf zu gewinnen. Das konnte und wollte ich meiner Stadt nicht zumuten. Und es widersprach auch grundsätzlich meiner ordnungspolitischen Auffassung.

Diese Subventionsmentalität vieler Großkonzerne widerspricht allen Prinzipien der Sozialen Marktwirtschaft, die den fairen Leistungswettbewerb als Grundprinzip beinhaltet. Es ist eine Mentalität, die durch Gewinnkürzung und Gewinnverlagerung weiter perfektioniert wird bis hin zu einer aggressiven Steuergestaltung unter Nutzung von Steueroasen und Briefkastenunternehmen. Viele Konzerne sichern sich damit gegenüber anderen Marktteilnehmern – vor allem gegenüber mittelständischen Firmen – einen unfairen Vorteil und verzerren den Wettbewerb.

Die spätere Entwicklung mit der völlig unverständlichen Zerschlagung des Mannesmann-Konzerns durch die Manager, die sich selbst hohe Provisionen gönnten, verwunderte mich nach den Erfahrungen mit den Ansiedlungsverhandlungen nicht. Das hatte nichts mit Unternehmensethik zu tun und hinterlässt einen nachhaltigen Schaden für das Ansehen der Unternehmer.

Als gläubiger Katholik lebte ich auch die katholische Soziallehre und das Gedankengut hatte deutliche Parallelen zur Sozialen Marktwirtschaft. Sie ist für Arbeitnehmer und Arbeitgeber das Wirtschaftssystem, das dem christlichen Menschenbild am meisten entspricht. Die Gleichheit aller Menschen, ihre freie persönliche Entfaltung, die Hilfe zur Selbsthilfe im Rahmen von Subsidiarität und Solidarität sind Werte, die eine vergleichbare Grundlage haben. Mir war immer klar, dass die von Ludwig Erhard geprägte Soziale Marktwirtschaft diese soziale und ethische Komponente beinhaltet. Ein Konzept, das neben der sozialen Teilhabe und dem ökonomischen Streben auch eine moralische Position einbezieht, um dauerhaft von der Bevölkerung akzeptiert zu werden. Der Unternehmer, der als „ehrbarer Kaufmann" seine Ziele erreicht, war für mich das lebendige Leitbild der Sozialen Marktwirtschaft. Mein Fazit aus der Mannesmann-Erfahrung war, dass ich mich noch mehr für die mittelständische Wirtschaft engagierte. Denn die mittelständischen Firmen sind das Rückgrat von Wirtschaft, Arbeits- und Ausbildungsmarkt in Deutschland. Familienunternehmen, die keinen großen Namen haben, die aber innovativ sind, vielen Menschen Arbeit geben und wesentlich zu Wachstum, Beschäftigung und Wohlstand unseres Landes beitragen.

Mittelständische Unternehmen beschäftigen mehr als 60 Prozent der Arbeitnehmer und bilden mehr als 90 Prozent der Auszubildenden aus. Es sind eben nicht die stark im Fokus stehenden Großunternehmen von Weltruf, sondern die innovativen, bodenständigen und soliden Familienunternehmer, die den Erfolg unseres Wirtschaftsstandorts ausmachen. Mittelständische Firmen sind in ihrer Nische oftmals Marktführer. Die Werte der aktiven Mittelständler politisch zu vertreten, hatte für mich einen großen Reiz. Deshalb startete ich als MU-Bezirksvorsitzender eine Informations- und Diskussionsreihe unter dem Titel „Zukunftsforum", mit der ich für die Mitgestaltung und Mitverantwortung für das Gemeinwesen in der Demokratie warb. Demokratie braucht Diskurs. Dieser Diskurs braucht die Vielfalt der Meinungen und die Beteiligung aller Bevölkerungsgruppen.

Der Mittelstand war für mich ein wirtschaftlicher Riese, aber ein politischer Zwerg. Die Leistungen des Mittelstandes für Wertschöpfung, gesellschaftlichen Ausgleich und Zukunftsinvestitionen benötigten nach meiner festen Überzeugung eine stärkere Anerkennung in der Öffentlichkeit. Viele Unternehmer und Selbstständige übten sich aber schon damals bei politischem Engagement in starker Zurückhaltung. Sie verlegten sich mehr auf die Kritik an der Politik, anstatt selbst eigene Ideen und praktische Erfahrungen einzubringen. Die Ohne-mich-Mentalität gegenüber der Politik war bei Unternehmern weitverbreitet – und ist es leider auch heute noch. Mein Motto der stärkeren Einmischung fand bei Unternehmerkollegen aber auch Anklang.

Ich konnte die MU-Mitgliederzahlen im Bezirk wesentlich steigern. Dass der Landesverband seine große Landesversammlung 1985 in der städtische Scherenberghalle abhielt, war dafür eine große Anerkennung. Ehrengäste waren EU-Kommissar Peter Schmidhuber und der Vorsitzende der CSU-Landesgruppe im Deutschen Bundestag, Theo Waigel. Zum Delegiertenabend lud ich alle Gäste auf die Scherenburg oberhalb der Stadt ein. Mit gewissem Stolz zeigte ich auf das im Tal liegende eigene Unternehmen. Die Stimmung war gut. Am nächsten Tag überraschte mich ein Delegierter bei der Landesversammlung damit, dass er mich bei der Wahl als stellvertretenden MU-Landesvorsitzenden vorschlug. Die große Mehrheit der Delegierten folgte diesem Vorschlag. Das war ein gewaltiger politischer Karrieresprung, der mir neue Möglichkeiten des Einflusses im Sinne der Sozialen Marktwirtschaft, aber auch ein weiteres Netzwerk in der Partei verschaffte.

Waigel ging in seiner Rede auf die Erblast der Regierung Schmidt/Genscher von zwei Millionen Arbeitslosen und völlig ruinierten Staatsfinanzen ein. Viele traditionsreiche Großbetriebe befänden sich zudem in existenziellen Krisen. Deutschlands zweitgrößter Elektrokonzern AEG führte ein Vergleichsverfahren. In Not waren auch der Büroartikelhersteller Pelikan aus Hannover, der Küchengerätehersteller Bauknecht aus Stuttgart, der Fahrzeughersteller Magirus Deutz in Köln und die Gastronomiekette Wienerwald.

Waigel plädierte angesichts der verfahrenen Lage dafür, den Mittelstand als die tragende Wirtschaftssäule der Zukunft stärker zu unterstützen. Die Initiative des Einzelnen und die individuellen Anstrengungen müssten sich wieder lohnen. Diese Wende in der Wirtschaftspolitik gefiel mir. Dass Waigel in meiner politischen Vita noch einmal eine besondere

Bedeutung bekommen sollte, konnte ich zu diesem Zeitpunkt noch nicht ahnen. Im Land begann sich dank der Rückkehr zum wirtschaftlichen Wachstum auch wieder mehr Zuversicht zu verbreiten. Das kam auch meinem Unternehmen zugute, wenn ich wegen des politischen Engagements auch nur noch wenig Zeit dafür fand. Aus dem operativen Geschäft zog ich mich zurück. Was blieb, war, die aktuellen Geschäftszahlen anzusehen und die monatliche Erfolgsrechnung mit meiner Schwester zu diskutieren.

Doch im Jahr 1986 gab es überraschend ein Ereignis, das die Konsumlaune deutlich eintrübte – der Super-GAU des sowjetischen Kernkraftwerks bei Tschernobyl. Dieses Ereignis, die Folgen und die Schäden für die Gesellschaft haben mich stark bewegt. Der tiefe Einschnitt der Ereignisse von Tschernobyl führte auch in Gemünden zu einer aktiven „grünen Bewegung". Ich war gegenüber diesen Themen durchaus offen, wenngleich ich als CSU-Bürgermeister oftmals zum Feindbild aufgebaut wurde. Ich engagierte mich frühzeitig für die Erstellung eines Zukunftsleitbilds mit dem Ausgleich zwischen Ökologie und Ökonomie für die Stadt. Das war damals nicht selbstverständlich. Ich stellte 30 Fachleuten aus den verschiedensten Bereichen in einem Workshop meine Ziele für dieses Leitbild vor. Es ging darum, Wege zu finden, um Ökologie und Ökonomie besser aufeinander abzustimmen und die Lebensqualität zu sichern. Mit dem Ergebnis sollte die Bevölkerung eingebunden werden und mehr demokratische Mitwirkungsbereitschaft entstehen. Damit war ich der Entwicklung ein ganzes Stück voraus. Aber es gab natürlich auch Interessenskonflikte.

Vor allem wurde die Stadt als großer Waldbesitzer an den Pranger gestellt. Mir wurde vorgeworfen, es würde keine Waldverjüngung betrieben, weil die Jagdpächter zu viel Freiraum für zu große Wildbestände hätten und es deshalb große Verbissschäden gebe. Also lud ich die Jagdpächter und Jagdgenossen ein, um die Vorwürfe zu klären. Ein Jagdpächter beschwerte sich seinerseits über die Arbeit der städtischen Forstabteilung. Der verfahrenen Gemengelage galt es auf den Grund zu gehen. Ich hatte mir auch schon länger Gedanken darüber gemacht, warum in den Nachbarstädten mit ähnlich großem Waldeigentum bei der Vermarktung der Buchen- und Eichenwälder ein guter Ertrag erwirtschaftet wurde und bei uns Defizite im Haushalt standen.

Ich machte mich also auf zur persönlichen Waldbesichtigung und stieß auf eine städtische Waldhütte, von der in der Verwaltung offenbar niemand etwas wusste. Aus dem Kamin der Hütte stieg Rauch auf, es waren auch Geräusche von innen zu hören. Die Tür aber war abgeschlossen und mit lautem Rufen begehrte ich Einlass. Doch es rührte sich nichts. Das erschien mir höchst merkwürdig. Mir blieb nichts anderes übrig, als mich hinter einem Busch auf die Lauer zu legen. Es verging eine Stunde, dann ging die Tür auf und mein Förster erschien mit einer Frau. Ich verließ mein Versteck und sagte: „Da habe ich sie wohl in Flagranti erwischt." Er stotterte nur: „Sagen sie es bloß nicht meiner Frau." Ich erwiderte: „Was sie privat machen, geht mich als ihr Dienstvorgesetzter nichts an. Was sie mit städtischem Eigentum machen, aber sehr wohl. Die Hütte ist voll ausgebaut, wer hat denn das beauftragt? Gibt es dafür eine Baugenehmigung?" Es war natürlich ein Schwarzbau und die Finanzmittel stammten aus dem Forsthaushalt. Ich war ziemlich schockiert über so viel Dreistigkeit. Mit der Neubesetzung der Forstabteilung wurde eine gute Einnahmequelle des städtischen Haushalts erschlossen. Die neuen Verkaufssubmissionen erzielten bei den hochwertigen Spessartbuchen und -eichen gute Erträge, und der Stadthaushalt wurde massiv verbessert.

Um die Verbesserung wirtschaftlicher Effizienz und die politische Lage im Allgemeinen ging es bei einer Einladung von Franz Josef Strauß im Januar 1988. Als CSU-Parteivorsitzender hatte er die Führungsspitzen der CSU-Arbeitsgemeinschaften zum politischen Austausch nach München in die Parteizentrale eingeladen. Ich erlebte einen sehr gut gelaunten und sehr zuversichtlichen bayerischen Ministerpräsidenten. Mit seinem Kabinett wolle er nun die industrielle und technologische Entwicklung weiter forcieren und Bayern als das Hightech-Land erfolgreich in die 1990er Jahre in Deutschland führen, erläuterte Strauß.

Fasziniert lauschten wir auch seinen Ausführungen zum Thema deutsche Einheit und aktuell über die Begegnung wenige Tage zuvor mit dem Generalsekretär des ZK der KPdSU, Michail Gorbatschow, der sein Land mit einer Politik der Öffnung aus der Dauerkrise führen wollte. Die Reise hatte schon deshalb großes Aufsehen erregt, weil Strauß selbst am Steuerknüppel saß und seine Maschine auf dem Moskauer Flughafen bei Nacht und Nebel, Schnee und vereister Landebahn aufsetzte.

Strauß berichtete uns, Gorbatschow erkenne das souveräne Recht jedes Volkes auf Selbstbestimmung an. Alles sei in Bewegung, auch in der Sowjetunion. Strauß berichtete, er sei von den Aussagen, von der Atmosphäre und dem freundlichen Umgangston sehr positiv überrascht gewesen. Es sei der totale Gegensatz zu früheren Begegnungen mit Vertretern der Sowjetunion und deren Pokerface gewesen. Man sei sich auch darüber einig, dass die wirtschaftlich-technische Revolution die Welt verändert, es im Atomzeitalter für einen Krieg keinen Platz mehr geben sollte und ein Verbot aller chemischen Waffen angestrebt werden müsse. Gorbatschow wolle bessere Beziehungen zum Westen und zur Bundesrepublik Deutschland entwickeln, sagte Strauß.

Er verdeutlichte uns, natürlich sei auch über das Thema Friedensvertrag und ein gleichberechtigtes, wiedervereinigtes Deutschland gesprochen worden. Er habe deutlich die Auffassung vertreten, dass der Schlüssel für die Wiedervereinigung eines freien Deutschlands in Moskau und nicht in Washington liege. In der anschließenden Diskussion machten einige Kollegen deutlich, dass es innerhalb der Partei nach wie vor noch sehr unterschiedliche Meinungen zum DDR-Milliardenkredit gab, den Strauß für den klammen SED-Staat mit eingefädelt hatte. Strauß reagierte ungehalten. Die Darstellung dieses Kredits sei falsch. Es handele sich um einen Kredit von Bank zu Bank, für den es keinen Pfennig staatlicher Zinssubventionen gebe. Es gebe keine Belastung des Steuerzahlers. Seine Vermittlung sei schon deshalb ein Erfolg, weil nun mehr Menschen die DDR verlassen könnten, Haftentlassungen und Familienzusammenführungen erreicht worden seien. Zudem sei es eine Tatsache: Je mehr Menschen aus der DDR die Möglichkeit hätten, die Bundesrepublik zu besuchen, umso kritischere Fragen würden sie nach ihrer Rückkehr stellen. Auch die Menschen in der DDR fragten dann, warum sie nicht denselben Lebensstandard wie die Bundesrepublik hätten und warum sie ohne Freiheit gegängelt würden. Außerdem habe er mit der Entscheidung über den Milliardenkredit die gesamte Union aus dem politischen Abseits herausgeholt.

Nachdem sich Strauß deutlich Luft verschafft hatte, kam es noch zum Austausch über wirtschaftspolitische Themen. Dazu hatte ich mich zu einer Wortmeldung entschlossen. Die Wettbewerbsfähigkeit unserer

Wirtschaft im Interesse von Investitionen und im Interesse der Erhaltung unserer Arbeitsplätze musste nach meiner Meinung deutlich verbessert werden. Insbesondere eine Senkung des Spitzensteuersatzes von 53 Prozent sei erforderlich. Außerdem verlangte ich eine Änderung der Arbeitslosenstatistik, die eine dringende Korrektur benötigte, weil unter dem Etikett der Zumutbarkeit viel Schindluder am Arbeitsmarkt stattfand. Die angebliche Massenarbeitslosigkeit stelle sich in der Praxis so dar, dass Arbeitnehmer, die vom Arbeitsamt geschickt würden, oft gar keine Arbeitsstelle annehmen wollten.

Der Parteifreund von den Sozialausschüssen widersprach sofort vehement. Aber Strauß gab mir in allen Punkten recht und beschwerte sich lauthals über die geringe wirtschaftspolitische Profilierung der CDU und die Befangenheit von Kohl in Verbindung mit Blüm und Geißler in den vergangenen Jahren. Wenn es in Bonn eine stärkere Führung gäbe, wäre die Stimmung in der Bevölkerung auch besser. Die Menschen erwarteten von ihrer Regierung klares und entschlossenes Handeln. Dies sprach er Bundeskanzler Kohl deutlich ab. Er ging auf seine Zeit als Bundesfinanzminister ein, in der er größere Schritte der Entlastung unternommen hatte, um auf mittlere und längere Sicht höhere Steuereinnahmen zu erreichen. Strauß schloss mit der Bemerkung, dass das Erscheinungsbild der Regierung wesentlich verbessert werden müsse, wenn man die Bundestagswahl 1990 wieder gewinnen wolle.

Im Anschluss an die Sitzung gab es neben einer Brotzeit auch noch die Gelegenheit, einige persönliche Dinge mit Strauß zu besprechen. Ich war überrascht, wie gut er über mich informiert war. Er wollte wissen, wie es in meinem Unternehmen ging, wie ich als Bürgermeister vorankam und wie die Stimmung bei den Mittelständlern sei. Über diese persönliche Note war ich doch sehr überrascht und erzählte ihm, dass auch mein Großvater, wie seine Familie, von der Bayerischen Volkspartei politisch geprägt wurde. Franz Josef Strauß habe ich dann noch zweimal bei Veranstaltungen erlebt.

Einmal traf ich als CSU-Fraktionsvorsitzender im Kreistag Main-Spessart mit ihm zusammen. Alle lauschten seinen Ausführungen über die Landes-, Bundes- und Weltpolitik. Bis er plötzlich innehielt und die Frage in den Raum stellte, er sei doch hier wohl in Unterfranken. Er sei gewohnt, dass man ihm hier einen guten Schoppen Wein anbiete. Der Wein kam und er schmeckte ihm vorzüglich. Doch bei dem einen Schoppen blieb es nicht. Nach dem sechsten Schoppen bekamen wir es mit der Angst zu tun, weil Strauß nach der längeren Unterredung im kleinen Kreis noch eine Rede halten sollte. Ich drängte zum Aufbruch und meinte, man könne ja nach der öffentlichen Veranstaltung noch einmal weitertrinken. So geschah es. Strauß redete im völlig dicht gefüllten Saal zwei Stunden ohne Unterbrechung. Das Publikum war begeistert. Die Veranstaltung war ein voller Erfolg. Der letzte Kontakt war eine persönliche Gratulation von Strauß zur Wiederwahl als Bürgermeister.

Am 31. Juli 1988 stand nach sechs Jahren Arbeit im Rathaus die Bürgermeisterwahl an. Ich überlegte, ob ich nach diesen sechs Jahren weitermachen sollte. Im Unternehmen ging es dank der aktiven Geschäftsführung meiner Schwester und meines Schwagers sehr gut weiter aufwärts. So entschloss ich mich, erneut zur Wahl anzutreten, obwohl ich natürlich in der Stadt mitbekommen hatte, dass die Stadtratsfraktion der Freien Bürger dringend einen Gegenkandidaten suchte. Ich konnte eine gute Bilanz meiner Amtszeit vorlegen. Dazu gehörten 14 neue Betriebs- und Industrieansiedlungen, die Verdoppelung der Gewerbesteuereinnahmen und die Verringerung der Pro-Kopf-Verschuldung der Stadt um 200 DM.

Zum Auftakt des Wahlkampfes hatte ich den bayerischen Innenminister Gustl Lang zu einer Veranstaltung in die Schellenberghalle eingeladen. Der Volkstribun aus der Oberpfalz rief die Versammlung auf, für die Wahl am 31. Juli zu werben. Der Bürgermeister verstehe das Einmaleins der Finanzen, betonte er, und lobte den gesunden Haushalt der Stadt, den Mut zum Risiko und zur Investitionsbereitschaft. Die Chancen müssten in den nächsten Jahren genutzt werden, denn Geld sei nicht immer da. Das Wahlergebnis war überwältigend. 87,5 Prozent der Wählerinnen und Wähler sprachen mir für die nächsten sechs Jahre ihr Vertrauen aus. Diesen Wählerauftrag wollte ich für die weitere Stadtentwicklung nutzen. Gedanken an eine andere politische Karriere auf höherer Ebene hatte ich nicht. Dafür hatte ich mir in der Stadt zu viel vorgenommen.

Zeitenwende in der CSU

Außerdem hatte ich mit der ehrenamtlichen Tätigkeit in der MU gleichzeitig die Möglichkeit, meine Gedanken zur Sozialen Marktwirtschaft in die politische Agenda einzubringen. So reiste ich am ersten Oktoberwochenende 1988 auf Einladung der Europäischen Mittelstandsvereinigung zu einem Kongress nach Baden bei Wien. Dort ereilte mich aus heiterem Himmel die Nachricht, dass Franz Josef Strauß nach einem Kreislaufversagen bei einem Jagdausflug im Krankenhaus der Barmherzigen Brüder in Regensburg verstorben war. Ich war tief berührt, denn mit Strauß verlor die CSU eine Ausnahmepersönlichkeit, die ich als Mensch mit Ecken und Kanten, aber auch als Persönlichkeit erlebt hatte, die andere Meinungen und Argumente gelten ließ. Er war nicht nachtragend, wie sich bei meinem Widerspruch zur Abschaffung der Flugbenzinsteuer für private Flieger und die Gleichstellung gegenüber den Fluggesellschaften zeigte. Mit seiner impulsiven und kämpferischen Art hatte er zweifellos zur Polarisierung beigetragen, aber seine charismatische Ausstrahlung war beeindruckend.

Franz Josef Strauß hatte Bayern in seiner Zeit als Ministerpräsident von 1978 bis 1988 mit der Ansiedlung und Förderung zukunftsweisender Industrieunternehmen wie kein anderer vorangebracht. Ein herausragendes Beispiel war seine Initiative zum Aufbau einer eigenen europäischen Flugzeugindustrie unter dem Dach des deutsch-französischen Airbus-Konzerns. Strauß war in meinen Augen ein großer Europäer, der immer an die Überwindung des Eisernen Vorhangs, die Wiedervereinigung Deutschlands und die Integration in Europa glaubte. Die Reaktionen bei dem europäischen Mittelstandskongress waren von hoher Anteilnahme und Anerkennung der internationalen Delegierten geprägt.

Nach der Trauerfeier für Franz Josef Strauß gab es in München einen Empfang, der viele CSU-Funktionsträger zusammenführte. Auch ich war dort. Es wurde diskutiert, wie es nun mit unserer Partei weitergehen sollte. Auch wenn viele noch geschockt waren, die Nachfolge sollte und musste schnell geregelt werden. Zur Diskussion standen Max Streibl, Gerold Tandler, Edmund Stoiber und Theo Waigel. Ich machte mich sofort für den CSU-Landesgruppenvorsitzenden Waigel stark, weil er mich schon als Vorsitzender der CSU-Grundsatzkommission fachlich überzeugt hatte und weil er vor allem einen geradlinigen und aufrichtigen Politikstil vermittelte. Insbesondere die Oberbayern waren in ihrer Meinung zwischen Max Streibl und Edmund Stoiber geteilt. Gar nicht gefiel mir, wie einige oberbayerische Aktivisten das Privatleben von Theo Waigel ins Spiel brachten, um ihn zu verhindern. Man könne doch keinen Parteivorsitzenden wählen, der sich von seiner Frau getrennt hat und mit einer Freundin zusammenlebt, argumentierten sie. Ich erwiderte, dass auch Franz Josef Strauß wirklich kein Heiliger gewesen sei. Und im Übrigen gehe uns das Privatleben unserer Parteifreunde nichts an. Schließlich wurde Theo Waigel am 19. November 1988 auch mit meiner Stimme zum fünften CSU-Parteivorsitzenden gewählt. Die Landtagsfraktion bestimmte Max Streibl zum neuen Bayerischen Ministerpräsidenten. Er hatte mir als bayerischer Finanzminister mehrfach geholfen. Er war sehr unternehmerfreundlich. Letzteres kostete ihm später in der sogenannten Amigo-Affäre jedoch das Amt.

Der Weg zur deutschen Einheit

Meine neue Amtsperiode als Bürgermeister ging ich im Jahr 1989 mit großem Elan an. Es ging darum, die weiteren Früchte der Altstadterneuerung und Stadtsanierung zu ernten und dies um ein Tourismuskonzept zur Stärkung des Wirtschaftsstandorts zu ergänzen. Dazu gehörte, die Stadt als Radwegezentrum zu profilieren. Mit dem Burgberg, der Scherenburg und dem historischen Apothekergarten reichte ich für Stadt im Bayerischen Umweltministerium eine Bewerbung für die Landesgartenschau ein. Mit den staatlichen Fördermitteln sollte ein stadtnaher Freizeit- und Erholungsraum entstehen. Nach vielen Besichtigungen, Planungen und Kommissionsbesuchen bekam Gemünden den Zuschlag für die kleine Landesgartenschau im Jahr 1997. Verbunden war dies mit der Zusage einer Investitionssumme von mehreren Millionen DM.

Für eine Teilhabe am boomenden Gesundheitsmarkt war ich an der Ansiedlung einer Reha-Klinik interessiert. Ich klapperte die einschlägigen Reha-Klinik Betreiber und Rentenversicherungsträger ab. Aber ich handelte mir viele Absagen ein. Ein Hauptgrund war, dass mit der Auflassung des Eisenbahnknotenpunktes die direkten Zughalte verloren gegangen waren. Es gelang mir später trotzdem noch, einen Investor und Klinikbetreiber für das historische Josefshaus zu finden. Ich dachte auch an eine Zusammenlegung von Freibad und Hallenbad mit Gesundheitseinrichtungen, die damals eine gute staatliche Förderung erhielten.

Aufhorchen ließ mich eine Initiative meines Würzburger Kollegen, der mit der Bezirkshauptstadt Suhl in Thüringen, jenseits des Eisernen Vorhangs, im Frühjahr 1989 den Versuch einer deutsch-deutschen Städtepartnerschaft unternahm. In meiner politischen Überzeugung war ich auf eine Entspannung zwischen Ost und West ausgerichtet. Ich freute mich über die politischen Prozesse, die in Danzig, in Prag, in Ungarn und im Baltikum angestoßen wurden. In den politischen Gremien hatten wir die Hoffnung, dass es in den Beziehungen zur DDR ebenso Tauwetter geben könnte. Wir wussten, dass die Stimmung in der DDR auf einem Tiefpunkt war. Die gesellschaftliche und geistige Bevormundung und der Stillstand im Vergleich mit anderen Ländern waren offenkundig. Oft hatte ich an der Grenze mit Stacheldraht, Selbstschussanlagen und Panzersperren zwischen Unterfranken und Thüringen gestanden und von einer Überwindung dieser unmenschlichen Grenze geträumt.

Der Versuch war es also wert, sich auf die Fährte des Würzburger Oberbürgermeisters zu begeben. Ich schrieb einen Brief an den Bürgermeister der Stadt Zella-Mehlis, der Nachbarstadt von Suhl, mit meinem Wunsch nach einer Städteverbindung. Zu meiner Überraschung bekam ich von Bürgermeister Fredor Weisheit die Einladung, der Stadt gemeinsam mit dem Stadtrat einen Besuch abzustatten. Mit großer Spannung stiegen wir in den Reisebus in Richtung Grenzübergang Mellrichstadt. Obwohl ich den DDR-Grenzbeamten die Einladungsschreiben und Akkreditierungen vorzeigte, wurden wir richtiggehend gefilzt. Einige Stadträte fingen schon an zu murren und kritisierten mich wegen dieser Aktion.

Schließlich kamen wir verspätet auf dem Marktplatz in Zella-Mehlis an. Uns stieg sofort der beißende Geruch der Braunkohleheizungen in die Nase. Vor dem Rathaus begrüßten uns der SED-Bürgermeister Weisheit und eine kleine Gruppe ausgewählter Vertreter der Stadt. Ansonsten war der Marktplatz menschenleer. Ich hatte mir allerdings vorgenommen, auch Kontakt mit der Bevölkerung aufzunehmen.

Aber zunächst einmal luden Bürgermeister Weisheit und sein Gefolge uns in den Ratskeller unterhalb des Rathauses ein. Bei seiner Begrüßungsansprache ging er auf die großen Errungenschaften der DDR ein. Er strebe eine Verbindung mit unserer Stadt an, um die friedliche Modernisierung des real existierenden Sozialismus auch gegenüber dem Westen zu verdeutlichen. Natürlich wollte er das sozialistische System selbst nicht infrage stellen. Damit war zu rechnen gewesen.

Es fiel mir auch sofort auf, dass ein Teilnehmer jedes Wort des Bürgermeisters mitstenografierte. In meiner Erwiderung brachte ich meine Hoffnung zum Ausdruck, dass mit der Erneuerungspolitik des sowjetischen Parteichefs Gorbatschow und mit seinem Reformprogramm von Glasnost und Perestroika ein Neubeginn unseres Zusammenlebens in Ost und West möglich werden könne. Einem meiner Stadträte war diese Aussage zu diplomatisch und er fragte in die Runde, warum sich die SED-Führung von Gorbatschows Politik des neuen Denkens distanziere und ob es am 7. Mai bei den Kommunalwahlen in der DDR endlich freie Wahlen geben werde.

Bürgermeister Weisheit erklärte dazu, er werde wieder zum Bürgermeister gewählt und das sei auch richtig so. Nach einem Mittagessen bat ich meinen Gastgeber, eine Besichtigung in der Stadt unternehmen zu dürfen. Das habe er bereits vorbereitet, entgegnete er. Der Chefarzt der Klinik und der evangelische Pfarrer hätten bei ihm den Wunsch zu einer Begegnung angemeldet.

Als wir den Marktplatz wieder betraten, standen auf der gegenüber liegenden Seite einige Bürger. Der westdeutsche Reisebus hatte wohl Aufmerksamkeit erzeugt. Einer aus der Gruppe kam auf mich zu und stellte sich als Karl Nehring vor. Er übergab mir eine Petition und beschwerte sich über die reformfeindliche Politik der SED. Wir müssten wissen, dass sich die DDR in einer tiefen ökonomischen Krise befinde, sagte er. Es gebe eine wachsende Unzufriedenheit der Menschen.

Beim anschließenden Besuch im Krankenhaus war ich tief erschüttert über den schlechten Zustand der Einrichtung. Der Chefarzt hielt mit seiner Analyse nicht hinter dem Berg. Die gegenüber dem Westen stark reduzierte Lebenserwartung der DDR-Bürger sei nicht zu verantworten. Er brauche dringlich Medikamente, Geräte und Material aus dem Westen.

Meine Delegation machte sich bedrückt über das Gesehene zum Treffen mit dem evangelischen Pfarrer in die Kirche auf. Er erklärte uns, dass wir im Schutzraum der Kirche frei sprechen könnten. Es gebe viele politische Fehlentwicklungen und Widersprüche in der DDR. Er ermutige Friedens- und Menschenrechtsgruppen in seiner Pfarrei. Es gebe inzwischen landesweit kirchliche Gruppen, die einen Informationsaustausch über die Einhaltung von Menschenrechten und die Bewahrung der Umwelt in der DDR führten. Die offene Aussprache mit dem Pfarrer in seiner unsanierten Kirche beeindruckte uns tief.

Abschließend besichtigten wir noch das Industrieunternehmen Robotron, das uns als DDR-Vorzeigeunternehmen vorgestellt wurde. Der Zustand des Betriebs war tatsächlich erschütternd. Dort produzierten mehr als 3000 Beschäftigte völlig veraltete Produkte. Es war für mich unübersehbar, dass diese volkseigenen Betriebe weder wirtschaftlich noch technologisch auf dem Weltmarkt wettbewerbsfähig sein konnten.

Am Spätnachmittag fuhr unsere Stadtrats-Delegation wieder zurück Richtung Grenze. Natürlich gab es auf der Heimreise im Bus eine intensive Diskussion über das Erlebte. Ich machte mir Gedanken darüber, warum Bürgermeister Weisheit uns zu diesem Besuch eingeladen hatte. Entweder wollte er innerhalb der SED ein Zeichen setzen, oder er wollte sich als Wendehals für die bevorstehende Kommunalwahl mit Glasnost und Perestroika bei den Wählern schmücken. Ich konnte es aber nicht mehr in Erfahrung bringen. Bei meinem nächsten Besuch in Zella-Mehlis war er bereits abgesetzt. Mein Versuch einer persönlichen Kontaktaufnahme scheiterte.

In unserer Delegation allerdings herrschte damals noch die durchgängige Meinung, dass eine Wiedervereinigung noch längere Zeit ein politischer Traum bleiben werde. Zumal auch weite Teile der westdeutschen Gesellschaft die Offenheit der deutschen Frage als absurde Vorstellung abtaten. Niemand konnte voraussehen, was dann innerhalb weniger Monate geschah.

Gorbatschow strebte eine Neugestaltung des Verhältnisses der sozialistischen Länder untereinander an und verzichtete auf die sogenannte Breschnew-Doktrin, die seit 1968 Staaten des Warschauer Paktes nur eine eingeschränkte Souveränität zugestand. Nach Ansicht Gorbatschows sollten Bruderparteien künftig selbst über ihre politische Linie entscheiden und die innerstaatlichen Probleme souverän, also eigenverantwortlich, lösen. Das ermutigte die Reformer in ganz Osteuropa. In Polen und Ungarn zeigten sich als Erstes die Auflösungserscheinungen der sozialistischen Regime.

Viele DDR-Bürger registrierten die Entwicklung sehr genau, zumal die DDR immer tiefer in eine ökonomische und politische Krise steuerte. Das Versagen der sozialistischen Planwirtschaft strahlte auf alle Lebensbereiche aus. Es fehlten wettbewerbsfähige Produkte, die Innenstädte verfielen, die Umweltschäden waren unübersehbar und das spärliche Angebot an Konsumgütern führte zu einer Mangelwirtschaft. Und während die SED-Führung unentwegt die Überlegenheit des Sozialismus propagierte, drohten der DDR in Wirklichkeit Zahlungsunfähigkeit und wirtschaftlicher Zusammenbruch.

Die Menschen reagierten auf die gesellschaftliche Stagnation und die falschen Versprechungen mit wachsender Unzufriedenheit. Sie waren es überdrüssig, sich im Mangel einzurichten, bevormundet zu werden, nicht reisen zu dürfen und der DDR-Nomenklatura ausgeliefert zu sein. Die zunehmende Zahl der Flüchtlinge und der freigekauften politischen Häftlinge machte den Legitimitätsverfall des DDR-Systems überdeutlich.

Anfang Mai 1989 begannen ungarische Grenzpolizisten mit dem Rückbau der Grenzbefestigungen zwischen Österreich und Ungarn. Das Westfernsehen übertrug Bilder der Grenzöffnung. Die Berichte elektrisierten viele Menschen in der DDR, zeigten sie doch nichts anderes als eine Fluchtmöglichkeit. Es begann ein wahrer Run auf Ungarn-Urlaub. Von den mehr als 34 000 DDR-Bürgern, die über Österreich in unser Land kamen, konnte ich etwa 100 in unserer Stadt begrüßen und aufnehmen.

Die DDR-Kommunalwahlen vom 7. Mai 1989 machten einmal mehr die Herrschaftsmechanismen der SED-Diktatur deutlich. Obwohl Wahlen in der DDR keinerlei Einfluss auf die politischen Machtverhältnisse hatten, legte die Staatspartei größten Wert auf eine möglichst hohe Zustimmungsrate. Schon bei der Nominierung der Kandidaten für die Kommunalwahlen gab es eine Flut von Eingaben kirchlicher Gruppen. Sie versuchten eigene Kandidaten auf der Einheitsliste zu platzieren, was aber verwehrt wurde. So konzentrierte man sich bei der Wahl auf Gegenstimmen.

Als der Vorsitzende der Zentralen Wahlkommission, Egon Krenz, das übliche amtliche Wahlergebnis mit 98,85 Prozent Zustimmung zur Einheitsliste bekannt gab, war der Nachweis des systematischen Wahlbetrugs offensichtlich. Die bislang vorwiegend im Untergrund gärende politische Krise der DDR bekam eine neue Dimension. Die SED verlor auch bei den bislang mit ihr loyal verbundenen Bevölkerungsgruppen an Ansehen und Einfluss. Die Opposition nutzte dieses Schlüsselereignis landesweit, um sich zu formieren und besser zu vernetzen. Neue Bürgerrechtsgruppen und politische Vereinigungen traten nach und nach aus dem Schutzraum der Kirche heraus und forderten gesellschaftliche Reformen.

Anfang September erhielt ich einen Brief von Karl Nehring aus Zella-Mehlis, der mich darin zu einem Besuch einlud. Er habe eine neue freiheitliche Gruppierung für Zella-Mehlis gegründet und bitte um Unterstützung. Ich stellte einen Einreiseantrag, der aber abgelehnt wurde. Inzwischen lehnten die DDR-Behörden auch neue Anträge auf Urlaubsreisen nach Ungarn ab. Das aber hielt den Strom derjenigen nicht auf, die die DDR verlassen wollten. Nun flüchteten Menschen in die bundesdeutsche Botschaft in Prag und hofften, von dort aus in die Bundesrepublik zu gelangen.

Schon bald befanden sich mehrere 1000 Menschen auf dem Gelände. Regenfälle hatten den Garten der Vertretung in eine Schlammwüste verwandelt, es herrschten katastrophale sanitäre Zustände. Nach zähen Verhandlungen mit DDR-Vertretern konnte Außenminister Hans-Dietrich Genscher den Wartenden am Abend des am 30. September 1989 die erlösende Botschaft überbringen.

Die DDR-Behörden hatten ihrer Ausreise zugestimmt. Mit mehreren Zügen der Reichsbahn kamen die Flüchtlinge über das Territorium der DDR in die Bundesrepublik. Ich begrüßte einige von ihnen, die zunächst in der Schulturnhalle untergebracht werden mussten. Der Verlust von Familienangehörigen, Freunden und Arbeitskollegen bestürzte all jene Menschen, die nicht gehen wollten, die darauf hofften, das Land öffnen und reformieren zu können. Zugleich empörte sie, mit welcher Blindheit und Arroganz die DDR-Führung auf die Flucht reagierte. SED-Generalsekretär Erich Honecker sprach von einer durch die Bundesrepublik stabsmäßig vorbereiteten Heim-ins-Reich-Psychose. Alle, die die DDR verlassen hätten, hätten durch ihr Verhalten die moralischen Werte mit Füßen getreten und sich selbst aus der Gesellschaft ausgegrenzt. Man solle ihnen deshalb keine Träne nachweinen. Es war empörend und lächerlich zugleich. Das DDR-Regime war geistig-moralisch völlig verkommen.

Parallel dazu griffen die Demonstrationen gegen das SED-Regime in der gesamten DDR um sich. Ihr Ausgangspunkt war die Leipziger Kundgebung vom 4. September 1989, die als erste Montagsdemonstration in die Geschichte einging. Sie markierte den Beginn der Eroberung des öffentlichen Raums als zentralem Aktionsfeld des anwachsenden politischen Protests in der DDR. Auch in Zella-Mehlis fanden in den folgenden Wochen Demonstrationen statt. Die Fernsehbilder aus Leipzig wirkten wie ein Lauffeuer. Auch die Gewalt der DDR-Sicherheitsorgane konnte diese Bewegung nicht mehr stoppen. Auf den Satz „Hier spricht die Volkspolizei" antwortete die Menge immer wieder: „Wir sind das Volk." Dieser selbstbewusste Satz wurde zum Leitmotiv des revolutionären Herbstes. Schon bald sollte er sich zur Parole wandeln: „Wir sind ein Volk."

Der neue SED-Chef Egon Krenz reiste nach China und solidarisierte sich dort mit den Verantwortlichen des Pekinger Massakers vom Juni 1989. Am Rande des Staatsaktes zum 40. Jahrestag der DDR-Gründung in Berlin gingen Polizisten, Einheiten des Ministeriums für Staatssicherheit und Angehörige der Betriebskampfgruppen mit großer Brutalität gegen Demonstranten und unbeteiligte Passanten vor. Doch die chinesische Lösung, die viele fürchteten, blieb aus. Gorbatschow hatte sich entschlossen, das marode SED-Regime nicht mit Waffengewalt vor seinen Bürgern zu schützen. Das Regime musste kapitulieren.

Mit der Öffnung der Mauer und der innerdeutschen Grenze am 9. November 1989 – ausgelöst durch eine völlig aus dem Ruder laufende Pressekonferenz von DDR-Regierungssprecher Günter Schabowski zum neuen Reisegesetz – begann der Prozess der Wiedervereinigung. Ich saß zu Hause vor dem Fernseher und beobachtete die Sondersendung. Mit der Ankündigung Schabowskis schrie ich meine Freude laut heraus. Für mich war der Inbegriff einer Gewaltherrschaft friedlich gefallen. Dem Weinen nahe sah ich, wie immer mehr Menschen noch in derselben Nacht zu den Grenzübergangsstellen strömten. Mein lang gehegter Traum schien in Erfüllung zu gehen.

Tatsächlich beschleunigte der Mauerfall den Zerfall der SED und ihrer Machtstrukturen. Ihre Funktionäre und Bürgermeister mussten ihre Ämter niederlegen. Noch einmal versuchte die SED ihre Macht zurückzuerobern. Eine neue Regierung aus SED-Kadern unter Ministerpräsident Hans Modrow versprach Reformen in Politik, Wirtschaft,

Bildungswesen und Verwaltung. Von Wiedervereinigung war nicht die Rede. Aber der Zug in Richtung Einheit war abgefahren und nicht mehr zu stoppen.

Wenige Tage nach der Grenzöffnung bekam ich im Rathaus Besuch von Karl Nehring, der mit einer großen Delegation aus Zella-Mehlis angereist war. Es war ein eindrucksvolles Treffen mit Verbrüderungs- und Freundschaftsgesten, als wäre man schon lange in Verbindung. Der schon bei meinem ersten Besuch mutige Demonstrant Nehring lud mich zu einem neuen Besuch nach Zella-Mehlis ein. Ich sprach mich offen für eine schnelle Wiedervereinigung aus. Doch ich merkte, dass es nicht nur Befürworter, sondern auch Gegner einer Wiedervereinigung gab. Noch vor Weihnachten 1989 fuhr ich nach Zella-Mehlis, um der Einladung der Bürgerbewegung nachzukommen. Es gab einen rauschenden Empfang auf dem Marktplatz mit vielen hundert Menschen. Ich war überwältigt von dieser Stimmung für eine Gemeinschaft über alle Gegensätze hinweg.

Nehring hatte in Zella-Mehlis einen Runden Tisch mit Vertretern der oppositionellen Gruppierungen organisiert, wie es ihn auch auf der obersten staatlichen Ebene der DDR gab. Das Hauptziel war, das zentralistische Machtmonopol der SED und ihres Staatssicherheitsdienstes aufzubrechen und eine freie Willensbildung zu ermöglichen.

Es war allen klar, dass es bei diesen Gesprächen nur um Vorschläge zur Überwindung der politischen Krise und die Durchführung freier, demokratischer und geheimer Wahlen gehen konnte. Ich hatte den Eindruck, dass die angelaufenen Verhandlungen und die Gespräche mit mir eine Art Instrument der Selbstbefreiung waren. Was viele Gesprächsteilnehmer aber nicht verstanden, war die tatsächliche Lage in der DDR. Es gab keinerlei Vorstellungen, wie die Zukunft der großen Kombinate und Landwirtschaftlichen Produktionsgenossenschaften (LPG) gestaltet werden könnte. Auf der Heimfahrt dachte ich, es gebe sicher in unserer Bundesregierung einen Plan für den Tag X der Wiedervereinigung und eine Blaupause für die Überführung einer sozialistischen Planwirtschaft in eine Soziale Marktwirtschaft. Deshalb telefonierte ich am nächsten Tag mit einem Mitglied der Bayerischen Staatsregierung. Ich informierte ihn über meinen Besuch in Zella-Mehlis und über meine persönlichen Eindrücke. Er antwortete mir, dass niemand sich getraut habe, eine Konzeption für die deutsche Wiedervereinigung zu diskutieren. Der Zeitgeist sei einfach dagegen gewesen.

So setzte ich meine ganzen Hoffnungen auf die Regierungskunst von Bundeskanzler Helmut Kohl und unseren Parteivorsitzenden Theo Waigel, der inzwischen als Bundesfinanzminister in das Kabinett eingetreten war. Wie sich noch herausstellen sollte, waren beide gerade jetzt ein Glücksfall für Deutschland. Das Zehn-Punkte-Programm von Helmut Kohl zur Überwindung der Teilung Deutschlands und Europas vom 28. November 1989 war für mich die entscheidende Wegmarke.

Ich schloss mit der Weihnachtspause und dem Jahreswechsel 1989/1990 die für mich „goldenen 1980er Jahre" ab. Es hatte viele freudige Anlässe und Ereignisse für mich gegeben. Insbesondere freute ich mich über die Geburten meiner drei Töchter, die wir nach langer Zeit des Wartens bekommen hatten. Meine Frau Christl war trotzdem immer im Unternehmen erfolgreich tätig und leistete den nicht einfachen Spagat zwischen Beruf und Familie. Sicher habe ich ihr in dieser Zeit zu wenig Unterstützung gegeben. Meine politischen Ziele und meine Arbeit im Rathaus hatten mich geradezu gefesselt.

Meine Töchter litten auch unter meiner politischen Arbeit und den damit verbundenen Auseinandersetzungen in der Öffentlichkeit. So kam eines Tages unsere älteste Tochter aus der Schule und sagte: „Papa es ist einfach Sch…, wenn man in der Schule Michelbach heißt." Das war nicht unbedingt die ideale Grundlage, die Kinder für meine politische Arbeit zu begeistern. Doch das Zusammenwachsen in Deutschland war spannend. Ich sah die wirtschaftliche Herausforderung in Ost und West als wichtige Aufgabe für die Zukunft an. Mir war sehr schnell klar geworden, dass die niederschmetternde Wirtschaftslage in Ostdeutschland auch die westdeutschen Kommunen hart treffen würde. Die staatlichen Fördermaßnahmen für weitere Investitionen in der Stadt würden bald nicht mehr so reichlich fließen. Meine weiteren Besuche in Ostdeutschland festigten meine Erkenntnis, dass die DDR wirtschaftlich am Boden lag und für das weitere Vorgehen unbedingt eine Eröffnungsbilanz in Verbindung mit einer Währungsreform erforderlich war.

Doch Kohl und Waigel scheuten den Offenbarungseid der DDR und vermieden zunächst, den Menschen in Ostdeutschland die Wahrheit über das Desaster ihrer Volkswirtschaft zu eröffnen. Das geschah sicher auch aus politischem Kalkül. 1990 war ein Wahljahr und der damalige SPD-Kanzlerkandidat und saarländische Ministerpräsident Oskar Lafontaine inszenierte eine populistische Angstkampagne, um ins Bundeskanzleramt zu gelangen. Er und auch der frisch gewählte niedersächsische SPD-Ministerpräsident Gerhard Schröder fochten gegen eine rasche deutsche Einheit.

Gleichzeitig blieben Kohl und Waigel aber auch hart gegenüber Forderungen von DDR-Ministerpräsident Modrow, der möglichst schnell viel Geld vom Westen bekommen wollte, um die SED ohne Reformen an der Macht zu halten. Auch Modrow wollte die Wiedervereinigung verhindern.

Waigel sah dagegen die Chance, mit einer Wirtschafts- und Währungsunion die Grundlage für ein starkes wiedervereintes Deutschland in einem geeinten Europa zu legen. Allerdings war Bundeskanzler Kohl bekanntlich kein Ökonom und für Waigel stand das Ziel der Einheit über allem. Und so kam es auf dem Weg zur Einheit zu ordnungspolitischen Fehlern. Die wohl größte Schwierigkeit war die Währungsumstellung von DDR-Mark zu D-Mark im Verhältnis 1:1. Viele Ökonomen hatten öffentlich davor gewarnt, ebenso die Bundesbank. Aber alles war im Fluss; marktwirtschaftliche Regeln und Ordnungspolitik waren nicht gefragt. Es galt zunächst einmal, demokratische Wahlen zu gewinnen. Hierzu brauchte es auf dem Gebiet der DDR ein Angebot an demokratischen Parteien. Gegen das DDR-Regime hatten sich vielfältige Oppositionsgruppen entwickelt, die bereit waren, in einer neuen Parteienkonstellation Verantwortung zu übernehmen.

Zur Wahl der 10. Volkskammer am 18. März 1990 war die ehemalige Blockpartei CDU mit den vorhandenen Strukturen im Vorteil. Auch die SPD konnte den Kontakt zu ihrem ostdeutschen Gegenstück nutzen. Für die CSU als regionale Partei mit bundespolitischem Anspruch war Handlungsbedarf gegeben, wenn man nicht das politische Gewicht im gesamten Bundesgebiet verlieren wollte. Bei meinen Besuchen in den ersten Wochen des Jahres 1990 gab es viele Bemühungen, eine CSU in Ostdeutschland aus der Taufe zu heben. Es gab dort viele Strauß-Anhänger und Menschen, die der Wende der Blockpartei CDU misstrauten.

So trug ich das große Interesse vieler Bürger aus Thüringen und Sachsen an der CSU nach München weiter. Der aus Niederbayern stammende CSU-Generalsekretär Erwin Huber aber blockierte eine Ausdehnung der eigenen Partei als zukunftsfähiges Angebot für die ostdeutschen Wählerinnen und Wähler. Huber verfolgte die Strategie: Wasch mich, aber mach mich nicht nass. Er ließ viele Kontaktversuche einfach auflaufen. Sein Zaudern verärgerte viele konstruktive Kräfte. Ihm war auch die historische landsmannschaftliche Verbundenheit zwischen Franken, Thüringen und Sachsen unbekannt.

Unser Parteivorsitzender Waigel agierte ebenso sehr vorsichtig. Es sollte nicht zu unkontrollierten Gründungen von CSU-Verbänden in der DDR kommen. Ich vermisste an diesem Punkt den unbedingten Machtwillen und die Zielstrebigkeit eines Franz Josef Strauß mehrfach schmerzlich. Ich befürchtete einen großen Bedeutungsverlust meiner Partei in der Zukunft. Vielleicht war es auch die Kabinettsdisziplin und Nähe zum Bundeskanzler, in der Theo Waigel im Konflikt als Bundesfinanzminister und Parteivorsitzender der CSU zweifellos stand.

Weil aber starke Kräfte innerhalb der CSU, wie der bayerische Innenminister Edmund Stoiber, seine Staatssekretäre Günther Beckstein und Peter Gauweiler sowie Bundesinnenminister Friedrich Zimmermann deutlich für eine Ausdehnung der CSU votierten, wurde die selbstständige politische Gruppe der Deutschen Sozialen Union (DSU) zunächst unterstützt. Sie wurde auch in die Volkskammer gewählt und stellte mit Hans-Wilhelm Ebeling und Peter-Michael Diestel zwei Minister im Kabinett des ersten (und letzten) frei gewählten DDR-Ministerpräsidenten Lothar de Maizière.

In den Wochen und Monaten des Jahres 1990 habe ich mich in Thüringen und Sachsen intensiv in den Wahlkampf eingebracht und mich für eine DSU mit der Ordnungspolitik der Sozialen Marktwirtschaft eingesetzt. Bei den Kommunalwahlen am 6. Mai 1990 konnte sich bei der Bürgermeisterwahl in Zella-Mehlis auch mit meiner Unterstützung der DSU-Kandidat Wolfgang Banze gegen den Mitbewerber von der CDU durchsetzen. Mit Banze rückte eine sehr vertrauenswürdige und aktive Persönlichkeit auf den Bürgermeistersessel, die klare Vorstellungen von einer Sozialen Marktwirtschaft hatte. Meine Aktivitäten im Wahlkampf waren auch in Thüringen und Sachsen erfolgreich.

Die CSU-Führung hielt im Einigungsprozess jedoch nicht voll und ganz zur DSU. Waigel hatte zwar die Wahl zum Ehrenvorsitzenden der DSU angenommen, aber die Landesleitung in München unternahm außer der Einrichtung eines Verbindungsbüros in der Landesleitung nicht viel. Diese bestenfalls halbherzige Unterstützung trug erheblich zum Niedergang der jungen Schwesterpartei bei. Mehrfach hatte ich die Gründung von Parteibüros und die Finanzierung der Kreisverbände angemahnt. Denn mir war klar, dass wir in Ostdeutschland neben der CDU für die Zukunft eine demokratisch legitimierte konservative Partei brauchten, um dauerhaft Mehrheiten zu finden.

Schließlich ließ der CDU-Vorsitzende Helmut Kohl die Verhandlungen mit unserem Parteivorsitzenden Waigel über drei sichere Direktmandate für die DSU bei der anstehenden Bundestagswahl platzen. Das Kapitel CSU und Schwesterpartei DSU war damit beendet. Eine große Chance wurde verpasst. Eine glaubwürdige Sammlungsbewegung mit einer Parteienformation aus CSU und DSU mit der Botschaft der Sozialen Marktwirtschaft, mit christlich-sozialen, liberalen und konservativen Wurzeln wäre sinnvoll gewesen. Sie hätte möglicherweise die Entwicklung einer rechtsextremen Partei, wie sie heute die AfD darstellt, verhindern können. Deutschland wäre 1998 eine rot-grüne Koalition unter Schröder/Fischer erspart geblieben, die den Niedergang der Wirtschaft mit Rekordarbeitslosigkeit und Rekordstaatsverschuldung politisch zu verantworten hatte.

Im Jahr 1990 herrschte jedoch vor allem die Euphorie über das Glück der Wiedervereinigung in der Politik wie auch in der Wirtschaft. Das neue Kapitel der deutschen Geschichte war auch eine Zeit der Umbrüche. Die rasche Überführung der Planwirtschaft im Osten Deutschlands in eine Soziale Marktwirtschaft und die Vollendung der Einheit Deutschlands in Freiheit, wie es seit 1948 als Auftrag im Grundgesetz hieß, standen ganz oben auf der Agenda.

Deshalb war es auch nicht schwer, kommunale Unterstützung für die jeweiligen Stadtverwaltungen zu gewinnen. Wir bildeten in unserem Rathaus Kollegen aus Zella-Mehlis aus und Mitarbeiter unserer Verwaltung halfen in Thüringen. Zu unserer Überraschung kam jedoch dann ein Partnerschaftsangebot der Stadt Andernach aus Rheinland-Pfalz in Zella-Mehlis an. Der Landesverband der CDU Rheinland-Pfalz hatte der CDU Thüringen ein großes Unterstützungs- und Partnerschaftsprogramm für die Kommunen unterbreitet. Ich stellte sehr schnell fest, dass die D-Mark aus dem Westen das Maß aller Dinge war.

Nachdem ich aufgefordert wurde, ebenso ein finanzielles Unterstützungsprogramm für die Stadt Zella-Mehlis aufzulegen, war ich über die Art und Weise des Subventionsbegehrens doch sehr irritiert. Ich verdeutlichte den Vertretern der Stadt Zella-Mehlis, dass wir gerne zur Neustrukturierung der Verwaltung und zur Beratung zur Verfügung stünden, aber es nicht Sache einer bayerischen Kommune sei, den sicher in der Zukunft notwendigen Finanztransfer zu übernehmen. Die Vorstellung war ganz offenbar, dass eine westdeutsche Kommune im Geld schwimme und eine bayerische Kommune einer thüringischen Stadt einfach so Geld überweisen könne. Ich wollte auch nicht den reichen Onkel aus dem Westen spielen und lehnte eine finanzielle Unterstützung ab. Es gab dann eine mehrheitliche Abstimmung im Stadtrat von Zella-Mehlis, eine Städtepartnerschaft mit Andernach einzugehen.

Als persönlichen Ausgleich für die vergangenen Hilfen schlug man mir vor, dass ich die Festrede zum Festakt der Wiedervereinigung am 3. Oktober in Zella-Mehlis halten sollte. Diese ehrenvolle Aufgabe übernahm ich sehr gerne. Ich würdigte die Selbstbefreiung der Ostdeutschen und gab die Mahnung mit auf den Weg, dass es nun in einem freien Wirtschaftssystem auf eigene Anstrengungen und Eigenverantwortung ankomme. Von zukünftigen blühenden Landschaften habe ich ausdrücklich nicht sprechen wollen. Ich sah den Sanierungsbedarf in den Kommunen und vor allem die riesigen Herausforderungen bei der Modernisierung der DDR-Wirtschaft und ihre Überführung in eine marktwirtschaftliche Wirtschaftsordnung.

Ich verdeutlichte aber auch, dass eine vollständige Gleichheit unrealistisch sei. Auch in Westdeutschland gebe es Unterschiede. Aber da goss ich eher Wasser in den Wein. Doch diese Feier zur Wiedervereinigung am 3. Oktober 1990 bleibt mir dauerhaft in Erinnerung als eine Wegstrecke, auf der ich deutsche Geschichte mitgestalten konnte.

Der Alltag holte mich in dieser spannenden Zeit jedoch sehr schnell wieder ein. Meine Stadt fiel als Folge der Wiedervereinigung aus verschiedenen Förderprogrammen heraus. In dem mit hohem Finanzaufwand erschlossenen neuen Industriegebiet blieben die Ansiedlungen aus. Die hohe staatliche Wirtschaftsförderung für Ostdeutschland führte zur Umlenkung der Investitionsströme. Das war hart. Andererseits war es für mich selbstverständlich, dass wir einen Finanztransfer für den Aufbau Ost leisten mussten. Deshalb machte ich mich mit voller Überzeugung für den Solidarpakt, den Finanzausgleich für die neuen Bundesländer, die EU-Strukturpolitik und weitere Förderprogramme wie den Stadtumbau Ost und einen schnellen Infrastrukturausbau Ost stark.

Zweifellos hat der Westen Deutschlands einen starken Beitrag für die neue Solidargemeinschaft geleistet. Dass bis heute bestimmte politische Kreise diesen Beitrag als zu gering darstellen und mit dem Märchen von der Zerschlagung der DDR-Wirtschaft durchs Land ziehen, dient wohl vor allem dazu, die eigentliche Verantwortung der SED für die desolaten Verhältnisse in der DDR zu verschleiern. Die viel geschmähte Treuhandanstalt als Privatisierungsanstalt für die ehemals volkseigenen Betriebe der DDR war die einzige Chance, neue wettbewerbsfähige Arbeitsplätze zu schaffen. Die tatsächlichen Gründe für den Kollaps der DDR-Wirtschaft waren die unverkäuflichen ostdeutschen Industrieprodukte und der Zusammenbruch der Handelsbeziehungen zwischen den früheren Warschauer-Pakt-Staaten. Dazu trug auch die von den Bürgern unbedingt schnell gewünschte Währungsunion bei.

Diese Auffassung habe ich offensiv bei einer Diskussionsveranstaltung der neu entstandenen Partnerschaft zwischen den Industrie- und Handelskammern West und Ost vertreten. Als Mitglied der Vollversammlung der Industrie- und Handelskammer Würzburg-Schweinfurt warb ich bei Unternehmerkollegen für neue Investitionen in Thüringen und Sachsen. Manche waren aber enttäuscht, dass sie nicht direkt Eigentum in den einzelnen Standorten erwerben konnten. Doch die Privatisierung der 8500 volkseigenen Betriebe sollte ausschließlich über die Treuhandanstalt erfolgen, die noch von der DDR-Volkskammer geschaffen worden war. Die Treuhandanstalt hatte zunächst viele Beamte aus dem öffentlichen Dienst als Mitarbeiter rekrutiert. Diese aber hatten große Bedenken vor Fehlsteuerungen und forderten von den interessierten westdeutschen Unternehmen erhebliche Investitions- und Beschäftigungszusagen, die aber wiederum von soliden Mittelstandsunternehmen nicht garantiert werden konnten. So landete das Hauptinteresse für die Übernahme der volkseigenen Betriebe vielfach nur bei den Großbetrieben. Die viel zu geringe Mittelstandskomponente bei der Privatisierung in Ostdeutschland habe ich öffentlich kritisiert.

Von der Treuhandanstalt erhielt ich schließlich einen Anruf des früheren Hoesch-Chefs Detlev Karsten Rohwedder, der vom DDR-Ministerrat an die Spitze der Treuhandanstalt berufen worden war. Rohwedder, der leider nur wenige Monate später von RAF-Terroristen ermordet wurde, bot mir eine hochrangige Stelle in der Treuhandanstalt an. Als Bürgermeister und Unternehmer hätte ich die richtige Erfahrung in Verwaltung und Betrieb für diese Entwicklungsaufgabe, insbesondere hinsichtlich einer stärkeren Mittelstandsstruktur in der ostdeutschen Wirtschaft, warb Rohwedder. Das Angebot mitzuhelfen, Tausende von Betrieben in ein marktwirtschaftliches System zu überführen, stellte für mich ohne Zweifel eine große Verlockung dar. Aber ich war ja erst 18 Monate zuvor von den Wählerinnen und Wählern mit einem herausragenden Votum im Amt als Bürgermeister bestätigt worden und fühlte mich ihnen gegenüber verpflichtet. So sagte ich schweren Herzens ab.

Natürlich beobachtete ich die Arbeit der Treuhandanstalt auch weiter sehr interessiert. Immer wieder meldete ich mich auch zu Wort und verdeutlichte, dass nicht nur Geld notwendig sei, sondern auch wirtschaftliches Know-how. Dabei unterstützte ich Bundesfinanzminister Waigel und insbesondere die neue Treuhand-Präsidentin Birgit Breuel, die viele richtige Entscheidungen bei der schwierigen Privatisierung von Betrieben und der Überführung einer Staatswirtschaft in eine Soziale Marktwirtschaft traf. Viele der heutigen Kritiker der Treuhandanstalt vergessen, dass andere osteuropäische Länder sich selbst aus dem sozialistischen Schlamassel befreien mussten, während der Osten Deutschlands erhebliche Transfers in Höhe von rund 2,1 Billionen Euro für Investitionen und Sozialleistungen aus Westdeutschland erhielt.

Zwischen 1990 und 1994 wurden mehr als 6500 volkseigene Betriebe privatisiert. 1600 Betriebe wurden an ihre früheren Besitzer zurückgegeben. 3700 Betriebe mussten abgewickelt werden; ihnen fehlte die erforderliche Wettbewerbsfähigkeit. Die Folge der Entwicklung war allerdings, dass die Arbeitslosenquote stark anstieg. Vor diesem Hintergrund fiel der Vergleich mit der vorherigen verdeckten DDR-Arbeitslosigkeit fatal aus. Die Lebenssituation vieler Ostdeutscher änderte sich dadurch im Schnellzugtempo, was auch zu Frust führte. Tatsächlich gab es aber keinen vertretbaren Grund, die Arbeit der Treuhandanstalt als Turbokapitalismus, Zerstörer, Plattmacher und Verschleuderer von DDR-Vermögenswerten zu kritisieren. Das allgemeine Treuhand-Bashing diente linken Ideologen und Gegnern der Wiedervereinigung als beliebtes Instrument, um von denen abzulenken, die das Wirtschaftsdesaster tatsächlich zu verantworten hatten.

Vergessen wird oft auch, dass es viele Beispiele gab, bei denen die Risikobereitschaft für Investitionen und die Übernahme von Arbeitsplätzen in Ostdeutschland auch im Westen zu erheblichen Vermögensverlusten und sogar zu Insolvenzen führte. Ein besonders eklatantes Beispiel aus meiner Heimat ist das Schweinfurter Kugellager-Traditionsunternehmen FAG Kugelfischer, das in der Euphorie der Wiedervereinigung in Leipzig die Deutschen Kugellagerfabriken (DKFL) mit allen 7500 Mitarbeitern von der Treuhandanstalt übernahm. Das führte zwischen 1990 und 1992 zu Verlusten von mehr als 400 Millionen DM, was die traditionsreiche Industriellenfamilie Schäfer am Ende das eigene Unternehmen kostete. Das ganze FAG-Betriebsvermögen musste an die Banken verpfändet werden, was im westdeutschen Schweinfurt zu großer Arbeitslosigkeit führte. Die Einheit führte eben nicht nur in einem Teil des wiedervereinten Landes zu Verwerfungen.

Doch wirkte die Enttäuschung angesichts der schnell anwachsenden Arbeitslosigkeit in Ostdeutschland doppelt, erfüllte sich doch die realitätsferne Hoffnung nicht, dass die Soziale Marktwirtschaft alles sofort zum Positiven verändern würde. Es gab wenig Kenntnisse über die Grundlagen des Wirtschaftskreislaufs und die direkten staatlichen Einflussmöglichkeiten in einer Sozialen Marktwirtschaft. Allerdings müssen wir, die wir unser freiheitliches Wirtschaftssystem als einzige Chance ansehen, auch den Fehler einräumen, die Grundlagen, Zusammenhänge und ordnungspolitischen Grundsätze der Sozialen Marktwirtschaft nicht ausreichend erklärt und offensiv vertreten zu haben.

So war es für die Demagogen leicht, für die Umstellungskrise und den schwierigen Transformationsprozess sofort den westdeutschen Kapitalismus verantwortlich zu machen. Analysiert man die Geschichte der Wiedervereinigung auf dem Gebiet der Wirtschaft, muss man festhalten, dass in den 1990er-Jahren in Ostdeutschland eine gigantische Investitionsbaustelle entstand, von der am Ende alle profitierten.

Deutschland hat sich mit der Einheit und den Transformationsprozessen in der ehemaligen DDR einer Herkulesaufgabe gestellt und sich dabei insgesamt ganz gut geschlagen. Veränderungen brauchen aber nicht nur Geld, sie müssen vor allem auch in den Köpfen stattfinden. Dazu gehört eine angemessene Betrachtung und wertfreie Analyse, wie sie die Prognos AG erarbeitet hat. Die Forscher stellten fest, dass sich keine deutsche Region mehr im EU-Vergleich verstecken muss. Sie schrieben in einer Studie, die fraglos bestehenden Unterschiede zwischen Ost- und Westdeutschland müssten anhand des passenden Maßstabs gemessen werden. Die vermeintlich deutlichen Unterschiede innerhalb Deutschlands, etwa zwischen Bayern und Brandenburg oder zwischen Nordrhein-Westfalen und Sachsen, relativierten sich nämlich im Vergleich mit den europäischen Nachbarregionen. Beim Pro-Kopf-Einkommen nehmen ausnahmslos alle deutschen Regionen gute Positionen ein. Viele Bundesländer liegen deutlich über dem EU-Durchschnitt. Selbst die deutschen Regionen mit dem geringsten Bruttoinlandsprodukt pro Kopf liegen nur knapp unter oder genau im europäischen Schnitt, in etwa auf Augenhöhe mit bekannten Regionen in Spanien, Italien oder Frankreich. Zum Beispiel rangiert Sachsen ähnlich wie die Bretagne in Frankreich auf dem EU-Durchschnitt und Mecklenburg-Vorpommern liegt knapp vor Barcelona, das eine der prosperierenden Regionen Spaniens ist. Dies zeigt, dass regionale Disparitäten in Europa und auch innerhalb Deutschlands weder ungewöhnlich noch neu sind, sondern Ergebnis unterschiedlicher ökonomischer Rahmen- und Standortbedingungen, etwa der Ressourcenverfügbarkeit, der Branchen-Unternehmensstruktur sowie der geografischen Gegebenheiten.

Der Vorwurf, die vom damaligen Bundeskanzler Kohl versprochenen blühenden Landschaften im Osten seien nicht entstanden, entspricht nicht der Wirklichkeit. Denn blühende Landschaften sind zweifellos entstanden; doch gibt es in allen Regionen auch Unterschiede. Eine vollständige Gleichheit ist nicht zu erzielen. Die ostdeutschen Bundesländer haben bezogen auf ihre Wirtschaftskraft und das Einkommen in den vergangenen 30 Jahren einen beachtlichen Aufholprozess erreicht. Die Suche nach Marktwirtschaft war ein Erfolgsweg.

Dass der Osten im Jahre 2019 auf einem Niveau von knapp 80 Prozent des Bruttoinlandsprodukts (BIP) pro Kopf und kaufkraftbereinigt bei 87 Prozent des gesamtdeutschen Medianeinkommens liegt, ist kein Ausdruck des Scheiterns, sondern ganz im Gegenteil eine Erfolgsgeschichte. Der Osten war 1990 bei 50 Prozent des Bundesdurchschnitts gestartet. Die hohe Abwanderung vor allem junger Menschen nach der Wende ist weiter deutlich an der Bevölkerungsstruktur abzulesen, obwohl längst eine Trendwende erreicht ist und seit 2013 wieder mehr Menschen von West nach Ost ziehen als umgekehrt. Städte wie Berlin, Leipzig oder Dresden haben sich als neue Boom-Städte mit hoher Sogwirkung profiliert und gehören mittlerweile zu den dynamischsten Großstädten in Deutschland.

Sie werden ergänzt von prosperierenden Städten wie Potsdam, Jena oder Erfurt. Für die künftige Entwicklung sind sie von zentraler Bedeutung, denn das hohe Wachstum einiger Städte in Ostdeutschland stößt etwa mit Blick auf die Wohnungsmärkte bereits wieder an Grenzen. Der im Osten besonders ausgeprägte Stadt-Land-Gegensatz bleibt eine der zentralen Herausforderungen für die weitere Entwicklung. Dafür müssen die Wachstumschancen neuer Geschäftsmodelle und Technologiefelder sowie der Digitalisierung genutzt werden. Ansiedlungen von Unternehmen der Batterietechnik, Mikroelektronik, der Elektromobilität wie die Gigafactory von Tesla in Brandenburg, können erhebliche ökonomische Impulse bewirken.

Im wiedervereinigten Deutschland sind Ost und West erfolgreich und vielfältig zusammengerückt. Das gleichberechtigte Geben und Nehmen fördert das Zusammenwachsen. Die wirtschaftliche Leistungsfähigkeit in Gesamtdeutschland hat von der Wiedervereinigung profitiert. Der Westen hat mit einer starken Wirtschaft und einem stabilen industriellen Kern den Aufbau und die Entwicklung des Ostens über vielfältige Programme, strukturelle Hilfen und Anreize unterstützt. Umgekehrt hat der Osten dem Westen nicht nur viele junge und qualifizierte Menschen gebracht und den Binnenmarkt erheblich vergrößert, sondern auch die Tür nach Osteuropa geöffnet.

Es darf nicht vergessen werden, dass in den 1990er Jahren mehr als drei Millionen Menschen aus Ost- nach Westdeutschland wanderten und viele qualifizierte Fachkräfte und deren Familien im Westen zur demografischen Stabilität beitrugen, sodass Deutschland mit mehr als 83 Millionen Menschen und einem Bruttoinlandsprodukt von 3,4 Billionen Euro die größte Volkswirtschaft in Europa mit einem Anteil von 29 Prozent an der Gesamtleistung der Eurozone wurde.

... und die Folgen

In meiner Heimatstadt konnte ich als Bürgermeister Anfang der 1990er Jahre sehr schnell die Erfahrung machen, dass sich der Fokus für die Ansiedlung von Betrieben verlagerte. Ungeachtet der erheblich erschwerten Umstände versuchte ich dennoch alles, um Ansiedlungen in dem mit hohem finanziellem Aufwand erschlossenen neuen Industriegebiet zu akquirieren. So suchte die Batteriefabrik Sonnenschein, die der Ehefrau des Bundespostministers Christian Schwarz-Schilling gehörte, einen neuen Standort. Allerdings war die Firma wegen erheblicher Kontaminationen auf ihrem Gelände im nicht weit entfernten hessischen Büdingen in die Schlagzeilen geraten. Ich war dennoch zu einem persönlichen Kontakt bereit und bot ein Gespräch über unser Industriegelände als neuen Standort an. Natürlich sollte ein erstes Kontaktgespräch geheim stattfinden. Ich bat um einen Terminvorschlag. Drei Wochen später – an einem Sonntag – erhielt ich den Anruf eines lokalen Zeitungsredakteurs. Der Bundespostminister Schwarz-Schilling sitze in einem Café am Marktplatz, sagte der Journalist und stellte die Frage, ob ich wüsste, warum er die Stadt besuche. Mir war die Brisanz dieses Anrufs sofort klar. Ich erklärte ihm, dass Schwarz-Schilling wohl inkognito mit seiner Frau unser Industriegebiet besichtigen wolle.

Damit waren allerdings alle Schleusen geöffnet. Ich kam massiv unter Druck. In der Öffentlichkeit wurde mir der Vorwurf gemacht, dass ich die Bleiverseuchung mit der Batteriefabrik Sonnenschein von Büdingen in unsere Stadt holen wollte. Das Gegenteil war der Fall. Aber in den Zeitungsspalten war ich der Umweltsünder schlechthin. Angesichts der unsachlichen Anwürfe und falschen Beschuldigungen war ich ziemlich frustriert. Ich nahm noch einmal Kontakt mit Schwarz-Schilling auf und bat um eine konkrete Aussage hinsichtlich der Investitionen. Er erklärte mir, dass er nach den Diffamierungen kein Interesse mehr habe. Auf meine Frage, warum er denn die Ansiedlungsanbahnung und den Besuch in dieser Weise vorgenommen habe, gab er mir zur Antwort: „Ich wollte einmal in Bayern meinen Marktwert testen.“ Mir blieb der Imageschaden. Denn ich hatte nun das Etikett am Hals, den Umweltschutz nicht besonders ernst zu nehmen. In der Stadt bekam ein Öko-Kreis politischen Zulauf, der meine Bemühungen um die Ansiedlung von Betrieben und Arbeitsplätzen zunehmend kritisierte.

Mein nächster Ansiedlungsversuch war ebenfalls nicht von Erfolg gekrönt. Es ging um die Produktionsstätte eines amerikanischen Elektrokonzerns, die von der bayerischen Staatsregierung gefördert werden sollte. Während ich mit meiner Familie auf Elba im Urlaub weilte, erreichte mich die Nachricht, dass im Wirtschaftsministerium in München ein Termin mit Konzernvertretern aus den USA stattfinden sollte. Sofort unterbrach ich zum Leidwesen meiner Frau den gemeinsamen Urlaub und charterte ein kleines Privatflugzeug, das mich pünktlich von Elba nach München bringen sollte. Die Reise geriet zum Horrortrip. Der Pilot täuschte auf der Höhe von Bozen einen Motordefekt vor und absolvierte eine Notlandung auf dem Flugplatz der Stadt. Wie sich später herausstellte, waren sowohl der Pilotenschein als auch sein Kleinflugzeug illegal. Ich jedenfalls setzte mich in Bozen in einen Leihwagen und fuhr in Richtung München. Trotz schneller Fahrt kam ich zu dem Termin im Wirtschaftsministerium zwei Stunden zu spät. Die Ansiedlung war gelaufen. Sie wurde dann auch nicht in Bayern, sondern wegen der hohen staatlichen Förderung in Sachsen realisiert. Mir wurde klar, dass weitere Bemühungen um größere Industrieansiedlungen wegen des veränderten Standortwettbewerbs chancenlos sein würden. Fortan setzte ich auf mittelständische Bewerber. Es kamen hauptsächlich Dienstleistungs- und Handelsbetriebe, die jedoch die gewünschten produzierenden Primärarbeitsplätze nicht ersetzen und den damit einhergehenden Transfer von Wirtschaftskraft nicht erbringen konnten. Mein Kampf um die wirtschaftliche Stärkung der Stadt bekam damit einen Dämpfer.

Die Suche nach weiteren Möglichkeiten konzentrierte sich jetzt zunächst auf den Ausbau des Tourismus. Es gelang in Verbindung mit der städtischen Scherenberghalle, einen Hotelbetrieb anzusiedeln. Auch konnte ich Stadtrat und Bürger für die Neugründung der Festspiele auf der Scherenburg begeistern. Mein Ziel war, Kultur, Stadtgeschichte, ehrenamtliches Engagement und wirtschaftliche Prosperität zur Steigerung der Attraktivität der Stadt zu verbinden.

Schon im Jahr 1908 war es dem damaligen Bürgermeister Otto Christin gelungen, attraktive Festspiele zu organisieren, die allerdings wegen der damaligen Wirtschaftskrise in die Insolvenz gingen. Trotz aller Unkenrufe gelang es dank des großen ehrenamtlichen Engagements von Bürgern und der Förderung durch die Wirtschaft, die Festspiele zu reaktiveren und zu einem Volltreffer für die Stadt zu entwickeln. Jährlich gibt es seither in den Sommermonaten einen großen Besucheransturm. 30 Jahre nach diesem Neustart konnte dank der Zuwendungen von Europa-, Bundes- und Landesmitteln endlich auch der lang gehegte Wunsch realisiert werden, an der Scherenburg eine neue dauerhafte Spielstätte zu errichten.

Die positive wirtschaftliche Entwicklung führte in der Stadt zur erheblichen Ausweitung der Nachfrage nach Wohnbaugrundstücken. Im Stadtrat wurde der Vorschlag unterbreitet, erschlossene, aber ungenutzte Wohnbaugrundstücke mit einem sogenannten Baugebot nach dem Baugesetzbuch zu aktivieren. Einen solchen enteignungsgleichen Eingriff in das Privateigentum lehnte ich jedoch schon aus ordnungspolitischen Gründen ab. Es gelang, an anderer Stelle Flächen zu gewinnen und diese im Zuge einer sozialverträglichen Baulandpolitik zu erschließen. Dazu kaufte die Stadt Ackerflächen auf, die sie Bauwilligen zu günstigen Preisen anbot.

So näherte sich mein zehnjähriges Amtsjubiläum als Bürgermeister, zu dem ich eine Feier ausrichtete, was allerdings nicht bei allen gut ankam. Die Lokalausgabe der *Main-Post* schrieb zum Jubiläum unter der Überschrift „Hans steht nach zehn Jahren noch mächtig unter Dampf" ebenso anerkennend wie kritisch: „Entweder ist Hans Michelbach für die Stadt zu groß, oder die Stadt ist für ihn zu klein. Zehn Jahre sind an sich eine kurze Spanne, in der aber in der Stadt vieles auf einmal angepackt und meist auch flott durchgezogen wurde. Stadtsanierung, Museum, Ortsumgehungen, Abwasserbeseitigung, Dorferneuerungen, Industrieansiedlungen. Michelbach hat die im Nachhinein als fett zu bezeichnenden Jahre genutzt, um der Stadt einen ansehnlichen Teil der staatlichen

Gelder zuzuleiten, die jetzt auf Jahre hinaus größtenteils in den Osten fließen werden.

Die Zeit der Großprojekte, der Superlativ-Haushalte mit den Riesen- Investitionsprogrammen ist vorbei, wobei die wichtigen städtischen Aufgaben der nahen Zukunft erledigt sind. Das ist andernorts selten der Fall. Auch deshalb sind die zehn Jahre Bürgermeisterei ein Einschnitt und einen Rückblick wert. Der jugendliche Manager – das war schon vor dem Amtsantritt erkennbar – liebt das Risiko, bringt das behäbige Städtchen auf Touren und ein ums andere Mal an die Grenze der finanziellen und auch der progressiven Belastbarkeit. ‚Hans Dampf', wie er bald freundlich bis kritisch genannt wird, geht jedes Ziel frontal an, oft mit dem Kopf durch die Wand, und erreicht scheinbar Unerreichbares, beispielsweise den städtischen Prestige-Weinberg. Wie ihm überhaupt zur Hebung des Ansehens seiner Stadt kein Weg zu steinig ist.

Intriganz und Konzilianz sind Hans Michelbach fremd und wenn er auf dem einmal für richtig erkannten Weg auf große Steine stößt, kennt er nicht Feind und nicht Freund. Freilich wird Hans Michelbach mit zunehmender Routine ruhiger, dieser Erfolg bringende, manchmal verletzende Wesenszug aber bleibt. Dass er auch heute noch keine Eskalation scheut, hat sich erst wieder im Juni beim Heimatfest an der Gauweiler-Ein- und Ausladung gezeigt. Bei all seiner Liebe zum kräftigen Austeilen: Dünnhäutig ist Hans Michelbach.

Oft fühlte er sich missverstanden: Was er tut, tue er ja nicht für sich selbst. Und auch das stimmt, so eitel, selbstgefällig, moderat-schöntuend wie der neue Typ des Politikers in der Republik zu sein scheint, ist er nicht.

Nur fehlt ihm ab und an eine innere Bremse, macht er sich im stürmischen Engagement für eine Sache unnötig angreifbar oder zieht sich Schuhe an, die nicht die seinen sind. Dazu eine julianische Sicht der Dinge: Wer nicht für mich ist, ist gegen mich. Da genügt dann beispielsweise der bloße Verdacht, ein Widersacher habe etwas angezettelt, die Zugbrücke hoch-, das Visier herunterzuklappen. In tatsächlichen oder vermeintlichen Krisen bleibt Hans Michelbachs humorvolle, loyale und verständnisvolle Art auf der Strecke.

Im Übrigen wirkt seine immer noch ungebremste Kraft anziehend, und im Verbund mit den Erfolgen hat er den Großteil des Wahlvolks allen Unkenrufen zum Trotz hinter sich. Der jung-dynamische, polternde Manager war einst auch den Altvorderen der Kreis-CSU suspekt. So hat sich Michelbachs Energie zunächst auf Bezirks- und Landesebene bei der CSU-Mittelstands-Union entladen, während er in Main-Spessart mit dem Kreistagsfraktionsvorsitz saturiert werden sollte. Auf Dauer jedoch konnte die Partei nicht an ihm, respektive an seiner Durchschlagskraft und seiner Fähigkeit, heterogene Gruppen auf Linie zu bringen, vorbei. Seit einem Jahr ist der ‚Große Blonde' CSU-Kreisvorsitzender.

Ich bin ein politischer Mensch, stellte der von unserem Kolumnisten gern als ‚OB' titulierte Bürgermeister kürzlich fest. Sein Sinnen somit geht freilich über den Kirchturm hinaus, das zeigt schon die Hingabe zum Amt des unterfränkischen Obmanns des bayrischen Städtetags. Weitere Karriere in Bonn oder München also nicht ausgeschlossen. So ist Hans Michelbach immer für eine Überraschung gut, auch in den nächsten zehn Jahren. Ihm mag es hier langweilig werden, uns mit ihm bestimmt nicht."

Dieser Artikel war zum Ende hin doch sehr spekulativ, aber politisch für mich nicht ungefährlich. Ein Politiker, der den Eindruck entstehen lässt, es ziehe ihn am Ende zu höheren Weihen, wird rasch zum lockenden Angriffsziel jener, die schon immer an seinem Stuhl sägen wollten. Dabei war ich mit meiner kommunalpolitischen Arbeit voll ausgelastet und mit Freude dabei. Ich hatte es geschafft, für die Stadt den Zuschlag für die kleine Landesgartenschau 1997 zu erhalten. Das sollte zusammen mit der Staatsförderung Investitionen von zehn Millionen DM ermöglichen. Die Konzeption zur Sanierung des historischen Ronkarzgartens und die Umgestaltung des Hangs unterhalb der Scherenburg sowie zur Verbesserung der touristischen Attraktivität fanden bei der Jury großen Anklang. Doch wegen des Widerstands gegen Wachstum und Investitionen wurde der Zuschlag später zurückgegeben.

Am Kreuzweg

Wir schrieben das Jahr 1994 und es ging auf die nächste Bürgermeisterwahl zu. Die Opposition verständigte sich darauf, die vom Rathaus ausgehende Wachstumspolitik als Grundübel dazustellen. In der Presse las man die Behauptung, die Politik von Bürgermeister und Stadtratsmehrheit werde nur noch von einem Prozent der Bevölkerung vorbehaltlos gebilligt. Der Kurs des ungebremsten Wachstums und die Prestigeobjekte müssten gestoppt werden. Ein Gegenkandidat sollte her. Damit war klar, eine erneute Bestätigung im Amt würde kein Spaziergang werden. Mit einem Stimmergebnis von 60 Prozent wurde ich aber doch recht deutlich für eine dritte Amtszeit gewählt. Meine Suche nach Marktwirtschaft, qualitativem Wachstum, investiven Anstrengungen und Nachhaltigkeit ohne Ideologie wurden honoriert.

Politisch hatte es das Jahr 1994 wirklich in sich. Ich hatte als Kreisvorsitzender eines der größten CSU-Kreisverbände in Bayern eine hohe Verantwortung übernommen. Das Vertrauen wollte ich natürlich unbedingt rechtfertigen. Die Bürgermeisterwahl war für mich der Auftakt zu einen Superwahljahr – Europawahlen, acht Landtagswahlen, Wahl des neuen Bundespräsidenten und Bundestagswahl standen im Kalender. Die politische Stimmung war für die Union wegen der hohen Arbeitslosigkeit und der Finanzierungsprobleme als Folge der deutschen Einheit angespannt.

Die SPD gewann mehrere Landtagswahlen. Am 23. Mai 1994 wurde ich erstmals als Wahlmann für die Bundespräsidentenwahl nominiert, die in Berlin im noch nicht sanierten Reichstagsgebäude stattfand. Wir konnten den Präsidenten des Bundesverfassungsgerichts, Roman Herzog, gegen den SPD-Kandidaten, NRW-Ministerpräsident Johannes Rau, als ersten gesamtdeutschen Bundespräsidenten durchsetzen. Herzog lernte ich als einen intellektuellen und zugleich bodenständigen Menschen mit klaren ordnungspolitischen Werten kennen, der sich für mehr Ideenreichtum, Technologiefortschritt, Zukunftsbejahung und wirtschaftliche Dynamik in Deutschland starkmachte. Viele Male habe ich seine berühmte „Ruck-Rede" nachgelesen, weil sie so überdeutlich den dringenden Handlungsbedarf bei der marktwirtschaftlichen Leistungsfähigkeit in Deutschland formulierte. Er war zweifellos ein würdiger Nachfolger des beliebten Bundespräsidenten Richard von Weizsäcker, der das Amt zehn Jahre innehatte und mit seiner Rede zum Ende des Zweiten Weltkriegs und der deutschen Schuld Maßstäbe gesetzt hatte.

Das turbulente Jahr 1994 setzte sich für mich mit einer zunächst sehr merkwürdigen Begegnung mit dem Regierungspräsidenten von Unterfranken fort. Bei einem Termin zur neuen Förderkulisse des Städtebauförderprogramms lief ich ihm im Regierungsgebäude in Würzburg über den Weg. Er sagte: „Ach, schön, dass ich sie sehe. Ich gratuliere Ihnen noch nachträglich zur Wiederwahl, aber eigentlich kenne ich Sie gar nicht." Über diese Aussage war ich doch sehr erstaunt, hatte ich doch oftmals guten Kontakt mit ihm. „Das müssen Sie mir schon näher erklären, Herr Regierungspräsident", sagte ich. „Ja dann lassen Sie sich bei meiner Sekretärin einmal einen Termin geben, dann erkläre ich Ihnen alles." Ziemlich ratlos fuhr ich nach Hause und besprach mich mit meiner Frau, was diese Aussage denn nun zu bedeuten hätte. Wir wussten es einfach nicht.

Nach der Terminvereinbarung machte ich mich mit einem unguten Gefühl auf nach Würzburg. „Warum wollen Sie mich nicht mehr kennen?", fragte ich nach der Begrüßung. Er erläuterte mir, dass er aus dem Flurfunk und dem Handelsregister erfahren habe, dass ich als Kommunalwahlbeamter gleichzeitig noch persönlich haftender Gesellschafter einer größeren Kommanditgesellschaft sei. Das sei inkompatibel mit meinem hauptberuflichen Bürgermeisteramt. Er wolle das nicht an die große Glocke hängen, weil es ohnehin eine große Seltenheit sei, dass ein Unternehmer sich in dieser Weise einbringe. „Sie haben sich ja auch nie etwas zuschulden kommen lassen. Und deshalb habe ich beschlossen: Ich kenne Sie nicht. Aber es wäre besser, wenn Sie das doch in Ordnung brächten."

Mir wurde heiß und kalt zugleich. Schon sah ich schlimme Schlagzeilen vor meinem geistigen Auge. Und so war ich heilfroh, dass der Regierungspräsident so großzügig mit mir umging und mir versprach, nicht an die Öffentlichkeit zu gehen. Ich machte ihm deutlich, dass mir bisher niemand diese Unvereinbarkeit erläutert und auch die Rechtsaufsicht nie nach meinem Status als Unternehmer gefragt habe. Doch mir war klar, dass ich eine Lösung finden musste, um nicht eines Tages in Misskredit zu kommen.

Bei meiner Familie holte ich Rat. Meine Frau Christl, die bis zu diesem Zeitpunkt alle politischen Belastungen mit dem Bürgermeisteramt sehr geduldig getragen hatte, war von dieser Entwicklung nicht gerade begeistert. Die um sich greifende politische Polarisierung war schon belastend genug. Ich aber schloss aus, kurz nach meiner dritten Bürgermeisterwahl das Amt zur Verfügung zu stellen und zurück in mein Unternehmen zu gehen. Also machte ich mich auf, die gesellschaftsrechtlichen und steuerlichen Fragen in meinem Unternehmen abzuklären. Dazu musste ich auch mit den kreditgebenden Banken wegen einer Veränderung der Gesellschaftsform und der Kreditverträge sprechen. Denn in unserer Personengesellschaft waren die Finanzierungsverträge mit meiner Person eng verknüpft. Sehr schnell wurde mir klar, dass die Banken eine neue Bonitäts- und Kreditprüfung vornehmen wollten, wenn ich als persönlich haftender Gesellschafter aus der Personengesellschaft ausscheiden und das Unternehmen in eine Kapitalgesellschaft mit beschränkter Haftung umgewandelt würde. Den Banken passte die von mir gewünschte Haftungsänderung nicht.

Mit meinem Amt als Bürgermeister wäre die Rolle als stiller Teilhaber kompatibel gewesen. Doch war auch mein unternehmerisches Leitbild seit meiner eigenen Firmengründung 1971 mit der persönlichen Haftung des Unternehmers eng verknüpft. Hatte ich doch mit der persönlichen Haftung überhaupt die Chance bekommen, meinen Betrieb zu gründen und schnell wachsen zu lassen. Das Unternehmen auf Dauer zu erhalten und auszubauen, war für mich von hoher Bedeutung. Also waren guter Rat und eine schnelle Entscheidung gefragt.

Schon 1990 wurde ich von meiner Mittelstands-Union für einen Listenplatz zur Bundestagswahl vorgeschlagen. Allerdings bemühte ich mich wegen des Bürgermeisteramtes nicht um eine aussichtsreiche Platzierung. Auch für die Bundestagswahl 1994 schlug mich die Mittelstands-Union wiederum für die Bundestagsliste vor. Allerdings machte mir ein Vertreter des CSU-Sozialflügels diesen Platz streitig. Gegen die Empfehlung des Parteivorstandes konnte ich mich aber durchsetzen.

Dennoch erwartete ich nicht, ein Mandat zu erringen, weil die politische Stimmung schwierig und die Unzufriedenheit mit Bundeskanzler Helmut Kohl inzwischen groß war. Bei der Bundestagswahl am 16. Oktober 1994 errangen CDU und CSU mit 41,5 Prozent ihr bis dahin schlechtestes Ergebnis seit 1949. Die SPD kam auf 36,4 Prozent, Bündnis 90/Die Grünen auf 7,3 Prozent und die FDP auf 6,9 Prozent. Zusätzlich zog die PDS mit 4,4 Prozent in den Bundestag ein, weil sie vier Direktmandate errungen hatte. Wie schon 1990 bedeutete dies für mich die erste Nachrückerposition auf der Landesliste.

Bonner Jahre

Zwei Tage später befand ich mich auf einer Dienstreise zu einem Architekten und Investor, um die Ansiedlung der Reha-Klinik in der Stadt zu sichern. Nach langen Verhandlungen mit den Eigentümern des maroden Altenwohnheims Josefhaus hatte ich einen Investor gewinnen können, der auf Reha-Kliniken, Seniorenpflegeheime mit Demenz-Abteilung und Thermalbäder spezialisiert war. Ich wollte unbedingt die nach meiner Meinung falsche Schließung des Krankenhauses durch den Landkreis Main-Spessart kompensieren. Die Verlagerung der Krankenhaus-Akutbetten durch den Landrat der Freien Wähler war für die Stadt ein großer Schaden und für mich persönlich als Bürgermeister und CSU-Kreisvorsitzender ein gezielter Affront gewesen. Deshalb freute ich mich, dass ich mit der Ansiedlung der neuen Reha-Klinik Main-Spessart ein weiteres Zukunftsprojekt für die Stadt perfekt machen konnte.

In dieser freudigen Stimmung erreichte mich der Anruf des Vorsitzenden der CSU-Landesgruppe Michael Glos. Er informierte mich, dass Ursula Männle als Staatsministerin für Bundesangelegenheiten in das Kabinett von Ministerpräsident Edmund Stoiber wechsle und das Bundestagsmandat deshalb nicht angenommen habe. „Willst du überhaupt in den Bundestag? Du hast es ja als Bürgermeister sehr viel besser. Du regierst doch in der Stadt wie ein Fürst", scherzte Glos. Ich bat um Bedenkzeit. In seiner sehr bestimmten Art machte er mir klar: „Wenn du Abgeordneter werden willst, musst du morgen Nachmittag zur ersten Fraktionssitzung in Bonn sein und das Mandat annehmen."

Ich wirkte wohl so geschockt, dass der Investor mich fragte, ob ich jetzt die Ansiedlungsvereinbarung canceln wolle. Das wollte ich natürlich nicht, weil ich erstens noch gar nicht entschieden war und mich zweitens für die Stadt über die neue Sozialeinrichtung freute.

Als ich die Heimreise antrat, war ich wie in Trance. Mir ging alles gleichzeitig durch den Kopf. Wie könnte ich das in der Stadt erklären und was würde aus den vielen angeschobenen und geplanten Projekten? Ich kam mir wie ein Fahnenflüchtiger vor. Ich konnte mir nicht vorstellen, dass die Vereinbarung für die Reha-Klinik meine letzte Amtshandlung als Bürgermeister sein sollte.

In einer langen Nacht beriet ich mich mit meiner Frau. Sie war eindeutig für die Annahme des Mandats, obwohl wir beide wussten, dass dies eine völlige Veränderung unserer familiären Situation bedeutete – mit wöchentlicher Abwesenheit in Bonn und viel Reisetätigkeit. Sie meinte, ich sei ein politischer Mensch und auch meine Mittelstandsfreunde, für die ich kandidiert hätte, hätten ein Anrecht auf die Vertretung und das Mandat im Deutschen Bundestag. „Das würden dir die Mittelständler nie verzeihen, wenn du das Mandat ablehnst, das sie dir anvertraut haben. Und außerdem wäre dein Problem mit dem Status des Wahlbeamten und des Unternehmers gelöst“, fügte sie ganz pragmatisch hinzu. Dem konnte ich nicht wirklich widersprechen. Aber die Entscheidung fiel mir dennoch sehr schwer. Meine städtischen Aufgaben waren mir doch sehr ans Herz gewachsen. Nach einer langen Nacht beschlossen wir gemeinsam, dass ich wenige Stunden später nach Bonn fahren, das Mandat annehmen und an der ersten Sitzung der CDU/CSU-Fraktion in der neuen Legislaturperiode teilnehmen würde.

In Bonn angekommen, suchte ich zunächst einmal die Bundestagsverwaltung auf und begab mich anschließend zu den Büros des Parlamentarischen Geschäftsführers und des CSU-Landesgruppenvorsitzenden, die mich beide herzlich willkommen hießen. Michael Glos fragte mich gleich, welchen Arbeitsbereich ich mir denn vorstellen könnte. Ziemlich nassforsch formulierte ich den Wunsch, in den Finanzausschuss zu Finanzminister Theo Waigel zu kommen. Glos runzelte die Stirn und bedeutete mir, dass dies für einen Anfänger nicht gerade bescheiden wäre. Aber ich traute mir diese Tätigkeit zu. Auch wusste ich, dass ich bei Glos einen Stein im Brett hatte, weil ich ihn als CSU-Kreisvorsitzender Main-Spessart mit meinen Delegierten in einer Kampfabstimmung zum Bezirksvorsitzenden der CSU Unterfranken stark unterstützt hatte. Er sagte mir zu, dass er dies mit Theo Waigel und dem Vorsitzenden der Arbeitsgruppe Finanzen bis zur Konstituierung im November klären werde. Er könne mir da aber nur wenig Hoffnung machen. Ich solle mir im Klaren sein, dass mir im Bundestag weder als Bürgermeister noch als Unternehmer jemals ein roter Teppich ausgerollt werde.

Zunächst hatte ich in Bonn auch anderes zu tun. Ich musste mein Büro beziehen und eine Wohnung suchen. Der ersten Fraktionssitzung ging eine gemeinsame Landesgruppensitzung mit den neuen CSU-Kollegen voraus. Mir wurde ein Platz neben meinem Kollegen aus Würzburg, Bundesminister Wolfgang Bötsch, zugewiesen. In seiner sehr direkten Art gab er mir sofort gewisse Verhaltensregeln: „Melde dich hier nur zu Wort, wenn du auch wirklich substanziell einen Beitrag leisten kannst. Denn Dummpappler haben wir hier schon genug." Das war nicht gerade schmeichelhaft für viele der Kollegen, aber es war ein guter Rat für meine zukünftige Tätigkeit im Bundestag. Anschließend gab es um 15 Uhr die für mich denkwürdige erste Fraktionssitzung, bei der Wolfgang Schäuble als Fraktionsvorsitzender wiedergewählt wurde und ich erstmals auch alle CDU-Kollegen einschließlich Bundeskanzler Helmut Kohl traf. Kohl sprach von einer schwierigen Konstellation nach dieser Bundestagswahl. Eine Koalition mit der FDP verfüge nur über eine knappe Mehrheit von zehn Stimmen. Das erfordere äußerste Disziplin und einen guten Zusammenhalt aller Abgeordneten. Zu diesem Zeitpunkt konnte ich noch nicht abschätzen, was dies in den nächsten vier Jahren für mich und meine Fraktion bedeutete.

Nach der Sitzung fuhr ich sofort nach Hause, weil ich ja am nächsten Tag dringlich die Öffentlichkeit in der Stadt und meine Gremien vor Ort über mein Ausscheiden aus dem Bürgermeisteramt und meine neue Tätigkeit als Abgeordneter in Bonn informieren musste. Ich versuchte es bei den überraschten Pateifreunden mit einer Vorwärtsstrategie, indem ich ihnen einen Stadtratskollegen als Nachfolgekandidaten empfahl. Aber ich hatte nach wie vor sehr gemischte Gefühle. Mein Abschied nach zwölf Jahren hauptamtlicher und vier Jahren ehrenamtlicher dritter Bürgermeister fiel mir doch schwer.

Am 10. November 1994 kam der Deutsche Bundestag zur konstituierenden Sitzung mit der Wahl des Bundeskanzlers in der transparenten Architektur des neuen Plenarsaals in Bonn zusammen. Dazu hatte ich meine Familie eingeladen, um ihr mein neues Arbeitsumfeld zu zeigen.

So war ich nicht der Einladung zur Einstandsparty der Neuen in den 13. Stock des Abgeordnetenhochhauses gefolgt – im Volksmund „Langer Eugen“ nach dem Initiator des Baus, dem früheren Bundestagspräsidenten Eugen Gerstenmaier, benannt. Dort war lange und intensiv gefeiert worden. Die Auswirkungen zeigten sich am Morgen danach beim Zählappell der Fraktion vor der Wahl des Bundeskanzlers. Einige Kollegen hatten verschlafen, mussten von der Parlamentarischen Geschäftsführerin aus dem Schlaf geklingelt werden. Es herrschte große Hektik. Angesichts der knappen Mehrheit kam es auf jeden Abgeordneten an. Es wurde spekuliert, dass einige von der CDU Kohl nicht mehr wählen wollten. Als der Bundestagspräsident die Sitzung eröffnete, fehlte noch immer der CDU-Abgeordnete Roland Richter. Die Nervosität wuchs. Dann: Just in time stürzte er schwer vom Vortag gezeichnet in den Plenarsaal und gab noch rechtzeitig seine Stimme ab. Helmut Kohl wurde knapp wiedergewählt. Der Fraktionsvorsitzende Wolfgang Schäuble war stinksauer und herrschte ihn an: „Merken Sie sich, Sie werden hier nichts mehr.“ Der Kollege gehörte dem nächsten Bundestag dann auch nicht mehr an.

Ich freute mich unterdessen auf die politische Agenda in meiner ersten Legislaturperiode und war voller Tatendrang. Ich hatte klare Ziele vor Augen. Ich wollte dazu beitragen, die Leitplanken der Sozialen Marktwirtschaft zu stärken. Den vordergründigen Gerechtigkeitsdebatten, den Irrtümern über die Rolle der Sozialen Marktwirtschaft für das Gemeinwohl und dem Abgesang auf unser marktwirtschaftliches Wirtschaftssystem wollte ich aktiv entgegentreten – eingedenk des Satzes über das Geheimnis der Marktwirtschaft aus Ludwig Erhards Buch „Wohlstand für Alle“: „Das ist ja gerade das Geheimnis der Marktwirtschaft, und das macht ihre Überlegenheit gegenüber jeder Art von Planwirtschaft aus, dass sich in ihr sozusagen täglich und stündlich die Anpassungsprozesse vollziehen, die Angebot und Nachfrage, Sozialprodukt und Volkseinkommen sowohl in quantitativer als auch in qualitativer Beziehung zu richtiger Entsprechung und so auch zum Ausgleich bringen. Wer also nicht Leistungswettbewerb und freien Marktpreis will, hat jedes Argument gegen die Planwirtschaft aus der Hand gegeben.“

Mir war klar, dass die Menschen in West und Ost vier Jahre nach der Wiedervereinigung Marktwirtschaft und Kapitalismus zunehmend kritisch betrachteten und es ein schwerwiegendes Imageproblem gab. Mehr Akzeptanz war da nur mit wirtschaftlichem Erfolg, breitem Wohlstand, sozialer Sicherheit und gesellschaftlichem Ausgleich zu erreichen. Das war die Grundlage für meine Agenda, mit der ich mich für mehr Wachstum, mehr Innovationen und Investitionen, mehr Wettbewerb, mehr steuerliche Anreize und Haushaltskonsolidierung einsetzen wollte. Aber die Folgen von mehr als 40 Jahren zerstörerischer sozialistischer Planwirtschaft im Osten Deutschlands waren nicht über Nacht zu reparieren. Das erforderte Geduld, einen langen Atem, aber vor allem die richtige Agenda.

Dazu gehörte für mich vor allem auch eine Agenda, bei der persönliche Freiheit und Eigenverantwortung unauflöslich zusammengehörten. Ich hatte Erhards Sätze noch im Ohr: „Die einen wähnen, dass das Wohl und das Glück der Menschen in irgendeiner Form kollektiver Generalhaftung begründet liege und dass man auf diesem Wege, an dessen Ende natürlich immer die Allmacht des Staates steht, fortschreiten müsse … Auf der anderen Seite aber ist das natürliche Streben des einzelnen Menschen, in eigener Verantwortung Vorsorge zu treffen und an seine Zukunft, seine Familie und sein Alter zu denken, nicht aus der Welt zu schaffen. […] Wo aber sollen wir hinkommen und wie wollen wir den Fortschritt aufrechterhalten, wenn wir uns immer mehr in eine Form des Zusammenlebens von Menschen begeben, in der niemand mehr die Verantwortung für sich selbst zu übernehmen bereit ist?“ Und weiter: „Ich bin zutiefst überzeugt, dass wir die schweren Probleme, vor denen wir stehen, nur lösen können, wenn es uns gelingt, mit der Marktwirtschaft nicht etwa nur einzelne Schichten zu begünstigen, sondern der Masse unseres Volkes durch höchste Anstrengung und immer mehr gesteigerte Leistung einen würdigen Lebensstandard zu sichern und diesen fortlaufend zu verbessern.“

Diese Grundgedanken waren auch im Jahr 1994 angebracht. Daran wollte ich in meiner politischen Arbeit anknüpfen. Mir ging es darum, die Grundsätze Erhards als Unternehmer in der Politik mit Leben zu füllen und das Vertrauen zur Sozialen Marktwirtschaft zu stärken. Ich wollte mich nicht verbiegen und argumentierte immer aus der Position des Unternehmers in gesellschaftlicher Verantwortung, obwohl mir durchaus bewusst war, dass das Unternehmertum in der politischen Landschaft und selbst in den Volksparteien CDU und CSU Vorurteilen ausgesetzt ist.

Kein leichtes Unterfangen. Aber dabei half mir, dass ich nach einem Gespräch mit Finanzminister Theo Waigel und dem Vorsitzenden der AG Finanzen als Neuling die Chance bekam, Mitglied im begehrten Finanzausschuss zu werden. Steuer- und Kapitalmarktpolitik, Finanzmarktregulierung, Banken-, Wertpapier- und Versicherungsgeschäfte, Zollwesen, europäische Finanzbeziehungen, Währungspolitik und Internationaler Währungsfonds waren damit meine Schwerpunkt-Arbeitsfelder im Parlament. Das waren hochspannende und anspruchsvolle Aufgaben; Herausforderungen so recht nach meinem Geschmack. Ich saß damit als einziger Unternehmer in einer hochkarätigen Arbeitsgruppe aus Wirtschaftsprüfern, Steuerberatern, Rechtsanwälten und Volkswirten. Die Union hatte dort großen Sachverstand versammelt.

Bei der ersten Sitzung wurde mir der Platz neben einem anderen Bundestagsneuling zugewiesen. Der großgewachsene CDU-Kollege aus dem Wahlkreis Arnsberg stellte sich als Friedrich Merz vor. Beim ersten Gespräch fragte er mich: „Was willst du denn hier bewirken?“ Ich antwortete ihm: „Es braucht eine neue Reformagenda mit neuer Steuerpolitik, Entlastung von Bürgern und Betrieben und vor allem weniger Bürokratie.“ Die Antwort von Friedrich Merz haute mich fast vom Stuhl: „Das wirst du hier mit dieser Bundesregierung nicht erreichen. Denn der Bundeskanzler wird dies alles wieder aussitzen und keine Reformagenda voranbringen. Ich bin der Auffassung, dass Helmut Kohl möglichst schnell abgelöst werden muss. Ansonsten werden wir die nächste Bundestagswahl 1998 in Bausch und Bogen verlieren.“ Diese Aussage wollte ich weder glauben noch konnte ich sie akzeptieren. „Ich bin doch hier, um den Bundeskanzler zu unterstützen und unsere Politik zum Erfolg zu führen“, wandte ich ein. Ich erinnerte ihn an die Verhandlungserfolge, die Helmut Kohl im Zuge der Wiedervereinigung für unser Land erreicht hatte. Ohne sein Zupacken in den Wochen und Monaten 1989/90 wäre es nicht zur deutschen Einheit gekommen. Aber Merz ließ sich nicht beirren: Er hielt mir entgegen, dass es in der Politik nicht um die Meriten der Vergangenheit gehe, sondern um die Gestaltung der Zukunft. In der Politik habe alles seine Zeit und jetzt bräuchte es einen neuen Aufbruch, der aber von Helmut Kohl nicht mehr geleistet werden könne.

Aus heutiger Sicht muss ich einräumen, dass Friedrich Merz damals die größere Weitsicht hatte. Dieser Gegensatz verhinderte aber nicht, dass die gemeinsame Zeit im Finanzausschuss mit ihm zu einer persönlichen Freundschaft führte, die ich als fruchtbar, unkompliziert und belebend erfahren habe.

Dabei kämpften wir durchaus nicht immer Seite an Seite. In einem Redewettbewerb im alten Wasserwerk neben dem neuen Plenarsaal traten wir im Wettbewerb mit anderen Parlamentariern gegeneinander an. Angeregt hatte den Wettbewerb der Meister der freien Rede, Wolfgang Schäuble, dem das Vorlesen von Bundestagsreden gegen den Strich ging. Der Parlamentarismus brauche die freie und spontane Rede, lautete sein Credo. Und so riefen uns die Besucher Themen zu, die wir aus dem Stegreif zu einer freien Bundestagsrede nutzen mussten. Nach vier Wettbewerbsrunden kamen Friedrich Merz und ich in das Finale: Seiner Rhetorik allerdings war ich unterlegen. Anschließend tröstete er mich. Er habe einen Vorteil. Er habe ja schon fünf Jahre im Europäischen Parlament in Straßburg und Brüssel üben können.

In der CSU-Landesgruppe fühlte ich mich von Anfang an sehr wohl. Sie wurde meine politische Heimat. Das Bewusstsein eigener Stärke war in dieser Gruppe deutlich spürbar. Die starke Stellung der Landesgruppe innerhalb der Unionsfraktion reicht in die Anfänge der Bundesrepublik zurück. Unter drei Optionen entschied sich die CSU damals gegen eine eigene Fraktion und für ein Zusammengehen mit der CDU. Die Kompromisslösung verband die Vorteile einer eigenen Fraktion mit den Vorteilen einer starken Fraktionsgemeinschaft beider Parteien. Die Wahl eines eigenen Vorstands, die Praxis, eigene Sitzungen abzuhalten, und die weitgehende organisatorische Unabhängigkeit unterstrichen den Anspruch der Eigenständigkeit in der Fraktion.

Der Status der Landesgruppe erreichte nach der Bundestagswahl 1976 seine endgültige Ausprägung, als der Plan von Franz Josef Strauß und Fritz Zimmermann, die Fraktionsgemeinschaft mit der CDU aufzulösen, zwar scheiterte, die Führung der CSU aber durchsetzen konnte, dass die politische Parität der Unionsparteien festgeschrieben wurde. Die Schlüsselstellung der Landesgruppe im Bundestag hatte weniger mit der Zahl der CSU-Abgeordneten zu tun als mit der Tatsache, dass die Landesgruppe ihre Interessen zumeist geschlossen verfocht und in Konflikten mit der CDU zudem das Potenzial einer eigenständigen Partei in die Waagschale zu werfen vermochte. Der Landesgruppe gelang es auf diese Weise, Sach- und Personalentscheidungen stärker zu beeinflussen, als es Wahlergebnisse und Fraktionsstärken vermuten lassen. Von besonderer Bedeutung war dabei das Amt des Landesgruppenvorsitzenden, der zugleich als erster stellvertretender Vorsitzender der gesamten Fraktion fungierte. Die Landesgruppe war auch immer ein innerparteilicher Machtfaktor in der CSU. Der CDU auf Augenhöhe zu begegnen, war für die CSU-Abgeordneten nur die eine Seite. Nicht weniger wichtig war es, als einflussreicher, möglichst autonomer Faktor der innerparteilichen Willensbildung aufzutreten. Das war bei den Münchner CSU-Parteigrößen nicht immer gern gesehen, die die Landesgruppe lieber als föderalistisches Sprachrohr und Vollzugsorgan von Staatsregierung und Parteiführung gesehen hätten. Die Landesgruppe indes wachte mit Argusaugen über ihre Selbstständigkeit und verwahrte sich gegen allzu weitgehende Einmischungsversuche „von denen aus München".

Dieses Selbstverständnis vermittelte sich rasch auch den Bundestagsneulingen aus Bayern. Und so kamen wir sechs CSU-Neulinge auf die etwas skurrile, nassforsche Idee, einen Brief an Bundeskanzler Helmut Kohl zu schreiben, mit dem Wunsch, uns persönlich vorzustellen. Ich hatte die Idee gehabt und durfte nun auch den Brief schreiben. Den gleichen Brief schrieben wir auch an unseren Fraktionsvorsitzenden Wolfgang Schäuble, der diesen Brief aber nie beantwortete.

Das Gegenteil erlebten wir mit Helmut Kohl. Zwei Tage nach der Versendung des Briefes kam meine Mitarbeiterin aufgeregt zu mir: Die Sekretärin des Bundeskanzlers, Juliane Weber, sei am Telefon. Der Kanzler möchte den Abgeordneten Michelbach sprechen. Sie stellte durch. „Hier Helmut Kohl. Sie, junger Kollege, wollen zu mir kommen. Das machen wir selbstverständlich. Und bringen Sie Ihre fünf Freunde mit. Ich denke, dass sie alle gern ein Glas Weißbier trinken, weil sie doch aus Bayern kommen. Lassen Sie sich bei Juliane Weber einen Termin geben.

Auf Wiederhören." Ich war doch sehr überrascht über die schnelle persönliche Antwort und vereinbarte anschließend den Termin. Ein Kollege wollte sofort aussteigen, denn das wäre doch nicht so ernst gemeint gewesen. Doch ich bestand jetzt auf der geschlossenen Teilnahme. Neben mir gehörten zu der Gruppe Dagmar Wöhrl, Helmut Jawurek, Gerd Müller, Johannes Singhammer und Max Straubinger.

So gingen wir also geschlossen ins Bundeskanzleramt. Helmut Kohl empfing uns herzlich in seinem riesigen Dienstzimmer. Auf dem großen Konferenztisch standen sieben Teller, Bestecke, Weißbiergläser und ein großer Topf mit Weißwürsten. So hatten wir uns das Gespräch in den kühnsten Träumen nicht vorgestellt. Wir erwarteten ein kurzes Kennenlernen – wenn es gut ging, eine halbe Stunde. Doch es lief ganz anders. Helmut Kohl erkundigte sich bei allen detailliert über die persönliche Biografie und die politischen Ziele. Als Franke hatte ich sofort einen persönlichen Pluspunkt. Der Bundeskanzler sprach über die fränkischen Wurzeln seiner Familie, die aus Greussenheim bei Würzburg stammte. Er selbst war dort während des Zweiten Weltkriegs aufgewachsen, weil wegen der BASF in Ludwigshafen viele Luftangriffe stattfanden. Es wurde eine lange, angeregte Gesprächsrunde. Helmut Kohl ließ weder Eile noch Zeitdruck erkennen. Es schmeckte ihm und das Gespräch mit den neuen Abgeordneten, die seinen Erzählungen aus dem Nähkästchen vor und nach der Wiedervereinigung lauschten, gefiel ihm sichtbar. Zeitdruck machte ein anderer, der nicht groß gewachsene Kanzleramtsminister Friedrich Bohl, der mehr als einmal den Raum betrat und mahnte: „Herr Bundeskanzler, Sie haben wichtige Terminverpflichtungen." Schließlich entfuhr es Helmut Kohl: „Diesen Zwerg muss ich den ganzen Tag hören." Wir verkniffen uns das Lachen und verabschiedeten uns. Auch wenn Kohl von sich gar keine Anstalten machte, das Gespräch zu beenden. Er gab uns noch die Mahnung mit auf den Weg, die geringe Zehn-Stimmen-Mehrheit müsse in den nächsten vier Jahren unbedingt halten. Jetzt dämmerte mir auch, warum wir so herzlich eingeladen waren. Helmut Kohl war zweifellos der Machtmensch, der wusste, wie Machterhalt geht.

Die Parlamentsarbeit nahm danach rasch Fahrt auf. Spannend war für mich die Weiterentwicklung der Europapolitik, die ich schon lange als Ziel für die europäische Integration verfolgte. Neben einer Politik für

Frieden und Freiheit in Europa trieb mich vor allem der Wunsch an, mit einer mutigen Reformpolitik für Wachstum und Beschäftigung Vertrauen und Glaubwürdigkeit für die nicht einfachen europäischen Integrationsprozesse zu schaffen. Der 1993 von Bundesfinanzminister Theo Waigel ausgehandelte Vertrag von Maastricht war für mich die Grundlage für die gesellschaftliche und wirtschaftliche Integration in Europa. Der gemeinsame Markt für Personen, Kapital, Waren und Dienstleistungen waren für mich das erfolgversprechende Modell der Zukunft. Ich war überzeugt, dass so das beste Umfeld für Investitionen, Bildung und Forschung und Wettbewerbsfähigkeit der Arbeitsplätze in einer globalisierten Wirtschaft erreicht werden könne. Insbesondere die Idee einer gemeinsamen europäischen Währung sollte vorankommen. Dabei wollte ich unseren Bundesfinanzminister parlamentarisch unterstützen. Ich fungierte im Finanzausschuss sozusagen als Prätorianer des Ministers, der in der CSU-Landesgruppe mit ihrem Vorsitzenden Michael Glos einen starken Rückhalt hatte. Denn Angriffe, Widerstände und Verleumdungen von Theo Waigel persönlich und seine Finanzpolitik gab es zur Genüge.

Die Spannungen an den Devisenmärkten, die Abwertungen von europäischen Währungen, das Aufgeben der stabilen D-Mark zugunsten einer europäischen Währung und die Schaffung von Stabilitätskriterien in einer gemeinsamen Wirtschafts- und Währungsunion waren gewaltige Herausforderungen. Hinzu kamen eine schwierige wirtschaftliche Entwicklung und die Kosten der Wiedervereinigung, die dem Bundeshausetat ein Rekorddefizit bescherten. Zudem wurde immer deutlicher, dass die Hauptauseinandersetzungen mit der Opposition aus SPD, Bündnis 90/Die Grünen und PDS in der Steuerpolitik stattfinden würden. Sie betrieben Fundamentalopposition.

Die vereinigungsbedingten Kosten, die riesige Löcher in den Haushalt rissen, waren eine offene Flanke. Sie schränkten unseren politischen Spielraum stark ein. Die Opposition diffamierte sie als „Waigel-Löcher". SPD, Grüne und PDS verschleierten so die tatsächliche Verantwortung für den bei der Wiedervereinigung vorgefundenen ruinösen Zustand von Kommunen und Wirtschaft in der ehemaligen DDR.

Es gab nur eine einzige Möglichkeit, aus dieser Zwangslage herauszukommen, eine Rückbesinnung auf die Grundsätze der Sozialen

Marktwirtschaft. Der Reformstau musste zügig durch neue Anreize für Wachstum und Beschäftigung aufgelöst werden. Ich wollte Steuervereinfachungen und Steuerentlastungen. Zur Erleichterung der Generationennachfolge vor allem in kleinen und mittleren Betrieben und zum Erhalt der dortigen Arbeitsplätze sollte eine Reform der Erbschaftsteuer auf den Weg gebracht werden. Vorgesehen war auch die Abschaffung der Vermögensteuer als Substanzbesteuerung, um die Wettbewerbsfähigkeit der Bundesrepublik als Wirtschaftsstandort zu sichern. Zudem sollte eine breit angelegte Einkommensteuerreform Erleichterungen für alle Steuerzahler bringen.

Die Pläne gerieten jedoch schnell ins Stocken. Verluste der CDU bei mehreren Landtagswahlen verschafften der Opposition im Bundesrat eine Mehrheit. Die SPD-Troika aus Rudolf Scharping, Oskar Lafontaine und Gerhard Schröder wollte mit einer Reformblockade gemeinsam mit den Grünen um Joschka Fischer einen Wechsel zu einer rot-grünen Koalition erzwingen. Der Koalitionspartner FDP nutzte die knappe schmale Koalitionsmehrheit im Bundestag zudem zum Aufbau eines Erpressungspotenzials gegenüber dem Bundesfinanzminister und CSU-Parteivorsitzenden Theo Waigel.

Ich sah aus nächster Nähe im Bundestag die heraufziehenden Gefahren. In der CSU-Landesgruppe waren wir entschlossen, für unsere Überzeugungen zu kämpfen. Schon bald hatte ich als Redner im Plenum dazu Gelegenheit. Am 9. März 1995 konnte ich als einer der ersten Neulinge meine Jungfernrede halten – zum Familienleistungsgesetz, mit dem das steuerfreie Existenzminimum und das Kindergeld angehoben werden sollten. „Als stolzer Vater von drei Töchtern freue ich mich, dass wir heute die Möglichkeit haben, über die Förderung von Familien mit Kindern zu diskutieren", stellte ich voran. Das Protokoll vermerkt an dieser Stelle: „Beifall bei der CDU/CSU sowie bei Abgeordneten der SPD und des Bündnisses 90/Die Grünen." Ich war irritiert. Denn mit Beifall aus den Oppositionsreihen hatte ich nun wirklich nicht gerechnet. Das blieb bei meinen Reden auch eine Einmaligkeit. Denn ich setzte fort: „Ich freue mich ebenfalls darüber, dass sich mittlerweile auch die SPD und selbst die Grünen des Themas Familienförderung annehmen, wenn auch halbherzig, sehr spät und leider oft nur zu Wahlkampfzwecken. Dagegen ist die Familienförderung für die Union eine politische und gesellschaftliche Kernaufgabe. Politik für die Familie hat für uns stets allererste Priorität. Als Partei, die sich des Wertes von Ehe und Familie stets bewusst war und ist und die dem Schutz von Familie und Ehe seit jeher Vorrang einräumt, haben wir unsere langjährige Regierungsverantwortung genutzt und wichtige familienpolitische Errungenschaften auf den Weg gebracht. So war es die Union und niemand anders, die den Familien das Erziehungsgeld, den Erziehungsurlaub und die Anerkennung von Erziehungszeiten in der Rentenversicherung gebracht hat. [...] Unsere Pläne entlasten die Familie, stärken ihre finanzielle Leistungsfähigkeit und werden der obersten Maxime der Familien- und Steuerpolitik der Union gerecht, die da lautet: Ehepaare mit Kindern und Alleinerziehende müssen steuerlich besser dastehen als kinderlose Steuerzahler. Im Übrigen wurde die Berücksichtigung der ‚kindesbedingten Minderung der Leistungsfähigkeit' im Steuerrecht stets auch vom Bundesverfassungsgericht ausdrücklich verlangt. Unser Förderansatz wird die Familien um 6 Milliarden DM zusätzlich entlasten. Insgesamt werden so über 42 Milliarden DM für deren finanzielle Unterstützung zur Verfügung stehen, was eine Steigerung von immerhin 16 Prozent bedeutet."

Scharf kritisierte ich dann noch die illusorischen, weil unfinanzierbaren Wahlversprechen der SPD zum Kindergeld, als mir die SPD-Finanzpolitikerin Ingrid Matthäus-Maier mit einem Zwischenruf die Vorlage für einen weiteren Konter lieferte. „Unsolide, Frau Matthäus-Maier, sind die populistischen Forderungen der SPD in diesem Zusammenhang — das haben auch unsere Leute draußen begriffen — als publikumswirksame Wahlfangköder, schweben aber im realitätsfernen Raum. Das sollte man deutlich sehen. Ihre Vorschläge dienen nicht wirklich dem Wohl der Familien, weil sie nicht durchsetzbar sind. Sie sind eher ein verzweifelter Versuch, über plakative Versprechungen unzufriedene Wähler hinter sich zu scharen. Ich meine, dass wir einen guten Weg gehen, wenn wir der Stabilität den absoluten Vorrang geben."

Bundestagsvizepräsident Burkhard Hirsch, der die Sitzungsleitung hatte, gratulierte mir zur Jungfernrede, wie es üblich ist, und setzte dann hinzu: „Ich möchte nur vorsorglich den neuen Kolleginnen und Kollegen sagen, dass unsere Geschäftsordnung nicht vorschreibt, dass man bei seiner ersten Rede die Zahl seiner Kinder angibt." Das Bundestagsprotokoll vermerkt als Reaktion: „Heiterkeit und Beifall im gesamten Haus." Ich war als Debattenredner im Deutschen Bundestag angekommen.

Wenige Tage später wurde ich in den Vorstand des Parlamentskreises Mittelstand (PKM) gewählt, dem Wirtschaftsflügel der CDU/CSU-Fraktion, dem etwa 70 Prozent der Abgeordneten der Fraktion angehören und der damit eine wichtige Rolle spielt. Dieses Netzwerk des Wirtschaftsflügels verhalf mir dazu, schnell gute Kontakte zu knüpfen und Einflussmöglichkeiten zu schaffen.

Der PKM hat in seiner Arbeitsordnung verankert, sich in besonderer Weise der Wahrung und Förderung einer Politik der Sozialen Marktwirtschaft zu widmen. Dort heißt es: „In Erkenntnis der besonderen Bedeutung mittelständischer Strukturen in Wirtschaft und Gesellschaft tritt er insbesondere für die Wahrung der Belange des Mittelstandes im umfassenden Sinne ein. Im Rahmen dieser Zielsetzung wirkt er an der gesetzgeberischen und sonstigen politischen Arbeit der CDU/CSU-Bundestagsfraktion mit. Er nimmt zu Gesetzentwürfen und anderen Vorlagen Stellung und regt im Zusammenwirken mit den zuständigen Facharbeitsgruppen Initiativen der Fraktion an. Er wirkt darüber hinaus als Verbindungsorgan der CDU/CSU-Bundestagsfraktion zu den mittelständischen Organisationen sowie den Verbänden der Wirtschaft und der Mittelstands- und Wirtschaftsvereinigung der CDU/CSU (MIT)."

Schon Mitte 1995 bei einer Klausurtagung des PKM-Vorstands waren sich alle Teilnehmer darüber einig, dass mit der Erhöhung der Staatsquote, dem Anstieg der Staatsschulden, der Sozialversicherungsbeiträge und der Arbeitslosigkeit dunkle Wolken für unsere Regierungsfähigkeit aufzogen. Wir erarbeiteten ein Zukunftsprogramm, das wir als Handlungsempfehlung in die Fraktion einbrachten. Wir mahnten mit unserem Programm eine schnelle Reformbereitschaft in der Sozial-, Arbeitsmarkt- und Steuerpolitik an. „Soll die wirtschaftliche Leistungsfähigkeit, die zugleich die Basis jeder Form der sozialen Sicherung ist, nicht nachhaltig gefährdet werden, muss die Staatsquote zurückgeführt werden", hieß es in unserem Beschluss. Der PKM verlangte die rasche Erarbeitung gemeinsamer Eckpunkte von Bundesregierung und Fraktion, wie die im Koalitionsvertrag festgelegte Absenkung der Staatsquote auf 46 Prozent bis zum Jahr 2000 erreicht werden sollte. Die notwendigen Maßnahmen sollten alle staatlichen Ebenen sowie die Sozialversicherungssysteme umfassen. Noch vor der Sommerpause 1995 sollte zudem eine Sondersitzung der Fraktion über die mittel- und langfristigen Perspektiven der Finanz-, Steuer- und Sozialpolitik stattfinden.

Wir brauchten in der Sozialpolitik ausgabendämpfende Maßnahmen. Alle ernst zu nehmenden Analysen bescheinigten den zu hohen Arbeitskosten beschäftigungsfeindliche Wirkungen. Wesentlicher Bestandteil dieser Arbeitskosten waren die Lohnzusatzkosten, die zum Teil gesetzlich, zum Teil tarifvertraglich bedingt waren. Der Trend zur Frühverrentung musste gestoppt werden. Ansonsten war die Sicherheit der Renten gefährdet. Die Lohnfortzahlung im Krankheitsfall musste überprüft und angepasst werden. Kurzum: Der Umbau des Sozialstaats war unabweisbar notwendig, weil Arbeit für alle und die Bewahrung sozialer Sicherheit nur erreicht werden konnte, wenn auch liebgewonnene Besitzstände infrage gestellt würden.

In der Steuerpolitik sollte aus Sicht des PKM eine Unternehmensteuerreform einschließlich einer Reform der Gewerbesteuer sowie einer Abschaffung der Gewerbekapitalsteuer und der Vermögensteuer vorangebracht werden, um Anreize für neues Wachstum zu schaffen. Die Gewerbesteuer war de facto eine Doppelbesteuerung, da Gewinne bereits der Einkommensteuer und Betriebsvermögen der Vermögensteuer unterlagen. Sie war als Substanzsteuer auch in den Fokus geraten, weil Österreich zum 1. Januar 1994 die Gewerbesteuer abgeschafft hatte. So sahen wir die Gewerbesteuer auch als Wettbewerbsnachteil gegenüber den Nachbarländern, was durch die unterschiedlichen Hebesätze in den einzelnen Gemeinden noch verstärkt wurde. Die Gewerbesteuer ist zudem ein Verstoß gegen das Prinzip der Besteuerung nach der Leistungsfähigkeit. Denn nicht der tatsächliche Gewinn, sondern ein durch Hinzurechnungen und Kürzungen ermittelter Gewerbeertrag und ein ebenso künstlich ermitteltes Gewerbekapital bildeten die Bemessungsgrundlage.

Zudem war in den ostdeutschen Ländern eine Einführung der Gewerbekapitalsteuer bis Ende 1995 ausgesetzt worden, um die wirtschaftliche Entwicklung unmittelbar nach der Einheit zu unterstützen. Würde sie in Westdeutschland bis dahin nicht abgeschafft, musste sie auch in den neuen Bundesländern zum 1. Januar 1996 eingeführt werden. Einen fortdauernden Verzicht auf Einführung in Ostdeutschland würde die EU als genehmigungsbedürftige Vergünstigung einstufen, und wegen der fortgesetzten Ungleichbehandlung zwischen Unternehmen in den alten und neuen Bundesländern würde dies wohl auch ein Fall für das Bundesverfassungsgericht werden.

Die Sozialausschüsse der Union mit den Galionsfiguren Heiner Geißler, Norbert Blüm und Horst Seehofer an der Spitze, die einen sozialpolitischen Wettlauf mit der SPD nach dem Motto „Wer kann mehr Umverteilung?" austrugen, sahen in dem PKM-Papier einen Generalangriff auf den Sozialstaat. Diese Empörung der Sozialpolitiker innerhalb der Fraktion war stark geprägt von Bedenkenträgerei und Reformverweigerung. Der PKM dachte indessen nicht daran, nachzugeben. Wir sahen eine Reformpolitik für mehr Wachstum und Beschäftigung als einzige Chance, die Krise zu überwinden und so die nächste Bundestagswahl 1998 zu gewinnen.

Wir luden den Fraktionsvorsitzenden Wolfgang Schäuble zu einer Klausurtagung ein, um unsere Durchsetzungschancen in der Fraktion auszuloten. Wir trafen uns mit Finanzminister Theo Waigel, um mit ihm den Weg für umfassende Steuerreformen zu planen. Schließlich gab es einen Termin bei Bundeskanzler Helmut Kohl, um die Notwendigkeit für die Reformagenda darzulegen. Bei ihm hatten wir aber sofort den Eindruck, dass er sich nicht mit dem Sozialflügel der CDU anlegen wollte. Seine Prioritäten lagen ohnehin bei dem Fahrplan für eine gemeinsame europäische Währung und die Beschlussfassung für eine Wirtschafts- und Währungsunion. Dagegen unterstützten Wolfgang Schäuble und Theo Waigel von Anfang an unsere politischen Reformbemühungen.

Schließlich gab es Anfang 1996 ein 50-Punkte-Programm der Bundesregierung, das jedoch so ausgedünnt und glatt geschliffen wurde, dass es ohne klare Linie und Wirkung in der Marktwirtschaft blieb. Der mittlere Weg, wie Helmut Kohl formuliert hatte, war auch in der Öffentlichkeit kein Erfolg. Die Menschen waren in der Erkenntnis der Lage weiter als der reformmüde Kanzler. Ich warb für mehr Reformbewegung, um aus der Defensive zu kommen. Dem Bundesverband der Deutschen Industrie (BDI) ging die Steuersenkung nicht weit genug. Der Groß- und

Außenhandel vermisste Klarheit bei der Lohnfortzahlung im Krankheitsfall. Die Gewerkschaften beschwerten sich über ein angeblich zu starkes Übergewicht der steuerlichen Gewinnförderung bei den Unternehmen und wollten das zum Anlass für einen Ausstieg aus dem Bündnis für Arbeit nehmen. Es war ein schwieriger Weg auf allen Ebenen.

Im Finanzausschuss konzentrierten wir uns auf die Änderung der Steuergesetzgebung mit Anreizen für mehr Liquidität für Investitionen, auf die Vorbereitung einer gemeinsamen europäischen Währung, die Wirtschafts- und Währungsunion und einen europäischen Stabilitäts- und Wachstumspakt. Im Plenum kommunizierten wir bei den öffentlichen Bundestagsdebatten unsere politische Agenda.

Eine zunehmend schärfere Debatte entstand über die Einführung der neuen europäischen Währung. Der Vertrag von Maastricht war zwar schon in der vorangegangenen Legislaturperiode perfekt gemacht worden, doch es gab weiter Debatten um die Stabilitäts- und Konvergenzkriterien. Helmut Kohl und Theo Waigel hatten das Ziel einer Wirtschafts- und Währungsunion zwar schon lange vertreten, aber die geplante Kontenumstellung zum 1. Januar 1999 und die Ausgabe des neuen Bargelds zum 1. Januar 2002 führten vielen vor Augen, dass es jetzt sehr ernst wurde mit der neuen Währung. Damit gewannen die Detailfragen der Einführung der Gemeinschaftswährung zunehmend an Bedeutung.

Die Gemeinschaftswährung bestimmte nun viele Diskussionen und Plenardebatten, aber auch innerparteiliche Auseinandersetzungen. Auf europäischer Ebene wurde intensiv über die im Vertrag von Maastricht festgelegten Beitrittskriterien zur Währungsunion verhandelt. Dazu gehörten Verschuldungskriterien, Preisstabilität und vor allem ein Etatdefizit, das drei Prozent des Bruttoinlandsprodukts (BIP) nicht übersteigen sollte. Auch die Festlegung einer Obergrenze für die Staatsverschuldung von nicht mehr als 60 Prozent des BIP sorgte für Streit, weil sie für viele EU-Mitgliedstaaten nur schwer zu erreichen war. Wie andere Finanzpolitiker sah auch ich sehr wohl das Wagnis, das bei der Währungsunion die Geldpolitik der gemeinschaftlichen Europäischen Zentralbank (EZB) übertragen wurde, aber die Konvergenz in der Wirtschaftspolitik und bei der Steuerharmonisierung in der Zuständigkeit der nationalen Regierungen blieb. Das hielt ich für einen Widerspruch.

Zu diesem Zeitpunkt war mehr Gemeinsamkeit in der EU auch deshalb nicht durchsetzbar, weil innerhalb unserer CSU dem Parteivorsitzenden und Finanzminister Theo Waigel und uns in der Finanzpolitik das Leben sehr schwer gemacht wurde. Insbesondere der 1993 neu gewählte bayerische Ministerpräsident Edmund Stoiber entwickelte sich zum scharfzüngigen Kritiker der Währungsunion. Der politische Streit und auch die persönliche Auseinandersetzung zwischen München und Bonn spitzte sich immer mehr zu. Der Zeitplan geriet in Turbulenzen, weil der Einhaltung der Konvergenzkriterien absoluter Vorrang eingeräumt werden musste und die CSU in München sich als „Hüterin einer stabilen Währung" aufspielte.

Der Populismus aus München war eine Zumutung. Er kostete uns in der Öffentlichkeit viel Glaubwürdigkeit und beflügelte antieuropäische Kräfte. Wir stemmten uns in der CSU-Landesgruppe massiv gegen den Münchner Kurs und versicherten Helmut Kohl, unter allen Umständen an der Umsetzung der Gemeinschaftswährung festzuhalten, weil dies insgesamt unserem Land dienlich ist. Wir wussten, dass auch die Bundesregierung und die CDU/CSU-Fraktion die Ziele und Kriterien sehr ernst nahmen. Der Stabilitätspakt sollte mit einem Frühwarnsystem ausgestaltet werden. Unser oberstes Ziel war es, die Zustimmung in der Öffentlichkeit für das Jahrhundertwerk der europäischen Währung zu erhalten.

Wir waren überzeugt, dass ein zirkulierender Kreis von Aufwertung und Abwertung der D-Mark unserem Wirtschaftsstandort Deutschland zunehmend schadete und wir mit unserer wirtschaftlichen Leistungsfähigkeit und als Exportnation von einem EU-Binnenmarkt mit gemeinsamer Währung stark profitieren würden. Aber auch die gemeinsame Entwicklung und der Zusammenhalt Europas waren für uns eine starke Triebfeder. Ich warb für zielführende Reformen, um die Aufnahmekriterien einzuhalten.

Denn es gab auch Rückschläge. Im Juni 1997 verhinderte der Europäische Rat in Amsterdam den vorgesehenen Sanktionsautomatismus bei Verstößen gegen den Stabilitätspakt, was sich später als großes Problem entpuppte. Gerade diesen Automatismus hätte man bei Neuaufnahmen, bei der unvorstellbaren Verschuldungsentwicklung, bei der großen

Finanz- und Eurokrise ab 2008 sowie bei der Pandemiekrise ab 2020 dringend gebraucht. Damals wurde die Basis für den späteren Niedergang des Stabilitätspaktes gelegt.

Bundesfinanzminister Theo Waigel unternahm viele Auslandsreisen, um in den europäischen Hauptstädten für die Ziele der Wirtschafts- und Währungsunion zu werben. Mehrfach durfte ich ihn hierbei begleiten und konnte erfahren, mit welcher Überzeugungskraft er schließlich seinen „Euro" durchzusetzen wusste und mit welcher Raffinesse er ein Zeichen für die Stabilität der neuen Währung setzte, indem er die Europäische Zentralbank (EZB) als Wächterin über die neue Währung nach Frankfurt holte, um für die kritische Öffentlichkeit in der Nähe der hochgeachteten Deutschen Bundesbank der neuen Gemeinschaftswährung ein ähnliches Ansehen zu verschaffen. Schließlich versprachen Helmut Kohl und Theo Waigel den Deutschen eine sichere Währung.

Doch am dreiprozentigen Haushaltsdefizit in den Beitrittsländern schieden sich die Geister. Viele Länder sahen den Stabilitätspakt mehr und mehr als Scheinpakt, den man nicht wirklich ernst nehmen müsse. Die Obergrenze für die Gesamtverschuldung sorgte insbesondere mit Blick auf Italien für Diskussionsstoff.

Ausgerechnet zu diesem Zeitpunkt hatten wir in Deutschland eine stark aufgewertete D-Mark und die berühmten „Waigel-Löcher" mit rund 80 Milliarden D-Mark Neuverschuldung im Bundeshaushalt.

Diese Gemengelage führte zu erheblichen Friktionen in der deutschen Politik. Die Hauptkritik kam natürlich von der Opposition aus SPD, Bündnis 90/Die Grünen und PDS. Aber auch die Parteifreunde aus München leisteten Widerstand gegen die europäische Währung. Niedersachsens Ministerpräsident und späterer SPD-Kanzlerkandidat Gerhard Schröder sprach gar von der europäischen Währung als einer „kränkelnden Frühgeburt". Das war reichlich verantwortungslos, erzielte aber den gewollten Effekt der Verunsicherung und trug zu einer negativen Stimmung im Land gegen die Koalition bei. Helmut Kohl und Theo Waigel, wie auch die CSU-Landesgruppe, bestanden aber auf dem großen Gemeinschaftsprojekt für Europa.

Es war nicht so, dass wir die Risiken unserer Entscheidung nicht gesehen hätten. Schwachpunkte waren von Anfang an insbesondere Italien, aber auch Frankreich und Belgien, die zwar zusagten, einen dauerhaften Haushaltsüberschuss zu erwirtschaften und den Gesamtschuldenstand in Richtung 60 Prozent zurückzuführen. Aber die Sanktionsinstrumente, die der EU-Kommission als Hüterin der Verträge zugestanden worden waren, waren zu schwach, wie sich später zeigte. Dass sich Frankreich und Deutschland später selbst über die Stabilitätskriterien hinwegsetzen und damit den Stabilitäts- und Wachstumspakt desavouieren würden, konnte ich mir zu diesem Zeitpunkt nicht vorstellen.

In vielen Bundestagsreden kämpfte ich für ein enges Mandat der EZB und für eine seriöse und konstruktive europäische Einigung, die sich an den Grundlagen der Sozialen Marktwirtschaft orientierte. Dies war auch deshalb notwendig, weil die Opposition einen europäischen Bundesstaat propagierte und damit neue Vorurteile und Ängste in der Bevölkerung weckte. In einer der großen Europadebatten des Bundestages am 27. September 1995 hielt ich der Opposition vor: „Heute ist der Popanz in die Welt gesetzt worden, es gebe eine massive europäische Krise. […] Ein politisches Geschäft mit der Angst unserer Bürger wird hier probiert, nichts anderes. Europa braucht keine Ängste, keine Unruhen und auch keine Spekulationen. […] Wir brauchen keine Dauerbedenkenträger namens Joschka Fischer. Wir brauchen für unsere Bürger in Europa stabile Finanzen, eine stabile Währung, eine gerechtere Lastenverteilung und gleiche Wettbewerbsbedingungen für mehr Arbeitsplätze. Wesentlich ist doch, meine Damen und Herren, dass der Bundesfinanzminister für unsere Stabilität ganz klare Prioritäten gesetzt hat. ‚Die Erfüllung der Stabilitätskriterien ist wichtiger', so seine Aussage, ‚als der Termin für den Beginn der dritten Stufe der Währungsunion.' Es ist längst bekannt, dass zurzeit nur Deutschland und Luxemburg die Konvergenzkriterien erfüllen. Dies ist nichts Sensationelles. Nicht ohne Grund hat die europäische Kommission kürzlich blaue Briefe an zwölf Mitgliedstaaten wegen übermäßiger Haushaltsdefizite geschickt. Wir kümmern uns um die Stabilität der Mark. Andere Länder müssen das gleiche für ihre stabile Währung tun. […] Ich möchte noch einmal deutlich hervorheben, die Wirtschafts- und Währungsunion steht selbstverständlich allen EU-Mitgliedstaaten offen, aber die Konvergenzkriterien müssen in jedem Fall erfüllt sein. Dies ist im Vertrag von Maastricht deutlich festgeschrieben. Nur dann ist die Stabilität der Währung gesichert. Nur dann ist die Währungsunion unseren Bürgern vermittelbar. Natürlich werden wir nicht so lange warten können, bis die Schulden-Ministerpräsidenten der SPD, Lafontaine und Schröder, diese Konvergenzkriterien erfüllen. Da würden wir lange warten. Die werden sie wohl nie erfüllen. Gestatten Sie mir noch einmal eine deutliche Feststellung. Die europäische Wirtschafts- und Währungsunion ist für uns von existenzieller Bedeutung. Deswegen sollten Sie diese Bedeutung hier nicht beschädigen. Für die deutsche und europäische Wirtschaft und für unsere Arbeitsplätze bedeutet die Währungsunion: Wirtschaftsförderung für mehr Wachstum, Währungsstärkung für vermehrten Export und Unternehmensförderung für mehr Beschäftigung".

Mit den Weichenstellungen in diesen Jahren kamen wir einen großen Schritt auf dem Weg in die Zukunft Europas voran. Zweifellos war es kein leichter Weg. Wie bei der Wiedervereinigung hatte Bundeskanzler Helmut Kohl die Chance für die Weiterentwicklung Europas genutzt. Insbesondere Theo Waigel als treibende Kraft für die gemeinsame Währung hatte meinen Respekt. Den Titel „Mister Euro" trägt er zu Recht.

Neben der spannenden Arbeit im Finanzausschuss, im Wirtschaftsflügel der Fraktion (PKM), den Beratungen in der CSU-Landesgruppe, Gesprächen mit Journalisten und Reden im Bundestag pflegte ich den Kontakt in der Parlamentarischen Gesellschaft. Ich trat diesem Verein bei, der unweit des Plenarsaalgebäudes eine alte Villa als Treffpunkt der Abgeordneten ausgebaut hatte. Ungezwungen und unkompliziert wurden dort viele politische, aber auch persönliche Gespräche geführt. Erstmals lernte ich dort auch „Kohls Mädchen", die damalige Bundesministerin für Umwelt, Naturschutz und Reaktorsicherheit, Angela Merkel kennen. Gemeinsam mit unserem Landesgruppenvorsitzenden Michael Glos führte ich ein zwangloses Gespräch mit ihr. Es ging dabei um die Zukunft der Energieversorgung, die Nutzung der Kernenergie und die anstehenden Entscheidungen über Castor-Transporte. Die selbstbewusste, forsche, direkte und bestimmende Art dieser jungen Frau aus der ehemaligen DDR überraschte mich sehr.

Natürlich kannte ich aus den Medien ihre Biografie. Da war mir durchaus einiges wie ihre frühere Mitgliedschaft bei der SED-Jugendorganisation FDJ sehr suspekt. Die Absicht, nach der Wende zunächst der SPD beizutreten und nicht der CDU, der Beitritt zur neuen Partei Demokratischer Aufbruch und die Nähe zu dessen Vorsitzenden Wolfgang Schnur, der als Stasispitzel enttarnt wurde, oder auch die enge Zusammenarbeit mit der schillernden Figur Günther Krause, dem parlamentarischen Staatssekretär beim Ministerpräsidenten der DDR, sah ich kritisch. Aber was für sie sprach, waren ihr Intellekt, ihre starke Persönlichkeit und ihre Bereitschaft, für ihre Ansichten zu kämpfen. Fortan war ich sicher, dass das despektierliche Gerede über die Quotenfrau Angela Merkel eher blanker Neid war.

Ihr hing das Etikett an, dass der allmächtige Bundeskanzler Helmut Kohl ihr großer Beschützer sei. Viele Kollegen zogen es deshalb vor, sich mit ihr gutzustellen. Alle staunten nur, wie schnell es bei Angela Merkel mit ihrer Karriere voranging. Nachdem sie bei der Wahl zum Landesvorsitzenden der CDU Brandenburg gegen Ulf Fink verloren hatte, wurde sie kurze Zeit später Landesvorsitzende der CDU in Mecklenburg-Vorpommern als Nachfolgerin des in verschiedene Skandale verstrickten Günther Krause, und kurze Zeit später stellvertretende CDU-Bundesvorsitzende. Alles im Schnellzugtempo.

Als Angela Merkel im damaligen CDU-Parteiprogramm die Umbenennung von Ludwig Erhards Sozialer Marktwirtschaft in eine soziale und ökologische Marktwirtschaft durchsetzte, stand ich erstmals ihrer politischen Agenda kritisch gegenüber. Dieser Etikettenwechsel war eine populistische Verpackung und verwässerte den Ordnungsrahmen der Sozialen Marktwirtschaft, der nicht zu einer Hülle für einen ökologischen Staatsdirigismus werden durfte. Mit dem ersten Ozongesetz zur Verhinderung von Sommersmog wollte sie sofort ein bundesweites Tempolimit im Autoverkehr einführen. Staatliche Freiheitseingriffe und Planwirtschaft wollte ich nicht. Damals ahnte ich nicht, dass ich als marktwirtschaftlicher Unternehmer immer wieder Konflikte mit den vielen Windungen und Wendungen von Angela Merkel haben würde. Ihr Weg zur CDU-Generalsekretärin, CDU-Bundesvorsitzenden, Fraktionsvorsitzenden der CDU/CSU und schließlich Bundeskanzlerin der Bundesrepublik Deutschland war geprägt von Durchsetzungskraft und Leistungswillen, ohne jede Scheu, Vertreter gegenteiliger Positionen ins Aus zu drängen.

Zweifellos kam Deutschland mit Angela Merkel voran, wurden Krisen gemeistert, das Ansehen in der Welt vergrößert, Reformen und Modernisierungen durchgesetzt, mehr Wachstum und Beschäftigung und Wahlerfolge für die Union erreicht. Aber es wurde auch das Parteiensystem zersplittert und die Handschrift der Union verwässert. Wenn Demokratie die dauerhafte Findung von Kompromissen ist, kann Angela Merkel als Meisterin der Demokratie bezeichnet werden. Mit ihrer Haltung zur Prinzipientreue und zur ordnungspolitischen Linie der Sozialen Marktwirtschaft hatte ich in der langen Zeit der Zusammenarbeit doch sehr oft meine Probleme.

In meiner Bonner Zeit fand ich auch Anschluss an den FC Bundestag. Diese interfraktionelle Fußballmannschaft des Deutschen Bundestages hat mir sehr viel Freude, sportlichen Ausgleich und persönliche Freundschaften vermittelt. Angeregt zur Aufnahme in den FC Bundestag hatten mich Theo Waigel und Peter Ramsauer, die mit vielen Kollegen wie Peter Struck von der SPD, Joschka Fischer von den Grünen, Wolfgang Bosbach und Norbert Lammert von der CDU ein fester Bestandteil der Fußballmannschaft waren. Auf Empfehlung von Kollegen hatte mich der Kapitän des FC Bundestag, Klaus Rose, zu einem Probetraining auf den Sportplatz am Tulpenfeld eingeladen. Nun war ich sehr lange aktiver Fußballer in meiner Heimat gewesen und konnte überzeugen. Ich wurde also in die Mannschaft aufgenommen.

In nahezu jeder Sitzungswoche gab es ein Benefizspiel für einen gemeinnützigen Zweck gegen Betriebsmannschaften von bekannten Unternehmen und Organisationen und darüber hinaus einmal im Jahr ein internationales Turnier gegen andere Parlamentsmannschaften, das ich selbst später einmal im Stadion der Würzburger Kickers als Gastgeber organisieren durfte. Auf unseren Auslandsreisen spielten wir auch zum Beispiel in Moskau, in Warschau, in Südafrika und Namibia gegen die dortigen Parlamentsmannschaften. Unsere Heimspiele wurden immer vom prominenten FIFA-Schiedsrichter Walter Eschweiler geleitet, der als rheinische Frohnatur unsere sportlichen Auftritte kommentierte und zu dem ich eine tiefe Freundschaft entwickelte. Der FC Bundestag war so etwas wie der sportliche Botschafter der deutschen Politik.

Allerdings war unser Auftreten nicht immer nur von Spaß an der Freude gekennzeichnet. Immer wieder ging mit einigen Kollegen der sportliche Ehrgeiz durch und beim FC Bundestag hing der Mannschaftsgeist schief. Besondere Probleme hatte ich dabei mit dem Fraktionsvorsitzenden von Bündnis 90/Die Grünen, Joschka Fischer, der grundsätzlich immer eine Extrawurst für sich beanspruchte. So bestellte er vor seinem Spieleinsatz ein Fernsehteam auf den Sportplatz, um sich in den Medien in sportliche Szene zu setzen. Wenn der Kapitän ihn dann nicht rechtzeitig in die Mannschaft einwechselte, war Krach vorprogrammiert. So lernte ich Joschka Fischer persönlich als eher unfreundlichen, unkollegialen und unleidigen Mitspieler kennen, der bei mir seinen Ruf als der große Straßenkämpfer und frühere Anführer einer politisierenden Schlägerbande in Frankfurt, die auch vor dem Wurf von Steinen nicht zurückschreckte, nicht wirklich verbesserte. Joschka Fischer gefiel sich in den Anfangsjahren seiner Abgeordnetenzeit in Bonn als notorischer Querulant. Dass er später als Außenminister einmal der beliebteste Politiker in Deutschland werden konnte, war für mich schwer verständlich, wenn ich ihm auch zubilligte, dass man Brüche im Leben von Menschen akzeptieren sollte. Er war aber immer noch sehr stolz auf seine Vergangenheit als Revolutionär, und wenn er es gerade brauchte, fiel ihm zerknirscht eine gespielte Reue ein, die er gekonnt zelebrierte.

Meine erste größere Reise in die USA als Abgeordneter unternahm ich mit einer Delegation des Verteidigungsministers Volker Rühe. Erstmals war ich in Washington im Senat und im Kongress zu Besuch. Unter anderem führten wir auf Abgeordnetenebene Gespräche mit einem jungen Senator und Außenpolitiker Joe Biden, der ab 2021 als 46. Präsident der USA eine späte Karriere machte. Für mich war die transatlantische Verbindung und die enge Zusammenarbeit mit den USA ein Herzensanliegen.

Nach den Gesprächen in Washington flogen wir nach Atlanta im Bundesstaat Georgia, wo wir die Olympischen Spiele besuchten. Das war ein eindrucksvolles Großereignis, bei dem der frühere Boxweltmeister Muhammad Ali das olympische Feuer entzündete. Die Organisation für die Delegation in Atlanta hatte mein Fußballfreund Walter Eschweiler als zuständiger Konsul im Auswärtigen Amt übernommen. Ich konnte ihm sofort vermitteln, welche Sportereignisse mich besonders interessierten.

So empfahl er Minister Volker Rühe, dass er die Kartenkontingente doch am besten für Disziplinen nutzen solle, die mit deutschen Sportlern aus der Bundeswehr stattfanden. Das waren damals hauptsächlich Boxen, Gewichtheben oder sonstige Randsportarten, während ich im Olympiastadion die hochinteressanten Leichtathletik-Wettkämpfe oder die Finalspiele im Tennis-Einzel persönlich verfolgen konnte. Walter Eschweiler war bei Olympia ein Glücksfall für mich.

In der ereignisreichen Bonner Zeit erlebte ich auch eine sehr denkwürdige Begegnung mit der Kanzlergattin Hannelore Kohl und Bundeskanzler Helmut Kohl. In der Scherenberghalle meiner Heimatstadt Gemünden hatte ich eine Benefizveranstaltung mit dem Heeresmusikkorps der Bundeswehr für die Hannelore Kohl Stiftung für hirnverletzte Unfallopfer mit Schädel-Hirn-Trauma veranstaltet. Es gab einen überwältigenden Besuch und eine hohe Spendensumme. Diese wollte ich überweisen. Doch bekam ich zu meiner Überraschung eine Einladung zur Scheck-Übergabe und zum Abendessen mit meiner Frau Christl in den Kanzlerbungalow. Es war der 15. Juni 1996, ausgerechnet der Tag, an dem die Gewerkschaften zum großen Protest 350 000 Demonstranten in Bonn aufgeboten hatten. Es war eine der größten Kundgebungen der bundesdeutschen Geschichte, die sich gegen die notwendigen Reformpläne der Bundesregierung richteten. Alle Zugangswege zum Regierungsviertel waren durch die Demonstranten versperrt. Ich musste mit dem Schiff von meiner Wohnung in Bonn-Beuel über den Rhein, um mit meiner Frau pünktlich der Einladung nachzukommen.

Wir erlebten eine Hannelore Kohl in ernster Stimmung, die von dem großen Protest tief beeindruckt war. Warum machen wir eine Politik, die die Menschen so gegen uns aufbringt?, fragte sie. Ich antwortete, dass wir an den Reformen bei der Krankenversicherung und im Arbeitsrecht nicht vorbeikämen. Ich ahnte bei meinem Gespräch, dass Hannelore Kohl in ihrer bestimmten Art sehr wohl Einfluss auf ihren Mann hatte, der die Reformen nur sehr widerwillig auf die politische Agenda gesetzt hatte. Sie berichtete, dass sie inzwischen selbst vor Kundgebungen vor dem Wohnhaus in Oggersheim nicht mehr verschont bleibe. Sie und die Familie würden in Sippenhaftung genommen. Die Medien scheuten auch vor persönlichen Beleidigungen nicht zurück. Sie unterstütze nach wie vor die politische Arbeit ihres Mannes, aber er sollte 1998 nicht zu einer weiteren Bundestagswahl antreten. Das war für mich eine sehr überraschende Aussage, die weit über meinen persönlichen Wirkungskreis als CSU-Abgeordneter hinausging. Natürlich hatte ich die Zerrissenheit bei den CDU-Abgeordneten mitbekommen, die einerseits für einen baldigen Übergang der Kanzlerschaft auf den Fraktionsvorsitzenden Wolfgang Schäuble plädierten und sich zum Teil aber andererseits keinen Kanzler im Rollstuhl vorstellen konnten.

Über die Aussage von Hannelore Kohl berichtete ich auch Theo Waigel, der als enger Weggefährte von Helmut Kohl und CSU-Vorsitzender ein wichtiges Wort in der Frage der Kanzlerkandidatur mitzureden hatte. Ich war überzeugt, dass Waigel für die CSU interveniert und eine Kandidatur von Wolfgang Schäuble verhindert hatte. Doch schon am 3. April 1997 kündigte Helmut Kohl dann doch seine erneute Spitzenkandidatur für die Bundestagswahl 1998 überraschend früh an, was unseren Fraktionsvorsitzenden Wolfgang Schäuble deutlich verärgerte. Er unterstellte, dass Theo Waigel die treibende Kraft hinter der frühen Entscheidung war. Der niedersächsische Ministerpräsident Gerhard Schröder rief erst am 2. März 1998 seine Kanzlerkandidatur für die SPD aus. Die letzten Monate vor der entscheidenden Bundestagswahl 1998 waren von hitzigen Bundestagsdebatten geprägt.

Die Opposition ging zunehmend zu einem reinen Frontalwahlkampf über. Insbesondere die SPD erzielte damit zusehends Erfolge in den Umfragen. So vermittelte uns das Institut für Demoskopie Allensbach, dass wir wegen des Reformstaus an Zustimmung verloren. Ein Alarmzeichen war für mich, dass BDI-Präsident Hans-Olaf Henkel die Seiten wechselte und der SPD öffentlich ein Angebot zur verstärkten Zusammenarbeit machte. Auch bei unserem Koalitionspartner FDP wurden Auflösungserscheinungen sichtbar.

Bundeskanzler Helmut Kohl wollte das Ruder noch herumreißen und ernannte Verkehrsminister Matthias Wissmann zum neuen wirtschaftspolitischen Sprecher der CDU, der sich dem Wirtschafts- und Arbeitsmarktthema verstärkt widmen sollte. Wissmann machte klar, dass die

Koalition ein gewaltiges Vermittlungsproblem habe. Die Stimmung im Land sei schlechter als die wirkliche Lage. Doch damit blieb die Wahlstrategie auf Durchhalteparolen aufgebaut. Die Reformverweigerung war nicht mehr zu beschönigen. Ich schlug Theo Waigel vor, dass wir den Euro zu einem zentralen Wahlkampfthema machen sollten, da wir am 23. April 1998 im Deutschen Bundestag die Teilnahme an der EU-Währungsunion zum 1. Januar 1999 offiziell beschlossen hatten. Jedoch hatte ich auch Bedenken. Mir war nicht klar, dass die Einführung des Euro trotz der Durchsetzung des Stabilitätspakts in weiten Teilen der Bevölkerung unpopulär war und keine Wählerstimmen versprach. Wir hatten die entscheidende Hürde auf dem Weg nach Europa durch ein Haushaltsdefizit unter drei Prozent des Bruttoinlandsprodukts geschafft. Auch den Abbau der Grenzkontrollen in der EU hatten wir mit dem Schengener Abkommen umgesetzt. Das alles war nur nicht wahlentscheidend.

Innenpolitisch war das Thema Steuerentlastung und Steuerreform vorrangig. Unsere Bemühungen wurden aber nicht honoriert und als politischer Stillstand angesehen. Dass dies eine Folge der Blockadestrategie der SPD in dem von ihr dominierten Bundesrat war, die die Handlungsfähigkeit der Koalition einschränkte, wurde öffentlich nicht wahrgenommen. Hinzu kam, dass das Wort des Jahres „Reformstau" in der Bevölkerung politisch gegen uns wirkte. Theo Waigel hatte die SPD mehrfach aufgefordert, ihre eigenen steuerpolitischen Ziele klarzustellen. Er monierte öffentlich, dass das Eintreten des nordrhein-westfälischen Wirtschaftsministers Wolfgang Clement für einen Spitzensteuersatz von 43 bis 45 Prozent unglaubwürdig sei, wenn die SPD nahezu täglich in der Frage der Spitzensteuersätze neue Ziele setzte. Mehr als ein Jahr nach der Vorstellung der Petersberger Steuerreform durch unsere Regierungskoalition wussten die Menschen immer noch nicht, welche steuerpolitische Linie die SPD verfolgte. Die Regierung werde ihr Konzept so rasch wie möglich verwirklichen, sagte Theo Waigel. Doch die SPD blieb in der Steuerpolitik völlig bedeckt und blockierte viele Steuerrechtsänderungen. Zweifellos gab es finanzpolitische Erfolge der Koalition, die wir aber zu wenig vermittelten. Unsere steuerpolitische Glaubwürdigkeit, unser Kompetenzschwerpunkt, hatte trotz der Teilentlastung beim Solidaritätszuschlag, der Aussetzung der Vermögensteuer, der Abschaffung der Gewerbekapitalsteuer und einer wirtschaftsfreundlichen Erbschaftsteuerreform in der Öffentlichkeit schwer gelitten. Die Fähigkeit zu weiteren Reformen wie einer großen Steuerreform wurde uns einfach nicht mehr zugetraut.

In der Arbeitsgruppe Finanzen der CDU/CSU-Fraktion verbreitete sich das Gefühl, dass mit dem Scheitern der Steuerreform die Wahlchancen deutlich sanken. Trotzdem führten wir einen engagierten Bundestagswahlkampf. Die SPD verfolgte ein Konzept der „neuen Mitte", eine diffuse Worthülse ohne verwertbare Festlegungen. Theo Waigel besuchte mich für eine Abschlusskundgebung in meiner Heimatstadt. Auf dem Marktplatz warben wir vor vielen Mitbürgerinnen und Mitbürgern für eine Fortsetzung der Koalition mit der FDP. In München veranstaltete ich noch mit meinen Mittelstandsfreunden eine große Mittelstandsveranstaltung mit Bundeskanzler Helmut Kohl, der trotz der negativen Umfragewerte Zuversicht ausstrahlte und glaubte, auf den letzten Metern das Blatt noch wenden zu können. Ich erinnere mich an einen recht merkwürdigen Ausspruch von ihm: „Ich reagiere wie ein Kavalleriepferd: Wenn die Marschmusik des Wahlkampfs ertönt, marschiere ich und kämpfe mich durch."

Der Wahltag am 27. September 1998 war dann für mich ein Wechselbad der Gefühle. Erstmals wurde eine amtierende Regierung in Deutschland abgewählt. Die Ära von Helmut Kohl und Theo Waigel ging mit dem Wahlsieg von Rot-Grün zu Ende. Die SPD hatte die Bundestagswahl haushoch gewonnen. CDU und CSU kamen nur noch auf 35,2 Prozent. Die SPD mit 40,9 Prozent und die Grünen mit 6,7 Prozent hatten eine klare Regierungsmehrheit und konnten die erste rot-grüne Koalition auf Bundesebene bilden. Die Häme und das Triumphgeheul von SPD und Grünen taten richtig weh.

Auf meiner Wahlparty herrschten Grabesstille und große Enttäuschung. Ich verabschiedete mich am Abend von meinen Parteifreunden mit den Worten: „Das war es wohl mit meiner politischen Karriere und ich gehe jetzt wieder in meinen Betrieb."

Politik auf Abwegen

Doch in der Nacht um vier Uhr meldete sich mein Landtagskollege Eberhard Sinner aus Lohr am Main und gratulierte mir zum überraschenden Wiedereinzug in den Deutschen Bundestag. Als Allerletzter auf der CSU-Landesliste hatte es gerade noch für das Mandat gereicht. Damals schwor ich mir, dass ich mit den Listenkandidaturen und den damit einhergehenden Unsicherheiten aufhören und einen Wahlkreis für eine Direktwahl anstreben würde. Nur unter dieser Voraussetzung wollte ich mein Engagement für Marktwirtschaft fortsetzen. In der nunmehr bevorstehenden Legislaturperiode würde es für marktwirtschaftliche Lösungen keine Mehrheiten mehr geben, so viel war mir klar. Ich haderte mit der künftigen Oppositionsrolle. Sehr viele CDU-Kollegen hatten ihren Wahlkreis verloren und gehörten dem Bundestag nicht mehr an. Selbst die stellvertretende CDU-Bundesvorsitzende Angela Merkel büßte in ihrem Wahlkreis elf Prozent der Erstimmen ein.

Die CDU-Ergebnisse machten mich ziemlich fassungslos. Denn ohne das CSU-Ergebnis wäre die CDU gerade noch auf 30 Prozent Zustimmung in Deutschland gekommen. Ob man mit Wolfgang Schäuble ein besseres Ergebnis erzielt hätte, wurde breit diskutiert. Er hatte noch vorher die Kandidatur von Kohl kritisiert, sich aber in der Partei und vor allem gegenüber Theo Waigel nicht durchsetzen können. Helmut Kohl trat nach der Wahl sofort zurück. Auf dem CDU-Bundesparteitag in Bonn wurde am 7. November 1998 Wolfgang Schäuble zum neuen Bundesvorsitzenden gewählt. Angela Merkel wurde auf seinen Vorschlag hin zur Generalsekretärin ernannt.

Nur Schritt für Schritt fanden wir uns mit der Oppositionsrolle ab. Hatten wir noch in der Vergangenheit die Show der SPD-Troika mit Schröder, Lafontaine und Scharping etwas überheblich belächelt, hatten wir nun eine rot-grüne Mehrheit im Deutschen Bundestag, die am 27. Oktober 1998 Gerhard Schröder zum siebten deutschen Bundeskanzler wählte. In sein Kabinett zogen der Grüne Joschka Fischer als Vizekanzler und Außenminister sowie Oskar Lafontaine als Finanzminister und Rudolf Scharping als Verteidigungsminister ein. Viele Medien frohlockten, weil es nach 16 Jahren Helmut Kohl eine neue, interessantere Politikkonstellation gab. Diese neue politische Story wurde von der neuen Bundesregierung intensiv genutzt.

Schon im Wahlkampf kam die Union sehr altbacken daher, während die SPD mit einer modernen Wahlkampfstrategie mit dem „Wegbeamen" des Kanzlers im politischen Marketing haushoch überlegen war. Zelebriert wurde die Geschichte des jungen Juso-Vorsitzenden Schröder, der mit diesen Worten am Zaun des Bonner Bundeskanzleramts gerüttelt hatte: „Ich will hier rein!"

Ich hatte durchaus Respekt und Anerkennung für Schröders eigenwilligen und entbehrungsreichen Aufstiegsweg aus kleinsten ärmlichen Verhältnissen. Doch nachdem er das bei jeder Gelegenheit betonte, war es mir doch etwas suspekt. Er trug dies wie ein Werbeschild vor sich her. Er pflegte sein Image als Mann der Tat, der die Probleme anpackt und keinerlei Hemmungen hat, Klartext zu sprechen und eine beinharte Strategie umzusetzen.

Auf seine erste Regierungserklärung als Bundeskanzler am 10. November 1998 war ich gespannt. Schröder sprach von gewaltigen Aufgaben, die vor uns lägen. „Die Menschen erwarten, dass eine bessere Politik für Deutschland gemacht wird. Wir wissen: Ökonomische Leistungsfähigkeit ist der Anfang von allem. Wir müssen Staat und Wirtschaft modernisieren, soziale Gerechtigkeit wiederherstellen und sie sichern, das europäische Haus wirtschaftlich, sozial und politisch so ausbauen, dass die gemeinsame Währung ein Erfolg werden kann. Wir müssen die innere Einheit Deutschlands vorantreiben und vor allem und bei allem: Wir müssen dafür sorgen, dass die Arbeitslosigkeit zurückgedrängt wird, dass bestehende Arbeitsplätze erhalten bleiben und neue Beschäftigung entsteht. Dafür brauchen wir neue Unternehmen, neue Produkte, neue Märkte und vor allen Dingen schnellere Innovation. Wir brauchen eine bessere Ausbildung und eine Steuer- und Abgabenpolitik, die vor allem die Kosten der Arbeit entlastet. Diese Bundesregierung will die Probleme schultern, und sie wird die schöpferischen Kräfte, die es in unserem Land überreich gibt, mobilisieren.“ Da war ich doch überrascht. Dieses marktwirtschaftliche Bekenntnis war genau das Gegenteil dessen, was die SPD vor der Wahl verkündet hatte.

Schröder kündigte eine Steuerreform mit einer Nettoentlastung für Bürger und Unternehmen von 15 Milliarden DM an, versprach Bürokratieabbau, Senkung der Lohnnebenkosten und eine Energiesteuer. Er reklamierte die Soziale Marktwirtschaft für Rot-Grün. „Wir stehen nicht für eine rechte oder linke Wirtschaftspolitik, sondern für eine moderne Politik der Sozialen Marktwirtschaft. Die Bundesregierung macht endlich wieder Wirtschaftspolitik. Wir öffnen den Menschen die Perspektive der Selbstständigkeit“, kündigte er an. Und Schröder wiederholte die alte Litanei des unsoliden finanziellen Erbes, das die bisherige Koalition Rot-Grün hinterlassen habe.

Kein Wort selbstverständlich davon, dass die Kosten der Einheit geschultert werden mussten und die SPD mit ihrer Blockade jede zielführende Reform verhindert hatte. Und auch kein Wort darüber, dass in der Schlussbilanz der schwarz-gelben Koalition ein reales Wirtschaftswachstum von 2,7 Prozent, die niedrigste Preissteigerung, geordnete Staatsfinanzen, ein Rückgang der Arbeitslosigkeit und ein niedriges Zinsniveau zu Buche standen.

Doch war mir auch klar, dass alle kritischen Bemerkungen gegen die rot-grüne Politik mit dem Hinweis auf das Wahlergebnis gekontert würden. Deshalb entschloss ich mich, nur sachbezogene Opposition zu betreiben und die Rhetorik von der Sozialen Marktwirtschaft als das zu enttarnen, was sie war: reines Blendwerk. Opposition um der Opposition willen zu betreiben, sah ich nicht als erfolgversprechend an. Aber dort, wo es um Entwicklungen gegen die Grundsätze der Sozialen Marktwirtschaft ging, wollte ich nachdrücklich dagegenhalten.

Nachdem ich von der CSU-Landesgruppe wieder in den Finanzausschuss entsandt wurde, musste ich mich besonders mit dem neuen Bundesfinanzminister Oskar Lafontaine auseinandersetzen. Dass er mehr der „alten Linken“ anstatt der „neuen Mitte“ verbunden war, merkte ich vom ersten Tag an. Er kassierte auch sofort die Regierungserklärung von

Gerhard Schröder wieder ein, wonach es eine Nettoentlastung für die Steuerzahler geben sollte. Lafontaine stand für mehr Steuerstaat und vor allem für eine neue Umverteilung. Doch Lafontaine merkte auch sehr schnell, dass die Zeit der Inszenierungen und der Blockade der Steuerreform vorbei war. Er musste nun als Bundesfinanzminister selbst liefern.

Doch schon bei dem Gesetzentwurf zur Ökosteuer konnte er sich mit dem neuen Umweltminister Jürgen Trittin von den Grünen nicht einigen. Sie verständigten sich schließlich auf eine Kommission. Von einer umfassenden Steuerreform mit Stärkung der Wachstumskräfte war ohnehin nicht mehr die Rede. Die Umfinanzierung von Sozialabgaben durch neue Steuern, wie im Wahlkampf von der SPD versprochen, war Blendwerk. Die notwendige Senkung der Lohnzusatzkosten, der Staatsquote und der Abgabenquote war ohne Einsparungen bei den Sozialausgaben nicht finanzierbar. Deshalb verfocht Lafontaine zunächst eine Politik des „leichten Geldes" mit Druck auf die Unabhängigkeit der Notenbanken und einer stärkeren Staatsverschuldung. Damit wurden unsere großen Anstrengungen zur Umsetzung der Stabilitätskultur im Maastricht-Vertrag und der Stabilitätspakt konterkariert. Die neue rot-grüne Bundesregierung interessierte das wenig. Das Prinzip der europäischen Währungsunion mit der Unverfügbarkeit der Geldwertstabilität und der Unabhängigkeit der Notenbank sollte ausgerechnet von Deutschland untergraben werden. Das wollte ich nicht aufs Spiel gesetzt wissen und ich kündigte im Finanzausschuss massive Gegenwehr an. Einen Verlust von Stabilität und Solidität in der Europäischen Union wollte ich nicht akzeptieren.

Aber die politische Auseinandersetzung mit Oskar Lafontaine endete schon nach kurzer Zeit. Völlig überraschend trat er nach einer Amtszeit von vier Monaten zurück. Er lief vor der Verantwortung einfach davon und begründete dies mit dem schlechten Mannschaftsspiel im Kabinett Schröder, der sich in der Öffentlichkeit immer mehr als Kanzler mit Zigarre und teuren Maßanzügen gefiel. Die rot-grüne Koalition zeigte – kaum im Amt – Risse und die erste größere Krise. Die Umfragewerte waren sehr schnell im freien Fall.

Der neue Trend gegen Rot-Grün machte mir Mut. Die Regierung Schröder/Fischer traute sich doch nicht, die von uns durchgesetzte Einführung des Euro zum 1. Januar 1999 zu torpedieren, obwohl Gerhard Schröder die Währung ja noch vorher als „kränkelnde Frühgeburt“ bezeichnet hatte. Ich war überzeugt, dass wir mit unserer Oppositionsarbeit auf dem richtigen Weg waren, wenn wir auch 53 Abgeordnete weniger als die SPD hatten. Vizekanzler und Außenminister Joschka Fischer stolzierte inzwischen wie ein Pfau durch den Plenarsaal, den er vorher sehr oft für beleidigende Zwischenrufe genutzt hatte. Posten und Dienstwagen standen bei den Grünen inzwischen hoch im Kurs. Die Turnschuhe wurden gegen Nadelstreifenanzüge getauscht und aus ihren Grundsätzen und Versprechungen wurde hemmungsloser Opportunismus. Das Auftreten der Mitglieder der Regierungskoalition war von Hochmut geprägt. Ich erlebte die bittere Wahrheit, was es bedeutete, nicht federführend gestalten zu können, sondern in der Opposition zu sein.

Natürlich braucht eine Demokratie auch eine starke Opposition zur Kontrolle der Regierung. Ich hatte aber die große Sorge, dass ich an der Oppositionsrolle im Bundestag sehr schnell die Lust verlieren könnte. So nahm ich das Angebot von Arbeitgeberpräsident Dieter Hundt für eine ehrenamtliche Position in der Bundesvereinigung der Deutschen Arbeitgeberverbände (BDA) an. Hier sah ich die Chance, meine politische und unternehmerische Praxis in die Meinungsbildung des Spitzenverbandes der deutschen Wirtschaft einbringen zu können und vor allem eine zusätzliche Plattform für die Gewichtung der Wirtschaftspolitik und der Prinzipien der Sozialen Marktwirtschaft zu bekommen. Zunächst engagierte ich mich ehrenamtlich sehr stark im Präsidium des Verbandes und wurde später zum Arbeitgeber-Vizepräsidenten gewählt. Das war eine sehr ehrenvolle Berufung. Ich führte viele Gespräche über eine erfolgreiche Ausgestaltung der Marktwirtschaft und lernte viele prägende Persönlichkeiten aus der gesamten deutschen Wirtschaft kennen.

In meiner Funktion als BDA-Vizepräsident nahm ich auch an vielen Gesprächen mit der rot-grünen Bundesregierung teil, die wegen der schwierigen wirtschaftlichen Entwicklung immer mehr um Rat des Wirtschaftsverbandes bat. Die Doppelrolle als BDA-Vizepräsident und Abgeordneter der Opposition im Deutschen Bundestag war sicher völlig außergewöhnlich. Doch ich konnte mit sachlicher Argumentation bei den Gesprächen mit Bundeskanzler Gerhard Schröder und mit seinen

Ministern immer wieder Verständnis für die Notwendigkeit einer marktwirtschaftlichen Ordnungspolitik bewirken. Ich lernte vielfach deren Persönlichkeit, Ansichten und charakterlichen Eigenschaften kennen. So sonnte sich Schröder besonders gern im Kreis der Wirtschaftsführer der Großkonzerne.

Diese zusätzliche Möglichkeit, für eine marktwirtschaftliche Politik einzutreten, versöhnte mich mit der Entscheidung für Bonn. Dort lud ich auch zur runden Geburtstagsfeier in den legendären Bierkeller der Bayerischen Landesvertretung ein. Die Laudatoren Theo Waigel und Arbeitgeberpräsident Dieter Hundt und viele Gäste aus Politik und Wirtschaft beglückwünschten mich zum 50. Geburtstag. Es war nicht nur ein zünftiger Abend. Michael Glos und Theo Waigel stellten mir auch die Frage, wie ich mir meine politische Zukunft vorstellte. Denn ein Wiedereinzug in den Bundestag über die Landesliste war sehr unsicher.

Gänzlich unwahrscheinlicher wurde dies durch das Heraufziehen der CDU-Spendenaffäre, die unseren Aufwärtstrend brutal stoppte. Die CDU wurde von den Medien getrieben und die Kolleginnen und Kollegen im Bundestag waren völlig konsterniert. Die Häme der anderen Fraktionen war unermesslich. Dann kam der als Befreiungsschlag titulierte FAZ-Artikel von CDU-Generalsekretärin Angela Merkel.

Tatsächlich war es ein wohlkalkulierter machtpolitischer Schachzug, der den Bruch mit Helmut Kohl vollzog und den Griff nach dem Parteivorsitz vorbereitete. Die allermeisten Mitglieder der CDU/CSU-Fraktion waren schockiert. Als sich dann herausstellte, dass der Partei- und Fraktionsvorsitzende Wolfgang Schäuble nicht informiert war, wurde der Trennungsbrief an Helmut Kohl zum Politikum. Warum Wolfgang Schäuble sich nicht sofort von ihr trennte, verstanden wir nicht. Wir hatten eine CDU-Generalsekretärin vor Augen, die Machtbewusstsein, Härte und Durchsetzungskraft für ganz Oben aussandte.

Helmut Kohl sah sich von seinen Parteifreunden völlig im Stich gelassen. Ich erlebte ihn zusehends verbittert. Er legte erbost seinen Ehrenvorsitz nieder. Viele CDU-Kollegen sahen die Identität der Partei verloren, wenn es auch Kritik am Festhalten seines Ehrenworts über das Verschweigen der Spender gab. Als dann noch fragwürdige Umstände einer 100 000 DM-Spende an Wolfgang Schäuble bekannt wurden, trat dieser von seinen Ämtern zurück. Friedrich Merz trat seine Nachfolge als CDU/CSU-Fraktionsvorsitzender an. Das sah ich als Lichtblick für die Marktwirtschaft an. Die CDU suchte einen Neuanfang. Eine Serie von Regionalkonferenzen sollte die Wende bringen. Angela Merkel nutzte diese, um als Heilsbringerin den Griff nach der Macht zu vollenden.

An der Jahrtausendwende wurde allerdings immer deutlicher, dass Deutschland ein Land in Stagnation war. Es gab zwar Ressourcen für einen neuen Aufbruch. Sie wurden aber kaum genutzt, weil es unter Rot-Grün an den entsprechenden politischen Rahmenbedingungen fehlte. Unser Wirtschaftssystem und die Finanzierungs- und Funktionsfähigkeit unseres Sozialsystems, das auf Wachstum angewiesen ist, litten zunehmend unter der Wachstumsschwäche. Es fehlte Deutschland in der zunehmenden Globalisierung eklatant an Wettbewerbsfähigkeit. Regulierungsdichte, lange Genehmigungsverfahren, hohe Arbeitskosten, geringe Risikobereitschaft, mangelnde Reformbereitschaft, fehlende Leistungsorientierung im Bildungswesen und in der Gesellschaft sowie die hohe Steuer- und Abgabenlast verbunden mit dem weiter gewaltigen Finanzierungsbedarf für den Aufbau Ost führten zu einem bisher nicht gekannten Niedergang. Deutschland wurde zum „kranken Mann" Europas.

In vielen Reden und Initiativen warb ich für eine Rückbesinnung auf die Leitlinien der Sozialen Marktwirtschaft, den Vorrang für neue Chancen und neuen Gründergeist im Wettbewerb um Spitzentechnologie und Innovationen sowie den Transfer von der Industriegesellschaft zu einer Wissens- und Informationsgesellschaft. Eine der Gelegenheiten war am 17. Februar 2000 die Debatte über den Jahreswirtschaftsbericht 2000 der Bundesregierung. Er trug die Überschrift „Arbeitsplätze schaffen – Zukunftsfähigkeit gewinnen", enthielt aber nichts, was diesen Anspruch realistisch sein ließ. Ich betonte in meiner Rede: „Aus dem Jahreswirtschaftsbericht 2000 ergibt sich für uns die vordringliche Aufgabe, eine langfristige und nachhaltige Sicherung des sozialen, ökonomischen und ökologischen Wohlstandes für uns alle zu entwickeln. Dabei ist die Euphorie der Bundesregierung, die wir heute gehört haben, nach meiner Ansicht völlig fehl am Platze. Aus der zutreffenden Diagnose des Sachverständigenrats ziehen Sie immer wieder falsche Schlussfolgerungen. Anspruch und Wirklichkeit klaffen auseinander. Illusionen, falsche

Versprechungen und Weichenstellungen haben das letzte Jahr zu einem verlorenen Jahr für die Wirtschaft gemacht [...] Insbesondere die Mittelstandsfeindlichkeit der rot-grünen Wirtschafts- und Steuerpolitik verhindert mehr Wirtschaftsdynamik. Zwar beschleunigt sich das Tempo der gesamtwirtschaftlichen Entwicklung, vor allem im Lichte der weltwirtschaftlichen Rahmenbedingungen, aber 2,5 Prozent Wirtschaftswachstum ist keine Richtgröße, die zum Jubeln Anlass gibt. Bei richtiger Weichenstellung zugunsten einer mittelstandsfreundlichen Politik ist angesichts der weltwirtschaftlichen Rahmenbedingungen hier erheblich mehr möglich." Ich geißelte die steuerliche Ungleichbehandlung von Personen- und Kapitalgesellschaften als Steuerwillkür und Mittelstandsvernichtungsprogramm.

Bundesfinanzminister Hans Eichel, der das Erbe des aus der Verantwortung geflüchteten Lafontaine übernommen hatte, hielt ich vor: „Rot-Grün hat keine ganzheitliche Konzeption für eine effiziente Wirtschafts- und Finanzpolitik. Statt einer langfristigen Sicherung durch eine effiziente Renten- und Gesundheitsreform gibt es zweifelhafte Subventionen von Lohnzusatzkosten durch die Ökosteuer. Damit wird die Steuer- und Abgabenquote insgesamt nicht gesenkt, sondern erhöht. [...] Statt Deregulierung und Flexibilisierung des Arbeitsmarktes gibt es eine zweifelhafte Rationierung von Arbeit durch die Rente mit 60, durch die bürokratische Regelung der 630-Mark-Jobs, durch die komplexe Regelung zur Scheinselbstständigkeit und durch die Rücknahme von Reformen. Statt kurzfristiger Steuerentlastung der Wirtschaft gibt es Scheingewinnbesteuerung, Behinderung der Investitionen durch hohe Gegenfinanzierungen und neue AfA-Tabellen. [...] Kapital fließt an Deutschland vorbei. [...] Ausländische Investoren meiden unseren Investitionsstandort, weil keine stabilen, optimistischen Erwartungen vorhanden sind. Die Folgen sind weniger Arbeitsplätze und Wohlstandsverluste. Der Markt lässt sich auch von Ihrer Rhetorik, Herr Eichel, nicht überlisten. [...] Es genügt nicht, immer nur von Modernisierung zu sprechen. [...] Lassen Sie Ihren Worten endlich Taten folgen und modernisieren Sie unsere Wirtschafts- und Finanzpolitik in der Weise, dass durch eine Steuerreform wirklich Nettoentlastungen von 50 Milliarden DM bis zum Jahr 2001 herbeigeführt werden."

Ich bot dem Bundesfinanzminister die Unterstützung der Unionsfraktion an. „Wir stehen für eine Steuerreform, die alle, Arbeitnehmer und Arbeitgeber, entlastet, damit Nachfrage schafft, Investitionen fördert und uns in Deutschland insgesamt weiterbringt", betonte ich. Die schwere Krise, in die unser Land schlitterte, war mir nicht gleichgültig. Ich hatte keine Schadenfreude.

Es war diese Debatte über den Jahreswirtschaftsbericht, die uns wieder etwas in die Offensive brachte. Wir nutzten die Generaldebatte zur Wirtschaftslage, um die negative Entwicklung bei Wachstum und Beschäftigung darzulegen. Während andere EU-Mitgliedstaaten wie Irland mit 7,5 Prozent, Finnland mit 4,5 Prozent, Spanien und Schweden mit 3,75 Prozent sowie Frankreich und Holland mit 3,5 Prozent kräftige Zuwächse erreichten, hinkte Deutschland mit seinem Wachstum von unter 2,5 Prozent weit hinterher. Gleichzeitig sank in den anderen Ländern die Arbeitslosigkeit, nur in Deutschland stagnierte sie auf hohem Niveau.

Mit besonderer Sorge sahen wir auch die Beschleunigung des Preisanstiegs. Lag die Inflation im Januar 1999 bei 0,2 Prozent, betrug sie ein Jahr später bereits 1,6 Prozent. Die Aussage von Bundeskanzler Schröder, der Euro dürfe nicht Deutsch sprechen, war ein unvertretbarer und unverantwortlicher Kurswechsel in der Stabilitätspolitik hin zu dem schon mehrfach gescheiterten Kurs, Wachstum durch Inflation zu erzielen. Unterstützung erhielten wir von EZB-Präsident Wim Duisenberg, der die nationalen Preisziele bei anhaltender Euro-Schwäche gefährdet sah. Es war eine Entwicklung, die die ohnehin euroskeptischen Briten mehr und mehr auf Distanz zur europäischen Währungsunion gehen ließ, weil sie mit der Einführung des Euro ihre Stabilität nicht belasten wollten. Dieser Weg sollte unter anderem Jahre später im Brexit enden.

In Deutschland blieb ein Beitrag zur Lösung der Euro-Schwäche durch eine neue Investitions- und Wachstumsdynamik aus. Die Gewerkschaften eröffneten eine neue Lohn-Preis-Spirale. Das Bündnis für Arbeit als politische Wunderwaffe scheiterte zusehends. Die hoch eingeschätzte Ökosteuer erzielte ebenso nicht den gewünschten Erfolg. Sie war nur ein neues Abkassiermodell mit einseitiger Belastung von Verbrauchern und Wirtschaft. Zur Energieeinsparung trug sie wenig bei. Die versprochene Lenkungswirkung blieb aus. Es war nur grüne Symbolpolitik.

Der Befreiungsschlag sollte nach den Plänen der rot-grünen Koalition die Steuerreform 2000 werden, die aus Haushaltsgründen aber eine größere Entlastung erst im Jahr 2005 vorsah – also weit nach Ende der aktuellen Wahlperiode. Dagegen hielten wir eine sofortige Nettoentlastung in einer Größenordnung von 50 Milliarden DM für vordringlich.

Gleichzeitig trieb Rot-Grün eine massive Steuervergünstigung für Konzerne voran. Der Vorschlag von Bundesfinanzminister Hans Eichel sah Steuerfreiheit für Banken-, Versicherungs- und Industriekonzerne beim Beteiligungsverkauf vor. Dies bedeutete eine einseitige Begünstigung von großen Aktiengesellschaften gegenüber dem Mittelstand. Rot-Grün entfernte sich damit immer weiter vom Pfad der Sozialen Marktwirtschaft. Ich nutzte eine Aktuelle Stunde zur „Haltung der Bundesregierung zur Fusion von Deutscher Bank und Dresdner Bank und zu den öffentlichen Diskussionen über die Folgen dieser Fusion“ am 23. März 2000, um auf die fatalen wirtschaftspolitischen Fehlentwicklungen hinzuweisen: „Die Politik hat […] die Aufgabe, einen funktionierenden Wettbewerb und vor allem Chancengerechtigkeit zu garantieren. […] Dabei muss es das Rollenverständnis der Politik sein, auf die Einhaltung der Sozialen Marktwirtschaft, die Wettbewerbsgleichheit und die Auswirkungen auf unsere demokratische Gesellschaft zu achten. […] Zur Rückbesinnung auf die Grundlagen der Sozialen Marktwirtschaft gehört für uns eben auch die Rückbesinnung auf die ethischen Grundlagen. Die Soziale Marktwirtschaft lebt von den Werten, Überzeugungen und Grundeinstellungen jedes Einzelnen. […] Eine dauerhafte Verbeugung Ihres Bundeskanzlers vor den Konzernpalästen ist absolut kontraproduktiv für die Soziale Marktwirtschaft.“ Ich verwies darauf, „dass die Väter der Marktwirtschaft stets gegen eine Konzentration der Wirtschaft waren“, und setzte hinzu: „Das einseitige Faible Ihres Kanzlers für Großbetriebe als ‚Genosse der Bosse‘ dient nicht der Unternehmenskultur und der Erhaltung des Wettbewerbs in Deutschland. Er sucht den Glanz der Größe. Dagegen sind wir nicht für die Diskriminierung des Mittelstandes, sondern für die Förderung aller Unternehmen gleichermaßen sowie für Wettbewerbs- und Chancengerechtigkeit in unserer Marktwirtschaft.“ Ich hatte einige Rot-Grüne mit dem Vorwurf der Begünstigung bestimmter Konzerne offenbar an einem empfindlichen Punkt getroffen.

Der SPD-Abgeordnete Klaus Lennartz meinte mich in einem Zwischenruf „Marxist der CDU“ titulieren zu müssen.

Die rot-grüne Steuerreform 2000 führte zur wohl intensivsten politischen Auseinandersetzung der 14. Legislaturperiode. Das Reformgesetz enthielt einerseits wesentliche Ansätze der Waigelschen Steuerreform, die SPD und Grüne in der vorherigen Legislaturperiode blockiert hatten. Für unser Vorhaben, den Eingangs- und den Spitzensteuersatz drastisch zu reduzieren, waren wir noch im Wahlkampf 1998 von der SPD massiv mit dem Vorwurf angegangen worden, wir wollten Steuergeschenke für Reiche verteilen. Am 6. Juli 2000 beschloss der Bundestag die Reform nach einer heftigen Debatte mit den Stimmen der rot-grünen Mehrheit. Zwar sahen wir bei der Einkommensteuer die Senkung des Eingangssteuersatzes von 25,9 Prozent auf 15 Prozent und beim Spitzensteuersatz von 53 Prozent auf 42 Prozent als wichtigen Schritt an. Auch die Senkung des Körperschaftssteuersatzes von bisher 40 Prozent auf einheitlich 25 Prozent war eine im internationalen Wettbewerb notwendige Entscheidung.

Doch diese Entlastungen wurden durch Gegenfinanzierungen auf breiter Front zu großen Teilen wieder zunichtegemacht. Der Zeitraum für eine Nettoentlastung der Steuerzahler sollte sogar bis zum Jahr 2005 gestreckt werden, also weit über die aktuelle Wahlperiode hinaus. Die notwendige Gleichbehandlung von Personenunternehmen und Kapitalgesellschaften wurde unzulänglich mit einem Optionsmodell kaschiert. Aus ideologischen Gründen sollte vorrangig der Weg von eigentümergeprägten Personengesellschaften zu anonymen Kapitalgesellschaften gefördert werden. Mit dem klassischen persönlich haftenden Unternehmer standen die Sozialdemokraten wie immer auf Kriegsfuß.

Bei der Körperschaftsteuer trat an die Stelle des für die Unternehmen günstigen Vollanrechnungsverfahrens das Halbeinkünfteverfahren. Die Gewinne bei der Veräußerung von Anteilen von Kapitalgesellschaften wurden – wie vorgesehen – bei Kapitalgesellschaften steuerfrei gestellt, nicht jedoch bei einem Personenunternehmen. Das Ergebnis war ein Zweiklassen-Steuersystem: In der bevorzugten Ersten Klasse saßen die Kapitalgesellschaften, in der benachteiligten Zweiten Klasse die Personenunternehmen. Die Bevorzugung der großen Kapitalgesellschaften gegenüber den kleinen und mittleren Personenunternehmen war offensichtlich. Unsere Verbesserungsvorschläge für die Steuerreform und vor allem die steuerlichen Anreize für mehr Wachstum und Beschäftigung wurden vom Tisch gewischt.

Wir wollten aber wenigstens eine Rechtsform-Neutralität bei der Unternehmensbesteuerung erreichen. Wir hofften, in einem Vermittlungsverfahren zwischen Bundestag und Bundesrat wesentliche Verbesserungen erzielen zu können. Doch die rot-grüne Bundesregierung praktizierte ohne jede Scham einen öffentlichen Stimmenkauf. Die Länder Berlin, Brandenburg, Mecklenburg-Vorpommern und Bremen erhielten gegenüber anderen Bundesländern erhebliche finanzielle Zugeständnisse und ließen das Steuergesetz passieren. Für mich war es ein zuvor unvorstellbarer Niedergang der politischen Kultur in Deutschland, dass sich Landesregierungen ihr Votum abkaufen ließen. Es war eine Form politischer Korruption. Zugleich war es die erste große Niederlage der CDU-Parteivorsitzenden und CDU/CSU-Fraktionsvorsitzenden Angela Merkel, die den Treueschwüren des Berliner Regierenden Bürgermeisters Eberhard Diepgen (CDU) aufgesessen war. Viele CDU-Kollegen sahen sie danach nicht mehr als kanzlerfähige Spitzenkandidatin für die Bundestagswahl 2002 an. Diepgen hatte Angela Merkel damit stark geschadet. Diepgen brachte uns zwei Jahre nach dem Regierungswechsel für einen Judaslohn wieder in die Defensive. Wenige Monate später stürzte ihn sein Koalitionspartner SPD im sogenannten Berliner Bankenskandal mit einem Misstrauensvotum. Ich dachte nur an die ausgleichende Gerechtigkeit.

Der Spenden- und Finanzskandal der Berliner CDU beschäftigte uns auch im Finanzausschuss – nun nicht mehr in Bonn, sondern nach dem Parlamentsumzug in Berlin. Ich hatte nach den Erlebnissen mit der Steuerreform wenig Lust, das skandalöse Treiben zu beschönigen. Die mehrheitlich landeseigene Bankgesellschaft Berlin war mit dubiosen Immobilienkrediten und Immobiliendienstleistungsgeschäften, verbunden mit hohen Mietzinsgarantien, gescheitert. Das Land Berlin musste Risiken aus den gestrandeten Fonds in Höhe von 21,6 Milliarden Euro übernehmen. Den Antrag des Landes Berlin für eine Schuldenhilfe durch den Bund zur Linderung der Haushaltsnotlage lehnten wir ab. Das politische Desaster für die CDU Berlin war ohnehin nicht zu heilen.

Für die rot-grüne Bundesregierung wurde die Steuerreform allerdings nicht der große Befreiungsschlag. Deshalb brachte die Regierung im Herbst 2000 Hals über Kopf ein Steuersenkungsergänzungsgesetz ein, das kurzfristig Anreize durch Steuerentlastungen schaffen sollte. Doch hielt auch dieses Gesetz an den alten Fehlern fest. Es legte die fehlende ökonomische Kompetenz dieser Regierung offen.

In der Bundestagsdebatte über den Gesetzentwurf am 12. Oktober 2000 fasste ich das Versagen zusammen: „Ungleichbehandlungen, Ungerechtigkeiten, Nachbesserungen und leere Versprechungen sind zum Markenzeichen der rot-grünen Bundesregierung in der Steuerpolitik geworden. Sie, Herr Bundesfinanzminister, machen nicht die größte Steuerreform aller Zeiten. Sie machen bis 2005 die langsamste und zögerlichste Steuerreform aller Zeiten. Ihre Steuerreform, Herr Bundesfinanzminister, hat einen so langen Bart. Sie sind der größte Steuermethusalem aller Zeiten. Ich kann Ihnen nur sagen: Ihre Steuerreform ist so langsam, dass sie sich geradezu selbst überholt. Sie sind auf der Steuerkriechspur. Ihre Steuerreform wird sich selbst verjähren. Es hat sich überall Ernüchterung breitgemacht, wenn es um die Steuerreform geht. Der Steuerzahler sieht sich zu spät und vor allem ungenügend entlastet. Die Wirtschaft beurteilt das Ergebnis inzwischen mit großer Skepsis. Da hilft Ihnen dauerhaftes Selbstlob nur sehr wenig, insbesondere auch deshalb, weil die Steuerquote mit 22,6 Prozent ein Höchstniveau erreicht hat […] Das Unternehmensteuersenkungsgesetz ist ungerecht, willkürlich und vor allem auch kompliziert. Die Ergebnisse der wissenschaftlichen Prüfung lassen schon jetzt Verfassungsbeschwerden der betroffenen Steuerzahler erwarten. Wesentliche Elemente des Unternehmensteuersenkungsgesetzes sind aus verfassungsrechtlicher und europarechtlicher Sicht bedenklich. Schwer wiegen hierbei die Verstöße gegen das Nettoprinzip durch das Verbot des Abzugs von Aufwendungen und die Ungleichbehandlung bei den Veräußerungsgewinnen.

Auch die Tarifspreizung zwischen dem Spitzensteuersatz der Einkommensteuer und dem Körperschaftsteuersatz ist unter verfassungsrechtlichen Gesichtspunkten mehr als fraglich […] Die mittelständischen Unternehmen, die 95 Prozent aller in Deutschland ansässigen Unternehmen ausmachen, werden teilweise erheblich diskriminiert. Eigentlich sollte das Steuersenkungsergänzungsgesetz die Diskriminierung der Unternehmen bei der Unternehmensteuerreform verringern. Diesem Ziel wird der Gesetzentwurf jedoch überhaupt nicht gerecht. Die Gerechtigkeitslücken werden sogar vergrößert. [...] Der Mittelstand wird abkassiert und ungerecht behandelt. Es findet hier die Teilung der Wirtschaft zulasten der kleineren und mittleren Betriebe statt. Niemand kann nach diesem mittelstandsunfreundlichen Gesetz noch davon sprechen, dass bei der Regierung keine Mittelstandsfeindlichkeit vorhanden wäre.

Herr Bundesfinanzminister, Sie dürfen nicht glauben, dass Sie durch das völlig ungenügende Steuersenkungsergänzungsgesetz die Steuerzahler ruhiggestellt haben. Auch in Zukunft werden die mittelständischen Unternehmer immer wieder darauf hinweisen, dass sie bei ihrer großen volkswirtschaftlichen Bedeutung ein Recht darauf haben, im Vergleich mit den Kapitalgesellschaften nicht höher besteuert zu werden, und Chancengleichheit erhalten müssen. Die mittelständische Wirtschaft wehrt sich dagegen, dass sie von Ihnen zur Melkkuh der Nation degradiert wird. Ich muss Ihnen sagen: Dieses Steuersenkungsergänzungsgesetz ist lange nicht das, was es verspricht. Die Steuerpolitik wird ungerechter und bleibt weiterhin willkürlich."

Natürlich konnte ich bei Rot-Grün keine steuer- und wirtschaftspolitische Einsicht erwarten. Es blieb nicht die einzige Redeschlacht zur Steuerpolitik. Es sollten noch viele folgen. Steuerpolitik ist auch immer Gesellschaftspolitik. Und die Sicherung einer ausgewogenen marktwirtschaftlich geprägten Wirtschaftsstruktur für mehr Wachstum und Beschäftigung blieb mein Leitbild. Die Vereinfachung des deutschen Steuerrechts, die Reduzierung der Steuerlast, mehr Wettbewerbsfähigkeit durch eine Reform der Unternehmensbesteuerung und mehr Chancengerechtigkeit im Hochsteuerland Deutschland war und ist eine Daueraufgabe. Eine Herausforderung, der ich mich in meiner politischen Agenda im Finanzausschuss weiter intensiv widmen wollte.

Deshalb machte ich mir zunehmend Gedanken über die anstehende Bundestagswahl 2002. Eine Listenkandidatur wollte ich nicht mehr eingehen. Nach zwei Legislaturperioden im Bundestag als Listenabgeordneter und Spitzenkandidat der CSU-Mittelstands-Union wollte ich für die Bundestagswahl 2002 unbedingt die Verwurzelung in einem Wahlkreis erreichen. Näher am Menschen war meine Vorstellung von erfolgreicher Politik. Das war mir persönlich sehr wichtig. Ich wollte ein starkes Fundament durch die Direktwahl der Bürger im Wahlkreis. Mit einem starken Votum als direkt gewählter Abgeordneter war mir die Unabhängigkeit für meine politische Überzeugungen in Berlin am besten garantiert. Allerdings war und ist es in der CSU nicht einfach, sich innerhalb der Partei als Wahlkreiskandidat durchzusetzen. Da gibt es viele Bewerber, und einem Unternehmer wird auch in der CSU kein roter Teppich ausgerollt.

Da ich felsenfest davon überzeugt war, dass wir nur mit einem Kanzlerkandidaten Edmund Stoiber eine Chance hätten, die Bundestagswahl gegen Bundeskanzler Gerhard Schröder und seine rot-grüne Koalition zu gewinnen, suchte ich das persönliche Gespräch mit ihm. Schon vor seiner Zeit als CSU-Parteivorsitzender und Bayerischer Ministerpräsident hatte ich zu ihm in seiner Funktion als Innenminister ein sehr freundschaftliches Verhältnis. Bei unserem Treffen konnte er sich eine Kandidatur für die CDU/CSU zunächst nur schwer vorstellen.

Sein Hauptargument war die gescheiterte Kandidatur von Franz Josef Strauß und die damals erlebte unzureichende Solidarität der CDU für einen CSU-Kandidaten. Er war aber auch überzeugt, dass die CDU-Bundesvorsitzende Angela Merkel als Pastorentochter aus Ostdeutschland in Bayern und wahrscheinlich in ganz Westdeutschland einen schweren Stand gegen Gerhard Schröder haben werde. Diese Einschätzung teilte ich durchaus.

Edmund Stoiber verdeutlichte mir, dass ich als einer der wenigen Unternehmer in der Politik und nach meinem bisherigen Engagement im Finanzausschuss in den letzten acht Jahren weiterhin Mitglied der Landesgruppe bleiben und meine Chance für einen eigenen Wahlkreis suchen sollte. Einen Wettbewerb im Wahlkreis Main-Spessart gegen den langjährigen Wahlkreisabgeordneten und mir freundschaftlich verbundenen Kollegen Wolfgang Zöller wollte ich jedoch nicht starten. Ich war zwar Kreisvorsitzender des weitaus größeren CSU-Kreisverbandes Main-Spessart und der Kollege aus dem Kreisverband Miltenberg mit erheblich geringeren Delegiertenzahlen ausgestattet, doch eine Teilung des Wahlkreises durch eine Kampfkandidatur wollte ich nicht verursachen. Zumeist erleidet der Gemeinschaftsgeist in der Partei dadurch großen

Schaden. Verbrannte Erde wollte ich nicht hinterlassen. Das war mir das Mandat nicht wert.

In einer Kampfkandidatur wurde ich im Herbst 2000 beim Bayerischen Mittelstandstag in Landshut zum Landesvorsitzenden der CSU-Mittelstands-Union gewählt und damit Mitglied des CSU-Parteivorstandes. Danach kam Stoiber in seiner Funktion als Parteivorsitzender auf mich zu und motivierte mich, den bei der Bundestagswahl 1998 für die CSU verlorenen Wahlkreis Coburg/Kronach anzugehen und mich dort in den Parteigremien zu bewerben.

Für meine Familie und für viele Parteifreunde im Kreisverband Main-Spessart war dieser Weg nur schwer vorstellbar, zumal der Wahlkreis rund 150 Kilometer entfernt und noch dazu in einem anderen Regierungsbezirk lag. Aber ich setzte risikobereit alles auf eine Karte, gab alle Mandate im Main-Spessart-Kreis ohne Rückfahrschein auf und bewarb mich parteiintern für den Wahlkreis 238 Coburg/Kronach.

Es war ein schwieriges Unterfangen, weil es vor Ort mehrere eigene Interessenten gab und ich ja nicht in Oberfranken beheimatet war. So wurde ich nicht von allen mit offenen Armen empfangen. Aber mein Wille, politisches Neuland zu beschreiten, war ausgeprägt. Meine Familie tat sich mit dem notwendigen Umzug nach Coburg zunächst schwer, obwohl ich im historischen Stadtkern in einem denkmalgeschützten Gebäude eine wunderbare Wohnung fand und meine Frau und ich von der Residenzstadt Coburg sehr begeistert waren. Aber das Wagnis gelang. Nach etlichen Vorstellungsrunden bekam ich in Coburg Stadt und Land zusehends Unterstützung. Mittelstandsfreunde wollten einen mittelständischen Unternehmer als Wahlkreisabgeordneten. Schließlich konnte ich mich in einer Kampfkandidatur als Wahlkreiskandidat der CSU durchsetzen. Entscheidend war dabei, dass man mir als Landesvorsitzendem der Mittelstands-Union die zusätzliche Absicherung über die Landesliste zutraute.

Doch damit war ich noch lange nicht am Ziel. Denn der Wahlkreis war in der Hand der SPD. Die CSU hatte ihn bei der Bundestagswahl 1998 an die Sozialdemokraten verloren. Viele wetteten darauf, dass ich den Wahlkreis nicht zurückerobern könnte. Unternehmer in der Mittelstandsunion fragten mich, warum ich dieses Wagnis in Coburg einginge.

Ich kannte ja auch die Meinungen vieler Unternehmer, dass man Politik nicht selbst mache, sondern einfach machen lasse. Selbst sollte man sich eher von der Politik fernhalten und allenfalls die politische Arbeit durch eine Spende unterstützen. Das war jedoch nie mein Ansatz, weil ich selbst Einfluss nehmen, meine Ideale der Marktwirtschaft mit eigener politischer Gestaltung zum Gemeinwohl umsetzen wollte.

Ich wusste von Anfang an, dass ich den Wahlkreis nur zurückerobern könnte, wenn ich eine überzeugende Verbindung mit den Menschen erreichte. Die sprichwörtliche Grasverwurzelung der CSU mit den Leuten war mein Ziel. Als ich nach 20 Jahren die Wahlkreiskandidatur 2021 an die nächste Politikgeneration übergab, konnte ich dank des überragenden Vertrauens der Wählerinnen und Wähler ein erfolgreiches Fazit ziehen.

Vom ersten Tag an betrieb ich einen aktiven Wahlkampf. Es gelang mir, vielfache Unterstützung zu bekommen. Ich wurde in die Vollversammlung der Industrie- und Handelskammer zu Coburg gewählt und konnte mit vielen Vertretern aus Wirtschaft, Kommunen und Wissenschaftseinrichtungen gute Kontakte knüpfen. Mit einer modernen Wahlkampfstrategie und Großveranstaltungen mit Angela Merkel und Edmund Stoiber in Coburg und Kronach gelang es mir, viele Wählerinnen und Wähler anzusprechen. Trotzdem war es eine große Überraschung, dass ich am Wahlabend als deutlicher Sieger den Wahlkreis gewonnen und das Bundestagsmandat als Wahlkreisabgeordneter errungen hatte. Alle Mühen und Risiken hatten sich gelohnt.

Leider hatte unser Bundeskanzlerkandidat Edmund Stoiber, den ich im Vorfeld stark unterstützt hatte, bei der Wahl 2002 nicht ähnliches Glück. Die Bundestagswahl war denkbar knapp ausgegangen. Mit nur 6700 Stimmen weniger unterlag er dem amtierenden Bundeskanzler Gerhard Schröder. CDU/CSU und die SPD hatten jeweils 38,5 Prozent der Stimmen bekommen. Jedoch hatten die Grünen die FDP klar überrundet, so dass es zu einer schwarz-gelben Koalition nicht reichte. Mit einer Zweitstimmen-Kampagne hatten die Grünen mit dem damals beliebtesten Politiker Joschka Fischer den entscheidenden Vorsprung erzielt. Nach der Wahlnacht zeigte sich zudem, dass die SPD mit 251 Abgeordneten auch knapp die stärkste Fraktion im Bundestag stellte. Die CDU/CSU-Fraktion kam nur auf 248 Mandate.

Es war jedoch eine Wahl, die man nicht hätte verlieren müssen. Begonnen hatten die Fehler schon bei Rivalitäten im Nominierungsprozedere, das mit dem bekannten Frühstück in Stoibers Haus in Wolfratshausen endete. Weite Teile der CDU hatten der eigenen Parteivorsitzenden Merkel nicht zugetraut, die Bundestagswahl gegen den amtierenden Bundeskanzler Schröder zu gewinnen, und favorisierten den Vorsitzenden der Schwesterpartei, Edmund Stoiber, als Kanzlerkandidaten. Beim Wolfratshausener Frühstück hatte Merkel schließlich auf die Kanzlerkandidatur verzichtet. Doch wieder konnten sich nur Teile der CDU für einen CSU-Kanzlerkandidaten erwärmen. In Bayern gab es eine klare Wechselstimmung, von der die CSU mit plus 10 Prozent Stimmenzunahme profitierte. In den anderen Bundesländern zeigte sich bei der CDU jedoch nicht der gleiche Effekt.

Rutschbahn abwärts

Am Tag nach der Wahl fuhr ich nicht zum Parteivorstand nach München, sondern traf mich in Berlin mit einem tief enttäuschten Friedrich Merz, der noch in der Nacht von Edmund Stoiber und Angela Merkel als CDU/CSU-Fraktionsvorsitzender kaltgestellt wurde. Ich musste feststellen, dass hinter unserem Rücken Personalabsprachen stattgefunden hatten. Friedrich Merz war nicht gut auf Edmund Stoiber zu sprechen. Er hatte in seinem Wahlkreis Arnsberg im Sauerland ein hervorragendes Wahlergebnis erzielt. Nach den Vorkommnissen befürchtete ich allerdings, dass er das Mandat nicht annehmen würde. Das hätte den Wirtschaftsflügel der Fraktion entscheidend geschwächt. Wir baten ihn händeringend weiterzumachen, was er dann auch als stellvertretender Fraktionsvorsitzender für den Bereich Wirtschaft-Finanzen-Haushalt für die anstehende Legislaturperiode mit neuen Ideen unter anderem für die Vereinfachung des Steuerrechts tat.

Die knapp bestätigte rot-grüne Koalition hatte in kürzester Zeit einen neuen Koalitionsvertrag geschlossen. Der alte und neue Bundeskanzler Gerhard Schröder ließ in seiner Regierungserklärung am 29. Oktober 2002 erkennen, wie erleichtert er nach dem knappen Rennen um die Wählergunst war. „Die Menschen in Deutschland wissen, dass der veränderte Altersaufbau unserer Bevölkerung und der Wandel im Erwerbsleben uns zu weitreichenden Veränderungen bei den Systemen der sozialen Sicherung zwingen: zu Sparsamkeit, Effizienz und größerer Gerechtigkeit. Aber sie haben sich ausdrücklich nicht dafür entschieden, den Sozialstaat abzuschaffen, wahllos Leistungen zu kürzen und die Rechte der Arbeitnehmerinnen und Arbeitnehmer zurückzudrehen. Sie haben der neuen Regierung keinen Auftrag erteilt, blindlings weitere Schulden zu machen oder die

Interessen von Gruppen und Verbänden über das Gemeinwohl zu stellen", sagte Schröder.

Rot-Grün wollte also die Politik des Sowohl-als-auch fortsetzen – eine Strategie, die uns schon in der vorangegangenen Legislaturperiode genug Schwierigkeiten bereitet hatte. Er sprach zwar richtig von der Notwendigkeit der Haushaltskonsolidierung, aber es folgten keine Taten. Seine Regierung verstieß weiter gegen die Euro-Stabilitätskriterien, während der Kanzler großspurig einen ausgeglichenen Bundeshaushalt bis zum Jahr 2006 versprach. Das alles war wenig glaubwürdig. Nach nur 0,2 Prozent realem Wachstum des Bruttoinlandsprodukts im Jahr 2002 versprach Rot-Grün für das Jahr 2003 eine Belebung des Wachstums auf gerade einmal real rund ein Prozent. Angesichts des wachsenden Haushaltsdefizits und steigender Arbeitslosigkeit war das schlicht eine Utopie. Deutschland war bei den Wachstumsaussichten unter der rot-grünen Bundesregierung auf dem letzten Platz aller EU-Staaten gelandet. Größtes Sorgenkind statt Konjunkturlokomotive – die seit vier Jahren verfehlte Wirtschaftspolitik zeigte immer deutlicher ihre Folgen. Die Entwicklung wurde nun vermehrt auf den drohenden Irak-Konflikt geschoben, ein leicht zu durchschauendes Ablenkungsmanöver.

Schon im Jahr 2002 waren 38 000 Unternehmen in Konkurs gegangen und es zeichnete sich ab, dass diese Rekordzahl im Jahr 2003 einen weiteren Zuwachs von 10 bis 15 Prozent erreichen würde. Der Wert der börsennotierten Aktiengesellschaften war in keinem Land so dramatisch zurückgegangen wie in Deutschland. Die Folgen für die Eigenkapitalausstattung machte die Finanzierung der Unternehmen immer schwieriger, weil die Sicherheiten schrumpften. Es drohte ein Teufelskreis. Die rot-grüne Koalition aber war nicht bereit, die Lage zu analysieren und ihre eigene Politik selbstkritisch zu hinterfragen. Es bestand kein Konsens in der Koalition über die Grundlagen der deutschen Volkswirtschaft. In der SPD-Bundestagsfraktion kam es zu scharfen Kontroversen. Es gab einen tiefgreifenden Streit über eine angebotsorientierte oder nachfrageorientierte Wirtschaftspolitik, die Finanzierbarkeit der Sozialsysteme und die Belastbarkeit der Steuerzahler sowie den Weg der Globalisierung. Auch auf eine Antwort auf die Herausforderungen der Arbeitswelt des 21. Jahrhunderts konnte man sich nicht einigen. Hatte man vor der Bundestagswahl noch mit dem Zauberwort „Neue Mitte“ gepunktet, war jetzt wieder eine Linksorientierung angesagt.

Dennoch schlug unser stellvertretender Fraktionsvorsitzender Friedrich Merz eine Zusammenarbeit bei konkreten Vorschlägen zum Kündigungsschutz und zur Betriebsverfassung vor, um aus der Arbeitslosenfalle herauszukommen. Es sei besser, mit einem etwas geringeren Kündigungsschutz beschäftigt zu sein, als mit dem derzeit bestehenden hohen Kündigungsschutz arbeitslos zu bleiben, betonte er und fügte hinzu: „Wir sind bereit, mit Ihnen die Betriebs- und die Tarifverfassung zu ändern. Dies ist ein schwieriges Thema. Ich gebe zu, ich kann – teilweise jedenfalls – verstehen, dass sich die Gewerkschaften dagegen wehren. Weil Sie das angesprochen haben, will ich an dieser Stelle deutlich machen, dass niemand von uns – auch ich nicht – irgendwie etwas gegen die Gewerkschaften einzuwenden hat. Die Gewerkschaften haben über viele Jahrzehnte ein hohes Maß an sozialem Frieden in Deutschland ermöglicht und sie stehen mit in der Verantwortung für soziale Partnerschaft in den Betrieben. Nicht Sie, sondern wir haben nach dem Zweiten Weltkrieg in der Bundesrepublik Deutschland das Betriebsverfassungsgesetz auf den Weg gebracht. Diese Betriebsverfassung hat sich im Kern bewährt, und zwar nicht gegen die Gewerkschaften, sondern mit ihnen. Meine Kritik – auch das möchte ich betonen – richtet sich gegen den Markt- und Gestaltungsanspruch einer Handvoll von Gewerkschaftsfunktionären in diesem Lande, die sich anmaßen, praktisch in allen politischen Fragen an die Stelle der Parlamente zu treten und ihre Entscheidung einer Vetoposition durchzusetzen, die zum Stillstand in diesem Lande führen wird. Dagegen wehre ich mich mit Nachdruck. Es geht im Kern um die Frage, ob wir es zulassen, dass in diesem Land weiter eine Funktionärsherrschaft etabliert wird, oder ob wir das Primat der Politik gemeinsam zurückgewinnen. […] Wir möchten mit Ihnen zusammen die Betriebsverfassung und die Tarifverfassung ändern. […] Wir wollen nicht die befriedende Funktion der überbetrieblichen Tarifverträge infragestellen. Wir wollen vielmehr, dass innerhalb der Tarifverträge die Tarifpartner in den Betrieben das Recht haben, entweder betriebliche Bündnisse für Arbeit nach dem Betriebsverfassungsgesetz gemeinsam auszuhandeln, oder aber nach dem Günstigkeitsprinzip des Tarifvertragsgesetzes eigenständige Regelungen mit Abweichungen von den Tarifverträgen gemeinsam zu verabreden, wenn dies den Beschäftigungsaussichten in den Betrieben nützt. Wer die Flächentarifverträge in Deutschland auf Dauer retten will, der darf sich dieser Flexibilität und dieser Autonomie in den Betrieben nicht in den Weg stellen. Wer dies heute tut, wird morgen vor dem Trümmerhaufen der gesamten Tarifpolitik in Deutschland stehen. Unser Angebot steht. Ich bin mir ziemlich sicher, dass wir gemeinsam im Deutschen Bundestag für eine solche Öffnung unseres Arbeitsmarktes eine Mehrheit haben."

Dieses Angebot von Friedrich Merz war das entscheidende Signal für Wirtschafts- und Arbeitsminister Wolfgang Clement, mit der Bundesregierung die Reformagenda 2010 konstruktiv anzugehen, der wir in den weiteren Schritten auch gänzlich unsere Unterstützung aus der Opposition heraus erteilten. Diese Mitwirkungsbereitschaft hatte es in Deutschland bis dahin nicht gegeben. Das wurde später oft unterschlagen. Letzten Endes ist es bis heute die Grundlage für die bessere wirtschaftliche Entwicklung. Die erfolgreiche Reformagenda 2010 wird im Wesentlichen Bundeskanzler Gerhard Schröder zugesprochen. Aber ohne die Mitgestaltung durch CDU und CSU im Bundestag und im Bundesrat wäre sie nicht durchsetzbar gewesen.

Im Wirtschaftsflügel der CDU/CSU-Fraktion hatten wir die Vorstellung, dass wir aus dem Teufelskreis eines zu schwachen Wachstums und damit entstehenden Arbeitsplatzverlusten unbedingt herauskommen müssen. Mit der wirtschaftlichen Krise wollten wir uns nicht abfinden, auch wenn wir nicht regierten. Deshalb bestanden wir zunächst auf einer ehrlichen Analyse der Lage unserer Wirtschaft. Wir forderten von der Bundesregierung eine ganzheitliche Konzeption, die neben einem verstärkten Anreiz für den Arbeitsmarkt alle Bereiche der Wirtschafts-, Arbeitsmarkt-, Finanz-, Sozial- und Bildungspolitik umfasst. Es müsse jetzt alles auf den Prüfstand, um einen Befreiungsschlag für mehr Erwerbstätigkeit zu erzielen, lautete unsere Forderung.

Am schwierigsten gestaltete sich die Zusammenarbeit mit Rot-Grün im Finanzausschuss, in dem ich nun schon in der dritten Legislaturperiode die CSU-Landesgruppe vertrat. Denn die Abgeordneten aus der Regierungskoalition waren in der Ideologie gefangen, dass der Staat mit dem Geld der Steuerzahler Besseres anzufangen weiß als der Steuerzahler selbst. Dass die Marktwirtschaft durch private Investitionen und Kaufentscheidungen eine wesentlich höhere Dynamik entwickelt, war den Anhängern einer verstärkten Staatswirtschaft nicht zu vermitteln. Obwohl die SPD auf ihrem Godesberger Parteitag einmal ihren Frieden mit der Marktwirtschaft offiziell geschlossen hatte, waren die Ideen von Protektionismus, Staatsinterventionismus, Planwirtschaft, Sozialismus, Bürokratie und Regulierung unterschwellig weiter mehr oder weniger stark vorhanden. Leider gab es auch in der CDU/CSU-Fraktion immer wieder marktwirtschaftsfeindliche Tendenzen.

Es war für mich die Lehre aus der verlorenen Bundestagswahl, dass die Union in vielfacher Weise von der SPD zu wenig unterscheidbar war. Deshalb warb ich in der Fraktion und in den Parteigremien für eine Programmdiskussion mit einer Rückbesinnung auf die Grundsätze der Sozialen Marktwirtschaft Ludwig Erhards, der uns ins Stammbuch geschrieben hatte: „Kein Staat kann seinen Bürgern mehr geben, als er ihnen vorher abgenommen hat. Es gibt keine Leistungen des Staates, die sich nicht auf Verzichte des Volkes gründen.“ Er vertrat das Credo, dass ein funktionierender Markt immer sozial befriedend wirkt. Mehr und mehr wurde es Konsens in der CDU/CSU, dass wir uns vom Grundideal der Sozialen Marktwirtschaft nicht entfernen dürfen und die Grundwerte Freiheit, Unternehmertum, Wettbewerbskontrolle, Eigentumssicherung, Gerechtigkeit und gesellschaftliche Solidarität im Gegensatz zur rot-grünen Umverteilungsmaschinerie sichern sollten.

Auch in der CDU schien sich ein Wandel zu vollziehen. Die CDU-Vorsitzende und Vorsitzende der Unionsfraktion Angela Merkel griff in den Jahren 2003–2005 das Leitbild Ludwig Erhards auf und führte es bei der CDU zur Parteitagsentscheidung von Leipzig, der im Jahr 2003 als der große Reformparteitag der CDU in die Geschichte einging.

Große Zustimmung erntete Angela Merkel für ihre Grundsatzrede, in der sie den geistigen Führungsanspruch erhob und eine umfassende Reformagenda für Deutschland versprach. Sie warb nachdrücklich um Zustimmung für einen Kurswechsel in der Sozialpolitik. Ohne einen Systemwechsel ließen sich die Probleme der nächsten Jahrzehnte nicht meistern. Notwendig sei ein wirklicher Befreiungsschlag, der eine stärkere Entkopplung der Sozialsysteme von den Arbeitskosten bringe. Eine Bürgerversicherung im Gesundheitswesen lehnte sie erneut als falschen

Weg ab. Sie versprach eine Umstellung der Krankenversicherung auf ein einkommensunabhängiges, kapitalgedecktes Pro-Kopf-Prämiensystem mit sozialem Ausgleich zur Modernisierung der gesetzlichen Krankenkassen. Geringverdiener würden nicht schlechter gestellt, Bezieher mittlerer Einkommen bis zur Bemessungsgrenze seien direkte Gewinner. Einen stärkeren Beitrag müssten dagegen die Bezieher wirklich großer Einkommen leisten. Unter dem Strich aber würden alle Gewinner sein, denn die Reform sei ein Befreiungsschlag zur Senkung der Arbeitskosten.

Von Friedrich Merz wurde der Antrag für ein modernes und stark vereinfachtes Einkommensteuerrecht für Deutschland in den Parteitag eingebracht. Merz formte das Ziel der Reform zum Bild der „Steuererklärung auf dem Bierdeckel“. Es waren zehn Leitsätze für eine radikale Vereinfachung und eine grundlegende Reform des deutschen Einkommensteuersystems, mit der jede Person einen einheitlichen Grundfreibetrag von 8000 Euro erhalten sollte. Der Eingangssteuersatz sollte auf 12 Prozent gesenkt werden. Der linear-progressive Tarif sollte durch zwei weitere Steuerstufen von 24 Prozent ab einem Einkommen von 16 000 Euro und von 36 Prozent ab einem Einkommen von 40 000 Euro ersetzt werden. Dieser Steuerstufentarif sollte zur Vermeidung der kalten Progression jedes zweite Jahr inflationsbereinigt werden. Die Unternehmensbesteuerung sollte ebenso mit dem Ziel der Rechtsformneutralität unter Vermeidung von Doppelbesteuerung im Einkommensteuerrecht und Körperschaftsteuerrecht aufeinander abgestimmt und der Körperschaftsteuertarif einheitlich auf 24 Prozent auf ausgeschüttete und thesaurierte Gewinne festgesetzt werden.

Parallel zu den CDU-Parteitagsbeschlüssen brachte ich die Reformanträge über die Mittelstands-Union in den CSU-Parteitag ein. Es war ein mühsames Geschäft und ein hartes politisches Ringen, weil der stellvertretende Parteivorsitzende Horst Seehofer mit seiner CSA massiv Front gegen notwendige Reformen machte. Unsere Agenda, „sozial ist, was Arbeit schafft“, war für viele eine Kampfansage. Hinzu kam, dass Angela Merkel die Regierungsfähigkeit der CDU/CSU-Fraktion gegenüber der Öffentlichkeit darstellen wollte und uns Zustimmungen zu Regierungsanträgen abverlangte, wie etwa die Einführung der Vorfälligkeit der Sozialversicherungsbeiträge, die Arbeitgeber zwang, zulasten ihrer eigenen Liquidität die Beiträge einen Monat früher zu entrichten. Das

Gleiche galt für die rückwirkende Abschaffung der Werte der betrieblichen Altersvorsorge bei den Direktversicherungen. Die Zustimmung des PKM wurde durch das Versprechen erreicht, dass die Sicherung der Rentenkasse nur mit unserer Hilfe möglich sei, weil die rot-grüne Koalition kaum eine Mehrheit dafür aufbringe. Es wurde versichert, diese Maßnahmen bei einer späteren Regierungsübernahme durch die Union wieder rückgängig zu machen.

Ich hätte mir damals nicht vorstellen können, dass heute nach nunmehr fast 20 Jahren weder die damaligen Parteitagsbeschlüsse von CDU und CSU noch die weiteren Zusagen umgesetzt wurden. Angela Merkel hielt ihre Versprechungen gegenüber dem Wirtschaftsflügel nicht ein. Jahrelang hat dieses Vorgehen zu Recht erheblichen politischen Unmut im Mittelstand hervorgerufen und dort zu einer breiten Politikverdrossenheit geführt.

Mein Kampf gegen leere Versprechungen fand beim erneuten Verstoß gegen den EU-Stabilitäts- und Wachstumspakt durch den Bundeshaushalt 2003 einen neuen Höhepunkt. Bundesfinanzminister Hans Eichel bekam weder die Steuer- noch die Haushaltspolitik in den Griff. Die von uns bekämpfte Einführung des sogenannten Halbeinkünfteverfahrens beim Körperschaftsteuergesetz, mit dem Gewinne von Kapitalgesellschaften steuerfrei blieben und gleichzeitig die Verluste keine Anerkennung erfuhren, wurde mit Steuerausfällen in Milliardenhöhe ein Desaster für den Bundeshaushalt und für die betroffenen Betriebe eine Aushöhlung der Eigenkapitalbasis, weil sie die Verluste nicht mehr verrechnen konnten. Ich hielt es für angezeigt, dem Bundesfinanzfinanzminister am 25. November 2003 im Bundestag in einer klassischen Oppositionsrede vorzuhalten: „In gewisser Weise kann sich Deutschland nicht darüber beschweren, dass Herr Eichel keine verlässliche Politik vertritt. Verlässlichkeit ist gegeben: stets ein Höchstmaß an Staatsverschuldung, Steuererhöhungen und an Wachstumsvernichtung. Das wird kontinuierlich eingehalten, darauf ist seit vielen Jahren wirklich Verlass. Systematisch haben Sie die finanzpolitischen Grundlagen von Bund, Ländern und Kommunen zerstört. Heute steckt Deutschland in einer Wachstums-, Beschäftigungs- und Haushaltskrise. Sie haben die Bürger, die Wirtschaft, die deutsche Öffentlichkeit und jetzt leider auch noch die EU-Kommission mit Ihren unsäglichen Durchhalteparolen geradezu vorgeführt. Immer wieder formulieren sie vollmundig große Ziele, die aber von Ihnen nicht eingehalten werden. Ich bin sicher, dass Sie sich auch heute wieder treu bleiben und uns erneut viele Zielmarken vorstellen, die dann aber wieder nur Schall und Rauch sein werden. Das nennt man Glaubwürdigkeits- und Vertrauensverlust auf allen Ebenen.

Dieser Vertrauensverlust ist die Ursache unserer wirtschaftlich schlechten Entwicklung und unserer Konjunkturprobleme: Niemand investiert in Deutschland, weil die Menschen zu dieser Bundesregierung kein Vertrauen haben. Sehen wir uns die Entwicklung der Finanzpolitik einmal an: Die Grundsätze einer soliden, generationengerechten und nachhaltigen Finanzpolitik werden völlig außer Kraft gesetzt. Der Haushalt ist verfassungswidrig, die Neuverschuldung übersteigt die Investitionsausgaben, der Haushalt ist europarechtswidrig und verstößt vorsätzlich gegen den europäischen Stabilitäts- und Wachstumspakt. Der Haushalt gibt keine genügenden Wachstumsimpulse und weist zugleich Risiken von über 20 Milliarden Euro auf. Er sieht mit dem Haushaltsbegleitgesetz neue Steuerbelastungen und gleichzeitig einen Rückgang der Investitionen der öffentlichen Hand vor. Woher sollen damit Impulse für ein wirtschaftliches Wachstum kommen? Dieser Haushalt ist ohne jegliche Zukunftsperspektive. Was sagt der Bundesfinanzminister zu diesem Desaster? Herr Eichel, Sie haben in dieser Woche in der Ausschusssitzung erklärt, die böse Opposition sei schuld, weil sie das Steuervergünstigungsabbaugesetz nicht akzeptiert habe. Das ist der blanke ökonomische Wahnsinn: Bei diesem Steuervergünstigungsabbaugesetz handelt es sich doch um nichts anderes als um weitere Steuererhöhungen, die uns noch mehr in die Wachstums- und Haushaltsfalle führen. Zu Recht haben wir gesagt, dies sei keine Wachstumspolitik und insofern nicht zielführend, dabei könnten wir nicht mitmachen.

Aber ökonomische Vernunft ist bei Ihnen scheinbar ein Fremdwort. Jahr für Jahr hat es bei Ihnen steuerliche Belastungen gegeben, die sich auf 40 Milliarden Euro summiert haben. Damit wurden Wachstum und Beschäftigung geradezu systematisch vernichtet. Man muss sich also nicht wundern, dass die Konjunktur so schlecht ist. Nun sollen in Verbindung mit dem Haushalt 2004 neue Steuererhöhungen vorgenommen werden. Darüber müssen wir reden. Die Fragen, die unsere Bürger und Betriebe interessiert, lautet nämlich: Wie sieht es aus mit der Mindestbesteuerung, mit der Substanzbesteuerung im Rahmen der Gewerbesteuer, mit der Tabaksteuererhöhung, mit der Abschaffung der Eigenheimzulage, mit der Einschränkung der Entfernungspauschale, mit der Verschlechterung der Abschreibungsbedingungen und mit der Erhöhung des Steuersatzes auf Agrardiesel? Das alles ist nichts anderes als ein neues Steuererhöhungspaket. Das ist für die Bürger und die Betriebe ein neues Belastungs- und Wachstumsvernichtungsprogramm in einer Größenordnung von 12 bis 15 Milliarden Euro pro Jahr und wird Wachstum und Beschäftigung in Deutschland vernichten. Dem steht nur eine Einmalentlastung durch das Vorziehen der dritten Stufe der Steuerreform auf 2004 gegenüber. Das wäre nur ein schuldenfinanziertes Strohfeuer, erzielt aber keine dauerhafte Wachstumsstärkung.

Gleichzeitig kündigt die SPD mit einer unsäglichen Ausbildungsplatzabgabe und einer Erhöhung der Erbschaftsteuern neue Steuererhöhungen an. Können Sie denn überhaupt keine Vernunft annehmen? Dass sie immer nur eines kennen: Steuermehrbelastungen! Auch bei den notwendigen Strukturreformen der Agenda 2010 bleibt man halbherzig und widersprüchlich. Wer die Lage in Deutschland zum Besseren lenken will, der muss die Wahrheit über den Zustand Deutschlands zum Ausgangspunkt aller politischen Anstrengungen machen. Die Wahrheit ist – das wollen Sie nicht zur Kenntnis nehmen –, dass wir beim Wachstum Schlusslicht in Europa sind und dass wir 600 000 Erwerbstätige als Steuer- und Abgabenzahler in nur einem Jahr verloren haben. Die Wahrheit ist, dass die Zahl der Unternehmensinsolvenzen alle Rekorde sprengt. Die Wahrheit ist, dass die Zinsbelastungsquote bei 19,1 Prozent liegt, dass also fast 20 Prozent der gesamten Steuereinnahmen von vornherein für Zinszahlungen verplant sind – 37,7 Milliarden Euro pro Jahr! 100 Millionen Euro pro Tag muss der Bund für Zinsen zahlen. In diese Haushalts- und Steuerfalle haben Sie uns geführt. […] Ein schlüssiges Reform-, Wachstums- und Konsolidierungsprogramm fehlt der Bundesregierung. Von dem Ziel, einen ausgeglichenen Haushalt vorzulegen, haben Sie sich leider verabschiedet. […] Der Höhepunkt der deutschen Haushaltsmisere ist der jetzige Verstoß gegen den europäischen Stabilitäts- und Wachstumspakt und vor allem der eingeschlagene Konfliktkurs gegenüber der EU-Kommission. Diesen Kurs werden sie noch bitter bereuen. Dafür wird Deutschland noch zahlen müssen. Das ist ein wesentlicher Fehler und ein Anschlag auf die Interessen unseres Landes, darin bin ich mir ganz sicher. Deutschland trägt den Geist des europäischen Stabilitäts- und Wachstumspaktes zu Grabe und blamiert gleichzeitig die EU-Kommission als Hüterin der Verträge. Herr Eichel, wie können Sie nur ohne Einvernehmen im ECOFIN-Rat diesen völkerrechtlichen Vertrag vernichten? Das, was Sie gemacht haben, ist für mich eine Beerdigung Erster Klasse. Die Traueranzeige könnte lauten: Die Bundesrepublik trauert um den europäischen Stabilitäts- und Wachstumspakt, der auf der Sitzung des ECOFIN-Rates am 25. November 2003 durch den Bundesfinanzminister Hans Eichel aus dem Leben schied. Geist und Inhalt des Stabilitäts- und Wachstumspaktes werden uns in Zukunft noch sehr fehlen. [...] Diese Entwicklung ist wirklich ein Debakel für Europa und den Euro. Es handelt sich um eine Verständigung gegen das Erbe der Deutschen Mark. Durch das Zurechtbiegen des Paktes tut sich, was die Höchstverschuldung in Europa abgeht, für die Zukunft ein offenes Scheunentor auf. Die Haushaltspolitiken der Mitgliedstaaten werden immer weiter auseinanderdriften. Die höheren Defizite werden zum ersten Wachstumsvernichter in Europa werden, mit allen Folgen für den Binnenmarkt. Die Verschuldungspolitik wird langfristig erhebliche Auswirkungen auf das Zinsniveau und die Währungsstabilität haben. All diese Folgen haben Sie zu verantworten.

So etwas gegen den einstimmigen Willen der EU-Kommission durchzudrücken, kann nur ein Pyrrhussieg sein. Herr Eichel, Ihnen fällt nicht einmal die Widersprüchlichkeit ihrer Argumentation auf: In Deutschland sagen Sie, die Sparvorgaben der EU würden den beginnenden Aufschwung abbremsen, in Brüssel sagen Sie, die Sparvorgaben müssten zurückgewiesen werden, weil es in Deutschland Stagnation gebe. Was denn nun, Herr Eichel? Aufschwung oder Stagnation? Wahrscheinlich wissen Sie selbst nicht, was Sache ist. Sie reden in Brüssel und Berlin unterschiedlich. Man kann zwischen Brüssel und Berlin schnell sein Hemd wechseln, aber nicht seine Meinung ändern. Ihre Haltung ist widersprüchlich und sie wird zu einem weiteren Vertrauensverlust führen. [...] Wir brauchen einen Neuanfang und Nachhaltigkeit in der Finanzpolitik. Es braucht eine klare Ordnungspolitik mit einer angebotsorientierten Wirtschaftspolitik, also angebotsorientierte Rahmenbedingungen für die Volkswirtschaft in Deutschland. Wir brauchen keine neo-keynesianischen Strohfeuermaßnahmen. […] Wir müssen deutlich machen, dass letzten Endes nur eine Steuerentlastungspolitik als Gesamtsteuerreform, wie sie Friedrich Merz vorgeschlagen hat, das Wachstum in diesem Land voranbringt."

Anschließend überreichte ich dem Bundesfinanzminister auf der Regierungsbank die von mir angesprochene Traueranzeige. Natürlich war er sauer. Aber ich hatte die Befürchtung einer schweren künftigen Finanzkrise. In den folgenden Jahren erlebte ich, dass sich in der EU viele Staaten nicht mehr an den Stabilitäts- und Wachstumspakt hielten. Deutschland hatte mit dem Verhalten der rot-grünen Koalition dafür die Vorlage geliefert.

Die politische Arbeit der rot-grünen Regierungskoalition hatte bei mir für viel Unmut gesorgt. Einerseits war in unserer parlamentarischen Demokratie eine starke Opposition notwendig; andererseits war es wenig erfüllend, viele Initiativen und Anträge für den Papierkorb zu schreiben, wenn man doch selbst gestalten wollte.

Inzwischen war ich als Vorsitzender der CSU-Mittelstands-Union auch zum stellvertretenden Bundesvorsitzenden der CDU/CSU-Mittelstands- und Wirtschaftsvereinigung gewählt. Es gab einen gewaltigen Erwartungsdruck. Aber aus der Opposition heraus konnten wir für unsere Mitglieder aus der mittelständischen Wirtschaft einfach nicht liefern und an einer Dauerbeschimpfung der Regierung hatte ich nicht wirklich Freude. Deshalb suchte ich neben der intensiven Wahlkreisarbeit ein Ventil, meinen politischen Radius durch internationale Beziehungen und Verbindungen zu erweitern. Jeder Bundestagsabgeordnete hat die Möglichkeit, als Mitglied in fünf internationalen Parlamentariergruppen mitzuwirken.

Ich wählte mir die Gruppen China, Bulgarien, Ukraine und Japan aus. China war mir als wirtschaftliche Großmacht der Zukunft wichtig. Ich wollte die Partnerschaft der Hochschule Coburg mit der Universität Shanghai mit einem Studentenaustausch ausbauen und unsere Industriebetriebe aus der Region unterstützen. Über das Herzoghaus Sachsen-Coburg und Gotha hatte ich Verbindung mit dem ehemaligen König Simeon, dem nach fast 50 Jahren im Exil zum bulgarischen Ministerpräsidenten gewählten Simeon Sakskoburggotski. Nachdem die Entscheidung der Aufnahme Bulgariens in die Europäische Union anstand, war für mich Bulgarien ein spannendes Thema. Die Entscheidung für die

Deutsch-Ukrainische Parlamentariergruppe kam aus der Landesgruppe, weil uns der stellvertretende Vorsitz zukam und in München eine Exil-Universität der Ukraine während der Zeit der Sowjetunion unsere Unterstützung gesucht hatte.

Zunächst wollte ich die ausgewählten Länder persönlich besuchen und besser kennenlernen. Bei meinem ersten Besuch in Kiew erlebte ich ein Land im Umbruch mit dem Neustart in die Demokratie. Die Ukraine war nach dem Zerfall der Sowjetunion der größte Staat, dessen Grenzen vollständig in Europa liegen. Die Botschaft hatte mir ein Programm vorbereitet, das sowohl Kontakte zur Regierung von Präsident Leonid Kutschma als auch den ukrainischen Abgeordneten in der Werchowna Rada, dem Parlament, beinhaltete. Um einige Personen im Parlament machte ich allerdings einen großen Bogen, war es doch vielfach mit korrupten Oligarchen bestückt. Aber ich bekam auch näheren Kontakt mit der Universität Kiew und den oppositionellen Gruppen. Die Unzufriedenheit über den moskautreuen Kurs von Präsident Kutschma und die Beendigung der Herrschaft des autokratisch regierenden Präsidenten wurden offen angesprochen. Ich kam dabei auch in Kontakt mit den Aushängeschildern der Opposition, Wiktor Juschtschenko und Julia Timoschenko. Beide bedrängten mich, aus Deutschland Hilfe für die Opposition zu organisieren, denn sie hatten kein technisches Equipment, um eine erfolgreiche Parteiarbeit aufzubauen. Ich wollte und konnte mich dem nicht entziehen. Nach Deutschland zurückgekehrt, kümmerte ich mich um Lieferungen von technischen Büroausstattungen. Von deutschen Firmen konnte ich für die oppositionellen Parteien Computer für den Aufbau von Mitgliederorganisationen besorgen. Ich arbeitete dabei mit der CDU-nahen Konrad-Adenauer-Stiftung und der CSU-nahen Hanns-Seidel-Stiftung sowie der deutschen Botschaft in Kiew zusammen.

Dabei kam ich auch mit dem Universitätspräsidenten Anatoly Artemchuk in Kontakt, der aus Lwiw, dem früheren Lemberg, stammte und perfekt Deutsch sprach. Ich kam seiner Bitte nach, Gastvorlesungen in der Universität über die Grundlagen zur Einführung einer Sozialen Marktwirtschaft zu übernehmen. Es ging um Wettbewerb, Privateigentum, Vertragsfreiheit, offene Märkte, Stabilität der Wirtschaftspolitik, Korruptionsbekämpfung und persönliche Haftung der Marktakteure als

Grundprinzip einer neuen Wirtschaftspolitik in der Ukraine. Der Veränderungswille der Jugend, die auf den Weg nach Europa wollte, war offensichtlich. Das wollte ich unterstützen. So wurde ich Teil der Orangenen Revolution in der Ukraine.

Im Herbst 2004 kam es dann zur Präsidentenwahl zwischen dem vom bisherigen Präsidenten Leonid Kutschma unterstützten Premierminister Wiktor Janukowytsch und dem Kandidaten der Opposition, Wiktor Juschtschenkow. Juschtschenkow gelang es, im ersten Wahlgang die meisten Stimmen auf sich zu vereinigen und in die Stichwahl einzuziehen. Doch es kam, wie es zu befürchten war: Bei der Stichwahl am 21. November gab es massive Wahlmanipulationen zugunsten Janukowytschs. Janukowytsch wurde zum Sieger erklärt. Daraufhin eskalierte die Lage. Die Opposition rief zum offenen Widerstand auf. Im Zentrum von Kiew auf dem Majdan errichteten Demonstranten eine Zeltstadt, um gegen die gefälschte Wahl zu protestieren. Ich wurde zu einer Großdemonstration der Opposition am 27. November 2004 auf den Unabhängigkeitsplatz eingeladen, wo über zwei Millionen Menschen friedlich gegen die Wahlfälschung und für Demokratie demonstrierten. Das hat mich sehr beeindruckt. Eine Freiheitsbewegung für Demokratie und Europa.

Eine neue Stichwahl wurde angesetzt, bei der der Oppositionskandidat Wiktor Juschtschenko zum neuen Präsidenten gewählt wurde. Doch die Siegeseuphorie währte nicht lang. Die übergroßen Probleme, bedingt auch durch den im wahrsten Sinne kalten Krieg um den Preis für russisches Erdgas, ließen Regierungskrise auf Regierungskrise folgen. Zudem brach Streit innerhalb der Kräfte der Orangenen Revolution aus, an dem insbesondere die überehrgeizige Julija Tymoschenko beteiligt war. Julija Tymoschenko war zweifellos eine außergewöhnliche Persönlichkeit und einprägsame Erscheinung. Doch ihr fehlte jede Sensibilität. Beim Besuch auf meine Einladung im Deutschen Bundestag in Berlin wurde mir klar, dass das erlebte Märchen von der Orangenen Revolution der Vergangenheit angehörte. Ich nahm mir vor, mich in der Zukunft zurückzunehmen. In die ukrainische Politik wollte ich mich nicht mehr einmischen. Die Freundschaft zum Universitätspräsidenten und die Mitwirkung an seiner Wirtschaftsfakultät setzte ich jedoch fort. Ein unvergesslicher

Höhepunkt war für mich die Gedenkrede, die ich am 8. Mai 2005 am 60. Jahrestag des Endes des Zweiten Weltkrieges in der Universität halten durfte – ein Krieg, in dem die ukrainische Bevölkerung den höchsten Blutzoll zahlen musste.

In der Aula der Universität hatten sich viele Kriegsveteranen eingefunden, die in der Roten Armee gegen die deutsche Wehrmacht gekämpft hatten. Der Krieg hatte mehr als zehn Millionen ukrainische Soldaten das Leben gekostet, da sie von Stalin bevorzugt als Frontsoldaten eingesetzt worden waren. Festakt und Rede waren für mich als deutschen Politiker ein ergreifendes und nachdenkliches Erlebnis, bei dem ich mich für die Leiden, die den Ukrainern durch Deutsche zugefügt wurden, entschuldigt habe. Der Universitätspräsident verlieh mir danach in Anwesenheit des stellvertretenden deutschen Botschafters auf Vorschlag des ukrainischen Bildungsministers die Ehrendoktorwürde. Es war für mich ein Zeichen der Aussöhnung, eine Verbindung für ein friedliches Europa, die ich immer wieder erneuerte.

Mehrmals unternahm ich als Mitglied des Finanzausschusses Dienstreisen in die Volksrepublik China, um die Beziehungen zwischen China und Deutschland im geopolitischen Spannungsfeld zu erkunden und die Zusammenarbeit im wirtschaftlichen und finanzpolitischen Bereich zu verbessern. Darüber hinaus ging es auch immer wieder um das Thema Menschenrechte und das Rechtssystem in China. Bei meinen Besuchen in Peking ging es insbesondere um die Kontakte mit dem Finanzausschuss der Volksvertretung und den verschiedenen Regierungsstellen sowie der Notenbank, der Wertpapier- und Bankenaufsicht, dem chinesischen Staatsfonds und der deutschen Außenhandelskammer in China. Im faszinierenden Finanzzentrum Shanghai mit seiner Skyline am Fluss Pudong erhielt ich schon sehr früh Einblick in die Digitalisierung und Zahlungsabwicklungen des Finanzwesens. Die zunehmende Überwachung bei den Kartenzahlungen in China war mir suspekt. Um die Kontrolle zu perfektionieren, war das Bargeld praktisch abgeschafft worden.

So besuchte ich den privaten Konzern Alibaba, der natürlich von der KP eng überwacht wurde. Trotz der Verschleierungsversuche war zu erkennen, dass über sein Bezahlsystem Alipay eine Totalkontrolle über das Konsumverhalten der Bürger von Seiten des Staates bestand. Im Raum

Shanghai besuchte ich auch viele deutsche Industrieunternehmen, vor allem die Neuansiedlungen aus meinem Wahlkreis, die als Zulieferer oder Elektronikbetriebe für die großen Konzerne auf eine wirtschaftliche Partnerschaft angewiesen sind. Aber es gab auch immer wieder Probleme wie zum Beispiel Exportversicherungen und staatliche Zulassungen für unsere deutschen Unternehmen, die ich zumeist über den sehr hilfsbereiten chinesischen Botschafter in Berlin, Shi Mingde, gestalten konnte.

Höhepunkt meiner Besuche in Shanghai war die Eröffnung eines deutschen Kulturzentrums innerhalb des Universitäts-Campus, das vom Präsidenten der Hochschule Coburg mit Unterstützung des weltweit tätigen Industrieunternehmens Brose errichtet werden konnte. Es diente deutschen Austauschstudenten als Treffpunkt, was auf einem Campus mit mehr 100 000 Studentinnen und Studenten unbedingt erforderlich war. So konnte ich zur Universitätsführung in Shanghai eine enge Beziehung knüpfen.

Überraschenderweise wurde ich bei einem späteren Besuch eingeladen, in der Aula der Universität einen Vortrag mit Diskussion über das Wirtschaftssystem der Sozialen Marktwirtschaft in Deutschland vor einem großen Auditorium von Professoren und Studierenden zu halten. Es entwickelte sich eine lebhafte Diskussion über unser freiheitliches Wirtschaftssystem. Die jungen Chinesen bestürmten mich, nach Deutschland kommen zu dürfen. Ich sah einige entgeisterte Blicke von Professoren und Politfunktionären. Unser Botschafter hatte eine so offene Diskussion in China noch nicht erlebt. Diese Veranstaltung war in dem überwachten und autoritär geführten Staat völlig außergewöhnlich. Eine solche Möglichkeit hat sich allerdings später nicht mehr wiederholt. Der Universitätspräsident wurde nach diesem „Vorfall" abgelöst. Der Versuch, erneut Kontakt mit ihm aufzunehmen, lief ins Leere. Seinen Nachfolger ereilte nach 15 Monaten das gleiche Schicksal.

So wichtig China als Wirtschaftspartner für Deutschland auch ist, man darf nie vergessen, dass es sich bei der Volksrepublik China um eine totalitäre kommunistische Diktatur handelt. Es gibt zweifellos eine erfolgreiche Handelspartnerschaft mit unserer Wirtschaft, aber es geht der chinesischen Regierung auch um den Wettbewerb zwischen den Systemen. China möchte mit hoher Dynamik nicht nur die größte Volkswirtschaft der Welt sein, sondern auch Hegemonie ausüben. Ich erlebte es immer wieder, dass die chinesische Expansion extrem selbstbewusst vertreten wird. Bei allen Gesprächen mit chinesischen Regierungsvertretern wird erklärt, dass chinesische Unternehmen auf dem Vormarsch sind, man kein Billigzulieferer in den Lieferketten mehr sein möchte. Man will beweisen, dass ein autoritäres System mehr Wachstum und stärkere Innovation erreichen kann.

Die chinesische Regierung nutzt dabei ihren aggressiven Wirtschaftskurs auch dazu, ihren politischen Einflussbereich zu erweitern. Die Herausforderung für unsere marktwirtschaftlichen Systeme ist dabei die Wettbewerbsverzerrung durch subventionierte Staatskonzerne und staatlich finanzierte Unternehmen. Hinzu kommt, dass wir uns beim Umgang mit Minderheiten und der Vernachlässigung der Menschenrechte nicht mit der chinesischen Führung gemein machen dürfen. Ich habe Kritik an der Menschenrechtslage in China nie verschwiegen. Bei meinen Besuchen in Tianjin, Wuhan, Qingdao, Hongkong oder Macau hatte ich die Gelegenheit, die Widersprüche der chinesischen Diktatur kennenzulernen. So duldet der kommunistische Staat in Macau ein Glücksspiel-Eldorado, wo Chinesen mit vielfach durch Korruption erwirtschaftetem Vermögen Geldwäsche betreiben. Es wird spannend bleiben, wie sich der Machtanspruch Chinas weiterentwickelt und wie die freie Welt in Europa und den USA darauf eine Antwort findet.

Eine unvorhergesehene Reise führte mich gemeinsam mit einer deutschen Delegation unter Führung von Bundespräsident Horst Köhler und Bundeskanzler Gerhard Schröder zur Amtseinführung des neuen Papstes nach Rom. Am 19. April 2005 war dort der Erzbischof von München und Freising, Joseph Kardinal Ratzinger, zum neuen Papst Benedikt XVI. gewählt worden. „Wir sind Papst", titelte die *Bild*-Zeitung.

Am Vorabend der Amtseinführung waren wir zu einem Empfang der Deutschen Bischofskonferenz in die deutsche Botschaft beim Vatikan geladen. Es gab innerhalb der Delegation viele interessante Gespräche fernab vom tagespolitischen Geschäft in Berlin und es herrschte eine aufgeräumte Stimmung. Während des Empfangs kam es dann allerdings zu einem unerwarteten Eklat. Nachdem alle deutschen Bischöfe sich dort versammelt hatten, wurde erwartet, dass es einen offiziellen Meinungsaustausch zwischen der politischen Führung und den kirchlichen Würdenträgern geben würde.

Doch noch während der Begrüßungsrede verschwanden Bundeskanzler Gerhard Schröder und Bundesinnenminister Otto Schily wortlos aus der Botschaft. Die Bischöfe empfanden dies berechtigterweise als Brüskierung. Wir Unionsabgeordneten mit unserer Fraktionsvorsitzenden Angela Merkel indes blieben bei Essen, Wein und angeregter Unterhaltung noch bis Mitternacht. Anschließend lud uns Angela Merkel noch zu einem Umtrunk in den Innenhof unseres Hotels ein.

Zu unserer Überraschung sahen wir auf der gegenüberliegenden Seite Gerhard Schröder und Otto Schily bei Rotwein und Zigarren in einem sehr angeregten Gespräch. Natürlich interessierte uns, was es da so intensiv zu besprechen gab. Nachdem Schröder und Schily keine Anstalten machten, ins Bett zu gehen, harrten wir ebenso aus. Es war ein warmes, angenehmes Klima. Irgendwann nach drei Uhr in der Nacht sagte Angela Merkel, sie würde sich nicht wundern, wenn Schröder nach einer Niederlage bei der Landtagswahl in Nordrhein-Westfalen hinwerfe. Er habe die erheblichen Widerstände aus der SPD-Fraktion einfach satt und sehe dann keine Perspektive mehr. Wir sahen Angela Merkel ungläubig an. Wir dachten nicht, dass es so kommen könnte.

Nach einer kurzen Nacht fuhr die gesamte Delegation an einem strahlenden Frühjahrstag mit einem Bus zu den Einführungsfeierlichkeiten in Richtung Vatikan. An der Einfahrtschranke trafen wir auf unseren Ministerpräsidenten Edmund Stoiber, der wild gestikulierend aus seiner Dienstlimousine ausgestiegen war. Er rief dem Wachpersonal von der Schweizergarde immer wieder zu: „Presidente Bavariae“, „Presidente Bavariae“, „Presidente Bavariae“. Die Posten schüttelten nur den Kopf und ließen ihn nicht passieren. Nachdem er die Zufahrt immer länger blockierte und immer wilder gestikulierte, luden wir ihn ein, zu uns in den Bus zu steigen. Verärgert über das Verhalten der Wachen nahm er unsere Einladung schließlich an. Endlich konnten wir unsere Plätze unmittelbar in der Nähe des Papstaltars einnehmen. Die einmalige Amtseinführung eines deutschen Papstes wurde für mich zu einem eindrucksvollen Erlebnis.

Zumal es auch so kam, wie Angela Merkel vorausgesagt hatte. Am 1. Juli 2005 leistete Bundeskanzler Gerhard Schröder in einer Regierungserklärung seinen politischen Offenbarungseid: „Am Montag dieser Woche habe ich dem Herrn Bundestagspräsidenten mitgeteilt, dass ich es in der gegebenen Situation als meine Pflicht ansehe, im Deutschen Bundestag die Vertrauensfrage zu stellen. Mein Antrag hat ein einziges, ganz unmissverständliches Ziel. Ich möchte dem Herrn Bundespräsidenten die Auflösung des 15. Deutschen Bundestages und die Anordnung von Neuwahlen vorschlagen. Der für meine Partei und für mich selbst bittere Ausgang der Landtagswahlen in Nordrhein-Westfalen war das letzte Glied in einer Kette zum Teil empfindlicher und schmerzlicher Wahlniederlagen. In der Folge dessen wurde deutlich, dass es die sichtbar gewordenen Kräfteverhältnisse ohne eine neue Legitimation durch den Souverän, das deutsche Volk, nicht erlauben, meine Politik erfolgreich fortzusetzen.

Endgültig mit diesem Ausgang der Landtagswahl am 22. Mai wurden negative Auswirkungen für die Handlungsfähigkeit im parlamentarischen Raum unabweisbar. Die Agenda 2010 mit ihren Konsequenzen schien zum wiederholten Male ursächlich für ein Votum der Wählerinnen und Wähler gegen meine Partei. Wenn diese Agenda fortgesetzt und weiterentwickelt werden soll – und das muss sie –, ist eine Legitimation durch Wahlen unverzichtbar. Es ist daher ein Gebot der Fairness und der Aufrichtigkeit gegenüber den Bürgerinnen und Bürgern, gegenüber meiner Partei, gegenüber dem Partner in der Koalition, gegenüber dem Hohen Haus und auch gegenüber mir selbst, die Vertrauensfrage zu stellen."

Schröder versuchte, das Scheitern von Rot-Grün zugleich für eine Attacke auf die bürgerliche Opposition zu nutzen: „Wir haben begonnen, wozu CDU, CSU und FDP 16 Jahre Zeit, aber niemals den Mut hatten. Mit den Reformen der Agenda 2010 haben wir wichtige Bereiche unserer Gesellschaft in ihren Strukturen grundlegend erneuert: in der Gesundheitsversorgung, in der Rentenpolitik und auf dem Arbeitsmarkt. Diese Reformen sind notwendig, um unseren Sozialstaat auch in Zukunft zu erhalten und unsere Wirtschaft auf die Herausforderung der Globalisierung und des Älterwerdens unserer Gesellschaft einzustellen." Was Schröder verschwieg: Die SPD hatte in der zweiten Hälfte der 1990er Jahre mit ihrer Obstruktionspolitik jede sinnvolle und notwendige Reform aus egoistischen, machtpolitischen Gründen verhindert. Und was er auch verschwieg: Die von ihm ebenfalls beklagten populistischen Kampagnen gegen die Reformen wurden einträchtig vom linken Flügel seiner eigenen Partei, den Linken und den Gewerkschaften geführt.

Er attackierte allerdings auch den eigenen linken Parteiflügel und – ohne ihn beim Namen zu nennen – auch Oskar Lafontaine. „Diese Debatte hat so weit geführt, dass SPD-Mitglieder damit drohten, sich einer rückwärtsgewandten, linkspopulistischen Partei anzuschließen, die vor Fremdenfeindlichkeit nicht zurückschreckt. Einige haben diesen Schritt vollzogen, an die Spitze jener Partei hat sich ein ehemaliger SPD-Vorsitzender gestellt."

Die Wahrheit war: Gerhard Schröder und seine rot-grüne Regierung hatten sich verkalkuliert. Sie waren einen Zickzackkurs gefahren. Begonnen hatte das Problem schon im Jahr 1998, als Rot-Grün alle Reformen rückgängig gemacht hatte, die von der letzten Regierung Kohl richtigerweise auf den Weg gebracht worden waren. Mit der Agenda 2010 hatte Schröder dann in den Jahren 2003–2004 zu spät erkannt, dass für die Zukunft dringliche Reformen notwendig sind. Vor allem hatte er versäumt, den Menschen die bestehende Problemlage offen zu erklären. Das war der Tatsache geschuldet, dass er gegenüber den eigenen Leuten in der SPD die Notwendigkeit der Veränderungen in der Gesamtheit nicht durchsetzen konnte. Schröder sah keinen Weg mehr, die zunehmende Stagnation zu überwinden, obwohl er seinem Koalitionspartner mehrfach erklärt hatte, wer Koch und Kellner in der Regierung ist, und die Grünen vor lauter Regierungswilligkeit äußerst handsam unterwegs waren. Die Folge dieser Politik war, dass wir in Deutschland das geringste Wirtschaftswachstum in Europa verzeichneten, fast 5 Millionen Arbeitslose entstanden und die sozialen Sicherungssysteme finanziell ausgeblutet waren.

Unsere CDU/CSU-Fraktionsvorsitzende und neue Kanzlerkandidatin Angela Merkel hielt Schröder entgegen, die Politik müsse wieder neues Vertrauen herstellen: „Wir werden uns genau dieser Aufgabe stellen. Wir werden den Menschen sagen, was für das Wohl dieses Landes notwendig ist. Dieses Land kann sich kein verlorenes Jahr, keine verlorenen Tage mehr leisten. Wir brauchen endlich wieder eine Politik, die auf die Kraft der Menschen baut und sie ernst nimmt. Denn es besteht doch kein Zweifel, dass es ein großes Potenzial an Begabungen gibt, die sich entfalten wollen, dass es starke Kräfte in diesem Land gibt, die wir mobilisieren können, dass es so viel gesunden Menschenverstand gibt, der mit den Realitäten umgehen kann. Wir brauchen eine neue Mehrheit. In den unionsregierten Bundesländern haben wir die Mehrheit für die notwendigen Veränderungen in Deutschland. Wir können voller Stolz sagen: Wo die Union regiert, geht es den Menschen in Deutschland besser. Im Bundesrat haben wir also schon eine Mehrheit für einen Neuanfang unseres Landes. Unser Land braucht aber auch endlich eine Mehrheit für einen Neuanfang im Deutschen Bundestag, damit wir mit klaren Verhältnissen im Bundestag und im Bundesrat durchregieren können."

Schröder hatte den finanz- und haushaltspolitischen Offenbarungseid geleistet. Doch er hatte die Chuzpe, seinen Finanzminister Hans Eichel einen Haushaltsentwurf vorlegen zu lassen, der ohne Steuererhöhung ausgeglichen sein würde. Das war ein Mummenschanz sondergleichen: Vier Mal hintereinander hatte die Regierung Schröder/Fischer den europäischen Stabilitäts- und Wachstumspakt gebrochen. Jeder wusste, dass ein „Weiter so" in Deutschland und auch in Europa zum Stillstand führen würde. Ich war mir sicher, dass die Bundestagswahl eine klare Mehrheit für die Union bringen würde.

Im kurzen, aber sehr intensiven Wahlkampf 2005 wurde gerade Merkels Ansage des Durchregierens zum großen Kampfbegriff der SPD gegen uns. Aber es gab auch weitere Angriffsflächen. Für eine neue Steuerpolitik wurde von Angela Merkel der ehemalige Bundesverfassungsrichter Paul Kirchhof als Schattenfinanzminister bestimmt, der für den inzwischen frustriert in Unfrieden ausgeschiedenen Friedrich Merz die neue Steueragenda der Union prominent personifizieren sollte. Paul Kirchhof war zwar ein hervorragender Steuerrechtsprofessor und brillanter Redner, aber eben kein erfahrener Politiker, der die Gefahren einer Wahlauseinandersetzung kannte. Er hatte als Wissenschaftler ein Buch über eine radikale Steuervereinfachung und einen niedrigen Stufentarif verfasst. Dafür hatte er die Bemessungsgrundlage massiv verbreitert, eine Erhöhung bei der Mehrwertsteuer angekündigt und vor allem die Steuersubventionen wie die Steuerfreiheit der Nacht-, Feiertags- und Sonntagszuschläge gestrichen.

Für den Wahlkampf von Gerhard Schröder war dies ein offenes Scheunentor. Er warf Kirchhof, den er als den „Professor aus Heidelberg" titulierte, öffentlich vor, die Reichen immer reicher und die Armen immer ärmer machen zu wollen. Er verstand es, Wahlkampf mit einer Neidkampagne zu führen. So gab es eine breite Debatte über die Senkung des Spitzensteuersatzes mit einem Stufentarif. Die SPD plakatierte „Mit Frau Merkel wird es kalt in Deutschland". Unsere Kanzlerkandidatin setzte dem sehr wenig entgegen. Das Gegenmodell Soziale Marktwirtschaft wurde nicht beworben.

In den letzten Wochen vor dem Wahltermin merkte ich in den öffentlichen Veranstaltungen, dass uns so langsam die Felle davonschwammen. Ich rief unseren CSU-Spitzenkandidaten und Ministerpräsidenten Edmund Stoiber an und erinnerte daran, dass wir schon 2002 auf den letzten Metern die Wahl wegen eines schlechten Endspurts verloren hatten. Die Veranstaltungen von Paul Kirchhof müssten dringlich eine Veränderung erfahren. Denn es gehe um eine wichtige Richtungswahl und nicht darum, wie man am meisten Bücher verkaufe. Edmund Stoiber teilte meine Meinung und verlangte eine stärkere Mitsprache bei den Wahlkampfauftritten von Paul Kirchhof. Er bat mich, Kirchhof bei allen bayerischen Wahlkampfterminen zu begleiten und dafür Sorge zu tragen, dass nur noch das offizielle Wahlprogramm Grundlage für seine Veranstaltungen sein sollte. Das war keine leichte Aufgabe. Kirchhof versprach mir zwar, bei seinen Wahlreden nicht mehr von seinem Buch zu sprechen, aber in den anschließenden Diskussionen kam er immer wieder auf seine eigenen Vorschläge zurück.

Völlig frustriert war ich bei der Abschlusskundgebung der Mittelstands-Union im großen Saal des Münchner Hofbräuhauses, wo Kirchhof vor den gesamten Medien wieder den Inhalt seines Buches ansprach und wir anschließend ein miserables Medienecho erlebten. Die Auftritte waren wie ein wissenschaftliches Seminar zum Steuerrecht. Es fehlte eine bildhafte emotionale Ansprache der Wähler. Die CDU-Werbung für mehr Marktwirtschaft überzeugte nicht. Ich dachte an Friedrich Merz, den wir in diesem Wahlkampf und mit seiner Wirtschaftskompetenz für einen neuen Aufschwung dringlich gebraucht hätten.

Neustart mit Hindernissen

Am 18. September 2005 kam mit dem Ergebnis der Bundestagswahl die große Ernüchterung. Die CDU hatte nur 180 und die CSU 46 Mandate gewonnen, zusammen also 226 Mandate. Die SPD kam uns mit 222 Abgeordneten auf vier Mandate sehr nahe. Dieser Überraschung war es wohl auch geschuldet, dass Bundeskanzler Gerhard Schröder sich noch am Wahlabend im Fernsehen als Sieger sah und eine Koalition der SPD mit uns völlig ausschloss. Schröders irrlichternder Auftritt im Fernsehen wich alsbald nüchterner Betrachtung. Die Tatsache, dass die FDP mit 61, die Grünen mit 51 und die Linken mit 54 Mandaten in den Bundestag einzogen, schuf eine schwierige Lage und zwang uns, den ungewollten Weg in eine große Koalition zu gehen. Aus Angela Merkels „Durchregieren" wurde nichts.

Obwohl ich in meinem Wahlkreis einen Erststimmenrekord erzielt hatte, war ich mit der Entwicklung höchst unzufrieden. Meine Hoffnung war die Zusage von Edmund Stoiber, als Superminister für Wirtschaft, Forschung und Technologie nach Berlin zu kommen. In der bayerischen Landesvertretung in Berlin führte ich mit ihm ein Vieraugengespräch über seinen Einstieg in die Bundesregierung. Ich sicherte ihm die Unterstützung des CDU/CSU- Wirtschaftsflügels zu und war auch bereit, vom Finanzausschuss in den Wirtschaftsausschuss zu wechseln. Stoiber fragte, ob ich nicht die Position des Mittelstandsbeauftragten der Bundesregierung übernehmen wollte. Als Unternehmer konnte ich aber kein Staatsamt bekleiden. Seine spätere Entscheidung, doch als bayerischer Ministerpräsident in München zu bleiben, löste weitgehendes Unverständnis aus. Mit Hohn und Spott wurde kolportiert, dass sich die CSU vor der Herkulesaufgabe in Berlin drücke.

Meine Position für eine schlagkräftige Erneuerung der Sozialen Marktwirtschaft und die Vertretung des Mittelstandes hatte einen starken Dämpfer erhalten. Bei den Koalitionsverhandlungen wurde mir überaus deutlich, dass der Kompromissweg mit der SPD nicht dem dringlichen Reformbedarf entsprach. Vor allem die rot-grüne Erblast stellte sich als viel umfangreicher dar als angenommen.

Hinzukam, dass die CDU von den Beschlüssen ihres Leipziger Parteitags weithin Abstand nahm und damit wichtige Reformvorhaben auf der Strecke blieben. In der Bundespolitik war jetzt ein eher links geneigter Merkel-Kurs angesagt. Angela Merkel verfolgte jetzt die Strategie, die SPD überflüssig zu machen. Aber von dieser Raubkopie und dem Richtungswechsel hielt ich nicht sehr viel.

Ich bewarb mich wieder um die weitere Mitarbeit im Finanzausschuss, um die Steuer- und Haushaltspolitik, die schwierige Entwicklung des Kapitalmarkts, die Schuldentragfähigkeit der europäischen Mitgliedstaaten, die Einhaltung des Stabilitäts- und Wachstumspakts und die EZB-Geld- und Währungspolitik zu bearbeiten. Dass dies in der neuen Legislaturperiode zum Brennpunkt werden würde, ahnte ich nicht.

Mit der Konstituierung des 16. Deutschen Bundestages am 18. Oktober 2005 begann die Arbeit der neuen Legislaturperiode. Ich freute mich über die Wahl meines langjährigen Sportfreundes beim FC Bundestag, Norbert Lammert, zum Bundestagspräsidenten. Der neue Bundesfinanzminister Peer Steinbrück, der einen erheblich qualifizierteren Eindruck als sein Vorgänger Hans Eichel machte, musste zunächst verspätet einen Bundeshaushalt für 2006 vorlegen. Am 28. März 2006 war es dann so weit: Der neue Haushalt war der Haushalt der Wahrheit, dem Gerhard Schröder als Bundeskanzler aus dem Weg gegangen war.

Gegen alle Versprechungen vor der Wahl wurden die Erhöhung der Umsatzsteuer von 16 auf 19 Prozent, die Erhöhung des Spitzensteuersatzes auf 45 Prozent und die Erhöhung der Versicherungssteuer durch den Koalitionsvertrag abgesegnet, um die rot-grüne Haushaltsmisere zu kitten. In den sieben Jahren der rot-grünen Koalition hatten die SPD-Finanzminister mehr als 200 Milliarden Euro neue Schulden angehäuft, die mit allen Hinterlassenschaften zu einer Zinsbelastung von 39 Milliarden Euro pro Jahr führten. Bundeskanzlerin Angela Merkel kündigte deshalb einen Kurswechsel in der Haushaltspolitik an. Die Einbringung des Haushalts stellte Finanzminister Steinbrück unter den Titel „Wege in die Realität" – ein wenigstens verbales Eingeständnis, wie weit sich Rot-Grün von der Wirklichkeit entfernt hatte. Gerhard Schröder war damit für mich als der Lügenbaron der Politik entlarvt.

Steinbrück sagte in seiner Einbringungsrede: „Die Politik soll die Menschen aufklären, sie soll sie nicht verunsichern. Eine Standortbestimmung ist unerlässlich, auch um das Vertrauen der Menschen in das nach wie vor riesige Potenzial unseres Landes und ihr Vertrauen in die Politik deutlich zurückzugewinnen, wo es verloren gegangen ist. Neben strukturellen Problemen und Modernisierungsdefiziten, die es unzweifelhaft gibt, haben wir es offensichtlich mit einem mangelnden Vertrauen der Bürgerinnen und Bürger in Deutschland zu tun, das sich ökonomisch nicht zuletzt in einer nach wie vor schwachen Binnennachfrage und einer sehr hohen Sparneigung ausdrückt. Verloren gegangenes Vertrauen gewinnen wir nur zurück, wenn wir den Menschen ohne Umschweife die Realität so beschreiben, wie sie ist. [...] Die Lage der öffentlichen Finanzen ist ernst, da gibt es kein Vertun. Rund 20 Prozent der Ausgaben des Bundeshaushalts, also ziemlich genau 50 Milliarden Euro, sind nicht durch nachhaltige Einnahmen gedeckt. Die Haushalte der Bundesländer sehen nicht besser aus: Im letzten Jahr konnte die Hälfte aller Länder, acht von 16, die verfassungsrechtliche Regelgrenze für die Neuverschuldung bei der Haushaltsaufstellung nicht einhalten. In diesem Jahr sieht es keineswegs besser aus. Die Verschuldung aller öffentlichen Haushalte hat mittlerweile die Summe von 1,5 Billionen Euro überschritten. Die dadurch entstehenden Zinsausgaben, für die inzwischen jeder sechste Euro des Bundeshaushalts bereitgestellt werden muss, schnüren jeder Bundesregierung unabhängig von der Farbenlehre, der sie folgt, den Spielraum für notwendige Zukunftsinvestitionen ein. Deswegen wird die große Koalition einen verlässlichen Kurs steuern und den Menschen immer wieder erklären müssen, warum sie heute gegebenenfalls auf etwas verzichten müssen, damit es ihnen und ihren Kindern in Zukunft wieder besser geht. Wir schulden unseren Kindern und Enkeln jede Anstrengung für tragfähige, solide und verlässliche öffentliche Finanzen. [...] Deswegen müssen wir unsere Ansprüche an den Staat heute zurückstellen und gleichzeitig für mehr Wachstum und Beschäftigung sorgen. Langfristig tragfähige Finanzen werden wir nur erreichen, wenn uns beides gelingt: strukturelle Konsolidierung der öffentlichen Haushalte und das Stellen der Weichen für mehr Wachstum und Beschäftigung."

Zweifellos war das ein ehrlicher Anfang mit der neuen großen Koalition. Doch in der Fraktion argumentierte ich gegen die Erhöhung der Mehrwertsteuer. Allerdings waren weder Bundeskanzlerin Angela Merkel noch Bundesfinanzminister Steinbrück bereit, Leistungsgesetze anzutasten. Zum Sparen waren sie nicht bereit. Lieber nahm man die Überwälzung der Mehrwertsteuererhöhung auf die Preise und die damit verbundene konjunkturdämpfende Wirkung in Kauf – und ebenso eine vermehrte Flucht in die Schwarzarbeit. Als kleines Trostpflaster wurde die Mehrwertsteuererhöhung vom 1. Juli 2006 auf den 1. Januar 2007 verlagert.

Doch einen Kurswechsel in der Haushaltspolitik hatte ich mir völlig anders vorgestellt. Ich wollte eher Steuern senken statt erhöhen. Es musste einen Konjunkturanreiz und mehr Marktwirtschaft geben. Meinen Freunden in der Mittelstands-Union konnte ich den Koalitionsvertrag und diesen Bundeshaushalt als Schicksalsbuch der Nation nicht erklären, zumal sie auch weiter im Zuge der Vorfälligkeit der Arbeitgeberbeiträge zur Sozialversicherung gleichzeitig noch 20 Milliarden Euro frühzeitig pro Monat zusätzlich abführen mussten.

Dann allerdings bewahrheitete sich einmal mehr der Satz von Ludwig Erhard, dass 50 Prozent der Wirtschaft Psychologie ist. Mit der Fußballweltmeisterschaft 2006 im eigenen Land, dem sogenannten Sommermärchen, entwickelte sich in Deutschland eine Hochstimmung mit Stolz und gesundem Patriotismus. Daraus wurde unter anderem so etwas wie ein Merkel-Aufschwung. Zunehmend gewann die erste deutsche Bundeskanzlerin die Zustimmung der Menschen für ihre Ziele und Absichten, viel mehr als bei der Bundestagswahl. Hinzu kamen die erfolgreiche Übernahme der EU-Ratspräsidentschaft im ersten Halbjahr 2007 und Signale für eine bessere Wirtschaftsentwicklung.

Es wurde ein transatlantisches Wirtschaftsbündnis geschlossen, das wir beim Besuch mit einer Wirtschaftsdelegation in Washington angeregt hatten. Das Vertrauen in die Regierung wuchs und wurde im Laufe des Jahres durch den G8-Gipfel in Heiligendamm mit schönen Bildern aller Staatsmänner mit Dame im Strandkorb unterstrichen. Die Bundesregierung hatte zweifellos eine neue Performance. Angela Merkel wuchs im Amt.

Dagegen war es in München drunter und drüber gegangen. Bei der Winterklausur der Landtagsfraktion im Januar 2007 wurde der bayerische Ministerpräsident Edmund Stoiber zum Rücktritt zum 30. September gedrängt. Es war der Anfang vom Ende seiner politischen Karriere. Nach dem Rückzug aus Berlin hatte sich dies schon angedeutet. Er hatte mit der Zwei-Drittel-Mehrheit der CSU im Landtag einsame Entscheidungen getroffen. Das rächte sich jetzt. Nach dem „Putsch“ der Landtagsfraktion bei ihrer Klausurtagung in Wildbad Kreuth ging es um die Neuaufstellung unserer CSU. Mit der MU setzte ich den wirtschaftsfreundlichen Landtagskollegen Erwin Huber zum neuen Vorsitzenden unserer CSU gegen Horst Seehofer bei den Parteitagswahlen durch. Seehofer war aus Sicht der MU als bekennender Umverteilungs- und Sozialpolitiker kein Garant für eine ordnungspolitische Erneuerung der Sozialen Marktwirtschaft. Mein fränkischer Landsmann Günther Beckstein wurde neuer Ministerpräsident. Er hatte bei uns Mittelständlern hohe Sympathiewerte.

Im Wirtschaftsflügel der CDU/CSU-Fraktion nutzten wir die Chance, neue Initiativen zu starten. Im Koalitionsvertrag hatten wir als Beiträge für mehr Wachstum und Beschäftigung Reformen der Unternehmensteuern und der Erbschaftsteuer durchsetzen können. Mit Bundeskanzlerin Angela Merkel führten wir zudem ein Gesprächsformat zur Verbesserung der marktwirtschaftlichen Rahmenbedingungen ein. Die Einladung an den PKM-Vorstand ins Kanzleramt nutzten wir offensiv, um die Restrukturierungsanstrengungen voranzubringen und die Umverteilungsmaschinerie der SPD zu stoppen. Wir wiederholten immer wieder unsere Forderung nach „3 x 40“ – Sozialversicherungsbeiträge, Steuerbelastung und Staatsquote nicht über 40 Prozent. Wir erinnerten immer wieder daran, dass der Staat nur so viel umverteilen kann, wie vorher von denjenigen erwirtschaftet wurde, die jeden Tag früh aufstehen, zu ihrem Arbeitsplatz fahren und an der Wertschöpfung in unserem Land mitarbeiten. Die Leistungsträger dürften nicht die Dummen in unserem Land sein, lautete unsere Botschaft. Wir forderten einen zukunftsfesten Ausgleich zwischen Leistungsgerechtigkeit und sozialer Gerechtigkeit ein. Denn einen sozial und ökologisch intakten Staat können wir uns nur leisten, wenn wir das dafür Notwendige auch tatsächlich vorher erwirtschaften. In diesem Sinne brachten wir Initiativen wie das 25 Milliarden Euro schwere Leistungs- und Investitionsprogramm, die energetische Gebäudesanierung, die steuerliche Absetzbarkeit der Beschäftigung in Privathaushalten und bei den Handwerkerrechnungen sowie die Einführung des Elterngeldes für junge Mütter und Väter ein.

Immer wieder verdeutlichten wir dem Koalitionspartner, dass unser Land in den Jahren 2002 bis 2005 rund 1,5 Millionen sozialversicherungspflichtige Arbeitsplätze verloren hatte und die Zahl der registrierten Arbeitslosen auf mehr als fünf Millionen Menschen angewachsen war. Hinzu kamen noch mindestens eine Million Menschen, die sich in arbeitsmarktpolitischen Maßnahmen befanden, und eine sogenannte stille Reserve von ebenfalls einer Million Personen, die erwerbsbereit waren, ihre Arbeitskraft dem Arbeitsmarkt aber nicht zur Verfügung stellten. Alles in allem zeigte die rot-grüne Arbeitsmarktbilanz mehr als sieben Millionen arbeitssuchende Menschen. Hinzukam eine wachsende Sockelarbeitslosigkeit mit einem hohen Anteil von Jugendlichen. Ich hielt es für einen Skandal, dass fast eine Million junge Menschen unter 25 Jahren keinen Arbeitsplatz fanden, 14 Prozent von ihnen hatten keine abgeschlossene Ausbildung, 16 Prozent keinen Schulabschluss. Sie trugen das Etikett „Chancenlos".

Diese Situation bedeutete im Umkehrschluss, dass knapp 26 Millionen sozialversicherungspflichtig Beschäftigte – davon drei Millionen in Teilzeit – die Transfers der umlagefinanzierten sozialen Sicherungssysteme für 22 Millionen Empfänger von Leistungen der Arbeitslosen-, Kranken-, Pflege- und Rentenversicherung schultern mussten. Das war auf Dauer nicht leistbar. Deshalb waren Maßnahmen zur Senkung der Lohnzusatzkosten einerseits und zur Stimulierung der Konjunktur andererseits dringend notwendig. Im PKM entwickelten wir das Zukunftsprogramm „Vorfahrt für Arbeit", ein Zehn-Punkte-Papier für mehr Beschäftigung in Deutschland.

Es enthielt unter anderem Forderungen zum Bürokratieabbau, zur Absenkung von Beschäftigungsschwellen durch eine Liberalisierung des Kündigungsschutzes und den Schutz von Handwerk und Mittelstand vor staatlich subventionierter „Billig-Konkurrenz“ durch die aktive Arbeitsmarktpolitik sowie eine Stärkung der Mitarbeiterbeteiligung auf freiwilliger Basis. Dahinter stand die Erkenntnis, dass Deutschland ein Wachstum von jährlich mindestens drei Prozent für einen signifikanten Zuwachs an sozialversicherungspflichtigen Arbeitsplätzen und eine Rückkehr zu einem verfassungskonformen Bundeshaushalt benötigte.

Unsere generellen Bedenken gegenüber der großen Koalition wurden in der Zusammenarbeit mit der Bundeskanzlerin abgebaut. Nicht viele hatten erwartet, dass die neue Regierungskoalition gelingt. Aber mit Bundeskanzlerin Angela Merkel hatten ein Bewusstseinswandel und neues Vertrauen in die Gestaltungskraft der Politik Einzug gehalten.

Am 25. Mai 2007 konnten wir nach einer zunehmenden Konsolidierung mit der Unternehmensteuerreform zum 1. Januar 2008 einen großen Wurf in das Gesetzblatt bringen. Damit wurde die steuerliche Gesamtbelastung von Kapitalgesellschaften von bisher 38,65 auf 29,83 Prozent gesenkt. Das Ziel einer größtmöglichen steuerlichen Gleichbehandlung von Kapitalgesellschaften und Personengesellschaften war jedoch wegen des SPD-Partners nicht durchsetzbar. Die SPD stellte sich aus ideologischen Gründen gegen die marktwirtschaftliche Vernunft und gegen die aktiven Familienunternehmer.

Obwohl 84 Prozent der Betriebe in Deutschland als Einzelunternehmen oder Personengesellschaften geführt werden, konnten wir mit Bundesfinanzminister Peer Steinbrück keine rechtsformneutrale Regelung erreichen. Es blieb bei bescheidenen Investitionsanreizen für den Mittelstand durch eine zielgenauere Umgestaltung der Ansparabschreibung im Einkommensteuergesetz. Die SPD wollte Unternehmen möglichst gering entlasten, obwohl nur durch Entlastungen neue Arbeitsplätze erreicht werden konnten. Die Rechtsformneutralität blieb eine der offenen Flanken im deutschen Steuerrecht.

Außerdem konnten wir die Einführung einer Abgeltungssteuer durchsetzen, die zu einer deutlichen Vereinfachung der Besteuerung privater Kapitalerträge und Veräußerungsgewinne aus Wertpapieren führten. Damit wurde auch die Attraktivität und die Wettbewerbsfähigkeit des Finanzplatzes Deutschland verbessert. Denn in Zeiten des freien Kapitalverkehrs und des technischen Fortschritts, der einen sekundenschnellen

Kapitaltransfer rund um den Globus ermöglicht, werden die steuerlichen Rahmenbedingungen bei der Wahl des Kapitalstandortes oftmals zur entscheidenden Weichenstellung. Ich argumentierte, dass das Kapital stets zum „besten Wirt" geht und ein niedriger Steuersatz für Kapitalerträge daher ein wichtiger Schlüssel zur wirtschaftlichen Prosperität ist.

Obwohl dies viele andere europäische Staaten ebenso erkannt und eine Abgeltungssteuer auf niedrigem Niveau eingeführt hatten, war dies für die SPD geradezu eine Kampfansage. Ihr ehemaliger Finanzminister Oskar Lafontaine, der inzwischen für die Linken im Bundestag saß, betrieb eine gnadenlose Hetze. Erst Peer Steinbrück konnte seine Genossen mit den Worten auf Kurs bringen: „Sie wissen, dass ich es vor diesem Hintergrund immer für logisch gehalten habe, zu sagen: Es ist besser, 25 Prozent auf X zu haben, statt 42 Prozent auf gar nix. So simpel ist die Rechnung." Mit diesem kessen Spruch erreichte er die Zustimmung der SPD. Mit der Faust in der Tasche stimmten die Genossen schließlich zu.

Zweifellos waren die Unternehmensteuerreform und die Einführung der Abgeltungssteuer ein wichtiger Schritt in die richtige Richtung. Aber wegen der vererbten schwierigen Haushaltsverhältnisse musste immer wieder eine Gegenfinanzierung hingenommen werden. Es gab nur eine geringe Nettoentlastung und die Körperschaftsteuersenkung musste über das Einkommensteuerrecht von den Einzelunternehmen und Personengesellschaften geschultert werden. Auch die erstmalige Einführung einer Zinsschranke, die Abschaffung der degressiven AfA, die Substanzbesteuerung mit der Miete bei der Gewerbesteuer und der ungenügende Vollzug der Steuervereinfachung waren für mehr Wachstum und die Marktwirtschaft absolut schädlich.

Doch wir waren schon froh, dass zumindest überhaupt etwas in dieser Koalition bewegt wurde, zumal wir uns bei der Verbesserung der Unternehmensnachfolge mit einer Erbschafts- und Schenkungssteuerreform vollumfänglich gegen die SPD durchsetzen konnten. Für jedes Jahr der Unternehmensfortführung zum Erhalt der Arbeitsplätze wurde die auf das übertragende Unternehmen entfallende Erbschaftsteuerschuld reduziert. Bei zehnjähriger Fortführung entfiel die Erbschaftsteuerschuld vollständig. Das war ein wichtiger Schritt für die Generationennachfolge in den Unternehmen.

Für die SPD und ihren Finanzminister Peer Steinbrück waren die Verhandlungen eine ideologische Herausforderung. Erst mein Beispiel, dass in Österreich die Erbschaftsteuer gänzlich abgeschafft wurde und viele Betriebe aus Deutschland sich dort ansiedeln wollten, brachte wie bei der Abgeltungssteuer eine positive Entscheidung.

Wir mussten jedoch einen weiteren Kompromiss hinnehmen. Der Finanzminister hatte sich zur Haushaltssicherung mit der Neuordnung des ERP-Vermögens eine zusätzliche Geldquelle von über zwölf Milliarden Euro vorgestellt. Jetzt musste die aktive Wirtschaftsförderung für die Investitionen des Mittelstands gerettet werden. Das Sondervermögen war aus dem European Recovery Programm (ERP) – dem US-Marshall-Plan – hervorgegangen, das nach dem Zweiten Weltkrieg von den USA für den Wiederaufbau Europas zur Verfügung gestellt worden und eigentlich nur unter bestimmten Bedingungen von der amerikanischen Regierung zur Wirtschaftsförderung gedacht war. Das Kapital hatte sich seit Entstehen durch Kapitalerträge mehr als vervierfacht und stellte die Grundlage für die Mittelstandsprogramme dar, für die es in der mittelständischen Wirtschaft eine hohe Nachfrage für neue Investitionen gab.

Nachdem sich Teile der CDU/CSU-Fraktion geweigert hatten, diesen Finanzkunstgriff des Ministers mitzumachen, musste der Streit in der Koalition geschlichtet werden. Gemeinsam mit Bundeswirtschaftsminister Michael Glos konnte ich als neuer Vorsitzender des Unterausschusses für den ERP-Wirtschaftsplan die Zustimmung des US-Botschafters in Berlin erreichen und vor allem die Ertragskraft des Sondervermögens mit einer Einlage bei der staatlichen KfW-Bank mit einer Mindestverzinsung von jährlich 590 Millionen Euro retten. Bei der Verabschiedung des ERP-Wirtschaftsförderung-Neuordnungsgesetzes im Deutschen Bundestag hielt ich fest: „Das Gesetz muss man im politischen Zusammenhang sehen, und zwar erstens im Zusammenhang mit der wirtschaftlichen Entwicklung, zweitens der notwendigen Haushaltskonsolidierung, drittens der langfristigen Wirtschaftsförderung und viertens der Erhaltung unseres ERP-Sondervermögens. Die deutsche Wirtschaft ist wieder auf dem Wachstumskurs. Dafür verantwortlich ist in allererster Linie der deutsche Mittelstand. Denn die Arbeitsplätze, die zusätzlich geschaffen worden sind, sind vor allem in den kleinen und mittleren Unternehmen entstanden. Bis 2009 könnte die Zahl der Arbeitslosen nach Ansicht der Experten auf drei Millionen sinken. Wir halten am Ziel der Vollbeschäftigung fest. Die deutsche Wirtschaft wird schon in diesem Jahr kräftiger wachsen als angenommen. Wir hatten solche Prognosen über ein Wirtschaftswachstum von bis zu drei Prozent lange nicht mehr. Es zeigt sich, dass Reformen Früchte tragen, und es wird deutlich, was in unserem Land und unserer Wirtschaft steckt, wenn Kräfte freigesetzt werden. […] Das ERP-Wirtschaftsförderungsneuordnungsgesetz, das wir heute behandeln, und das Unternehmensteuerreformgesetz sind zwei wichtige Eckpunkte, um diesem Ziel näher zu kommen. Der Schwerpunkt unserer Politik in dieser Legislaturperiode muss nach wie vor eine Politik zur Stärkung des Mittelstandes sein. […] Der Innovations- und Mittelstandsförderung kommt somit höchste Bedeutung zu. Über das ERP-Sondervermögen stehen auch in der Zukunft Finanzierungsmittel für innovative Unternehmer und technologieorientierte Existenzgründer zur Verfügung." Mit dem Kompromiss konnten wir die Rettung der Mittelstandsförderung erreichen.

Mit dem Bundeshaushalt des Jahres 2008 konnte die Bundeskanzlerin die Konsolidierung und den politischen Erfolgsweg seit 2005 verdeutlichen: „Deutschland konnte sein Ansehen und sein Gewicht auch deshalb mehren, weil wir wirtschaftliche Leistungskraft wieder zurückgewonnen haben. Man sollte sich keine Illusionen machen. Unsere internationale Reputation und die wirtschaftliche Lage Deutschlands hängen für viele Menschen auf der Welt auf das Engste zusammen. Das wird jetzt im Inland und im Ausland bestätigt. Die deutsche Wirtschaft zieht die europäische Wirtschaft wieder mit nach vorne. Wir sind aus der Rolle des Letzten herausgekommen. Das Wirtschaftswachstum lag im letzten Jahr bei 2,9 Prozent. […] Das ist das Ergebnis der Reformen. Das sind die Erfolge der Unternehmen. Das sind in ganz besonderer Weise die Ergebnisse der Leistungen der Arbeitnehmerinnen und Arbeitnehmer, der Bürgerinnen und Bürger dieses Landes. […] Aus Wachstum entstehen wieder Arbeitsplätze. Eine Million zusätzliche Arbeitsplätze seit Amtsantritt dieser Regierung! Weniger ältere Arbeitslose, weniger Langzeitarbeitslose, mehr junge Menschen, die eine Chance haben! Der Beschäftigungsausbau geht 2008 weiter. Weniger Menschen müssen Angst um ihren Job haben. […] Das ist eine gute Botschaft für Deutschland. Die Zuversicht der Menschen ist gewachsen, eine Zuversicht, deren Grundlage natürlich mit jedem neuen Arbeitsplatz, mit jeder geglückten Wiedereingliederung in das Arbeitsleben verbreitert werden kann. Mit anderen Worten: Die Politik dieser Bundesregierung wirkt."

Merkel warnte aber auch: „Es gibt Fragen, ob die Verwerfungen auf den internationalen Märkten auch unseren Aufschwung in Gefahr bringen könnten. Die amerikanische Immobilienkrise, der hohe Ölpreis, der starke Euro, steigende Lebensmittelpreise – das alles kennen wir. Wir können nicht versprechen, dass durch die Politik der Bundesregierung diese Risiken nicht eintreten werden. Das wäre unredlich." Zugleich zeigte sie sich zuversichtlich: „[…] ich bin von einem überzeugt, und das ist die gute Botschaft dieses Jahres: Wir haben genug Stärke wiedergewonnen, um die Herausforderungen, die vor uns liegen, wirklich gut bewältigen zu können. Davon sind wir überzeugt, und in diesem Geist machen wir Politik. Das bestimmt unsere Arbeit für Deutschland, die sich in fünf Grundsätzen zusammenfassen lässt.

Erstens. Wir wollen die Grundlagen des Aufschwungs stärken. Das bedeutet: Sanierung der Staatsfinanzen. Was haben wir erreicht? Wir werden erstmals seit der Wiedervereinigung in etwa einen ausgeglichenen Staatshaushalt erreichen. Das Haushaltsdefizit des Bundes ist in den letzten zwei Jahren halbiert worden. Die Maastricht-Kriterien werden seit 2006 wieder eingehalten." Letzteres war in der Tat nach sieben Jahren rot-grüner Misswirtschaft ein wesentlicher Fortschritt. Und es war ein Signal an die Partner in der EU, dass Deutschland wieder zum Stabilitäts- und Wachstumspakt stand.

Merkel konnte aber nicht nur auf Fortschritte bei der Sanierung der Staatsfinanzen und einen Zuwachs an Arbeitsplätzen verweisen. Es war durch eine Rückbesinnung auf die Grundlinien der Sozialen Marktwirtschaft gelungen, die Lohnnebenkosten und die Staatsquote zu senken. „Wir sind froh darüber, dass wir zum ersten Mal sagen können: Es gibt eine Trendwende bei den Lohnzusatzkosten nach unten. Wir schaffen es, unter 40 Prozent zu kommen. Das ist eine gute Botschaft, die im Übrigen zeigt, dass wir erreicht haben, was wir uns in dem Regierungsprogramm vorgenommen haben. Im Jahre 2005 lag die Staatsquote bei

46,9 Prozent. Im Jahre 2008 wird sie bei 43,3 Prozent liegen. Das Sinken der Staatsquote bedeutet nichts anderes, als dass die Menschen mehr Freiräume haben für das, was sie in ihrem Leben selber gestalten wollen“, bilanzierte die Bundeskanzlerin.

Die Entwicklungen waren mit Blick auf die zweite Hälfte der Legislaturperiode ermutigend, auch wenn ich die Staatsquote im Sinne der Sozialen Marktwirtschaft auf 40 Prozent reduzieren wollte. Ich war aber davon überzeugt, auf dem richtigen Weg zu sein. Doch die heraufziehende weltweite Finanz- und Wirtschaftskrise beendete die Hoffnung auf schnelle Fortschritte jäh und stellte uns vor größte Herausforderungen.

Schon sehr früh hatte ich die Entwicklung am Finanzmarkt mit großer Sorge betrachtet. In den Sommerferien 2007 begeisterte ich meine Familie für eine private Reise in die USA. Insbesondere meinen Töchtern wollte ich die Sehenswürdigkeiten in New York und Washington und die Ostküste näherbringen. Meiner Familie verschwieg ich allerdings, dass ich bei dieser Gelegenheit auch mehr über die sich abzeichnende Immobilienkrise in den USA erfahren wollte. So meldete ich mich beim Generalkonsulat in New York und bei unserer Botschaft in Washington zu einem Gespräch mit dem Vertreter der Bundesbank und dem Finanzattaché an. Während meine Familie in New York das Empire State Building besuchte und in Washington ins Museum ging, interessierten mich die Einschätzungen der Experten über die Subprime- und Immobilienkrise.

Die Finanzmärkte in den USA wurden seit den Terroranschlägen vom 11. September 2001 und den Aktienverlusten der Internetblase von Seiten der Politik und der Zentralbank FED zur Wirtschaftsförderung immer weiter mit Deregulierung, Niedrigzinsen und Ausweitung der Geldmenge angeheizt. Dazu kam die politische Agenda von US-Präsident George W. Bush, den amerikanischen Traum vom eigenen Haus auch für die kleinen Einkommensbezieher wahr werden zu lassen. Obwohl die Kreditnehmer kein Eigenkapital und keine ausreichenden Sicherheiten vorweisen konnten, finanzierten die Banken alles. Meine Gesprächspartner im Generalkonsulat und in der Botschaft erklärten mir dazu, dass sie das Geschäft der Banken als großes Risiko betrachteten, weil die günstigen Kreditverträge alle nur eine kurze Laufzeit und viele Immobilien keine ausreichende Werthaltigkeit hätten. Ich sollte mir einmal die neuen Wohnwagensiedlungen ansehen, die von den Banken gleichzeitig zusammen mit Einrichtung und neuem Auto finanziert wurden – eine ungesunde 110-Prozent-Finanzierung mit hohen Risiken.

Die hohe Verschuldung der privaten Haushalte in den USA wurde gleichzeitig durch neue Finanzmittel aus dem Ausland finanziert. Natürlich fragte ich mich, was geschehen würde, sollten die Notenbanken den Leitzins anheben und viele Kreditnehmer ihre Hypotheken nicht mehr zurückzahlen können oder die Immobilienpreise stark fallen. Große Bedenken äußerten unsere deutschen Finanzexperten in den USA auch über das Handelsgeschäft der US-Banken, die dieses riskante Geschäft mit anderen Finanzprodukten in undurchschaubare Wertpapierpakete bündelten und am Finanzmarkt international platzierten. Mein Einwand, dass die Ratingagenturen diese Pakete doch sicher nach dem bestehenden Risiko bewerten, konnten sie nicht garantieren. Sicher ist jedoch, dass die Marktbeobachter der Bundesbank und des Bundesfinanzministeriums sehr frühzeitig über die Risiken am internationalen Finanzmarkt nach Deutschland berichtet hatten. Es gab in Berlin dazu aber keine Reaktion. Entweder wurden die Berichte im Bundesfinanzministerium nie gelesen oder negiert.

Warum das Bundesfinanzministerium mit der Bankenaufsicht nichts unternahm und viele deutsche Banken und Investmentfonds mit diesem Wissen vom Sommer 2007 bis zum Zusammenbruch der Investmentbank Lehmann Brothers am 15. September 2008 die faulen Finanzpakete weiter ungezügelt kauften, erschließt sich mir bis heute nicht. Die Informationen über den spekulativ aufgeblähten Immobilienmarkt in den USA hätten beim Bundesfinanzminister und bei der Bankenaufsichtsbehörde zum frühzeitigen Handeln mit einer verschärften Regulierung bei Banken, Schattenbanken und Ratingagenturen führen müssen. Meine diesbezüglichen Anfragen und Diskussionsbeiträge gingen stets ins Leere. Die Gier und die Unvernunft auch bei deutschen Bankvorständen kannte offenbar keine Grenzen. Sie entschuldigten dies später mit den falschen Top-Ratings für die Verbriefungen. Tatsächlich hatten sie alle offen zutage liegenden Warnungen in den Wind geschlagen im Rennen nach immer mehr Rendite und immer höheren Boni. In der

Krise kam es dazu, dass sich die Banker nicht mehr gegenseitig über den Weg trauten.

Die Falschbewertungen und Bankfinanzierungen der Immobilien-Verbriefungen führten zu einem Schaden von mehr als sieben Billionen US-Dollar. Der deutsche Staat musste mehr als 100 Milliarden Euro Steuergelder für die Sicherung der Finanzmarkt-Institute aufwenden. Zusätzlich musste der Staat auch noch staatliche Beteiligungen und Garantien bei Finanzinstituten übernehmen. Die staatliche Beteiligung bei der Commerzbank hinterlässt bis heute einen hohen Verlust. Viele Anleger verloren ihr Vermögen und ihre Altersvorsorge. Darüber hinaus kam es zu einer Kreditklemme in der Realwirtschaft und damit zu einem massiven Wirtschaftseinbruch in den Jahren 2008 und 2009.

Beruhigend war vor diesem Hintergrund die wichtige Erkenntnis, dass die Politik in Deutschland auf dem Höhepunkt der Krise zumindest Handlungsfähigkeit sowohl der Bundesregierung als auch des Bundestages und seiner Ausschüsse bewies. Innerhalb von nur acht Tagen wurde ein Sicherungsprogramm für den deutschen Finanzmarkt entschieden. Wir drängten auf neue Vertrauensbildung, um einen Sturm auf die Bankkonten durch die Verbraucher zu verhindern.

Entscheidend dabei war die öffentliche Erklärung von Bundeskanzlerin Angela Merkel und Bundesfinanzminister Peer Steinbrück zur Sicherung der Sparguthaben. Auch die Regierungserklärungen der Kanzlerin vom 7. Oktober und vom 15. Oktober 2008 waren die richtigen Beiträge zur Krisenbewältigung. Merkel sprach in einer Art und Weise Klartext, wie ich es persönlich zuvor von ihr noch nicht erlebt hatte: „Die Lage auf den internationalen Finanzmärkten ist ernst. Sie ist in dieser Form noch nie dagewesen. Sie stellt vieles, was als selbstverständlich galt, infrage. Sie bestätigt manches, was mit Gier, verantwortungsloser Spekulation und Missmanagement im Finanzsektor verbunden wird. Heute ist nicht die Stunde, die Lage schwarzzumalen. Aber es ist wahrlich auch nicht die Stunde, die Lage schönzureden. Es ist die Stunde, zweierlei zu schaffen: zum einen sehr kurzfristig zu denken, zu bewerten und dann zu entscheiden, also klassisches Krisenmanagement zu leisten, wie es die Bundesregierung zum Beispiel mit dem Rettungsplan für die Hypo Real Estate (HRE) gemacht hat und macht und wozu wir auch weiter jederzeit bereit sein müssen. Zum anderen ist es die Stunde, über den Tag hinaus zu denken, zu bewerten und zu entscheiden, das heißt, eine neue Systematik für das Zusammenwirken aller im Finanzsektor Tätigen zu entwickeln, also eine Zukunftsperspektive zu gestalten und präventiv zu handeln. Beides, das klassische Krisenmanagement von Tag zu Tag, wie auch die Entwicklung der Zukunftsperspektive über den Tag hinaus, macht die Bundesregierung. Ich möchte mich bei denen im Parlament, die dabei hilfreich sind, für die Unterstützung bedanken und auch für den Geist, in dem wir die Unterrichtung der Fraktionen bisher vorgenommen haben.

In den USA wurden über Jahre hinweg in unverantwortlicher Weise Immobilienkredite an Bankkunden vergeben, bei denen keine Aussicht auf normale Rückzahlung des Darlehens bestand. Alle Beteiligten verließen sich auf ständig steigende Immobilienpreise und niedrige Zinsen. Die Risiken aus diesen Krediten wurden weiterverkauft, neu verpackt, weltweit gestreut und waren damit der Keim der weltweiten Finanzmarktkrise. Traditionsreiche Investmentbanken mit klangvollen Namen sind in den USA von einem auf den anderen Tag vom Markt verschwunden. Aus der amerikanischen Immobilienkreditkrise ist inzwischen eine globale Finanzmarktkrise geworden. Das Vertrauen – die wichtigste Währung der Finanzmärkte – ist verloren gegangen. Die Banken misstrauen sich gegenseitig und gewähren sich kaum noch Kredite. Angesichts der besonders engen Verflechtung der Akteure im Finanzbereich sind inzwischen auch solide Institute von der Finanzmarktkrise betroffen, und Deutschland ist davon nicht ausgenommen."

In dieser Situation war diese Rede ein Rettungsanker. Es war von entscheidender Bedeutung, das Vertrauen in die Funktionsfähigkeit der Finanzmärkte schnell und entschlossen zurückzugewinnen. Merkel kündigte kurzfristige Maßnahmen an, forderte aber auch Regulierungen ein, die eine Wiederholung der Finanzkrise verhindern sollten. Gerade Letzteres sollte uns im Finanzausschuss noch lange beschäftigen.

Zunächst aber galt es in Deutschland, insbesondere die existenzbedrohlichen Schieflagen der IKB, der Depfa und der HRE abzufangen. Merkel verteidigte vehement die Rettung, aber auch die Stützung der Banken gegen Kritik aus Reihen der Opposition. Mit Blick auf die HRE stellte sie klar: „Nichts zu tun, hätte nicht nur für den Pfandbriefmarkt, sondern auch in viel tieferer Weise unabsehbare Schäden gehabt. Alle Fachleute haben uns gesagt, dass dies ein systemisches Risiko, wie man das in der Fachsprache nennt, hervorrufen würde. Deshalb haben private Banken und vor allem die Bundesregierung eine Bürgschaft zur Verfügung gestellt. [...] Ich will allerdings noch darauf hinweisen, dass wir im Zusammenhang mit dieser Bürgschaft auch darauf Wert gelegt haben, dass dafür ein Entgelt genommen werden kann. Das heißt, dass dieses Institut das Geld nicht einfach umsonst vom Staat bekommt." Diese Erklärung war notwendig, da in der Bevölkerung viel Angst und Unmut entstanden war. Auch verstanden es viele Banker, ihre eigenen Hände in Unschuld zu waschen.

„Alle Maßnahmen dienen nicht etwa der Rettung von Institutionen als Selbstzweck – deshalb gibt es keine Blankoschecks – oder dem Schutz von Managern. Nein, all diese Maßnahmen dienen dem Funktionieren unserer Wirtschaft und vor allen Dingen den Bürgerinnen und Bürgern in unserem Land. Dazu gehört auch die am Sonntag vom Bundesfinanzminister und mir abgegebene Erklärung im Namen der Bundesregierung, dass kein Sparer um seine Einlagen fürchten muss", erläuterte Merkel.

Zugleich betonte sie die Bedeutung der Sozialen Marktwirtschaft in der Krise: „Diese Krise bietet die Chance, besser zu verstehen, dass auf der einen Seite Freiheit und auf der anderen Seite Ordnung keine Gegensätze sind, sondern dass sie in der Sozialen Marktwirtschaft zusammengehören. Wir wollen die menschliche Soziale Marktwirtschaft. Das ist eine Marktwirtschaft, die den Menschen und dem Einzelnen dient."

Aus meiner Sicht hatten große Teile der Finanzwirtschaft wider die Grundsätze der Sozialen Marktwirtschaft gehandelt. Der Auslöser der Krise war eine ungehemmte und verantwortungslose Profitgier gewesen. Es war für mich klar, dass hier ordnungspolitische Leitplanken im Sinne der Sozialen Marktwirtschaft geschaffen werden mussten, damit die Banker und Trader, die dieses Desaster verursacht hatten, keine Nachahmer finden würden. In der Debatte unterstrich ich dazu für die CDU/CSU-Fraktion: „Es gibt keinen Zweifel: Die Finanzmarktkrise, die Angst vor der Rezession, die Sorge um Auftragseinbrüche, die Furcht vor Arbeitsplatzverlusten und das Fehlen von Investitionskrediten sind leider

Realität. Ursachen sind das Versagen von Marktakteuren in der Kreditwirtschaft und ein negativer Stimmungsumschwung in der gesamten Wirtschaft, insbesondere in allen Exportländern dieser Welt. Da ist es gut, wenn die Politik schnelle und konkrete Handlungsfähigkeit beweist. […] Wir haben klare ordnungspolitische Grundsätze. Wir müssen deutlich sagen, was getan wurde und was noch getan werden muss. […] Das heutige Maßnahmenpaket ist ein weiterer wichtiger Schritt, ein Impuls für mehr Konsum und Investitionen in der Zukunft. Wir müssen deutlich machen, dass eine ordnungspolitische Linie – Vernunft, Effizienz und Optimismus – der richtige Weg ist. Auf diesem Weg wird es das eine oder andere weitere Maßnahmenpaket geben."

Nach den Herausforderungen der Finanzmarktkrise mit ihren starken Verwerfungen und Insolvenzen in der Wirtschaft erlebte meine CSU bei der Landtagswahl 2008 in Bayern eine historische Niederlage. Erstmals seit 46 Jahren verlor die CSU die absolute Mehrheit. Gegenüber der Landtagswahl 2003, bei der Edmund Stoiber noch 60,7 Prozent der Stimmen holen konnte, verlor die Partei 17,3 Prozentpunkte und kam nur noch auf 43,4 Prozent aller abgegebenen Stimmen. Dieser Verlust in der Wählergunst traf uns unvorbereitet.

Alle Umfragen waren vor der Wahl noch von mindestens 48 Prozent ausgegangen. In einer denkwürdigen Parteivorstandssitzung, an der ich als MU-Vorsitzender teilnahm, kündigten Erwin Huber seinen Rücktritt als Parteivorsitzender, Christine Haderthauer den Rücktritt als Generalsekretärin und Günther Beckstein den Rücktritt als bayerischer Ministerpräsident an. Der sofortigen Übernahme der Verantwortung zollte ich Respekt. Angesichts der großen Erwartungen, die meine Mittelstandsfreunde und ich in das Duo Beckstein/Huber gesetzt hatten, war es ein Desaster. Gemeinsam mit der FDP musste die CSU erstmals eine Koalitionsregierung in München bilden. Horst Seehofer wurde nun doch bayerischer Ministerpräsident und Parteivorsitzender, was wir Mittelständler früher verhindern wollten.

Seehofers zehnjährige Amtszeit als bayerischer Ministerpräsident und Parteivorsitzender war dann doch ein Glücksfall für Bayern und die CSU. Mit ihm konnte die CSU im Jahr 2013 die absolute Mehrheit im Landtag zurückerobern. Er verfolgte für Bayern eine wirtschaftsfreundliche Politik des Fortschritts und der Modernisierung mit vielen neuen Investitionen, was ich ihm wegen seiner politischen Vergangenheit als CSA-Vorsitzender, Bundestagskollege der Sozialausschüsse und Bundesgesundheitsminister so nicht zugetraut hatte. Mein Verhältnis zu Seehofer verbesserte sich zusehends.

Bei seinem Amtsantritt als CSU-Vorsitzender 2008 hatte Horst Seehofer meinen oberfränkischen Bundestags-Wahlkreisnachbarn Karl-Theodor zu Guttenberg zum CSU-Generalsekretär berufen. Ich hatte davor schon mit den Delegierten aus meinem Wahlkreis mitgeholfen, ihn als Vorsitzenden des CSU-Bezirksverbandes Oberfranken durchzusetzen. Ich freute mich sehr, dass ein junger Kollege die dringlich notwendigen innerparteilichen Reformen in der CSU voranbringen und der Parteibasis neuen Mut und Zuversicht bringen wollte.

Daraus wurde allerdings kein längeres Engagement. Horst Seehofer hatte hinter dem Rücken von Bundeswirtschaftsminister Michael Glos dessen Arbeit schlechtgemacht und abschätzig über seine Person geredet. Das konnte und wollte sich Glos nicht antun. Er gab sein Ministeramt auf. Es war zweifellos ein Zeichen, dass sich ein unabhängiger Mittelständler so etwas nicht gefallen lässt. Ich zollte ihm hohen Respekt.

Seehofer nominierte nach dem Rücktritt und dem unschönen Mobbing gegen Glos seinen Generalsekretär nach nur wenigen Monaten im Amt zum neuen Bundesminister für Wirtschaft und Technologie. Noch nie war es einem so jungen Neuling innerhalb von 36 Monaten Bundestagszugehörigkeit gelungen, ein solch wichtiges Mitglied der Bundesregierung zu werden. Mich trieb dabei innerlich die freundschaftliche Sorge um, ob das nicht zu rasch gehe.

Karl-Theodor zu Guttenberg arbeitete sich sehr schnell mit ordnungspolitischer Klarheit in seinem neuen Amt als Bundeswirtschaftsminister ein und bewies auch Standhaftigkeit. Er warnte öffentlich vor eine Ausweitung der Staatsquote. Im Insolvenzverfahren der Adam Opel AG lehnte er den Eingriff des Staates grundsätzlich ab. Das lag genau auf meiner ordnungspolitischen Linie der Sozialen Marktwirtschaft. Es dauerte auch nicht sehr lange, bis es zwischen ihm und Seehofer zu starken Kontroversen kam. Denn auch im Insolvenzverfahren Quelle/Arcandor lehnte Guttenberg Staatsdirigismus und staatliche Bürgschaften ab. Es deckte sich mit meiner Auffassung, dass er nicht nur noch von Umverteilungsgerechtigkeit, sondern von Leistungsgerechtigkeit und neuen Startchancen für junge Betriebe sprach. Auch lehnte er weitere Steuerzahlungen für das Missmanagement von Banken und Unternehmen bei der Aufarbeitung der Finanzmarktkrise ab. Das gefiel mir sehr und ich unterstützte ihn auf breiter Ebene.

Die Medien hatten ihn inzwischen zum absoluten Politik-Star hochgejubelt. Sein eloquentes Auftreten führte zu einem bisher nicht gekannten Hype. So hatte ich mit ihm Erlebnisse bei gemeinsamen Veranstaltungen, die bei mir sehr große Nachdenklichkeit hervorriefen. Bei einer großen Mittelstandsveranstaltung, zu der ich Karl-Theodor zu Guttenberg als Ehrengast eingeladen hatte, kam eine sehr bekannte Unternehmerpersönlichkeit vor seinem Eintreffen zu mir und bat mich, ein kurzes Gespräch mit ihm zu arrangieren. Bei diesem Treffen sagte der Unternehmer dann nur: „Herr Minister, ich wollte sie nur einmal berühren.“ Ich war so geplättet, dass ich lauthals lachen musste und nur noch den Kopf schüttelte über diesen peinlichen Personenkult.

Doch für einen jungen Bundeswirtschaftsminister von gerade 37 Jahren konnte diese unnatürliche, in den Medien angeheizte Euphorie und der damit entstandene Personenkult nur schädlich sein. In der CSU-Landesgruppe waren hinter vorgehaltener Hand erste missgünstige Kommentare zu vernehmen. Doch ich hielt dagegen und formulierte die Vorteile, die wir alle auch aus seiner politisch erfolgreichen Agenda ziehen konnten. Ich attestierte KT, wie er bald auch in den Medien genannt wurde, eine hohe politische und rhetorische Begabung, eine jugendliche Frische und Eloquenz, die ihn in weiten Teilen der Bevölkerung zum Sympathieträger machte. Das stellte sich im Bundestagswahlkampf 2009 als sehr gewinnbringend heraus.

Seine Veranstaltungen waren bundesweit bei den Wahlkreiskollegen hochbegehrt und sehr erfolgreich. Auch ich führte mit ihm auf dem Marktplatz in Coburg und auf dem Marienplatz in Kronach jeweils eine Großveranstaltung durch, die sich großen Zuspruchs erfreuten. Es wurden Bevölkerungskreise angesprochen, die sonst von der Politik kaum erreichbar waren. Die Inszenierung des Wahlkampfs nach amerikanischem Vorbild und Musik von AC/DC führte zu einem bis dahin nicht bekannten Zustimmungswert, der ihn schon in der Öffentlichkeit zu einem zukünftigen Bundeskanzler hochstilisierte.

Zu diesem Zeitpunkt konnte ich mir nicht vorstellen, dass die Freundschaft beim Wirecard-Untersuchungsausschuss 2021 eine starke Belastung erfahren sollte, obwohl ich Karl-Theodor zu Guttenberg auch nach seiner Plagiatsaffäre wegen seiner Doktorarbeit den Rücken stärkte und ihn nicht wie sein früherer großer Mentor Seehofer als „Glühwürmchen" verspottete. Seine Berufung zum jüngsten Verteidigungsminister aller Zeiten im zweiten Kabinett von Angela Merkel war für mich allerdings nicht nachvollziehbar. Guttenberg hatte nur wenige Monate das Amt des Wirtschaftsministers innegehabt und hätte seine ordnungspolitische Konzeption zu einem erfolgreichen Ziel führen sollen. Die Fortentwicklung und Erneuerung der Sozialen Marktwirtschaft mit einem eigenen Wirtschaftsminister der Union in der Bundesregierung war für mich ein wichtiges Ziel. Außerdem war die Position des Verteidigungsministers immer ein Himmelfahrtskommando.

Doch um seinem nunmehr bestehenden Ruf als zielstrebiger Reformer und politischer Überflieger in der Öffentlichkeit auch als neuer Verteidigungsminister nachzukommen, verstieg er sich in einer Hauruck-Aktion zur schnellen Aussetzung der Wehrpflicht, was mit der Aufgabe einer Kernkompetenz der Union und der Aufgabe vieler Bundeswehrstandorte verbunden war. Viele Kollegen waren über den politischen Druck und das nicht dem Wahlprogramm entsprechende Vorgehen erbost. Ich wunderte mich nicht, dass er nach der Überprüfung seiner Doktorarbeit und der Feststellung von Plagiaten nur noch wenig Rückhalt hatte und zurücktreten musste. Als Freund fühlte ich mich jedoch verpflichtet, dem Großen Zapfenstreich der Bundeswehr bei seiner Verabschiedung in Berlin beizuwohnen und ihm für sein weiteres Leben auch ohne Politik neues Glück und Erfolg zu wünschen.

Schwarz-gelb – ein Missverständnis mit Folgen

Die Bundestagswahl 2009 war für mich persönlich eine neue Herausforderung, die ich mit großer Unterstützung in Coburg und Kronach sehr erfolgreich gestalten konnte. Mir waren die Menschen und die bestehenden Aufgaben in der Region ans Herz gewachsen. Ich spürte, dass die Wählerinnen und Wähler das merkten und honorierten.

Im Wahlkampf hatte ich das Glück, Erfolge bei der Wirtschaftsförderung, der Stärkung der Kommunalfinanzen, der Verbesserung der Verkehrsinfrastruktur und bei Investitionsmitteln der Städtebauförderung und Bildungseinrichtungen vorweisen zu können. Meinen 60. Geburtstag feierte ich mit vielen Gästen aus Politik, Wirtschaft und Gesellschaft in den Räumen der Deutschen Parlamentarischen Gesellschaft. Die Festrede übernahm Arbeitgeberpräsident Dieter Hundt. „Wir feiern dieses Jahr sechzig Jahre Soziale Marktwirtschaft und sechzig Jahre Bundesrepublik Deutschland. Und heute sind wir zusammengekommen, um den 60. Geburtstag eines guten Freundes, erfolgreichen Unternehmers und hervorragenden Fußballspielers zu begehen. Zugegeben: Hier in Berlin kennen Sie die meisten Menschen als Politiker, als engagierte Stimme der deutschen Wirtschaft. Nach sechzehn Jahren kommunaler Arbeit als Bürgermeister Ihrer Heimatstadt Gemünden am Main haben Sie ab 1994 mit großem Elan auf der Position des Libero die Abwehr des ‚FC Bundestag' organisiert. Neben dem sportlichen Erfolg blieb auch der bundespolitische nicht aus. Mit großem Einsatz vertraten Sie Ihren Heimatwahlkreis Coburg und Kronach – zunächst in Bonn und jetzt seit mittlerweile zehn Jahren in Berlin. 16 Jahre Bürgermeister und 15 Jahre Bundestagsabgeordneter sind zusammen mehr als 30 Jahre aktive und vor allem erfolgreiche Politik für unser Land. Das ist eine Zahl, die für sich spricht.

Sie haben immer wieder gemahnt, arbeitsmarktpolitische Reformen voranzutreiben, den Mittelstand zu entlasten und die Konsolidierung des Haushalts nicht zu vergessen. Bei der letzten Bundestagswahl haben sich die Bürger Ihres Wahlkreises mit 52 Prozent der Stimmen bei Ihnen bedankt. Die absolute Mehrheit zeigt, wie sehr Sie in Ihrem Wahlkreis geschätzt werden. Dabei bin ich sicher, dass Sie wegen Ihrer wirtschaftspolitischen Kompetenz so großen Erfolg haben.

Was die Bürgerinnen und Bürger besonders an Ihnen schätzen, was Ihnen Glaubwürdigkeit bei den Menschen verleiht, ist Ihre langjährige unternehmerische Erfahrung, Ihr wirtschaftlicher Erfolg im eigenen Betrieb. Von dieser Erfahrung hat auch die Bundesvereinigung der Deutschen Arbeitgeberverbände erheblich profitiert. Sie waren von 1999 bis 2007 im Präsidium der BDA und einige Jahre mein Vizepräsident.

Ihr Talent, wirtschaftliche Zusammenhänge schnell und richtig einzuschätzen, ist Ihnen offenbar in die Wiege gelegt. Schon mit 21 Jahren sind Sie in die Betriebe Ihrer Eltern eingetreten. Damit haben Sie früh große Verantwortung für andere übernommen. Und bis heute stellen Sie Tag für Tag großes Verantwortungsbewusstsein unter Beweis – als Politiker und als Unternehmer.

Gerade in wirtschaftlich turbulenten Zeiten kann die Verantwortung eines Unternehmers für den eigenen Betrieb und seine Mitarbeiter auch bedrückend sein. Deshalb gilt meine Hochachtung allen, die sich in der aktuellen Situation voll und ganz hinter ihren Betrieb stellen und mit allen Kräften versuchen, die Beschäftigten zu halten. Der weit überwiegende Teil der deutschen Unternehmer haftet mit dem eigenen Vermögen für den wirtschaftlichen Erfolg des Betriebs. Ich warne deshalb vor generellen Verdächtigungen und populistischer Diffamierung! Gerade jetzt muss alles vermieden werden, was die Unternehmen unnötig zusätzlich belastet. Ich appelliere an die Banken, den Betrieben zu angemessenen Konditionen Kredite zur Verfügung zu stellen. Es kann nicht sein, dass der Staat den Banken aus einer zum Teil selbstverschuldeten Lage heraushilft, die Banken ihrerseits dieses Geld aber nicht, oder nur zu schlechten Konditionen, weitergeben.

Als uns die ersten Ausläufer der Krise im September vergangenen Jahres erreichten, hat die Regierungskoalition rasch und zielstrebig gehandelt. Das Finanzmarktstabilisierungsgesetz war ebenso wichtig wie die beiden Konjunkturpakete. Insbesondere die veränderten und vereinfachten Regelungen zur Kurzarbeit haben bislang geholfen, Arbeitsplätze in den Betrieben zu halten. Vor allem die Übernahme der Beiträge zur Sozialversicherung bei Kurzarbeit ist eine wichtige Hilfe, um die Kosten zu reduzieren und Belegschaften zu halten. Auch wenn wir hier und da Nachbesserungen brauchen: Ich warne nachdrücklich vor Spekulationen über ein drittes Konjunkturpaket! Die bereits beschlossenen Maßnahmen beginnen doch gerade erst zu wirken!

Gut gefällt mir das Motto der Unternehmerfamilie Buddenbrook in Thomas Manns Roman. Es lautet: ‚Sei mit Lust bei den Geschäften am Tage, aber mache nur solche, dass wir bei Nacht ruhig schlafen können.' Das gilt aber nicht nur für Unternehmer. Es gilt auch für die Politik: Wer mit wirtschaftlicher Traumtänzerei und Ideologie gegen die Errungenschaften unserer freiheitlichen und sozialen Wirtschaftsordnung zu Felde zieht, handelt verantwortungslos und gefährdet die Grundlagen, auf denen die Erfolge der Sozialen Marktwirtschaft und unser allgemeiner Wohlstand beruhen.

Unternehmerisches Denken, die Entwicklung von praktikablen und nachhaltigen Strategien werden in der Politik leider immer seltener. Stattdessen erleben wir im politischen Alltag viel Rhetorik, Taktik und Beliebigkeit.

Von der Gründung der Bundesrepublik – dem Geburtsjahr von Hans Michelbach – bis 1953 waren rund 20 Prozent der Bundestagsabgeordneten Selbstständige.

Anders ausgedrückt: Jeder fünfte Abgeordnete konnte die Folgen der vom Parlament verabschiedeten Gesetze im eigenen Betrieb erfahren und bewerten. Zwanzig Jahre später war die Zahl der Unternehmer im Bundestag bereits auf dreizehn Prozent geschrumpft. Diese Entwicklung hat sich über die Jahrzehnte fortgesetzt. Heute können nur noch acht Prozent der Parlamentarier behaupten, wirtschaftliche Zusammenhänge aus eigener, ‚selbstständiger' Erfahrung zu kennen.

Dabei handelt es sich nicht um ein rein bundespolitisches Phänomen. Nach einer aktuellen Studie der Bertelsmann Stiftung kommen nur noch sechs Prozent der hauptamtlichen Bürgermeister aus dem Lager der Selbstständigen und Unternehmer.

Ein bekannter Politikwissenschaftler, selbst CDU-Mitglied, bemerkt resigniert: ‚Ein Blick in die Medien genügt, und die Folgen des Unternehmerrückzugs werden offensichtlich: Die Republik wird dominiert von linken Themen. Es fehlen die überzeugenden Charakterköpfe aus der Wirtschaft, die auch mal gegen den Strom schwimmen.

Ich bedauere sehr, dass im Deutschen Bundestag nicht mehr Abgeordnete mit dem Wissen und der unternehmerischen Erfahrung eines Hans Michelbach zu finden sind – Politiker, die aus eigener Erfahrung wissen, dass das Geld erst einmal mit einem guten und nachhaltigen Unternehmenskonzept erwirtschaftet werden muss, bevor es der Staat ausgeben kann. Wir sehen das Problem gegenwärtig auch bei der Diskussion um staatliche Beteiligungen an Unternehmen: Während die Wirtschaft vor dem Einstieg des Staates bei Unternehmen der Realwirtschaft warnen, sympathisieren und kokettieren einige Politiker mit dieser Idee. Auch dies ist nichts anderes als ein Zeichen für fehlenden wirtschaftlichen Sachverstand, für mangelnde unternehmerische Praxis. Ich sage: Finger weg!

Wir feiern dieses Jahr nicht nur 60 Jahre Bundesrepublik und 60 Jahre Soziale Marktwirtschaft. Wir gedenken auch des Mauerfalls vor zwei Jahrzehnten.

20 Jahre Mauerfall sind ein guter Anlass, um daran zu erinnern, dass der Staat keinesfalls der bessere Unternehmer ist. Das ist durch die Geschichte des real existierenden Sozialismus hinlänglich bewiesen.

Der Staat soll Rahmenbedingungen für unternehmerisches Handeln vorgeben, ohne dabei selbst als Unternehmer auftreten zu wollen. Wir brauchen einen starken, aber schlanken Staat. Obwohl Deutschland mit der Sozialen Marktwirtschaft 60 Jahre lang erfolgreich war und äußerst gut gefahren ist, ist unsere Wirtschafts- und Freiheitsordnung in eine Glaubwürdigkeitskrise geraten. Nach einer aktuellen Umfrage haben 38 Prozent der Menschen in Deutschland ‚keine gute Meinung' von unserer Wirtschaftsordnung.

Diese dramatische Zahl müssen wir ernst nehmen. Wir müssen unsere Bemühungen steigern, den Menschen die Grundlagen, Mechanismen und Vorteile der Sozialen Marktwirtschaft zu erklären.

Wir leben in einem Gemeinwesen, das den Einzelnen unterstützt, ihn aber auch in die Lage versetzt, selbst für sein Wohl tätig zu werden. Richard von Weizsäcker hat einmal gesagt: ‚Die Soziale Marktwirtschaft vollzieht sich nicht in Gesetzbüchern, sondern im Denken und Handeln der Menschen.' Gelingt es uns, diese Prinzipien erlebbar und erstrebenswert zu machen, so ist mir um die Zukunft der Sozialen Marktwirtschaft nicht bange.

Genau hier liegen die Talente von Hans Michelbach: Unternehmerischer Pragmatismus, politischer Enthusiasmus – und nicht zuletzt sportlicher Ehrgeiz – zeichnen ihn aus. Der Doppelbelastung durch Unternehmen und Mandat stellen sich nicht viele. Umso wichtiger, lieber Herr Michelbach, ist Ihr Engagement."

Die Bundestagswahl am 27. September 2009 führte – wie ich gehofft hatte – erstmals wieder zu einer schwarz-gelben Koalition. Jedoch das Ergebnis für die CDU/CSU mit 33,8 Prozent war nicht gerade berauschend und geprägt von der stark zurückgegangenen Wählergunst für die CDU in Ostdeutschland und einem hohen Zustimmungswert von 14,6 Prozent für die FDP. Sie war als bisherige Oppositionspartei der eigentliche Gewinner der Wahl. Die SPD musste mit ihrem Kanzlerkandidaten Frank-Walter Steinmeier hingegen Verluste von mehr als 11,2 Prozentpunkten hinnehmen und erzielte mit 23 Prozent ihr bis dahin schlechtestes Bundestagswahlergebnis überhaupt. Die Linke und Bündnis 90/Die Grünen gewannen deutlich an Stimmen hinzu.

Vor der Wahl hatte die Union eine deutliche Präferenz für eine Koalition mit der FDP ausgesprochen. Die anstehenden Koalitionsverhandlungen mit der FDP führte ich gemeinsam mit Kollegen im Bereich Wirtschaft und Finanzpolitik. Es war eine Freude, viele programmatische Übereinstimmungen und hoffnungsvolle Weichenstellungen zu beschließen. Meine Überzeugung war: Nie mehr große Koalition, weil ich die vielen faulen Kompromisse gegen die Ordnungspolitik der Sozialen Marktwirtschaft einfach satt hatte. Reformen beim Steuersystem, in der Arbeitsmarktpolitik, im Gesundheitswesen, in der Alterssicherung und in der Energiepolitik sah ich hoffnungsvoll entgegen. Schon vier Wochen nach der Bundestagswahl konnten Bundeskanzlerin Angela Merkel, der CSU-Vorsitzende Horst Seehofer und FDP-Chef Guido Westerwelle den neuen Koalitionsvertrag unter dem Titel „Wachstum, Bildung, Zusammenhalt“ unterschreiben. Ich war zuversichtlich, dass wir damit in dieser Legislaturperiode die Überwindung der Wirtschafts- und Finanzkrise schnell erreichen könnten. Doch in der Politik ist man nie vor Überraschungen sicher – und so kam vieles ganz anders, als ich erhofft hatte.

Mit der Berufung von Wolfgang Schäuble zum Bundesfinanzminister in der neuen Legislaturperiode von 2009 bis 2013 war ich sehr einverstanden. Mit der Wahl zum Obmann der CDU/CSU-Fraktion im Finanzausschuss konnte ich die Zusammenarbeit für die Aufgaben der Finanz-, Haushalts- und Steuerpolitik weiter intensivieren. Nach inzwischen 16 Jahren gemeinsamer Zeit im Deutschen Bundestag hatte ich eine persönliche Verbindung zu Wolfgang Schäuble und konnte mit ihm meine Überzeugungen für die Ordnungspolitik der Sozialen Marktwirtschaft oftmals teilen.

Für die Krisenbewältigung, den Wirtschaftsaufschwung und vor allem die dringliche Haushaltskonsolidierung im 17. Deutschen Bundestag war er ein Erfolgsgarant. Die Banken- und Finanzmarktkrise war noch nicht vollständig aufgearbeitet, da gerieten wir 2010 unvermittelt in die Euro- und Staatskrise mit größten Herausforderungen in der Europäischen Union.

Noch in der letzten Sitzung des 16. Deutschen Bundestages war das Gesetz zur Fortentwicklung der Finanzmarktstabilisierung auf den Weg gebracht worden. Die Bilanzen der Banken sollten durch das Modell der sogenannten Zweckgesellschaft entlastet werden. Ich kämpfte dafür, dass diese Bad Banks nicht wieder zulasten der Steuerzahler gingen. Das schloss auch die Konsolidierung der Landesbanken ohne eine zusätzliche Belastung des Steuerzahlers ein. In der neuen Legislaturperiode galt es, dieses Ziel zu erfüllen. Schon am 22. Januar 2010 bei der Verabschiedung des neuen Bundeshaushaltes machte ich hierzu meine Grundansichten im Bundestag deutlich: „Die Haushalts-, Finanz und Steuerpolitik ist zweifellos das zentrale Themenfeld dieser Legislaturperiode. Es geht um Krisenbewältigung und Konsolidierung, um eine Wiederholung der Krise zu verhindern. […] Die Koalition hält Kurs zur Bekämpfung der Krise, die Koalition hat eine klare Wachstumsstrategie, neue Ideen und Werte und setzt nicht auf Mangelverwaltung. Die Koalition will, dass unser Land nicht auf dem Niveau der Krise verharrt, sondern möglichst schnell wieder vorankommt.

Ich bin deshalb dankbar, dass wir mit der Verabschiedung des Bundeshaushalts neue Sicherheiten und Perspektiven für die Menschen in unserem Land schaffen. Der Haushalt 2010 ist mutig, krisenentschärfend und verantwortungsbewusst. Die Schutzschirme für Arbeitnehmer und Betriebe, gerade auch für den Mittelstand, sind ohne Alternative, sie sind notwendig, und sie sind das einzige Mittel, um möglichst schnell wieder das Vertrauen der Menschen in unserem Land zu gewinnen. [...] Wir müssen auf Stabilität setzen und Stabilität im Euroraum sichern. Das ist ein wichtiger Punkt: Hier gilt es natürlich, nicht nur national die Schuldenbremse im Grundgesetz einzuhalten, sondern auch innerhalb des europäischen Raumes im Verbund Stabilität zu sichern. Wir stehen zum Stabilitäts- und Wachstumspakt [...] Es schafft Vertrauen und Zukunftsfähigkeit, wenn wir in Zukunft die europäische Stabilität sichern. Um die Wachstumsstrategie voranzubringen, gilt es auch, die Höhe der Investitionen stabil zu halten und die Investitionskraft zu fördern.

Das bringt uns letzten Endes auf den Konsolidierungspfad. Die Leistungsbereitschaft kann nur im Rahmen einer Steuerstrukturreform mit Vereinfachung und mehr Gerechtigkeit gefördert werden. Mit den Korrekturen bei der Unternehmen- und Erbschaftsteuer sowie bei der Familienförderung haben wir schon jetzt einen wesentlichen ersten Schritt in die Zukunft gemacht. Dieser Weg muss weitergegangen werden, denn nur allein über Leistungsanreize ist eine Konsolidierung der öffentlichen Finanzen möglich. Wir liegen jetzt bei einer Steuerquote von über 24 Prozent, gemessen am Bruttoinlandsprodukt. Das ist ein Höchststand [...] Wir müssen schrittweise auf eine Steuerquote von 22 Prozent zurückkommen. Damit würden wir international in der Mitte liegen. Das würde uns als großer Industrienation gut anstehen.

Die Denkart, dass das Geld der Bürger automatisch dem Staat zusteht, ist doch nicht richtig. Zunächst gehört dieses Geld den Bürgern und nicht dem Staat. Das kennzeichnet das grundsätzliche Verhältnis der Bürger zum Staat. Wenn Sie sagen, die Reichen müssten immer mehr Leistungen für diesen Staat erbringen, dann muss ich Ihnen deutlich sagen: Sie können diese Schraube auch überdrehen. 50 Prozent der oberen Hälfte der Steuerzahler zahlen über 90 Prozent des gesamten Steueraufkommens bei der Einkommensteuer in Deutschland. Das sind die Leistungsträger und die Leistungswilligen. Diese können sie nicht laufend bestrafen. Das ist eine falsche Politik, die ins Abseits führt. Natürlich ist das Verhältnis der Bürger zum Staat auch unter der Maßgabe ‚Arbeit muss sich lohnen' zu sehen. Das ist ein ganz wesentlicher Punkt. 100 000 weniger Arbeitslose erbringen eine Finanzverbesserung im Bereich der öffentlichen Kassen von zwei Milliarden Euro [...]"

Leider wurde unsere Zuversicht im Frühjahr 2010 jäh gestoppt. Denn zur Bankenkrise und Wirtschaftskrise kam nun die Staatsschuldenkrise hinzu, die auch als Eurokrise in die Geschichte einging. Die weltweite Wirtschafts- und Finanzkrise der vergangenen zwei Jahre war ein starker Treiber für die Staatsverschuldung in der Eurozone gewesen. Einige Euroländer hatten viel zu hohe Staatsschulden aufgebaut, standen kurz vor der Insolvenz und waren ohne Hilfe nicht mehr zahlungsfähig.

Die Gesamtverschuldung in Europa hatte zu großen Finanzierungsproblemen geführt und die vielfachen Verstöße gegen den Stabilitäts- und Wachstumspakt, insbesondere der südeuropäischen Euroländer, rächten sich jetzt ebenso wie der unzulängliche Anpassungsmechanismus in der Eurozone nach dem Wegfall der nationalen Währungen.

Es waren auch Länder in den Euroraum aufgenommen worden, die das vorgeschriebene Konvergenzprüfungsverfahren nur durch ihre kreative Buchführung bestanden hatten. Sie waren es gewohnt, mit ihren nationalen Währungen im System flexibler Wechselkurse die unterschiedlichen Leistungsniveaus mit dem Wechselkursmechanismus auszugleichen. Die fehlende Ausgleichsfunktion in der gemeinsamen Währungsunion verlangte aber vielmehr eine Anpassung der Wettbewerbsfähigkeit aller Euroländer.

Schon in der vorausgegangenen Finanzkrise mussten die Staaten umfangreiche Rettungsaktionen für ihre Banken leisten. Die privaten Schulden der Banken wurden zu Staatsschulden, was die Vertrauensbasis und die staatlichen Refinanzierungsmöglichkeiten erheblich einschränkte. So hing am Finanzmarkt alles mit allem zusammen.

Zuerst wurde die Gefahr des Staatsbankrotts am 25. März 2010 in Griechenland offensichtlich. Obwohl nach den Maastricht-Kriterien nur drei Prozent Defizitquote erlaubt waren, stieg dort das Haushaltsdefizit auf 12,7 Prozent des Bruttoinlandsprodukts. Eine Herabstufung der Bonität und eine verschlechterte Kreditwürdigkeit waren die Folge. Die höheren Zinsen trugen dazu bei, dass die Schuldentragfähigkeit nicht mehr gegeben war. Eilig wurden Notfallpläne geschmiedet, nachdem auch Irland, Spanien, Portugal, Zypern und Italien unter Druck kamen. Griechenland hatte eine Staatsverschuldung von 170 Prozent des BIP und Italien von 120 Prozent aufgebaut, obwohl nach dem Stabilitätspakt nur 60 Prozent Schuldenquote erlaubt waren. Hier rächte sich, dass die Regierung Schröder/Fischer den Weg zur Aufnahme Griechenlands in den Euroraum frei gemacht hatte. Auch bei der Zulassung Italiens zum Euroraum hatte man leider zuvor schon einen politischen Rabatt gewährt. Die Finanzeckdaten hätten eigentlich einen Zutritt des Landes zum Euro ausgeschlossen.

Ich sah alles, wofür ich im Finanzausschuss des Bundestages und in Europa gekämpft und gearbeitet hatte, in großer Gefahr. Schon im Jahr 1997 hatte ich beim Vertrag von Amsterdam für einen Stabilitäts- und Wachstumspakt geworben, der die Budgetdisziplin der Mitgliedstaaten sichern sollte. Denn die Wirtschafts- und Währungsunion der Eurozone sollte eine zentrale, auf Preisstabilität ausgerichtete Geldpolitik der EZB und eine dezentrale Fiskal- und Wirtschaftspolitik der Mitgliedstaaten verankern. Die EU-Kommission hätte als Hüterin der Verträge die Einhaltung des Stabilitäts- und Wachstumspakts überwachen müssen, tat genau dies aber nicht ernsthaft. So wurden die Verschuldungsregeln unterlaufen und die Vorschrift, einen strukturell nahezu ausgeglichenen gesamtstaatlichen Haushalt vorzuweisen, nicht durchgesetzt. Die Eurokrise brachte den gemeinsamen Währungsraum in Existenznöte.

Bundesfinanzminister Schäuble war in dieser unfassbaren Krise der Fels in der Brandung. In gemeinsamen Gesprächen diskutierten wir die Schaffung von Rettungsschirmen mit verbindlichen Konsolidierungsauflagen genauso wie den Euro-Austritt einzelner Staaten. Nachdem die sozialistische Regierung in Griechenland immer wieder die gemachten Zusagen nicht einhielt, sprach ich mich für einen Austritt aus. Auch Wolfgang Schäuble teilte im persönlichen Gespräch meine Auffassung, zumal wir in Griechenland massiv öffentlich angegriffen wurden, keine Besserung in Sicht war und ein Forderungsverzicht durch einen Schuldenschnitt verlangt wurde. Ich vertrat die Auffassung, dass ein deutliches Signal für eine neue Stabilitätskultur in Europa notwendig sei.

Mit Bundeskanzlerin Merkel war dies jedoch nicht zu machen. Sie argumentierte, Griechenland werde die Eurozone nicht freiwillig verlassen. Auch bestehe eine Ansteckungsgefahr für andere Länder, wodurch die Währungsunion zerstört werden könnte. Ich sah diese nachgiebige Strategie eher als Gesundbeterei. In einem Gespräch fiel das einst auf Willy Brandt gemünzte abgewandelte Herbert-Wehner-Zitat: Die Dame badet lau.

Die Folge des Zauderns und der Mutlosigkeit war, dass der Finanzmarkt mit Staatsanleihenkäufen der EZB geflutet werden musste. Das führte zum denkwürdigen Ausspruch von EZB-Präsident Mario Draghi: „What ever it takes." Tatsächlich war dies der Dammbruch der Stabilitätspolitik. Seither haben sich die Anleihen-Kaufprogramme der EZB in horrende Größenordnungen entwickelt und zu enormen gemeinsamen Schuldenrisiken geführt.

Der im Mai 2010 von den europäischen Finanzministern beschlossene Eurorettungsschirm mit einem Volumen von 780 Milliarden Euro sollte kurzfristig den Finanzmarkt beruhigen. Er war auf drei Jahre ausgelegt und umfasste die europäische Finanzstabilisierungsfazilität, den Finanzstabilisierungsmechanismus und die Hilfe des Internationalen Währungsfonds (IWF). Inzwischen ist es eine Dauereinrichtung mit klaren Tendenzen zur Schuldenunion geworden.

Dieses Hilfsprogramm und Notfallkreditsystem war bei den Beratungen und Abstimmungen im Deutschen Bundestag hart umkämpft. In der Vergangenheit hatte ich immer wieder auf die fundamentale No-Bail-Out-Klausel hingewiesen, die den EU-Staaten untersagt, für die Schulden einzelner Mitgliedstaaten zu bürgen oder diese gar zu übernehmen. Die Bundeskanzlerin berief sich auf den Art. 122 Abs. 2 des EU-Vertrages, der finanzielle Hilfen für Mitgliedstaaten bei einer außergewöhnlichen Notlage erlaube. Sie verlangte die Zustimmung der Koalition zu ihrem Brüsseler Verhandlungsergebnis, obwohl es hier nicht um eine außergewöhnliche Notlage, sondern um die Folge gezielter Verstöße gegen einen europäischen Vertrag ging. Es war für mich ein Vertrauensbruch. Das wollte ich verhindern. Meine Unabhängigkeit verbot mir eine leichtfertige Zustimmung. Ich trug meine Bedenken Wolfgang Schäuble vor und kündigte meinen Widerstand in der Fraktion an. Doch die Mehrheit scheute ein hartes Vorgehen. Ich trat für ein Insolvenzverfahren für notleidende Staaten ein. Das rief die Bundeskanzlerin auf den Plan, die das mit aller Kraft zu verhindern wusste.

Die EZB hatte durch den Kauf von Staatsanleihen verschuldeter EU-Staaten schon eine hohe Hypothek von mehreren hundert Milliarden Euro aufgebaut. Ich sah die Unabhängigkeit der EZB infrage gestellt und das Verbot der monetären Staatsfinanzierung in der EU umgangen. Erst spät mit dem Urteil vom 5. Mai 2020 wurde den vielen Klagen mit dem Urteil des Bundesverfassungsgerichts nachgegangen, wonach das PSPP-Anleihenkaufprogramm der EZB eine Prüfung der Verhältnismäßigkeit durch den Bundestag benötigt.

Die griechische Regierung spielte mit der EU-Kommission lange Zeit Katz und Maus. Die Auflagen der Troika wurden nicht eingehalten. Die Bundeskanzlerin und unser Bundesfinanzminister wurden in Athen an den Pranger gestellt. Trotzdem setzte Angela Merkel auf einen Schuldenschnitt für Griechenland, der die privaten Gläubiger rund 50 Prozent ihrer Forderungen kostete. Das war ein Schritt über den finanzpolitischen Rubikon, dem leider weitere folgen sollten. Der Einbruch des Finanzsektors in Irland erforderte Zahlungen in Höhe von 85 Milliarden Euro aus dem Eurorettungsschirm. Auch Portugal, Spanien und Zypern schlüpften in der Folge unter den Rettungsschirm. Die Schuldenlast der 17 Länder in der Eurozone wurde immer höher.

Die von mir vertretene Krisenstrategie mit einem strengen Sparkurs wurde von der Mehrheit ignoriert – und auch von unserer Regierung nicht vertreten. Bei mehreren Gelegenheiten versuchte ich der Bundeskanzlerin meine Argumente näherzubringen. Deutlich habe ich dabei auch auf die Gefahr für die Union durch neue politische Mitbewerber hingewiesen. Doch alle Warnungen wurden ignoriert, das Problem AfD kleingeredet. Im März 2011 wurde in Brüssel der Europäische Stabilitätsmechanismus (ESM) beschlossen, der für Deutschland eine Bareinzahlung von 22 Milliarden Euro vorsah. Daraufhin trug ich mich mit dem Gedanken, meine Position im Finanzausschuss aufzugeben und nach 17 Jahren in einen anderen Fachausschuss des Deutschen Bundestages zu wechseln oder ganz aus der Politik auszusteigen. Ich wollte diese eigentlich verbotene Querfinanzierung nicht abnicken. Nach mehreren Gesprächen mit der Führung meiner CSU-Landesgruppe ließ ich mich überzeugen weiterzumachen, um weiter kritisch Einfluss zu nehmen und die Rechte des Parlaments auch beim ESM durch einen Zustimmungsvorbehalt beim Gouverneursrat zu stärken. So hatten wir zumindest durchsetzen können, dass der Bundesfinanzminister vor jeder Entscheidung die Zustimmung des Parlaments einholen muss.

Jeden Monat wurden in den Parlamentswochen der Jahre 2010–2013 intensive Debatten über den Weg aus der Krise, eine neue Fiskalunion, eine neue Bankenaufsicht, die Entwicklung von Basel III, die Bankenunion und die Einführung einer Finanztransaktionssteuer geführt. In den zentralen Debatten zur Jahresmitte 2010 ergriff ich mehrfach das Wort im Deutschen Bundestag: „Die Finanz- und Währungskrise hat offengelegt, dass bei Kreditinstituten grob fahrlässig gehandelt wurde und bestimmte Transaktionen Turbulenzen auf den Märkten für Staatsanleihen hervorgerufen haben. Dies alles stellt eine Bedrohung der Stabilität der Finanzmärkte dar, mit großen krisenverschärfenden Auswirkungen für unsere Realwirtschaft. Es gilt für uns hier im Deutschen Bundestag, neues Vertrauen zu schaffen und einen neuen, ganzheitlichen Ordnungsrahmen für die Zukunft zu erreichen. In Form von Finanzmarktstabilisierungsgesetzen, neuen Regulierungen und Aufsichtsmaßnahmen haben wir schnell reagiert, um weiteren Schaden vom Gemeinwohl abzuwenden. Dabei ist zu Recht der Ruf nach einer Beteiligung des Finanzmarktes an den Stabilisierungskosten immer lauter geworden, die Verursacher sollen stärker herangezogen werden. Das war in diesem Hause Konsens. Zunächst hat für uns eine Risikovorsorge mit der Bankenabgabe im Vordergrund gestanden, damit eine systemische Gefährdung durch neue Krisen von den Finanzinstituten selbst abgedeckt wird.

Die Erhebung einer Bankenabgabe zur Errichtung eines Stabilitätsfonds zur Finanzierung künftiger Restrukturierungsmaßnahmen bei Banken ist der sinnvolle Weg, damit der Finanzsektor bei zukünftigen Krisen selbst reagieren kann. Der Steuerzahler darf nicht länger die Zeche zahlen, und die Zeit der kostenlosen Staatsgarantien für Banken ist beendet. Wir ziehen aus der Krise der Finanz- und Währungsmärkte klare Konsequenzen. Erstens reduzieren wir die zu hohen öffentlichen Defizite. Zweitens beschließen wir für die Finanzmärkte Schritt für Schritt strengere, konsequentere Regelungen, um eine neue Finanzmarktordnung zu schaffen. […] Das heute zu beschließende Gesetz zur Vorbeugung gegen missbräuchliche Wertpapier- und Derivategeschäfte reiht sich ein in erfolgreiche Initiativen zur Regulierung und zur Bekämpfung von Krisen und Missbrauch des Finanzmarkts. Wir haben die EU-Verordnung zur Regulierung und Aufsicht von Ratingagenturen umgesetzt. Wir haben angemessene und transparente Vergütungssysteme im Finanzsektor beschlossen. Wir erarbeiten mit Basel III neue Regulierungen. […] Die Verbesserung von Finanzprodukten, zum Beispiel bei den offenen Immobilienfonds, steht unmittelbar bevor. Ein Referentenentwurf zur Bankenabgabe für einen privatwirtschaftlichen Restrukturierungsfonds liegt vor. Wir gehen ein Restrukturierungsgesetz mit einer Insolvenzordnung für den Finanzsektor an. Alles das sind Maßnahmen, die in die richtige Richtung gehen. Wir ziehen Lehren aus der Finanzkrise."

Bundeskanzlerin Angela Merkel nutzte ihre Richtlinienkompetenz und führte die Verhandlungen in Europa nach ihren eigenwilligen Konsensvorstellungen weiter. Ihr Krisenmanagement war zweifellos eine starke Leistung, aber ich bin bis heute geteilter Meinung, ob der Weg der Beschwichtigung, des Nachgebens und des faulen Kompromisses für die Währungsunion langfristig zielführend ist. Denn bis heute werden die Vorstellungen zu Schulden- und Haftungsvergemeinschaftungen, einer Transferunion oder Eurobonds und die Aussetzung des Stabilitäts- und Wachstumspakts von interessierten Kreisen in der EU und in den linken Parteien in der Bundespolitik immer weiter verfolgt. Für mich steht fest, dass eine Öffnung der Schuldenbremse und eine Vergemeinschaftung von Schulden verhindert werden müssen, wenn Stabilität, Wachstum und Wohlstand gesichert bleiben sollen.

Ich nutzte jede Gelegenheit, meine Überzeugungen bezüglich eines konfliktfreien und stabilen Zusammenlebens in Europa zu diskutieren. So lud mich der Schweizer Botschafter in Berlin zu einem Essen mit Finanzmarktakteuren ein. Die Sitzordnung ergab, dass links neben mir der frühere Kollege Friedrich Merz Platz nahm, der inzwischen bei der internationalen Anwaltskanzlei Meyer Brown in Frankfurt arbeitete und mehrere Sanierungsaufträge bei Banken und Aufsichtsratspositionen hatte. Rechts neben mir saß der Vorstandsvorsitzende der Deutschen Bank Josef Ackermann, mit dem ich Gespräche über seine Finanzmarktanalysen führte.

Ihn interessierten auch meine unternehmerischen Erfahrungen in der Finanzmarktkrise, obwohl wir selbst keine Kundenbeziehung zur Deutschen Bank hatten. Ich berichtete ihm, dass wir in der Finanzmarktkrise trotz der Auswirkungen auf die Realwirtschaft keine Kreditklemme erlitten hatten und weitere Investitionsvorhaben projektierten. Dies hatte ich der Neustrukturierung unseres Familienunternehmens zu verdanken, das in einer neuen Unternehmensgruppe mit einem starken Partnerunternehmen den Erfolgsweg beschritt. Ich wollte die unternehmerische Familientradition seit 1879 unbedingt fortsetzen und hatte deshalb für die operative Tätigkeit eine Kooperationspartnerschaft angestrebt. Ein Glücksfall brachte mich mit der inhabergeführten KIZ-Unternehmensgruppe zusammen, die mit hohem Leistungsbewusstsein der Mitarbeiter größte Kompetenz in den Bereichen Schlüsselfertiges Bauen, Planung und Architektur, Projektentwicklung, Finanzierung, Facility und Asset Management aufweist. Mit den Beteiligungsgesellschaften MIBEG schloss ich mich der 1972 gegründeten Unternehmensgruppe an, die mit umfassendem Know-how und Projekterfahrung einen großen Kundenkreis erschlossen hat und den Aktionsradius der Gesellschaften über das gesamte Bundesgebiet sowie weite Teile des europäischen Auslands ausdehnte.

Seit Jahrzehnten gehört die Errichtung von Einzelhandelsobjekten, Handelsfachmarktzentren, Logistikanlagen, Industriehallen, Seniorenpflegeheimen, Hotels und der Wohnungsbau zu den Kernkompetenzen. Die mit dem Unternehmen stark verwurzelten Mitarbeiter haben durch ihr Engagement die jährliche Expansion und Erweiterung des Umsatzvolumens entscheidend mitbewirkt. Die innovative Konzeption der Geschäftsführung der Unternehmensgruppe vereint alle ganzheitlichen Lösungen zu sämtlichen Herausforderungen, die im Zusammenhang mit dem Bausektor stehen, unter einem Dach.

Der Leistungsbogen reicht von der Suche eines geeigneten Standorts, einer ausgefeilten Projektentwicklung über die Realisierung bis hin zur Verwaltung des Objekts und Betreuung des Bauherrn. Viele Anlageobjekte wurden für private und institutionelle Investoren im Inland und mehr als 100 Objekte im Ausland realisiert. Ein Erfolgsweg mit Vorbildcharakter für die Chancen der Sozialen Marktwirtschaft. Dass die Zukunft der MIBEG-Gesellschaften durch den Einstieg unserer Töchter als Gesellschafterinnen gesichert und die Familientradition fortgesetzt werden konnte, ist für mich ein großes Glück.

Diese positive Entwicklung war natürlich auch für die Banken von Interesse. Als mich Ackermann am Ende des Treffens in der Schweizer Botschaft zu einem Besuch in die Zentrale der Deutschen Bank nach Frankfurt einlud, dachte ich, es ginge ihm um ein Angebot zum Aufbau einer neuen Kundenbeziehung. Doch der folgende Termin in der Zentrale der Deutschen Bank verlief völlig unerwartet. Ackermann fragte mich unmissverständlich, wie er über mich einen besseren Zugang zum neuen Bundesfinanzminister Wolfgang Schäuble bekommen könnte, weil er gehört hätte, dass ich zu ihm einen persönlichen Kontakt pflegen würde. Außerdem wären für ihn Informationen aus erster Hand hochinteressant. Er könne sich auch einen Beratervertrag mit mir vorstellen. Ich fragte ihn, ob er mich als Lobbyisten einkaufen wolle. Und auch, ob er sich keine Gedanken darüber gemacht habe, ob ein unabhängiger Unternehmer im Deutschen Bundestag eine solche Offerte nötig habe.

Über sein ziemlich unverblümtes Ansinnen war ich ziemlich schockiert. Ich lehnte jede Dienstleistung für die Deutsche Bank ab. Eine Kundenbeziehung war für mich danach auch kein Thema mehr. Mir wurde klar, wie oftmals Lobbyismus im Deutschen Bundestag funktioniert und Diskussionen, Einflussnahmen und Entscheidungen organisiert werden. Dass Ackermann später seinen Geburtstag im Bundeskanzleramt feiern durfte, wunderte mich deshalb nicht mehr. Insgesamt bestärkte mein Erlebnis in Frankfurt die Gewissheit, dass es für einen Abgeordneten eine starke Unabhängigkeit braucht.

Ein bezahlter und verdeckter Lobbyismus kann unserer Demokratie schweren Schaden zufügen. Bei Begegnungen mit dem Management von Konzernunternehmen ist persönliche Zurückhaltung angebracht. Um das freiheitliche Wirtschaftssystem der Sozialen Marktwirtschaft auf Dauer zu sichern, muss die Wirtschaftsethik des „ehrbaren Kaufmanns" das Maß aller Dinge sein. Dabei sollte die Öffentlichkeit zwischen bezahltem Lobbyismus und ehrenamtlicher Mitwirkung in Berufsverbänden unterscheiden. Unsere Demokratie muss selbstverständlich alle Interessen abwägen und nach dem Gemeinwohl praxisnah entscheiden.

Energiepolitik ohne Marktwirtschaft

Am 11. März 2011 erreichte uns eine neue Hiobsbotschaft mit zentralen Auswirkungen auf die Politik. Nach einem Erdbeben in Japan und einem nachfolgenden Tsunami kam es in Fukushima zu einer Nuklearkatastrophe mit mehreren Kernschmelzen, bei der große Mengen radioaktiver Stoffe freigesetzt wurden.

Die Energiewende war in den zurückliegenden Jahren mit der Einführung des Erneuerbare-Energien-Gesetzes (EEG) und der Ökosteuer vorangekommen. Bei den Koalitionsverhandlungen 2009 war eine Laufzeitverlängerung deutscher Kernkraftwerke beschlossen worden, weil das FDP-geführte Wirtschaftsministerium einen steigenden Strombedarf in Verbindung mit dem Wirtschaftswachstum unseres Industriestaats Deutschland prognostizierte und vor einem Blackout warnte.

Doch nach Fukushima erfolgte eine überraschend schnelle Kehrtwende zum zweiten Atomausstieg. Am 30. Juni 2011 beschlossen wir in namentlicher Abstimmung mit breitem Konsens von CDU/CSU, SPD, FDP und Grünen den endgültigen Atomausstieg bis 2022. Dem war eine intensive Auseinandersetzung in der Unionsfraktion vorausgegangen. Denn es gab in Europa in unmittelbarer Nachbarschaft zu Deutschland viele Kernkraftwerke – und neue wurden gebaut. Insbesondere wurde darauf verwiesen, dass die emissionsarme Atomenergie zu einer klimaneutralen Energieversorgung und zur Energiesicherung auch in der Zukunft benötigt werde. Doch Bundeskanzlerin Merkel wischte alle Argumente zur Seite, weil es in Deutschland in der Bevölkerung keine Akzeptanz mehr für die Atomindustrie gebe. Es müsse auch eine Dekarbonisierung der gesamten Energiebasis für den Klimaschutz geben, da die globale Erderwärmung eine der größten Herausforderungen des 21. Jahrhunderts darstelle. Durch viele Diskussionen mit der Jugend, auch mit meinen

Töchtern, war ich von Aufgabe und Ziel überzeugt. Mir war klar, dass wir uns in der Vergangenheit die Klimakosten schön gerechnet hatten und die Folgekosten der Klimaschäden in die Zukunft verlagerten.

Im Wirtschaftsflügel der CDU/CSU-Fraktion engagierte ich mich für marktwirtschaftliche Lösungen bei der Energiewende, um unbezahlbare Dauersubventionen einzuschränken und einen marktwirtschaftlichen Wettbewerb in der Energiebranche zu erreichen. Zweifellos waren auch neue Wirtschaftsimpulse entstanden. Aber die Herausforderungen beim Ausbau der erneuerbaren Energien, der Energieeffizienz und der Einsparung von Energieverbräuchen wollte ich unter den Gesichtspunkten der Versorgungssicherheit und einer wirtschaftlich verträglichen Energiepreisentwicklung gelöst sehen.

Die Diskussionen allerdings kreisten schwerpunktmäßig um Ausbauziele und -pfade; debattiert wurde darüber, welche Technologie wie, in welchem Jahr und mit welchen Mengen gefördert werden soll, welche Fördertatbestände erweitert und welche neuen geschaffen werden müssten und welche Ausnahmeregelungen es für Eigen-, Mieter- oder Industriestrom in Verbindung mit der Energiewende geben sollte.

All das atmete den Geist der Plan- und Staatswirtschaft, die sich immer wieder als Sackgasse erwiesen hatte. Was auf der Strecke blieb, waren marktwirtschaftliche Lösungen. Es fehlten Konzepte für einen technologieoffenen und innovationsorientierten Wettbewerb. Denn Wettbewerb ist der Treibstoff des Marktes und der Sozialen Marktwirtschaft auch in der Energiepolitik. Nur so kann der ökologische Umbau des Energiesektors vorangetrieben und verbraucherfreundlich entwickelt werden.

Das bestehende Fördersystem aber war trotz mancher Veränderungen im Detail weiter darauf ausgerichtet, die erneuerbaren Energien vor den Marktrisiken weitgehend abzuschirmen und mit Dauersubventionen auszustatten. Das mochte richtig gewesen sein zur Förderung des Eintritts der erneuerbaren Energien in den damals noch von Kohle und Kernkraft dominierten Strommarkt. Es hatte seine Berechtigung aber verloren in einer Zeit, in der die erneuerbaren Energien längst einen sehr wesentlichen Beitrag zur Stromerzeugung leisteten.

Der Wirtschaftsflügel der Unionsfraktion befasste sich intensiv mit einer marktwirtschaftlichen Weichenstellung. Denn die Grenzen der

Förderpolitik wurden immer deutlicher. Es sind nicht nur die exorbitanten Kosten: rund 26 Milliarden Euro jährlich allein durch die EEG-Umlage, mehr als je für Kohlesubventionen bis in die 1990er-Jahre hinein ausgegeben wurde. Hinzu kommen noch rasant steigende sonstige Kosten etwa für den Netzausbau.

Diese Kosten nun teilweise aus dem Bundeshaushalt zu bezahlen, machte es nicht besser. Hier sollte dem wachsenden Unmut über die stetig steigende EEG-Umlage und über die fortwährende Erhöhung der Stromkosten durch Verschleierung und Intransparenz der Wind aus den Segeln genommen werden.

Das EEG hatte es auch nicht vermocht, Anreize für Innovationen zur besseren Netz- und Systemintegration der erneuerbaren Energien zu setzen. Technologische Lösungen für eine bedarfsgerechte Bereitstellung des aus Wind und Sonne erzeugten Stroms, beispielsweise mithilfe von Speicher- und Wasserstofftechnologien oder intelligenten Netzen, sind bisher zu wenig fortgeschritten. Nach mehr als 20 Jahren Förderung sind die erneuerbaren Energien immer noch auf eine fast vollständige Absicherung durch konventionelle Energieträger angewiesen.

Nach dem EEG muss Strom aus Windkraft-, Solar- und Biomasseanlagen jederzeit abgenommen und bezahlt werden. Das führt nicht nur zu hohen Netzschwankungen, sondern auch zum höchsten Strompreis in Europa. Das Problem, wie die Stromversorgung beim Ausfall witterungs- und tageszeitabhängigen Ausfällen von Windkraft- und Solaranlagen gesichert werden kann und die erforderliche Deckung der Grundlast nach der Stilllegung von Kohle- und Kernkraftwerken erfolgen soll, ist noch ungelöst. Es war also höchste Zeit, dem Wettbewerb und dem Markt eine Chance zu geben und das alte Subventionsregime des EEG abzuschaffen.

Eine marktwirtschaftliche Ausrichtung der Energiewende aber scheiterte bis in die 19. Legislaturperiode trotz aller Bemühungen am Koalitionspartner SPD. Und auch Grünen und Linken war – zusätzlich angetrieben von der Windkraft-, Solarstrom- und Biogas-Lobby mit ihrer ausgeprägten Subventionsmentalität – eine marktwirtschaftlich ausgerichtete Energiewende eine grausige Vorstellung. Lieber verteidigte man mit Inbrunst die Privilegien der Ökoenergie-Branche. Wieder einmal zeigte sich, was das süße Gift der Subventionen an Schaden anrichten kann.

Meine Vorstellung von Marktwirtschaft sieht anders aus. Meine Erwartung an eine klimaneutrale Energiebereitstellung ist die Nutzung von Wasserstofftechnologie, mit der neue industriepolitische Chancen verbunden sind und die unser Land von einzelnen Lieferanten aus Gas- und Erdölvorkommen unabhängiger macht. Um jetzt 2045 klimaneutral zu sein, ist Wasserstoff das beste Mittel. Unsere Marktwirtschaft benötigt den schnellen Ausbau von Wasserstoffelektrolyse. Unsere Industrieproduktion muss damit wettbewerbsfähig bleiben. Unser Primärenergiebedarf wird gegenwärtig zu nahezu 70 Prozent aus importierten fossilen Energieträgern gedeckt. Der Ausbau insbesondere von Windkraftanlagen und Stromtrassen stößt zusehends auf Akzeptanzprobleme. Deshalb werden wir am Import von klimaneutralem Wasserstoff und der Erzeugung von synthetischen Kraftstoffen nicht vorbeikommen. Der Beschluss des Bundesverfassungsgerichts vom 24. März 2021 zum Klimaschutzgesetz hat den Handlungsdruck noch erhöht.

Das Urteil zog hektische politische Aktivitäten mit dem Ziel einer Änderung des Klimaschutzgesetzes nach sich, um eine stärkere Generationengerechtigkeit bei der Klimaschutzpolitik zu erreichen. Kernpunkt der Reform war die Anhebung des Klimaziels für 2030. Vorgesehen ist eine Einsparung von 65 Prozent des CO2-Ausstoßes gegenüber dem Jahr 1990 statt der im Gesetz von 2019 beschlossenen 55 Prozent. Statt wie bisher 2050 war nun bis 2045 Klimaneutralität vorgesehen. In einer Videoschalte mit dem PKM-Vorstand warb die Bundeskanzlerin um eine Zustimmung innerhalb von wenigen Tagen, um noch vor Ende der Legislaturperiode eine Lösung ohne Wahlkampfgetöse zu erreichen.

In meiner Wortmeldung warnte ich vor einem Überbietungswettbewerb mit den Grünen. Ich warb für eine realistische Strategie, die die Klimaziele und den Erhalt der Wettbewerbsfähigkeit unserer Wirtschaft in Einklang bringen sollte. Die Kanzlerin schlug dafür neue Fördermaßnahmen für den Bereich Verkehr, Energie, Gebäude und Landwirtschaft vor. Eine solche Staatssteuerung halte ich nach wie vor für problematisch. Ich unterstrich dagegen die Notwendigkeit einer marktwirtschaftlichen Steuerung, wie sie mit dem europäischen Emissionshandel bereits besteht, weil eine Reduzierung der Emissionen von Klimagasen nur so technologieneutral und effizient erreicht werden kann.

Ohne eine international erfolgreich aufgestellte Wirtschaft fehlen uns die Mittel, um national und europäisch notwendige Transformationen zu leisten. Eine konsequente Politik zur Erreichung von Klimaneutralität erfordert somit eine ebenso konsequente Politik zur Stärkung der Wirtschaftskraft. Ohne eine wettbewerbsfähige Wirtschaft können zudem die ausgleichenden Faktoren der Sozialen Marktwirtschaft wie Bildung und sozialer Sicherung nicht finanziert werden.

Eine Klimapolitik aber, die das grundsätzliche Aufstiegsversprechen der Sozialen Marktwirtschaft infrage stellt und zu gesellschaftlichen Verwerfungen führt, wird nicht zum Erfolg führen. Eine Klimapolitik kann deshalb nur dann erfolgreich sein, wenn sie Klimaschutz und Wohlstand zugleich ermöglicht. Klimapolitik kann und darf deshalb im Interesse nachfolgender Generationen kein Spielfeld für sozialistische Experimente werden.

Kampf gegen Steueroasen

Neben meinem Einsatz für Steuervereinfachung und Steuerentlastung ging es mir auch darum, Wettbewerbsverzerrungen durch Steuerhinterziehung, Steueroasen und Steuerschlupflöcher zu beseitigen. Darin war ich mit Bundesfinanzminister Schäuble in voller Übereinstimmung. Ich freute mich über sein Engagement. Mit dem Steuerabkommen mit der Schweiz konnten wir ein großes Steuerschlupfloch schließen. Illegal in die Schweiz verbrachte Gelder sollten nachversteuert werden. Widerstand gegen das Abkommen kam ausgerechnet von der rot-grünen Opposition.

In einer Bundestagsdebatte am 26. April 2012 prallten die Gegensätze aufeinander. Ich stellte klar: „Mit diesem Steuerabkommen mit der Schweiz schaffen wir endlich einen Meilenstein in der Frage der Steuergerechtigkeit für die deutschen Steuerzahler, Wahrheit und Klarheit für den deutschen Fiskus sowie Wettbewerbsgleichheit für die deutschen Banken. […] Warum die Opposition hier Blockade macht, ist rational überhaupt nicht zu erklären. Ich habe gut zugehört, aber ich habe keine stichhaltigen Argumente vernommen. Was ist denn Ihre Alternative? Rot-Grün hat zu diesem Thema oft nur schwadroniert oder gegenüber der Schweiz massiv gedroht. Der Erfolg war gleich null", hielt ich der Opposition vor und weiter: „Wer hat denn in der Vergangenheit Steuerhinterziehung legitimiert, ohne eine Gesamtlösung anzubieten? Das war der SPD-Bundesfinanzminister Eichel, der letzten Endes eine Steueramnestie mit 15 Prozent Höchststeuersatz erlassen hat. Wir liegen jetzt bei einem Satz von 41 Prozent."

Es hatte viel Überzeugungskraft erfordert, in Verhandlungen mit der Schweiz neues Vertrauen aufzubauen, nachdem der frühere Bundesfinanzminister Peer Steinbrück mit einer sehr aggressiven Rhetorik gegenüber der Eidgenossenschaft viel nachbarschaftliches Porzellan zerschlagen hatte. Schließlich konnte ein Abkommen ausgehandelt werden, mit dessen Hilfe Einkünfte aus deutschen Kapitalvermögen, die bei Schweizer Bankinstituten angelegt sind, zeitnah genauso lückenlos der Besteuerung unterworfen würden, als wären sie bei deutschen Instituten angelegt. Das Abkommen war ein Meilenstein auf dem Weg zu einer korrekten steuerpolitischen Zusammenarbeit mit der Schweiz.

Doch am Ende blockierte die rot-rot-grüne Bundesratsmehrheit das Abkommen. Ein Vermittlungsverfahren blieb erfolglos. Eine große Chance zur Schließung eines Steuerschlupflochs war vertan.

Trotz dieses Scheiterns blieben die Verhandlungen unter dem Strich nicht ohne Erfolg. Schweizer Banken veranlassten Kunden aus Deutschland, die ihre Guthaben in der Schweiz nicht versteuert hatten, zur Offenlegung und Nachversteuerung. So kam im Januar 2013 auch der Präsident und Aufsichtsratsvorsitzende des FC Bayern, Uli Hoeneß, in Erklärungsnot, weil er einen dreistelligen Millionenbetrag an Schweizer Franken bei der Bank Vontobel auf einem Nummernkonto versteckt hatte. Wie sich herausstellte, hatte er dort über zehn Jahre überwiegend Devisentermingeschäfte abgewickelt, ohne die Erträge zu versteuern. Obwohl ich seit jeher bekennender FC Bayern-Fan bin und die unternehmerische Leistung von Uli Hoeneß beim FC Bayern immer anerkannt habe, fand ich die Bestrafung der Steuerhinterziehung absolut gerechtfertigt. Nach dem Fall Hoeneß gab es mehr als 8000 Selbstanzeigen deutscher Steuerpflichtiger. Bei einem späteren Gespräch mit Hoeneß habe ich ihm seine Reue, Entschuldigung und persönliche Erklärung, in der er vom größten Fehler seines Lebens sprach, abgenommen.

Im April 2013 ging es im Bundestag erneut um den Handlungsbedarf zur Bekämpfung von Steueroasen, Steuerhinterziehung und Steuervermeidung. Ich begrüßte dabei die Initiative von Bundesfinanzminister Wolfgang Schäuble, in der Europäischen Union und in der Gruppe der G20-Staaten Steuerhinterziehung und grenzüberschreitende Steuergestaltung zu bekämpfen, der Aushöhlung der Steuerbemessungsgrundlage und der Gewinnverschiebung internationaler Konzerne Einhalt zu gebieten und durch eine verbesserte internationale Zusammenarbeit sowie einen automatischen Informationsaustausch Steueroasen Schritt für

Schritt auszutrocknen. Ich betonte: „Wir begrüßen besonders das vom Bundesfinanzminister zusammen mit seinem englischen und seinem französischen Kollegen initiierte Projekt BEPS, weil das Problem nicht allein national gelöst, sondern nur international angegangen werden kann. Die OECD erarbeitet in drei Arbeitsgruppen unter deutschem Vorsitz einen Aktionsplan über Maßnahmen gegen Gewinnkürzungen und Gewinnverlagerungen. Deutschland plädiert hier für einheitliche Mindeststeuern, um die optimierende Steuergestaltung einzudämmen. Es wird von uns nicht hingenommen, das Amazon und Google hier nur zwei oder drei Prozent versteuern. Das ist wettbewerbsungerecht. Deswegen wollen wir, dass sich hier massiv etwas ändert. Das ist nicht die Schuld des deutschen Fiskus. In verschiedenen Ländern, wie Irland, Holland und Luxemburg, gibt es Steuerdumping. Wir versuchen, dieses Steuerdumping massiv zu bekämpfen. International tätigen Unternehmen soll nicht länger ermöglicht werden, durch fragwürdige Steuergestaltung und das Nutzen von Steueroasen den Nationalstaaten rechtmäßige Steuereinnahmen nicht zu gewähren bzw. Steuereinnahmen zu hinterziehen."

Transnationale Konzerne machten sich den Umstand zunutze, dass die Steuerrechtssysteme der Staaten unzureichend aufeinander abgestimmt waren, einige Staaten aber auch unfairen Steuerwettbewerb betrieben und so Steuerschlupflöcher entstanden. Dies sorgte nicht nur für Verluste bei den Steuereinnahmen. Es schadete vor allem auch dem fairen Wettbewerb der Unternehmen untereinander. Gerade kleine und mittelständische Unternehmen konnten derartige Möglichkeiten nicht nutzen und so am Markt ins Hintertreffen geraten. Dem sollte mit dem Projekt BEPS (Base Erosion and Profit Shifting) gegengesteuert werden. Dagegen sah ich die Aufkäufe von CDs mit illegal beschafften Steuerdaten im Ausland durch NRW-Finanzminister Norbert Walter-Borjans sehr kritisch. Staatliche Hehlerei lehnte ich ab.

Der direkte Draht zu den Bürgern

Neben den intensiven Gestaltungsanstrengungen im Finanzausschuss, im Fraktionsvorstand der CDU/CSU-Fraktion, als stellvertretender Bundesvorsitzender der CDU/CSU-Mittelstands- und Wirtschaftsunion und Vorsitzender der CSU-Mittelstands-Union war mir die Wahlkreisarbeit für Coburg und Kronach immer ein hochrangiges Anliegen. Der unmittelbare Kontakt zu den Bürgerinnen und Bürgern ist allemal der beste Gradmesser für den politischen Kurs und die Wünsche, Bedürfnisse und Erwartungen der Menschen an die Politik. Und er ist ein gutes Korrektiv zu vielen Debatten, die im politischen Berlin geführt werden.

Deshalb suchte ich immer auch den intensiven Kontakt mit allen gesellschaftlichen Gruppen, den Gebietskörperschaften, Organisationen, Vereinen und Betrieben. Die Termine für die Menschen vor Ort, ihre Petitionen und Wünsche waren für mich Auftrag und Selbstverständlichkeit. Natürlich konnten nicht für alle Fragen Lösungen erreicht werden. Aber die Menschen akzeptierten auch Misserfolge, wenn sie die ehrlichen Bemühungen erkannten. Viele Bemühungen führten aber auch zu positiven Entscheidungen und das fand ich immer besonders beglückend. Es war nicht nur eine große Genugtuung für mich als Wahlkreisabgeordneten; es war auch die Grundlage für die hohe Zustimmung der Wählerinnen und Wähler bei insgesamt sieben Bundestagswahlen. Meine grundsätzliche Empathie für die Menschen vor Ort habe ich von ihnen persönlich und als ihre Vertretung in Berlin vielfach zurückbekommen. Das hat mich immer wieder motiviert.

Wenn irgend möglich, bemühte ich mich, alle wichtigen Veranstaltungen persönlich zu besuchen. Ob Betriebsbesuche, Einladungen von Sozialeinrichtungen, Pfarrereinführungen, Einweihungen, Jubiläumsfeste, Volksfeste, Schützenfeste, Sportveranstaltungen, Besuche bei den

Hilfsorganisationen oder bei Schul- und Kulturveranstaltungen: Ich war immer präsent. Ich wollte stets den Kontakt mit den Menschen halten und ihnen Respekt und Anerkennung bezeugen, auch dann, wenn gerade kein Wahlkampf war.

Natürlich war nicht immer eitel Sonnenschein. Vor allem dann nicht, wenn es in Berlin wieder einmal politische Unzulänglichkeiten, Probleme und Fehlentscheidungen gab. Dann ging ich mit Vorliebe auf den Coburger Marktplatz und testete die Reaktion der Leute. Wenn diese auf mich zugingen, mich freundlich grüßten und das Gespräch nicht verweigerten, war die Welt zumindest für mich persönlich noch in Ordnung. Sie akzeptierten, dass ich als ihre Vertretung und Stimme in Berlin mein Bestes gab. Die Coburger und Kronacher erkannten auch Erfolge an.

Im Mittelpunkt stand für mich, die Rahmenbedingungen für Wirtschaft und Arbeitsplätze in der Region weiter zu verbessern, aber auch die Einwohner der Orte an den Bundesstraßen vom Lärm des Durchgangsverkehrs zu entlasten.

Die regionale Wirtschaftsleistung wuchs unaufhörlich. Wir erreichten in der Region Vollbeschäftigung nach zweistelligen Arbeitslosenzahlen unter Rot-Grün an der Jahrtausendwende. Die regionalen Exporte erreichten immer neue Bestmarken und die Infrastruktur konnte durch meine Verbindungen kräftig verbessert werden.

Eines der wichtigsten Verkehrsprojekte für die Region war die Eröffnung der Autobahn A 73, mit der die Region aus dem Verkehrsschatten der deutschen Teilung heraustreten konnte und die Erfurt und Suhl in Thüringen mit Nürnberg verbindet. 2008 – sechs Jahre nach meiner ersten Direktwahl – war die als Projekt „Deutsche Einheit“ geplante Strecke erstmals durchgehend befahrbar und damit ein wichtiger Anker für die Fernverkehrsanbindungen der Region.

Ein großer Erfolg gelang mir gemeinsam mit dem Bürgermeister von Rödental, Gerhard Press, beim Ausbau der Bundesstraße B 4. Wir konnten den damaligen Verkehrsminister Peter Ramsauer überzeugen, den Bundestraßenausbau an der Priorisierung des Bundesverkehrswegeplans vorbei zu bewilligen. Der Ausbau führte nicht nur zu einer deutlichen Verbesserung der Verkehrsverhältnisse. Die direkte Anbindung von Neustadt an das Autobahnnetz war für Stadt und Wirtschaft wichtig. Durch die Verlagerung der Verkehrsströme profitierten auch die Bürger in den zuvor verkehrsbelasteten Orten.

Ein gleicher Streich wäre mir gerne auch beim durchgängigen Ausbau der Bundesstraße B 173 von Lichtenfels über Kronach nach Hof gelungen. Teilstrecken wie die Ortsumgehung Wallenfels, Zeyern und Kronach-Neuses konnten durchgesetzt werden. Die weiteren Planungen und Genehmigungsverfahren stellten sich aber als schwierig heraus, obwohl ich die gesamte B 173 einschließlich der Finanzierung in die erste Dringlichkeitsstufe des Bundesverkehrswegeplans bringen konnte. Die Trassenplanungen wurden immer wieder beklagt.

Im Frühjahr 2014 fanden in Bayern die kommunalen Wahlen statt. Da ich in der Kommunalpolitik als Stadtrat, Bürgermeister und Fraktionsvorsitzender im Kreistag Main-Spessart große kommunalpolitische Erfahrung gesammelt und vor allem eine gute Zusammenarbeit mit den kommunalen Mandatsträgern im Wahlkreis gepflegt hatte, fiel es mir nicht schwer, dem Wunsch meiner Partei nach einer Stadtratskandidatur in Coburg zu entsprechen. Die CSU war in der Stadt Coburg nach persönlichen Querelen und einer leidvollen Teilung der Fraktion nicht erfolgversprechend aufgestellt.

Es galt, Vertrauen zurückzugewinnen. Mit den Kommunalwahlen 2014 konnten wir tatsächlich einen glaubwürdigen Neuanfang erreichen, die Mehrheit der SPD im Stadtrat brechen und erstmals wieder mit Birgit Weber die 2. Bürgermeisterin stellen. Zusammen mit Erbprinz Hubertus von Sachsen-Coburg und Gotha, dem IHK-Präsidenten Friedrich Herdan, neuen und schon etablierten Stadträten hatte ich ein hohes Vertrauen von den Coburger Bürgerinnen und Bürgern erhalten. Ich sah es als meine Aufgabe an, die kommunalen Anliegen der Stadt Coburg gemeinsam mit dem Oberbürgermeister in Berlin, München und Brüssel nachdrücklich zu unterstützen. Der Oberbürgermeister gehörte der SPD an, doch es gab eine sachliche Zusammenarbeit zum Wohle der Menschen in Coburg.

Einer der Dauerbrenner war die Einbindung der Region Coburg/Kronach in den ICE-Netzplan. Es hatte schon erheblicher Anstrengungen bedurft, beim Bau der ICE-Schnellstrecke zwischen Berlin und München überhaupt einen ICE-Anschluss für Coburg durchzusetzen. Es erschien mir völlig widersinnig, dass eine der inzwischen stärksten Wirtschaftsregionen keinen attraktiven Anschluss an das Fernverkehrsnetz erhalten sollte. Dabei hatte ich aktiv daran mitgewirkt, dass es für diese Schnellbahntrasse endlich zu einer Finanzierungsvereinbarung kam. Dankbarkeit war bei den damaligen Bahnmanagern aber ein Fremdwort. Ich nahm den Kampf auf, denn es war für mich nicht hinnehmbar, dass die Region durch eine falsche verkehrspolitische Weichenstellung um die Früchte ihre Anstrengungen gebracht werden sollte.

Erst nach zahllosen Gesprächen mit dem Bundesverkehrsministerium, der bayerischen Staatsregierung und dem Bahnvorstand kam der Durchbruch: Coburg wurde mehrfacher ICE-Halt und Kronach mit dem IC angebunden. Und was von Ministerium und Bahn bei den Planungen immer wieder bezweifelt wurde: Die Region nahm ihren ICE-Halt an – und das weit stärker als in allen Prognosen vorausgesagt.

Dennoch oder auch gerade deshalb blieb die ICE-Anbindung weiter ein Dauerbrenner. Es bedurfte trotz guter und steigender Fahrgastzahlen noch vieler Gespräche, um Zusagen für eine dichtere Zeittaktung der ICE-Züge zu erreichen. Und auch der Zustand des Bahnhofs war nicht wirklich ICE-like. Es gab immer wieder große und kleine Ärgernisse wie einen Aufzug für den ICE-Bahnsteig, der wegen fehlender technischer Abnahme über Monate nicht in Betrieb genommen wurde. Allerdings konnte ich mit dem bayerischen Verkehrsminister zusätzlichen einen Regionaleilzug von Sonneberg über Coburg nach Nürnberg im Ein-Stunden-Takt durchsetzen.

Die dauerhaften Bemühungen, aber auch die Begeisterung der Bürgerinnen und Bürger für „ihren" ICE sorgten schließlich 2019 für Fortschritte. Gemeinsam mit Vertretern der Region fuhr ich zu einem Gespräch mit dem Bahnvorstand in Berlin. In der obersten Etage des Berliner Bahn-Tower mit Blick auf den Tiergarten gelang der Durchbruch. Die Deutsche Bahn sagte endlich einen ICE-Verkehr im Zwei-Stunden-Takt für Coburg zu und legte dafür einen konkreten Entwicklungsplan vor.

Gleich zu Beginn des Gesprächs aber legte Bahnvorstand Ronald Pofalla, mein früherer Bundestagskollege, noch etwas auf den Tisch, mit dem niemand aus der Region gerechnet hatte. Coburg wurde in das Bahn-Projekt „Zukunftsbahnhof" aufgenommen, mit dem die Deutsche

Bahn AG Musterbahnhöfe entwickelt. Schon im Juli 2021 konnte ich mit den Vertretern der Deutschen Bahn AG den aufwendig sanierten und nun barrierefreien Bahnhof der Öffentlichkeit übergeben. Coburg erhielt für fünf Millionen Euro einen schmucken ICE-Bahnhof. Im Juli 2021 gelang es mir schließlich noch, mit dem Bundesverkehrsminister die Finanzierungsmöglichkeiten für einen Bahnlückenschluss zwischen Coburg und Eisenach abzuklären.

Einen großen Erfolg erzielten wir beim damaligen bayerischen Finanzminister, Markus Söder, der der Stadt Coburg bei der Finanzierung der Sanierung des Landestheaters sehr entgegenkam. Zu Markus Söder hatte ich eine besonders freundschaftliche enge Beziehung. Da er lange Zeit beim Parteivorstand mein Sitznachbar war, konnte ich ihn immer wieder auch auf die Coburger Belange ansprechen. Er sagte immer zu mir: „Coburg ist mir lieb und teuer."

Die Stadt Coburg hatte einen sehr teuren Sanierungsvertrag mit der bayerischen Staatsregierung vereinbart, zu dem auch die Finanzierung einer Interimsspielstätte gehörte. Das bayerische Kunstministerium und das Finanzministerium hatten allerdings klargestellt, dass man eine Interimsspielstätte nur mitfinanzieren wollte, wenn diese nach der Theatersanierung wieder abgerissen würde.

Ich hielt das für eine nicht hinnehmbare Verschwendung von Steuergeldern und teilte dies den Ministern auch mit, verbunden mit der Bitte, diese Entscheidung zu revidieren. Einen Förderbescheid zu ändern, ist aber schwierig. So wandte ich mich an Söder und seinen Staatssekretär Albert Füracker. In dem Vorsitzenden der Gesellschafterversammlung der Firma Brose, Michael Stoschek, fand ich einen Gleichgesinnten. Mit seiner unternehmerischen Persönlichkeit positionierte auch er sich gegen die unsinnige Steuerverschwendung. Markus Söder verschloss sich unseren guten Argumenten nicht und sicherte eine Förderung von zehn Millionen Euro für ein dauerhaftes Kulturgebäude zu.

In dieser Situation kam unverhofft Unterstützung aus der Wirtschaft und von der Hochschule Coburg. An der Hochschule hatten sich zwei Studierende Gedanken über eine Ersatzspielstätte gemacht. Heraus kam ein Rundbau nach dem Vorbild von Shakespeares Londoner Globe Theater. Drei in der Region ansässige Unternehmen – der Automobilzulieferer Brose, die HUK-Coburg und Kaeser Kompressoren SE – griffen die Idee auf und trieben sie voran. Die Planungen im Wert von rund drei Millionen Euro schenkten sie im Anschluss der Stadt, die die weitere Investition und die Fördermittel übernahm.

Das Globe wurde zugleich zu einer Initialzündung für die Neugestaltung des alten Güterbahnhofsgeländes in Coburg. Ich unterstützte dabei das Strategie- und Entwicklungspapier 2030 der Hochschule in Coburg und Kronach. Als Teil dieser Zukunftsentwicklung wird neben dem Globe-Neubau die ehemalige Kühlhalle des Schlachthofs saniert, in die das Gründerzentrum Creapolis und die Hochschule einziehen. Die ehemalige Pakethalle wird zur Veranstaltungshalle umgebaut. Ein neues Stadtviertel konnte in optimaler Zusammenarbeit zwischen Politik, Wirtschaft und Wissenschaft geplant werden. So stelle ich mir erfolgreiche Marktwirtschaft im Zusammenwirken von öffentlicher Hand und Privatunternehmen vor. Ein großer Erfolg für die Stadt Kronach wurde auch mit der Entwicklung des Lucas-Cranach-Kampus und der Errichtung eines neuen Standorts der Finanzhochschule erreicht.

Zurück zu Schwarz-Rot

Die parlamentarische Arbeit im Deutschen Bundestag wurde zunehmend von der am 22. September 2013 stattfindenden Bundestagswahl geprägt. Die Voraussetzungen für eine Wiederwahl von Bundeskanzlerin Angela Merkel hatten sich nach dem erfolgreichen Krisenmanagement in der Banken- und Eurokrise sowie der positiven Entwicklung von Wachstum und Beschäftigung wesentlich verbessert. Wir im Wirtschaftsflügel von CDU und CSU hatten durchgesetzt, dass es auch in der nächsten Legislaturperiode keine Steuererhöhungen und keine Vermögensabgabe geben sollte. Und bei der Einkommensteuer sollte weiter am schrittweisen Abbau der kalten Progression festgehalten werden.

Den Gegenentwurf vertrat der SPD-Kanzlerkandidat Peer Steinbrück, der von seiner Partei zu einem Linksrutsch gezwungen wurde. Die Sozialdemokraten ebenso wie die Grünen wollten Steuererhöhungen und eine Anhebung des Spitzensteuersatzes von 42 auf 49 Prozent. Das hätte vor allem die Eigenkapitalbildung für Investitionen bei den mittelständischen Betrieben auf breiter Front getroffen. Den größten Unterschied zwischen CDU/CSU und SPD gab es in der Europapolitik. Die SPD drängte auf einen europäischen Schuldentilgungsfonds und eine EU-Wirtschaftsregierung mit Mindeststeuersätzen und verbindlichen Sozialstandards sowie die Aufnahme der Türkei in die EU. Es war der gerade Weg in eine Transferunion, in der Deutschland für die verfehlte Politik etlicher Euro-Krisenstaaten finanziell einstehen sollte. Die Grünen mit ihrem Spitzenmann Jürgen Trittin schlossen sich dem Linksprogramm der SPD nahezu uniform an.

Unser Koalitionspartner FDP wurde von heftigen Personalquerelen erschüttert. Die Partei hatte ihren Vorsitzenden Westerwelle weggeputscht und mit Rainer Brüderle einen Spitzenkandidaten mit Handicaps berufen. Auch inhaltlich waren die Liberalen schwach aufgestellt. So forderten sie für die Sozialversicherungen ein liberales Bürgergeld, ohne dass dies finanziert war oder substanziell genügend erklärt wurde. Angesichts des Klimas der öffentlichen Debatte traute sie sich auch nicht mehr, ihren marktwirtschaftlichen Markenkern offensiv zu vertreten. Meine zu diesem Zeitpunkt stark aufgestellte CSU-Mittelstands-Union nahm der FDP die programmatische Deutungshoheit für die Ordnungspolitik der Sozialen Marktwirtschaft ab. Wir merkten wenige Wochen vor der Bundestagswahl, dass das Totenglöckchen für die FDP wieder einmal läutete. Mit Brüderle, der mein Büronachbar im Bundestag war, führte ich ernsthafte Gespräche wegen einer künftigen Mehrheit für die Fortsetzung unserer Koalition. Doch die FDP war zerstritten und ihr Spitzenkandidat umstritten.

Bei der vorherigen Wahl 2009 hatten viele Union-Sympathisanten sichergehen wollen, dass die ungeliebte große Koalition verschwand und deshalb der FDP ihre Zweitstimme gegeben. Das hatte mit zum sensationellen Abschneiden der Liberalen geführt. Doch 2013 kamen die mittelständischen Wähler zu CDU und CSU und unserem Wirtschaftsflügel als starkem Vertreter der Sozialen Marktwirtschaft zurück. Angesichts einer drohenden Wahlpleite plakatierte die FDP schließlich den absurden Slogan „Wer Angie will, muss FDP wählen“. Das war ein Armutszeugnis für die FDP.

Wir gingen sehr zuversichtlich in den Wahlkampf, zumal uns eine irrlichternde SPD noch kurz vor der parlamentarischen Sommerpause den Gefallen getan hatte, eine aktuelle Stunde über Bundeskanzlerin Merkel zu beantragen. Die Debatte war Wahlkampf pur. Der SPD-Fraktionsvorsitzende Frank-Walter Steinmeier verstieg sich sogar zu der Behauptung, die Union bereite einen Wahlbetrug vor. Ich war immer für Klartext im politischen Wettbewerb, aber mit diesem Vorwurf wurden Grenzen überschritten.

Ich hielt diesen Angriffen in einer Plenardebatte entgegen: „Es geht um die Zukunft. Es geht insbesondere um die Erhaltung der Leistungsfähigkeit für unsere Menschen, für unseren Wirtschaftsstandort und für unser Land. Man kann immer wieder schauen, welche Modelle, welche Konzepte am erfolgreichsten waren. Wir haben den Kraftakt der deutschen Wiedervereinigung mit dem Konzept der zweiläufigen Finanzpolitik geschultert, indem wir auf der einen Seite Haushaltskonsolidierung und auf der anderen Seite Nutzung der Wachstumspotenziale angegangen sind. Schon einmal haben wir bewiesen, dass wir durch Wachstum weitere Spielräume erschließen können. Diese Spielräume dienen neben der Haushaltskonsolidierung dazu, die Menschen zu motivieren, die Menschen an der Aufschwungsdividende teilhaben zu lassen. Die christlich-liberale Koalition hat in dieser Legislaturperiode viel für die Menschen, für unseren Standort Deutschland erreicht. Nun machen wir programmatisch deutlich, dass CDU und CSU die politische Kraft für Soziale Marktwirtschaft, für Stabilität, für Wachstum, für gesellschaftlichen Zusammenhalt und die Chancen für Aufstieg sind. Es geht um Wachstum statt Stillstand. Es geht um Investitionen statt rot-grüner Zukunftsverweigerung. Es geht um Vollbeschäftigung oder wieder mehr Arbeitslosigkeit. Es geht um Steuervereinfachung oder Steuererhöhungen durch Rot-Grün. Das sind die Alternativen, die die Menschen kennen müssen. Wir machen den Menschen ein klares Angebot. Die Leute können deutlich sehen, wo die Unterschiede sind. Sie wollen die Menschen bevormunden, wir wollen den Menschen mehr Freiraum geben. Denn sie wissen am besten, was sie mit ihrem erarbeiteten Geld anfangen können. Sie brauchen die notwendigen Freiräume, um selbst zu investieren, um selbst zu kaufen, und nicht eine staatliche Bevormundungspolitik ihrer Genossen. […] Auf breiter Front soll es Steuererhöhungen geben. Sie wollen die Erbschaftsteuer verdoppeln. Damit vernichten sie die Mittelstandsarbeitsplätze. Sie wollen das Ehegattensplitting abschaffen. Sie wollen die niedrigeren Mehrwertsteuersätze erhöhen. Sie wollen auf breiter Front abkassieren, wie sie es immer gemacht haben, und dann verteilen, weil sie nur glücklich sind, wenn sie Verteilungspolitik machen können. Das ist der falsche Ansatz für Deutschland."

Die SPD wollte in der Debatte den Eindruck vermitteln, dass das Land kurz vor dem Absturz sei und alle Menschen ein Opfer der CDU/CSU-Politik seien. Die große Mehrheit in Deutschland sah dies aber nicht so. In den Wochen vor der Wahl leistete ich ein umfangreiches Pensum an öffentlichen Veranstaltungen für die Mittelstands-Union ab. Im Wahlkreis hatte ich prominente Unterstützung von meinen Freunden Peter Altmaier, Norbert Röttgen, Friedrich Merz, Markus Söder und Günther Beckstein sowie Kristina Schröder und Ursula von der Leyen erhalten. Es gab für uns als CSU einen Doppel-Wahlkampf, da 14 Tage vor dem Bundestag der bayerische Landtag neu gewählt wurde, bei dem Horst Seehofer als Ministerpräsident wieder die absolute Mehrheit im Maximilianeum in München erreichen konnte. Ich war ursprünglich im Parteivorstand für einen gemeinsamen Termin der Landtagswahl mit der Bundestagswahl eingetreten. Das führte zu einer heftigen Auseinandersetzung mit Horst Seehofer, der damals als Ministerpräsident auf dem Höhepunkt seiner Macht und Anerkennung stand. Er bestand auf einem eigenen Termin und sagte mir: „Bayern ist das älteste, stärkste und erfolgreichste Land in Deutschland, dies rechtfertigt einen eigenen Termin. Die bayerische Landtagswahl ist etwas Eigenständiges, kein Anhängsel einer bundesdeutschen Wahl, das gebietet das Selbstbewusstsein Bayerns." Das Ergebnis der Landtagswahl mit 47,7 Prozent für die CSU und nur noch 3,3 Prozent für den Koalitionspartner FDP gab ihm recht. Das war zugleich deutlicher Aufwind für die Union zur Bundestagswahl.

Am Tag der Bundestagswahl, dem 22. September 2013, erlebte ich eine hohe Zustimmung im Wahlkreis und einen in der Höhe nicht erwarteten Wahlsieg der CDU und CSU. Zusammen erreichten wir 41,5 Prozent der Zweitstimmen und konnten den Abstand zur SPD, die auf 25,7 Prozent kam, deutlich vergrößern. Stimmenverluste hatten die Grünen und die Linken und insbesondere die FDP, die fast zehn Prozentpunkte verlor und unter die Fünf-Prozent-Hürde rutschte. Erstmals war die FDP nicht im Bundestag vertreten. Am Wahlabend krachte das liberale Kartenhaus zusammen. Es war ein Debakel für die FDP und leider auch für die Marktwirtschaft. Die Zweitstimmenkampagne ging ins Leere. Das Flehen um eine „Merkel-Stimme" war der Tiefpunkt einer gescheiterten Partei. Sie konnte gegenüber den Mittelständlern in der Union nicht erneut punkten, den Unterschied nicht verdeutlichen und sie bekam die Quittung für den Hochmut nach dem Rekordwahlergebnis von 2009. Hinzu kam der personelle Führungswechsel, der mit Bundeswirtschaftsminister Philipp Rösler und Gesundheitsminister Daniel Bahr zu wenig Durchschlagskraft entwickelte. Die Wähler waren von der Regierungsarbeit der FDP enttäuscht.

Mir war das Ergebnis nicht recht. Der Union war der einzige potenzielle Koalitionspartner für eine zukunftsfähige Ordnungspolitik der Sozialen Marktwirtschaft abhandengekommen. Zu einer eigenen absoluten Mehrheit

– und damit einer Alleinregierung – reichte es trotz der starken 311 Sitze für CDU und CSU nicht. Zweifellos war Angela Merkel nach diesem Wahlergebnis der Superstar. Sie hatte den Höhepunkt ihrer Karriere erreicht.

Ihr Wahlkampf war eine Wohlfühlkampagne gewesen, ohne die Chancen der Marktwirtschaft darzulegen oder sich in inhaltlichen Fragen festzulegen. Das war nicht mein politischer Ansatz. Das Kalkül nicht auf ein Programm, sondern auf die Kanzlerin als Person zu setzen, war aber aufgegangen. Neue Abgeordnete kamen über die CDU- und CSU-Liste in den Deutschen Bundestag, die vor den Wahlen nie damit gerechnet hatten, dass ihr Listenplatz sie in den Deutschen Bundestag führen würde. Sie waren Angela Merkel zu großem Dank verpflichtet, was sie für ihre innerparteiliche Strategie nutzte. In der CDU war nur noch sie dominant. Und sie duldete keine Widersacher.

Doch zunächst gab es in der Koalitionsfrage eine gewisse Einsamkeit um unsere CDU/CSU. Die SPD hatte sich mit Peer Steinbrück gegen eine Koalition mit uns ausgesprochen. Sondierungsgespräche für eine Koalition mit Bündnis 90/Die Grünen bewertete ich für den Wirtschaftsflügel sehr zurückhaltend und kritisch. Unter Führung von Jürgen Trittin, einem früheren Mitgliedes des maoistischen, später der undogmatischen Linken zugeordneten Kommunistischen Bundes, schien mir eine schwarz-grüne Koalition für den Wirtschaftsstandort Deutschland unmöglich. Die Grünen hatten Steuererhöhungen auf breiter Front gefordert und Bevormundungen wie den „Veggie Day“ verlangt. Der grüne Staatsinterventionismus passte zu unserer freiheitlichen Sozialen Marktwirtschaft einfach nicht.

So blieb doch nichts anderes übrig, als mit dem SPD-Parteivorsitzenden Sigmar Gabriel eine von mir sehr ungeliebte große Koalition zu verhandeln. Heraus kam der Koalitionsvertrag zwischen CDU, CSU und SPD für die 18. Legislaturperiode mit der Überschrift: „Deutschlands Zukunft gestalten.“ Auf 130 Seiten versuchten wir die Grundlagen für unseren Wohlstand und Zusammenhalt in der Zukunft festzuhalten.

Bei den Koalitionsverhandlungen mit der SPD gab es ein hartes Ringen. Von Anfang an wurden wir in der CDU/CSU seitens der SPD mit dem Ultimatum einer Mitgliederbefragung über den Koalitionsvertrag unter Druck gesetzt. Bundeskanzlerin Angela Merkel hielt vielfaches Nachgeben gegenüber der SPD wieder einmal für alternativlos. Wichtig war nur, dass sie wieder Kanzlerin wurde. Ich fühlte mich an 2005 bis 2009 erinnert. Dass nicht einmal 400 000 SPD-Mitglieder darüber entscheiden sollten, ob, wann und wie in Deutschland eine marktwirtschaftliche Regierungsarbeit stattfindet, war für mich ein politisches Unding.

Nach fünf Wochen Verhandlungen und einer 17-stündigen Abschlussrunde gab es einen bedingt gültigen Koalitionsvertrag. Er enthielt ein Sammelsurium von Kompromissen, das ein Füllhorn von Umverteilung und sozialen Wohltaten vorsah und die ordnungspolitischen Konjunkturanreize und die steuerpolitischen Vorschläge aus dem CSU-Wahlprogramm völlig ignorierte. Unsere Verhandlungsführung mit Angela Merkel und Horst Seehofer sah keine Dringlichkeit für eine Steuerreform, weil die Wirtschaft angeblich schon wieder ausreichend brummte. Man müsse schon dankbar sein, dass man der SPD Steuererhöhungen abverhandelt habe, hieß es. Im Wirtschaftsflügel von CDU/CSU waren wir ungehalten auch über die großzügige Ausweitung der Sozialleistungsquote. Die Entscheidungen gingen zulasten der jungen Generation, der Nachhaltigkeit und der zukünftigen Chancen durch eine konsequente Marktwirtschaftspolitik.

Dagegen sah ich mit dem bayerischen Finanzminister Markus Söder für die CSU-Landesgruppe bei den Verhandlungen die Aufgabenstellung, gegen eine ideologisch motivierte Eigentumspolitik anzugehen. In den Gesprächen verdeutlichten wir, dass in Wirklichkeit die Eurokrise noch lange nicht überwunden war und ein Krisenbewältigungspaket nicht ausgeblendet werden durfte. Deshalb legten Markus Söder und ich bei den Verhandlungen den Schwerpunkt auf die Sicherung der Familienunternehmen mit einer Verschonungsregelung bei Fortführung des Betriebs durch eine Reform der Erbschafts- und Schenkungssteuer.

Dass wir diese Festlegung im Koalitionsvertrag erst nach zwei Jahren – und dazu noch mit einem Kompromiss in einem Vermittlungsverfahren mit dem Bundesrat durchsetzen würden, konnten wir uns damals nicht vorstellen. Es war die härteste Auseinandersetzung gegen eine ideologisch motivierte Gesellschaftspolitik. Nach einem Urteil des Bundesverfassungsgerichts wurde auch die Reform der Grundsteuer als verlässliche kommunale Einnahmequelle festgelegt. Eine notwendige Reform der Gewerbesteuer aber konnten wir nicht durchsetzen.

Harte Auseinandersetzungen gab es über eine gesetzliche Mindestlohnregelung, die vom Staat festgelegt werden sollte. Das war gegen meine ordnungspolitischen Grundsätze, die eine Lohnfindung durch die Tarifpartner und nicht durch den Staat vorsehen. Der Verlust an Tarifbindung und damit Tarifpartnerschaft hatte jedoch zunehmend zu weißen Flecken in der Tariflandschaft geführt. Deshalb sollte durch die Einführung eines gesetzlichen allgemeinverbindlichen Mindestlohns ein angemessener Mindestschutz für Arbeitnehmerinnen und Arbeitnehmer sichergestellt werden.

Die Wettbewerbsverzerrungen in der Wirtschaft durch Lohndumping einzelner Unternehmen waren aber auch mir ein Dorn im Auge. Somit kam es zu dem Verfahren, wonach nicht Politik und Staat, sondern eine Kommission aus Vertretern der Spitzenorganisationen von Arbeitgebern und Arbeitnehmern den Mindestlohn aushandeln. Damit konnte ein politisch festgelegter Mindestlohn als Dauerstreitpunkt abgeräumt werden. Zweifellos ein Sieg für die Ordnungspolitik der Sozialen Marktwirtschaft.

Der Koalitionsvertrag enthielt als Beruhigungspille auch für den Wirtschaftsflügel ein deutliches Bekenntnis zur Sozialen Marktwirtschaft als „wesentlichen Teil" unserer freiheitlichen, offenen und solidarischen Gesellschaft. Weiter hieß es: „Mit ihr haben wir einen bewährten Kompass, der Wohlstand und Vollbeschäftigung ermöglicht und zugleich den sozialen Ausgleich und den gesellschaftlichen Zusammenhalt in unserem Land festigt. Wir wollen die Soziale Marktwirtschaft stärken, ihre Prinzipien in Europa und darüber hinaus verankern und die Rahmenbedingungen so gestalten, dass unser Land allen Menschen ihre Chancen auf eine gute Zukunft eröffnet.

Solide Finanzen mit ausgeglichenen Haushalten sind für uns unerlässlich. Die Neuverschuldung wollen wir dauerhaft stoppen, die Schuldenstandsquote senken und dabei die Investitionskraft von Bund, Ländern und Kommunen sicherstellen. Nur so werden wir unserer Verantwortung gegenüber unseren Kindern und Enkeln gerecht. Wir sind uns einig, dass die Bekämpfung von Steuerhinterziehung, ein wirksamer Steuervollzug und die konsequente Einhaltung der Schuldenbremse für die Sicherung der Einnahmen und der Handlungsfähigkeit des Staates unerlässlich sind. Mit einer soliden und gerechten Haushaltspolitik schaffen wir auch weiter die Voraussetzungen für eine stabile Währung, für Wachstum und sichere Arbeitsplätze. Wir sehen Deutschlands Chancen in einer mittelständisch geprägten und international wettbewerbsfähigen Wirtschaft, deren Kern auch weiterhin eine moderne, dynamische Industrie ist." Es waren letztlich Placebosätze, hinter denen die SPD nicht wirklich stand.

Bei den Verhandlungen mit der SPD betonte ich auch immer wieder den Markenkern der CSU-Finanzpolitik, dass solide Finanzen für die Nachhaltigkeit und die wirtschaftliche Prosperität unabdingbar sind. Für uns gelte der Grundsatz, dass das Erwirtschaften vor dem Verteilen kommt. Deutschland müsse durch eine solide und nachhaltige Finanz- und Haushaltspolitik seiner Rolle in Europa gerecht werden. Deutschland sei gefordert, mit einer stabilitäts- und wachstumsorientierten Haushalts- und Finanzpolitik auf allen staatlichen Ebenen einen Beitrag zur Stabilität der Eurozone zu leisten. Davon war ich überzeugt, wenn ich auch die Fortentwicklung der Wirtschafts- und Währungsunion in Verbindung mit dem Weg aus der Krise in Europa als vorrangig ansah. Denn für mich hat die Krise im Euroraum die Konstruktionsmängel der europäischen Wirtschafts- und Währungsunion offengelegt.

Vor allem war deutlich geworden, dass eine bessere und verbindlichere Koordinierung der europäischen Wirtschaftspolitik und eine effektivere Haushaltspolitik nötig waren, um Wettbewerbsfähigkeit, Finanzstabilität und Zukunftsinvestitionen zu ermöglichen. Die Eurokrise hatte gezeigt, dass europäische Korrekturen oftmals zu spät griffen. Zur Vermeidung von künftigen Verwerfungen in der Währungsunion müssten deshalb Haushaltspolitiken und Schuldenentwicklung besser überwacht und wirtschaftliche Ungleichgewichte in der Eurozone durch koordinierte Anstrengungen aller Mitgliedstaaten verringert werden. Dafür müsste ein gestärkter Stabilitäts- und Wachstumspakt konsequent genutzt werden.

Neue Regeln könnten nur dann glaubwürdig sein, wenn sie konsequent angewandt und überwacht werden würden. Das Prinzip, dass jeder Mitgliedstaat für seine Verbindlichkeiten selbst haftet, muss auch in der Zukunft erhalten werden. Jede Form der Vergemeinschaftung von Staatsschulden würde die notwendige Ausrichtung der nationalen Politiken gefährden. Nationale Budgetverantwortung und supranationale, gemeinsame Haftung waren für mich unvereinbar. Deshalb sollten Hilfskredite aus europäischen Rettungsprogrammen nur als ultima ratio gewährt werden, wenn die Stabilität der Eurozone als Ganzes gefährdet ist. Krisenstaaten müssten eine starke Eigenbeteiligung an der Krisenbewältigung leisten und zunächst eigene Mittel einsetzen, bevor sie Hilfskredite erhalten würden. Diese dürften den Empfängerländern nur im Gegenzug zu strikten Auflagen und Reformen und Konsolidierungsmaßnahmen gewährt werden. Die divergierenden Kräfte in den europäischen Mitgliedstaaten waren nicht zu übersehen.

Mein Europa machte mir zunehmend Sorgen. Emotional war ich schon als Jugendlicher für das Europa des Friedens und der Freiheit begeistert. Jetzt aber verzeichneten in vielen europäischen Ländern links- und rechtsextreme Parteien mit antieuropäischem Populismus enormen Wählerzuwachs. In Griechenland, Italien, Frankreich, Spanien, Portugal, Ungarn, der Slowakei, Polen und auch in Deutschland mit der AfD gab es massive antieuropäische Strömungen.

Nachdem ich von meinen Kolleginnen und Kollegen wieder zum Obmann der CDU/CSU-Fraktion im Finanzausschuss gewählt wurde, bewarb ich mich auch für die Mitgliedschaft in der Interparlamentarischen Konferenz über Stabilität, wirtschaftliche Koordinierung und Steuerung in der Europäischen Union (SWKS) und wurde von der CDU/CSU-Fraktion nominiert. Dieses Gremium war auf europäischer Ebene neu eingeführt worden. Nach dem Artikel 13 des EU-Fiskalvertrages vom 2. März 2012 haben die Unterzeichnerstaaten einheitliche und dauerhaft verbindliche Haushaltsregeln in ihre nationalen Rechtsordnungen, vorzugsweise auf Verfassungsebene, aufzunehmen. Zudem wurde eine verstärkte Koordinierung der Wirtschaftspolitik angestrebt. Die SWKS-Konferenz für Vertreter der einschlägigen Ausschüsse der nationalen Parlamente und des europäischen Parlaments war für mich ein Hoffnungssignal für die Einheit der haushalts-, wirtschafts- und finanzpolitischen Maßnahmen.

Die Mitglieder trafen sich – angelehnt an den Zyklus des europäischen Semesters – zwei Mal im Jahr, um zur Verbesserung der demokratischen Rechenschaftspflicht und Legitimität im Bereich der haushalts- und wirtschaftspolitischen Steuerung in der Eurozone sowie der gesamten EU beizutragen. In Impulsreferaten und Diskussionsbeiträgen konnte ich die Haushaltsregeln der EU, ihre Anwendung sowie ihre Überarbeitung ebenso ansprechen wie die öffentlichen und privaten Investitionen und

Maßnahmen zur Erhaltung und Verbesserung der Wettbewerbsfähigkeit in der EU. Aber auch die Herausforderungen wie Digitalisierung oder Klimawandel und deren Auswirkungen auf die Beschäftigung wurden breit diskutiert. Besondere Bedeutung hatten die engeren Themen des Fiskalvertrags wie die Vollendung der Bankenunion, die Geldpolitik der EZB und die steuerlichen Fragen über fairen Steuerwettbewerb oder Bekämpfung von Steuerflucht in der EU.

Das breite Aufgabenspektrum war zwar hochinteressant, aber auch mit Unmut über das hohe Anspruchsdenken einzelner europäischer Mitgliedstaaten verbunden. Zunehmend spürte ich, dass sich mein Europa in kritischem Zustand befand. Das wurde leider auch bei den Europawahlen Ende Mai 2014 bestätigt, die insgesamt nur 42 Prozent der Wahlberechtigten an die Urne lockten. Das Europäische Parlament verzeichnete eine Zunahme EU-kritischer Parteien. In Frankreich wurde der rechtsextreme Front National klar stärkste Kraft, in Großbritannien hielt die radikale Brexit-Partei UKIP 27 Prozent der Stimmen, im hoch geförderten Griechenland wurde die linksextreme Syriza stärkste politische Kraft, in Spanien war die antikapitalistische Partei Podemos erstmals erfolgreich und in Deutschland erhielt die rechtsextreme euroskeptische AfD sieben neue Mandate.

Im Deutschen Bundestag hatten wir zur Verhinderung der Parteienzersplitterung im Europaparlament noch eine Drei-Prozent-Sperrklausel beschlossen. Doch das Bundesverfassungsgericht erklärte diese Hürde im deutschen Europawahlrecht für verfassungswidrig, was Deutschland durch die Zersplitterung der politischen Kräfte in Europa geschwächt hat. Die Europaparteien CDU und CSU erhielten zusammen nur noch 35,3 Prozent der abgegebenen Stimmen. Das schlechte Abschneiden der Union blieb aber ohne jede Konsequenzen. Angela Merkel sah keinen Handlungsbedarf.

Ich hielt diesen Umgang mit dem Wählervotum nicht nur für absolut falsch, sondern auch für gefährlich. Das nachlassende Vertrauen in die EU-Institutionen konnte das europäische Projekt zum Einsturz bringen, wenn man nicht gegensteuerte und in einen neuen Dialog über die Zukunft der EU einstieg. Gerade die EU-Geld- und Finanzpolitik sorgte für zunehmenden Unmut in der Bevölkerung. Damit durften wir uns nicht abfinden. Ich begann mich mit den Analysen des Präsidenten des ifo-Instituts, Professor Hans-Werner Sinn, stärker zu beschäftigen.

Sinn betonte die wichtige Rolle der EU, warnte aber zugleich vor Fehlentwicklungen: „Zur EU und zur europäischen Integration sehe ich nach wie vor keine Alternative. Wohl aber sehe ich Bedarf für massive Reformen, die die Euro-Schuldenvergemeinschaftungsaktionen zurücknehmen und die Brüsseler Kompetenzen im wirtschaftlichen Bereich beschneiden, während zugleich der militärische und außenpolitische Bereich zu stärken wären. Wegen der sicher überhasteten politischen Entscheidungen in der Vergangenheit, aber auch wegen großer Nachlässigkeit beim Umgang mit sich anbahnenden Gefahren, ist nicht nur der Euro, sondern auch die EU als Ganzes heute stark geschwächt. Noch vor den wachsenden innereuropäischen Spannungen mit einigen Ländern Osteuropas – etwa Polen und Ungarn – und ebenfalls noch vor der anhaltenden Wirtschaftskrise in Südeuropa beunruhigt mich zuallererst der Austritt der Briten aus der EU. Er erschütterte und beschädigte Europa bis ins Mark. Er zerstörte nicht nur ein Stück der Nachkriegsordnung, einer Ordnung des Friedens, der Stabilität, des Wohlstands und der Sicherheit. Er schwächt die EU wegen der Größe des Landes auch ökonomisch und damit zugleich politisch. Zum Vergleich: die Wirtschaftsleistung des Vereinigten Königreichs entspricht der gemeinsamen Leistung der 19 kleinsten EU-Länder. Der Brexit ist also wirtschaftlich gleichbedeutend mit dem simultanen Austritt der 19 kleinsten von 28 EU-Ländern. Wer die Dimension des Austritts Großbritanniens aus der EU nun noch immer nicht versteht, dem ist nicht zu helfen. Unter dem Schutz der maßgeblich auch von britischen Vorstellungen geprägten Freihandelsorientierung hat die deutsche Wirtschaft in den letzten Jahrzehnten ihre dominante Position auf den Weltmärkten aufbauen können. Es ist für mich bis heute unfassbar, wie Deutschland Großbritannien in dieser Frage allein lassen konnte." Das war Klartext, den ich vollinhaltlich unterstützte.

Sinn hatte in Berlin in der Bayerischen Landesvertretung einen Gesprächskreis eingerichtet, an dem ich oft sehr interessiert teilnahm. Wir diskutierten über Währung, Brexit, Flüchtlingspolitik, EZB-Kaufprogramme, Schuldenlawine, Eurobonds und Target-Salden. Wie er, sah ich die Gefahr, dass sich Europa schwer damit tut, das notwendige strategische Gegengewicht zu China, Russland und den USA voranzubringen. Dabei schadete der verbreitete Protektionismus Deutschland, das mit freiem Welthandel und Exportorientierung seinen Wohlstand erarbeitet hat. Ich teilte auch die Auffassung Sinns, dass die überbordende Staatsverschuldung der südeuropäischen Länder auf Dauer nicht durch eine extrem expansive Geldpolitik stabilisiert werden konnte und die zunehmenden Haftungsrisiken für Deutschland ein schwerwiegendes Problem darstellten. Die Kreditausweitung der südeuropäischen Länder ging weit über die Leistungsfähigkeit ihrer Volkswirtschaft hinaus, was nur durch neues Geld aus dem europäischen Eurosystem kompensiert werden konnte. Dafür wurden Staatsanleihen ausgegeben, die die EZB über den Umweg der privaten Banken aufkaufte. Das war faktisch eine monetäre Staatsfinanzierung durch die Hintertür, die aber nach den EU-Verträgen und den gesetzlichen Grundlagen verboten war. Hierzu führte ich auch ein Gespräch mit dem Präsidenten der Deutschen Bundesbank, Jens Wiedmann, mit dem ich in vielen Fragen übereinstimmte, der aber als dauerhafter Rufer in der Wüste im EZB-Rat ohne Mehrheit war. Für mich war auch nie nachvollziehbar, dass im EZB-Rat jedes Land unabhängig von der Größe der Volkswirtschaft das gleiche Stimmrecht hat. Diesen Geburtsfehler wollte man aber nicht mehr korrigieren.

Bei einer Sitzung des Finanzausschusses konfrontierte ich den EZB-Präsidenten Mario Draghi mit den aufgekommenen Fragen zum Verrechnungssystem der Zentralbanken in Verbindung mit den „Überziehungskrediten“, den sogenannten Target-Salden, die im Zusammenhang mit den Krediten der Rettungsschirme, des Eurosystems und den öffentlichen Krediten inzwischen bei den Ländern Griechenland, Italien, Portugal, Spanien, Irland und Zypern die gigantische Summe von mehr als 1800 Milliarden Euro erreicht hatte. Ich sagte, man sei doch bei der Einführung des Verrechnungssystems immer von einem täglich durchgeführten Ausgleich der Salden ausgegangen. Nun aber müsse die Deutsche Bundesbank inzwischen für viele 100 Milliarden Euro Kreditrisiken übernehmen, wobei die Frage im Raume stünde, inwieweit diese Außenstände überhaupt noch werthaltig seien.

Die Antwort des EZB-Präsidenten war für mich sehr ernüchternd, weil er mir sehr arrogant den Hinweis gab, dass es nun mal im Euroraum nur eine gemeinsame Währung gebe und die EZB für alle gleichzeitig

Verantwortung mit einer Geldpolitik für Preisstabilität wahrnehme. Diese Antwort widersprach deutlich den Beschlüssen des Deutschen Bundestags in Verbindung mit den Bail-Out-Festlegungen der EU-Verträge. Die EZB entwickelte sich unter dem Deckmantel der Unabhängigkeit unbeaufsichtigt in eine europäische Institution ohne jegliche demokratisch legitimierte Kontrolle und ohne tatsächliche rechtliche Kontrolle. Meine Überzeugung war zwar nach wie vor, dass eine unabhängige Zentralbank besser in der Lage ist, den Geldwert zu sichern. Doch die Unabhängigkeit sollte auch garantieren, dass die Zentralbank ihre Aufgaben und ihre Pflichten auch in der Realität ohne Einfluss der politischen Interessen einzelner Mitgliedstaaten ausübt.

Im Bundestag sagte ich dazu am 28. Januar 2015: „Die EZB hat zweifellos eine garantierte Unabhängigkeit. Aber einen Freibrief hat sie natürlich nicht. Ein Mandat zur monetären Staatsfinanzierung hat sie nicht, das ist nicht Grundlage des Vertrags. Es ist Aufgabe des Parlaments, die gleichen Fragen wie der Präsident der Deutschen Bundesbank, Dr. Weidmann, betreffend die Stabilitätsgrundsätze der Deutschen Bundesbank zu stellen. Die Deutsche Bundesbank hat für uns noch immer die höchste Glaubwürdigkeit. Wir dürfen sie nicht im Regen stehen lassen. Zunächst zu den Fakten. Am vergangenen Donnerstag hat EZB-Präsident Draghi einen massiven Aufkauf von Staatsanleihen angekündigt. Innerhalb von 19 Monaten wird die EZB Staatsanleihen im Wert von 60 Milliarden Euro pro Monat aufkaufen, sodass sie insgesamt weitere 1,1 Billionen Euro in die Märkte pumpt. Die EZB möchte auf diese Weise die geringe Inflation im Euroraum auf die Zielmarke von zwei Prozent bringen, was als Preisstabilität definiert ist. Gleichzeitig will die EZB die Kreditvergabe der Banken gerade in Südeuropa ankurbeln. Wir müssen uns natürlich die Frage stellen, ob diese beiden Ziele grundsätzlich richtig sind und ob die ergriffenen Maßnahmen zum jetzigen Zeitpunkt zielführend sind. Unser Ziel muss doch sein, die Banken durch Regulierung zu stärken. Wir dürfen keine Politik betreiben, die Banken aufgrund von Überliquidität dazu bringt, extreme Risiken einzugehen. Das sind die Grundsätze unserer Finanzmarktkonzeption. Man kann sicher unterschiedliche Meinungen dazu haben, ob die Staatsanleihenkäufe aktuell zielführend und jetzt auch notwendig sind. Ich persönlich bin der Auffassung: Nein. Es ist richtig, dass uns Draghi als Chef der EZB mit seinem „What ever it takes" Zeit gekauft hat. Das Problem ist, wie wir sehen, aber damit nicht gelöst. Deswegen müssen wir darüber reden, was die beste Problemlösung ist. Da hilft kein Schönreden und kein Bauen von Luftschlössern. Hier muss natürlich der Grundsatz gelten: keine Leistung ohne Gegenleistung. [...]

Die Inflationsrate ist gegenwärtig sehr niedrig. Betrachtet man jedoch die Kerninflationsrate, klammert also etwa die Energiepreise aus, dann zeigt sich schon ein gänzlich anderes Bild. Der niedrige Ölpreis wirkt doch momentan schon wie ein kostenloses Konjunkturpaket. Von der Gefahr einer sich selbst verstärkenden Deflation im Euroraum kann nach meiner Ansicht aktuell keine Rede sein. Man darf nicht vergessen: Die geringen Inflationsraten sind zum großen Teil auf die notwendigen Anpassungsprozesse in den Krisenländern zurückzuführen.

Die Krisenländer müssen preiswerter werden, um wieder wettbewerbsfähig zu werden. Das ist für die betroffenen Länder sicherlich nicht einfach, sondern das ist schmerzhaft, aber ich muss Ihnen sagen: da hilft doch gar nichts anderes. Die Probleme können sie nicht lösen, indem sie noch mehr Geld in die Pipeline einspeisen. Es muss vielmehr vor Ort mit Reformanstrengungen Stabilität erzielt werden. Nur so wird ein Schuh daraus, nur das ist der Erfolgsweg."

Doch das von mir angemahnte Vertrauen wurde weiter beschädigt. In der täglichen finanzpolitischen Praxis wurden die massiven europäischen Probleme ignoriert oder gesundgebetet. Niemand sah sich in der Lage, notwendige Reformen anzugehen, weil Reformen in Europa nicht besonders populär und Veränderungen nur schwierig zu erreichen sind.

Als bekennendem Europäer fiel es mir immer wieder schwer, neues Vertrauen in die Europapolitik unserer Führung zu finden. So hatte Bundeskanzlerin Merkel am Bundestag vorbei einem Schulterschluss mit der EZB für das OMT-Programm zugestimmt, mit dem den Käufern der südeuropäischen Staatspapiere eine kostenlose Kreditausfallversicherung gewährt wird. Das war in gewisser Weise nichts anderes als die getrickste Einführung von Eurobonds durch die Hintertür, auch wenn dies bisher öffentlich immer abgelehnt wurde. Denn mit dem OMT-Programm versprach die EZB, den Staatspapieranlegern die Verlustrisiken im Euroraum zu vergemeinschaften und im Konkursfall zu übernehmen.

Mit den Grundsätzen der Marktwirtschaft und den Prinzipien einer vorsichtigen Unternehmenskultur hatte dies nichts mehr zu tun. Aber es wurde noch dreister. Im Jahr 2005 startete die EZB die Initiative zur Senkung der Langfristzinsen mit dem sogenannten Quantitative Easing (QE). Hier handelte es sich um nichts anderes als ein großes Programm zum Kauf von privaten und staatlichen Wertpapieren in Höhe von vielen hundert Milliarden Euro mit frisch gedrucktem Geld der EZB. Weil dies eigentlich einem Verbot unterliegt, werden die Papiere zunächst an Banken verkauft, die dann unmittelbar den Weiterverkauf an die Zentralbanken vornehmen. Das ist für mich nicht nur eine Umgehung und Verletzung des Vertrages von Maastricht, sondern auch eine Gaunerei.

Es ist faktisch eine vergemeinschaftete Finanzierung von EU-Staaten, die ein Niedrigzinssystem wegen ihrer hohen Staatsschulden benötigen. Die versprochenen Erfolge dieser EZB-Politik sind bis heute nicht eingetreten und sie sind in der Pandemie-Lage von 2019/20 völlig unglaubwürdig. Vielmehr wirken sie wie ein Droge, von der die Nutznießer immer mehr brauchen. Eine insgesamt gefährliche Entwicklung. Das geht vor allem zulasten der Sparer und der privaten Altersvorsorge. Die Minuszinspolitik der EZB ist inzwischen auch der größte Feind der europäischen Banken, die zunehmend an Wettbewerbsfähigkeit verlieren, weil sie inzwischen Milliarden Euro an Strafzinsen im Jahr zahlen müssen, die dann für Unternehmenskredite an die Realwirtschaft fehlen. Zudem werden Anleger wegen der niedrigen Renditen verführt, immer größere Anlagerisiken einzugehen. Statt Krisen zu bewältigen, werden so neue Krisen heraufbeschworen.

Ich sehe für die Zukunft die Unabhängigkeit der EZB in Gefahr. Denn die Notenbanken der Eurostaaten sind inzwischen die Hauptgläubiger der Mitgliedstaaten geworden. Hinzu kommt, dass die neue EZB-Präsidentin Christine Lagarde neue Aktivitäten für ein politisches Aufgabengebiet im Bereich des Klimawandels aufgezogen hat. Die EZB begibt sich damit in eine unkontrollierte Gemengelage zwischen Klimaschutz und Geldpolitik, die sich nach den Verträgen verbietet und die Konzentration auf die Preisstabilität unterläuft. Auch die jüngste Veränderung der Inflationsziele stellt keine Verbesserung der Glaubwürdigkeit dar und ist nicht die zielführende Hilfe für die EU-Wirtschaftspolitik.

Der Glaubwürdigkeitsverlust in der Europapolitik war schon in der Vergangenheit nicht aufgehalten worden. Er dauerte an und umfasste immer mehr Bereiche. Mit der internationalen Finanzkrise von 2008 und der anschließenden Eurokrise, der Flüchtlingskrise ab dem Jahr 2015, dem Brexit oder der Fehler in der Coronapandemie von 2019/20 kamen der Akzeptanzverlust und die Überforderung der EU immer näher. Während 2008 noch 57 Prozent der Bürger Vertrauen in die EU hatten, waren es jetzt nur knapp 30 Prozent. Das ist ein Alarmsignal. Die wachsende Unzufriedenheit über Brüssel droht zum Spaltpilz zu werden. Das Handeln der EU in der Pandemie, zuletzt die schleppende Impfstoffbeschaffung durch die EU-Kommission mit dem Versuch, die Verantwortung auf andere abzuschieben, war ein Offenbarungseid. Warum man es nicht managen konnte, schnellstmöglich Impfstoffe und Medikamente für die Bevölkerung liefersicher zu bestellen, die hier entwickelt und produziert werden, ist für die Bürger nicht mehr nachvollziehbar. Inzwischen bin ich auch überzeugt, dass die Vergabe der 750 Milliarden Euro-Hilfen aus dem Recovery Fund zur Bewältigung der Folgen der Coronapandemie in der EU an die Mitgliedstaaten ebenfalls eine Überforderung darstellt.

Erstmals soll die EU-Kommission dafür eigene Kredite aufnehmen dürfen. Als Unternehmer frage ich mich, welche weitere Haftungsrisiken damit verbunden sind. Deshalb war es notwendig, den Eigenmittelbeschluss einer genauen Prüfung durch das Bundesverfassungsgericht zu unterziehen. Hervorgerufen wurde die durch eine Rede des SPD-Staatsministers im Auswärtigen Amt, Michael Roth, der den Fonds als notwendigen und überfälligen Schritt in Richtung Fiskalunion bezeichnete. Dies widersprach der Position der CDU/CSU-Fraktion diametral. In der Allmächtigkeit der EU-Kommission werden Aufgaben übernommen, die sie gar nicht leisten kann und auch nicht annehmen sollte, weil sie darin weder Zuständigkeit noch Erfahrung hat. Dies alles mit der Begründung, Europa mehr zusammenzuführen. Das Gegenteil ist der Fall, die Enttäuschung über die EU wächst. Die Europäische Union ist aber nach den Verträgen kein Staat, keine Vereinigten Staaten von Europa, sondern ein Verbund souveräner Nationalstaaten, die einheitliche Standards und Verfahren zur Sicherung der Freizügigkeit in den Bereichen Wirtschaft, Verkehr, Dienstleistungen vereinbart haben.

Sollen die Vorzüge erhalten bleiben, die diese Zusammenarbeit mit sich bringt, brauchen wir eine schonungslose Bestandsaufnahme und einen breiten Dialog, um Vorschläge zur mittel- und langfristigen Weiterentwicklung der EU-Politiken und ihrer Instrumente zu erarbeiten. In der Finanzpolitik ist eine weitere Vertiefung der Wirtschafts- und Währungsunion, insbesondere der Kapitalmarkt- und der Bankenunion dringend erforderlich, dies aber auf der Basis bindender Vereinbarungen ohne Hintertür und ohne falsche Versprechungen.

Ein Wiedergänger

Nein, nicht schon wieder eine Reform der Erbschaftsteuer- und Schenkungssteuer, schoss mir bei der Urteilsverkündung des Bundesverfassungsgerichts zur Erbschaft- und Schenkungssteuer am 17. Dezember 2014 durch den Kopf. Hatte ich doch die politische Schlacht von 1997 mit Bundesfinanzminister Theo Waigel und 2008 mit Bundesfinanzminister Peer Steinbrück noch allzu gut im Gedächtnis. Das höchste deutsche Gericht hatte die Verschonung von der Erbschaftsteuer beim Übergang betrieblichen Vermögens in Teilen für verfassungswidrig befunden.

Kaum eine andere wirtschafts- und gesellschaftspolitische Entscheidung war im Bundestag mit so viel Neidideologie gegen das Eigentum und Vorwürfen gegen das Unternehmertum bekämpft worden. Wie auf Knopfdruck begann unmittelbar nach Verkündung des Urteils die alte politische Diskussion über eine neue Reform des Erbschaftsteuergesetzes. Die Linken-Abgeordnete Sahra Wagenknecht stellte die Frage: „In welcher Gesellschaft wollen wir leben?" Ich dachte mir, sicher nicht im kommunistischen Wirtschaftsdesaster der DDR. Doch mir war klar, welches Verhetzungspotenzial mit dieser Reformaufgabe verbunden ist. Und schon nahm die Marxsche Klamotte von den leistungslosen Profiten ihren Lauf. „An der Spitze der Einkommens- und Vermögenspyramide hatten wir nie eine Leistungsgesellschaft", tönte Wagenknecht.

Als Unternehmer in der Politik war das für mich eine Kampfansage. Es ging um das freie Unternehmertum, die Erhaltung der Marktwirtschaft, der internationalen Wettbewerbsfähigkeit und Mittelstandsstruktur in unserem Land, um den breiten Wohlstand in Deutschland zu sichern. Auch ging es bei dieser Reform nicht, wie fälschlicherweise in die Öffentlichkeit getragen wurde, um das Privatvermögen, sondern um die Erhaltung von Betriebsvermögen für die Sicherung der Betriebe und ihrer Arbeitsplätze. Die Verfassungsrichter lehnten die Verschonungsregel bei Weiterführung des Betriebs auch nicht grundsätzlich ab. Das Gericht beanstandete aber das Ausmaß der Verschonung und die vom Gesetz eröffneten Gestaltungsmöglichkeiten als unvereinbar mit dem Gleichheitssatz des Grundgesetzes. Es gab dem Gesetzgeber Zeit bis zum 30. Juni 2016, um eine verfassungskonforme Neuregelung zu treffen. Andernfalls würden die Vorschriften ihre Wirkung gänzlich verlieren. Das war zweifellos eine Herkulesaufgabe, zumal die Bundesländer die Einnahmen aus der Erbschaftsteuer bekommen und damit ein großes Mitspracherecht über den Bundesrat einfordern konnten. Die Erfahrung sagte mir: Die Länderfinanzminister haben klebrige Hände.

Nachdem Bundesfinanzminister Schäuble ein Eckpunktepapier zur Neuregelung der Erbschaftsteuer für Betriebsvermögen vorlegte, läuteten bei mir alle Alarmglocken. War Wolfgang Schäuble jetzt unter die Sozialisten gegangen? Es sollte nur ein Verwaltungsvermögen unschädlich sein, das lediglich bis zu zehn Prozent des gesamten Betriebsvermögens ausmacht. Außerdem sollte ab 20 Millionen Euro Übertragungswert eine individuelle Bedürfnisprüfung unter Einbeziehung des Privatvermögens erfolgen. Die Unternehmensbewertung als Bemessungsgrundlage für die Besteuerung sollte mit einem vereinfachten Ertragswertverfahren auf das 18-Fache des Gewinns ansteigen. Aus meiner unternehmerischen Erfahrung heraus machte ich deutlich, dass ein marktüblicher Unternehmenswert in der Regel etwa beim Sieben- bis Neunfachen des Jahresertrages liegt. Mit einer solchen Gesetzgebung würden die wichtigen Verschonungsregelungen zur Weiterführung eines Betriebs völlig ausgehöhlt und ein schwerer Schlag gegen die Fortführung von Familienunternehmen entstehen.

Schäuble erkannte den politischen Widerstand in der SPD und bei den SPD-regierten Ländern im Bundesrat. Er wollte die Verschonungsregel erheblich einschränken und das bestehende Gesetz minimalinvasiv verfassungskonform gestalten. Die Folge wäre ein starker Eingriff des Staates in das Eigentum der mittelständischen Unternehmer, die Arbeitsplätze schaffen und Investitionen in den Unternehmen voranbringen sollen. Da Aktiengesellschaften das Problem der Generationenbrücke nicht haben, befürchtete ich auch eine starke Wettbewerbsverzerrung.

Das Verfassungsgericht hatte bei seinem Urteil das gesetzgeberische Ziel der Verschonung für gerechtfertigt gehalten, es sollte nur gleichheitsgerechter ausgestaltet sein.

Ich stellte mehrere Alternativen zur Diskussion. So schlug ich eine steuersystematische Gesetzgebung mit Verzicht auf eine Verschonung von Betriebsvermögen unter deutlicher Absenkung der Steuersätze für das Gesamtvermögen des Unternehmers vor. Denn beim Mittelstand gibt es zumeist Personengesellschaften, die keine Differenzierung zwischen Privat- und Betriebsvermögen kennen und ohnehin bei der Finanzierung oftmals eine Vollhaftung übernehmen müssen. Ich schlug eine Flat-Tax zwischen fünf und zehn Prozent auf alles vor. Damit würden die bisherigen staatlichen Einnahmen voll kompensiert. Ich verdeutlichte, dass die im Moment im Gesetz stehenden Sätze zwischen 30 und 50 Prozent deutlich zu hoch ausfallen und in einem normalen Unternehmen nicht erwirtschaftet werden können. Außerdem müsse man sich mit der Wettbewerbsfähigkeit des Wirtschaftsstandorts auseinandersetzen, da in Bayern inzwischen auch viele Unternehmer ihren Steuersitz ins Nachbarland Österreich verlegten, wo erst kurz zuvor die Abschaffung der Erbschaftsteuer erfolgt war.

Ein großer Befreiungsschlag bei der Erbschaft- und Schenkungssteuer war aber mit der SPD nicht zu machen. In vielen Verhandlungen wurde mir offensichtlich, dass das Erbschaftsteuerrecht nicht nur eine umfangreiche Materie ist, sondern der Marxismus mit seiner Forderung nach Vergesellschaftung der Produktionsmittel in Deutschland immer noch Konjunktur hat. Nach wie vor wurde die Erbschaftsteuer als das Mittel der Umverteilung angesehen. Die Verhandlungen für ein verfassungskonformes Gesetz zogen sich in der Koalition über 18 Monate hin. Es war eine politische Schwerstarbeit. Doch die Marktwirtschaft wollte ich nicht unter die Räder der Neidideologie kommen lassen.

Mein Argument, dass in den nächsten drei Jahren 135 000 Familienunternehmen zur Übergabe anstehen und davon mehr als zwei Millionen Beschäftigte betroffen seien, fand keinen Widerhall beim Koalitionspartner. Nur die vom Gericht gesetzte Frist, bis zum 30. Juni 2016 eine Reform zu beschließen oder keine Erbschaftsteuer mehr erheben zu dürfen, führte schließlich zum Einlenken der SPD. Auf den Punkt am

24. Juni 2016 verabschiedete der Bundestag die Gesetzesanpassung in zweiter und dritter Beratung. Ich eröffnete die Debatte mit einem deutlichen Bekenntnis zur Sozialen Marktwirtschaft und zum Mittelstand: „Unser Leitgedanke bei der Anpassung der Erbschaft- und Schenkungssteuer war die Erhaltung der Generationenbrücke in unseren deutschen Betrieben mit der Sicherung von Arbeitsplätzen. Mit der Einigung auf die nun vorliegende Reform ist uns eine verfassungskonforme, praxistaugliche und vor allem arbeitsplatzsichernde Lösung gelungen. [...] Uns ist es am Ende gelungen, vor allem eine mittelstandsfreundliche Lösung zu finden, die Sicherheit für viele Betriebe bedeutet und zu keinen weiteren Belastungen führen wird. Dies ist ein Beitrag zur Sicherung und Stärkung unserer weltweit einzigartigen, vom Mittelstand und von Familienunternehmen geprägten Wirtschaftsstruktur in Deutschland. [...] Für uns ist die soziale Bindung des Eigentums die Grundlage unserer Sozialen Marktwirtschaft. Deshalb verbinden wir in diesem Gesetz das Eigentum mit der Verpflichtung zur Weiterführung des Betriebes und seiner Arbeitsplätze. Das ist die Grundlage unseres Gesetzentwurfs. [...] Wir haben einen Gesetzentwurf, der an die Gemeinwohlverpflichtung angepasst ist.

Auch die Freistellung von kleinen Betrieben mit bis zu fünf Beschäftigten von der Lohnsummenprüfung ist ebenso zielführend wie die marktwirtschaftlich realistische Unternehmensbewertung im Korridor von 10- bis 12,5-fach im Ertragswertverfahren. Das trägt dazu bei, dass der Mittelstand nicht unverhältnismäßig durch eine Substanzbesteuerung belastet wird. [...] Wir bekämpfen damit auch den Investitionsstau in Deutschland. Dieser Anreiz ist wichtig."

Das Gesetz passierte den Bundestag, aber ich hatte mich zu früh gefreut. Im Bundesrat machten die Bundesländer mit Regierungsbeteiligung von SPD, Grünen und Linken wieder Front gegen das Gesetz und forderten ein Vermittlungsverfahren. Bei den Verhandlungen im Gebäude des Bundesrats vertraten die CDU-Kollegen Ralph Brinkhaus und Michael Meister und für die CSU der bayerische Finanzminister Markus Söder und ich das im Bundestag verabschiedete Gesetz. Wir waren geradezu kaserniert in Dauergesprächen. Drei Monate lang bis zum 29. September 2016 dauerten die schwierigen Verhandlungen. Die sogenannten

A-Länder führte der Finanzsenator der Freien und Hansestadt Hamburg Peter Tschentscher, der in Verbindung mit den Grünen hohe neue Belastungen vorschlug. Das war ein Generalangriff auf die deutsche Wirtschaft. Wir verließen mehrfach völlig frustriert den Verhandlungsraum. Ich vereinbarte schließlich mit Markus Söder eine Verhandlungsstrategie. Ich führte die Attacke als bad guy, und er sollte den Part des good guy übernehmen. Diese Rollenverteilung fiel ihm schwer, aber sie war erfolgreich. Bei jeder zweiten Wortmeldung der rot-grünen Länderregierungen wurde uns das Fehlen von Verteilungsgerechtigkeit im Gesetz vorgeworfen. Mit einer schauspielerischen Höchstleistung gab ich den bad guy und brüllte: „Ich habe das Wort Verteilungsgerechtigkeit jetzt genug gehört. Das hört sich draußen ja gut an. Aber Verteilungsgerechtigkeit kann es nur dann geben, wenn es etwas zu verteilen gibt. Ihr Abkassiermodell führt doch dazu, dass es ziemlich bald nichts mehr zu verteilen gibt. Vielleicht können Sie auch einmal aus ihren ideologischen Schützengräben herauskommen und an Leistungsgerechtigkeit denken. Ohnehin geht es Ihnen nur darum, für Ihre Länderhaushalte Kasse zu machen und Ihr ideologisches Mütchen zu kühlen." Das war ziemlich derb, aber beeindruckte. So setzten wir viele unserer Vorstellungen durch. Bei der lange umkämpften Unternehmensbewertung nach dem vereinfachten Ertragswertverfahren schlossen wir einen Kompromiss. Der politische Streit um die Erbschaft konnte damit zunächst beigelegt werden.

Cum-ex oder die Kleptomanie im Finanzsektor

Bei wirtschafts- und steuerpolitischen Entscheidungen wird man als Unternehmer in der Politik meist kritisch betrachtet. Ich habe mich deshalb stets hinterfragt, welches Gemeinwohl mit meiner politischen Gestaltung verbunden ist. Ich bin und war immer überzeugt, man sollte als Unternehmer verantwortungsbewusst sein und als Teil der Gesellschaft in einer Demokratie Verantwortung übernehmen. In vier Jahrzehnten meiner politischen Mandatsträgerschaft habe ich mit offenem Visier meine unternehmerische Herkunft vertreten und geprüft, inwieweit meine Entscheidungen dem Interesse des Ganzen dienen. Ich habe mich nie von Lobbyisten bezahlen oder durch Vergünstigungen beeinflussen lassen, sondern meine eigenen Überzeugungen und Erfahrungen in der Parlamentsarbeit vertreten.

Schon 1955 hatte sich Ludwig Erhard mit dem wichtigen Thema der Glaubwürdigkeit der Wirtschaftspolitik öffentlich auseinandergesetzt, indem er sagte: „Maßstab und Richter über Gut und Böse der Wirtschaftspolitik sind nicht Dogmen oder Gruppenstandpunkte, sondern ist ausschließlich der Mensch. Eine Wirtschaftspolitik ist nur dann und nur so lange für gut zu betrachten, als sie den Menschen schlechthin zum Nutzen und Segen gereicht. Wer diesen Gedanken zu Ende führt, muss mit mir zu der Feststellung gelangen, dass es in jeder Volkswirtschaft wohl Gruppeninteressen gibt, dass diese aber nicht als Elemente der Wirtschaftspolitik anzuerkennen sind, dass sich aus dem Widerstreit der Interessen auch keine fruchtbare Synthese ableiten lässt.

Eine Atomisierung der Volkswirtschaft in Gruppeninteressen ist deshalb nicht zu dulden. Verantwortlich zu sein für die Wirtschaftspolitik heißt, Verantwortung gegenüber dem ganzen Volk zu tragen. Ich bin zutiefst überzeugt, dass wir die schweren Probleme, vor denen wir stehen, nur lösen können, wenn es uns gelingt, mit der Marktwirtschaft nicht etwa nur einzelne Schichten zu begünstigen, sondern der Masse unseres Volkes durch höchste Anstrengung und immer mehr gesteigerte Leistung einen würdigen Lebensstandard zu sichern und diesen fortlaufend zu verbessern."

So vertrat ich auch stets die Überzeugung, dass der Unternehmer in erster Linie Verantwortung für seinen Betrieb und die demokratisch gewählten Mandatsträger die Verantwortung für die wirtschaftspolitischen Rahmenbedingungen wahrnehmen. Wirtschaftspolitischer Sachverstand und unternehmerische Erfahrung für eine marktwirtschaftliche Politik müssen mit Anstand und persönlicher Authentizität eingebracht werden. Dabei sollte es saubere Spielregeln geben. Eine auf unternehmerischer Freizügigkeit beruhende Wirtschaft wird beschädigt, wenn der Staat selbst als Unternehmer auftritt und sich als Wettbewerber betätigt. Zu den Grundlagen einer marktwirtschaftlichen Politik gehören die Freiheit der Wirtschaft und des Wettbewerbs, nicht die staatliche Bevormundung und überbordende Bürokratie. Diesem Krebsgeschwür muss Einhalt geboten werden. Die freiheitliche Ordnungspolitik darf aber auch nicht mit krimineller Energie durch Banken, Fonds, Unternehmen und Steuerpflichtige belastet werden. Steuerhinterziehung, Steueroasen, illegale Steuervermeidungsstrategien, Gewinnverlagerungen, Kreditbetrug, Geldwäsche, Bilanzbetrug, Finanzanlagenbetrug und Finanzmarktskandale oder Schwarzarbeit können die freiheitliche Soziale Marktwirtschaft zerstören.

Leider habe ich in meiner Tätigkeit im Finanzausschuss und in Untersuchungsausschüssen des Deutschen Bundestags diese zerstörende Kraft gegen unser freiheitliches Wirtschaftssystem zu oft miterleben müssen. Ich war als Aufklärer, Regulierer, Reparaturbetrieb, Rettungshelfer, Notanker und schließlich verantwortungsbewusster Gesetzgeber tätig. Intensiv beschäftigten mich der Korruptionsfall Siemens, die globale Bankenkrise mit den staatlichen Rettungsaktionen, Steueroasengeschäfte wie die Fälle der Panama Papers, mehrere Unternehmens- und Insolvenzbetrugsfälle, der größte Steuerskandal mit den Cum-ex-Aktiendeals und zuletzt der Skandal um die Insolvenz des Zahlungsdienstleisters Wirecard.

Bei vielen Fällen dachte ich, es könne eigentlich nicht noch schlimmer und dreister werden. Doch zumeist wurde ich im Hinblick darauf eines Schlechteren belehrt. So kosteten die Bankenrettungen im Zuge der Bankenkrise die Steuerzahler mehrere 100 Milliarden Euro, um das System vor dem Zusammenbruch zu retten. Doch das stoppte die Finanzmarktskandale nicht. Vielfach schien es ein Kampf gegen Windmühlenflügel zu sein. Die Gier vieler Marktteilnehmer war einfach zu groß.

Dass Banken in Deutschland Hilfsdienste für kriminelle Cum-ex-Aktiengeschäfte leisteten und dem Verkäufer und Käufer bei Verkäufen rund um den Dividendenstichtag zu mehrfacher Erstattung von Kapitalertragsteuern verhalfen, war für mich unvorstellbar. Selbst mithilfe der Staatsbanken HSH-Nordbank, WestLB und Landesbank Baden-Württemberg hatten sich Anleger die einmal gezahlte Kapitalertragsteuer auf Aktiendividenden mehrfach zurückerstatten lassen. Ich hätte mir nicht träumen lassen, dass hinter den Bankhäusern so viel kriminelle Energie steckt. Alle, die das Instrument nutzten, wussten, dass es Steuerbetrug war. Was dort geschah, war nichts anderes als organisierte Kriminalität.

Die Steuerhinterziehung funktionierte, indem ein Vertragspartner Aktien kurz vor dem Dividendenstichtag („cum Dividende") kaufte und die Aktien erst nach dem Dividendenstichtag („ex Dividende") in seinem Depot gutgeschrieben wurden. Die Dividenden hatte der Verkäufer in Form einer Ausgleichszahlung in Höhe der Dividenden nachträglich überwiesen. Diese Ausgleichszahlung musste der Käufer nicht versteuern, hatte sich aber dennoch die Kapitalertragsteuer beim Fiskus geholt. Damit hatte am Ende nur der Verkäufer die Steuer auf die Dividenden bezahlt, doch Verkäufer und Käufer hatten sich die Kapitalertragsteuer gleichermaßen anrechnen lassen. Der Staat wurde als Selbstbedienungsladen missbraucht. Dem Fiskus in Europa sollen nach Schätzungen allein durch Cum-ex-Geschäfte mehr als zehn Milliarden Euro und durch Cum-cum-Geschäfte noch einmal mehr als 50 Milliarden Euro Schaden entstanden sein. Diese kriminellen Geschäfte beschäftigten mich im Finanzausschuss jahrelang.

Immer wieder waren wir damit beschäftigt, Steuertricksereien den Weg abzuschneiden. Insbesondere die Gier im Finanzsektor schien ebenso wie dessen Erfindungsreichtum unbegrenzt zu sein. Später konnte ich nach einem Gespräch mit dem NRW-Finanzminister Peter Biesenbach (CDU) gemeinsam mit der CDU/CSU-Arbeitsgruppe Finanzen eine drohende Verjährung der Cum-ex-Fälle verhindern. Das war auch bitter nötig. Denn allein bei der Staatsanwaltschaft Köln waren inzwischen 56 Verfahrenskomplexe mit rund 400 Beschuldigten anhängig. Der 2018 ins Amt gekommene Bundesfinanzminister Olaf Scholz tat aktiv nichts, um die Verjährungsfrage zu lösen, ja er stritt anfänglich sogar ab, dass diese Gefahr bestand. Das war wohl der Tatsache geschuldet, dass in seiner Zeit als Erster Bürgermeister der Hansestadt Hamburg bei der stark in Cum-ex-Geschäfte verstrickten Warburg Bank Steuerrückforderungen verjährt waren und nach Fahndungsrazzien in der Bank herauskam, dass vor dem Steuererlass persönliche Gespräche von Scholz mit der Bankenführung stattgefunden hatten. In einer Sondersitzung des Finanzausschusses fragte ich Scholz, welchen Einfluss er auf den Verlust von 47 Millionen Euro für den Fiskus in Hamburg genommen hätte. Doch Scholz konnte sich angeblich an die Inhalte der Gespräche nicht mehr erinnern und wies jegliche Beteiligung am Steuererlass zurück. Inzwischen untersucht ein Untersuchungsausschuss der Hamburgischen Bürgerschaft den Fall. Für mich steht fest, dass Scholz den Steuererlass als Erster Hamburger Bürgermeister politisch gedeckt, aber mindestens nicht verhindert hat.

Die deutsche Justiz zeigte unterdessen klare Kante gegen die Finanzjongleure. In einem ersten Urteil, das am 28. Juli 2021 vom Bundesgerichtshof bestätigt wurde, verhängte das Landgericht Bonn empfindliche Haftstrafen und ordnete die Einziehung der kriminell erlangten Gewinne an. Die vom Hamburger Senat verschonte Warburg Bank musste demnach rund 176 Millionen Euro an den Fiskus zurückzahlen. Eine Ohrfeige für Scholz, der aber weiter so tat, als habe er mit der Angelegenheit nie etwas zu tun gehabt.

Herausforderungen

Ob Panama Papers oder Paradise Papers, ob Steueroasen, Briefkastenfirmen oder Geldwäsche, für mich als Unternehmer mit politischer Verantwortung gab es in diesen Jahren vielfältige Herausforderungen. Gemeinsam mit Bundesfinanzminister Schäuble sind wir im Finanzausschuss gegen die Wettbewerbsverzerrungen in der Europäischen Union und weltweit innerhalb der OECD und der G20 vorgegangen. Mit dem 10-Punkte-Plan wurden Maßnahmen auf nationaler und internationaler Ebene intensiv beraten und beschlossen. Einen internationalen Ansatz haben wir mit dem BEPS-Programm auf OECD-Ebene mit der Teilnahme von mehr als 40 Staaten erreicht.

Im Bundestag sagte ich dazu: „Die Steuervermeidungs- und Null-Steuer-Strategien einiger internationaler Großkonzerne sind für mich inakzeptabel und auch hochgradig asozial. Denn das ist ein Anschlag auf unsere freiheitliche Gesellschaft, die letzten Endes auch dem einzelnen Individuum eine Verantwortung gibt. Das ist ein Verlust von Verantwortungswahrnehmung. Die ehrlichen Bürger und rechtschaffenen Unternehmen tragen umso höhere Steueranteile, je mehr multinationale Konzerne ihre Gewinne verkürzen oder verlagern. […] Uns wird immer wieder vor Augen geführt, dass wir in Bezug auf illegale Gewinnverkürzungen und Gewinnverlagerungen leider noch lange nicht am Ende unserer Bemühungen sind. Es ist geradezu ein Kampf gegen Windmühlen in Steueroasen, aber wir kommen Schritt für Schritt voran und es bleibt festzuhalten: Mit den heute zu beratenden Gesetzentwürfen leisten wir einen weiteren wichtigen Beitrag zur Beendigung von Steuervermeidungsstrategien. Denn wir werden dadurch weitere Missstände im internationalen Steuerrecht beseitigen.

Wir sagen einzelnen großen Konzernen damit den Kampf an, die durch die Ausnutzung unterschiedlichster Steuersysteme ihre Steuerlast auf ein Minimum drücken wollen. Einerseits wird der Staat zukünftig wieder die Einnahmen erhalten, die ihm zustehen – daraus ergeben sich dann auch finanzielle Spielräume, die für das Gemeinwohl genutzt werden –, andererseits werden mittelständische Unternehmen im Wettbewerb nicht weiter gegenüber international agierenden Konzernen benachteiligt, die die unterschiedlichen Steuergesetzgebungen der Länder ausnutzen und den Ländern letzten Endes auch den ihnen zustehenden Steuerkuchen vorenthalten. […] Dazu gehört aber auch, dass das Steuergeheimnis in einer Demokratie eine wichtige Errungenschaft ist und nur den Finanzverwaltungen die Befugnisse zukommen, die Gewinnverkürzungen und Gewinnverlagerungen zu bekämpfen. Das Steuergeheimnis muss auch in der Zukunft Steuergeheimnis bleiben."

Mehr Freude als die sicher notwendige Missbrauchsbekämpfung bereitete mir die Initiative zur Stärkung von Wagniskapital und die Weiterentwicklung der steuerlichen Verlustverrechnung. Denn ich wollte dafür Sorge tragen, dass Unternehmen am Wirtschaftsstandort Deutschland international wettbewerbsfähig bleiben, Innovationen entwickeln können und diese durch eine ausreichende Finanzierung auch zur Marktreife bringen. Es ging mir um eine verstärkte Eigenkapitalfinanzierung für den Mittelstand und eine Beteiligungskultur für junge Start-up-Unternehmen, die durch das geltende Körperschaftsteuergesetz erheblich eingeschränkt war.

So wurde die Stärkung des Eigenkapitals bei einem Anteilseignerwechsel oder bei Anteilsveränderungen für eine Kapitalaufstockung durch den teilweisen Wegfall der Verlustvorträge erheblich beschwert. Deshalb machte ich mich für einen neuen § 8d Körperschaftsteuergesetz stark. Die Steuergesetzänderung begründete ich im Plenum für die CDU/CSU: „Die Erhaltung unserer wirtschaftlichen Leistungsfähigkeit ist kein Selbstläufer. Dieser Gesetzentwurf sichert, dass Deutschland als Wirtschafts- und Investitionsstandort attraktiver wird. In Zukunft erhalten unsere Unternehmen neue Impulse, um in Wachstumsmärkte zu investieren. Das dient den Investoren, das dient aber auch den Arbeitnehmerinnen und Arbeitnehmern in Deutschland. Zur Chancengerechtigkeit gehört, dass risikobedingte Verluste auch eine Verlustverrechnung erhalten.

Wenn wir darüber diskutieren, dass Apple, Google, Amazon, IKEA, Facebook und Co. durch Steuervermeidung eine sehr geringe Steuerlast haben, dann müssen wir doch gerade für die kleinen, mittleren und jungen Unternehmen ein Gerechtigkeitsangebot machen, indem wir ihnen Chancen vermitteln und ihnen Chancen geben.

Für mich ist dieses Gesetz ein Unternehmensmodernisierungsgesetz, ein Unternehmensfördergesetz. Wir werden Wachstum und Investitionen nur schaffen, wenn wir den Zugang zu privatem Beteiligungskapital vereinfachen und vor allem auch breit ermöglichen. Neue Arbeitsplätze benötigen neues Kapital. Es geht nicht anders. [...] Ich glaube, dass wir eine gute Kapitalausstattung benötigen, um Liquiditätsengpässe, Finanzierungsengpässe und finanzielle Schwierigkeiten bei Unternehmen zu verringern. Oftmals sind Investitionen zum Überleben notwendig, und Voraussetzung ist häufig, dass der Einstieg eines Gesellschafters möglich ist, dass es einen Anreiz für den Einstieg gibt. Es gilt den Wagniskapitalmarkt und die Gründerszene zu stärken und damit einen guten Weg für die Zukunft unseres Wirtschaftsstandorts zu beginnen."

Allerdings gingen die Gemeinsamkeiten und die positiven Entscheidungen der Koalition nach der Nominierung des SPD-Kanzlerkandidaten Martin Schulz im Frühjahr 2017 schlagartig zu Ende. In einer Bundestagsrede stelle ich deshalb die rhetorische Frage: „Woran merkt ein langjähriger und erfahrener Abgeordneter, dass es bald Bundestagswahlen gibt? Die linken Abgeordneten aus SPD, Grünen und Linksfraktion fordern die Wiedereinführung der Vermögensteuer, Verschärfungen des Mietrechts und neue Steuererhöhungen."

Es kam zu zunehmend schärferen Auseinandersetzungen über die Situation im Wohnungsbau, Einführung oder Verschärfung einer Mietpreisbremse.

Mir ging es immer darum, die Vor- und Nachteile staatlicher Mietregulierung zu hinterfragen und mehr bezahlbaren Wohnraum zu fördern. Ich stellte mir immer wieder die Frage, wie wir dieses Ziel erreichen können. Es gibt dazu keine einfachen Lösungen. Auch stiegen weltweit die Wohnkosten schneller als die Einkommen. Hinzu kam, dass es neben dem Ziel bezahlbarer Wohnraum auch um die energetische Sanierung des Wohnungsbestandes zur Einhaltung der Klimaziele und den altersgerechten Umbau von Wohnungen ging und für die Zukunft geht.

In Deutschland haben wir etwa 42 Millionen Wohnungen, etwa die Hälfte davon sind Mietwohnungen. Das ergibt im europäischen Vergleich eine völlig unterdurchschnittliche Eigentumsquote. Der hohe Mieteranteil in der Bevölkerung verführt die Politik zu vordergründigem Populismus. Dabei haben sich die linken Protagonisten in viele Widersprüche verwickelt. Gerade in der Hauptstadt Berlin hat der rot-rot-grüne Senat 60 000 Wohnungen verkauft und die vom Bund zur Verfügung gestellten Fördermittel für Sozialwohnungen im allgemeinen Haushalt verschwinden lassen.

Während in Bayern der Grunderwerbsteuersatz nur bei 3,5 Prozent liegt, wurde in den rot-grün regierten Ländern die Grunderwerbsteuer bis auf 6,5 Prozent für die Wohnungsbaugrundstücke erhöht – de facto eine staatliche Preistreiberei zu Lasten der Mieter. Außerdem haben die umstrittene Mietpreisbremse in Berlin und das staatliche Kooperationsmodell vor allem bewirkt, dass sich Vermieter beim Bau neuer Wohnungen zurückhalten und die Investitionen in den Wohnungsbau immer weiter zurückgehen, was den Wohnungsmangel weiter verstärkt.

Deshalb warb ich für eine steuerliche Wohnungsbauförderung nach marktwirtschaftlichen Grundsätzen, die bessere Investitionsbedingungen für mehr Neubauten vorsah, das Bauen und damit die Mieten nicht immer teurer machte und gleichzeitig steuerliche Anreize für bezahlbaren Wohnraum vorsah. Doch die SPD war von einer marktwirtschaftlichen Wohnungsbauinitiative nicht zu überzeugen, und so kam die Steuerkonzeption nicht in das Gesetzblatt, obwohl die SPD-Bauministerin dies unbedingt befürwortete.

Es war an der Zeit, auch in der Koalition die ausschließlich ideologisch begründete Widersprüchlichkeit der SPD zu attackieren. In der Wohnungsbaudebatte des Bundestages am 22. Juni 2017 hielt ich dem Koalitionspartner vor: „Ich glaube, es ist zu erkennen, dass Sie am liebsten der privaten Immobilienwirtschaft weitere Zumutungen, weitere Folterwerkzeuge androhen. Deswegen kann ich Ihnen nur sagen: Damit sind Sie den Mietern in keiner Stadt wirklich dienlich. Sie bewirken nichts, außer dass Sie hier Ihre politischen Ziele verkünden. Auch alles weitere, was Sie hier als linke Protagonisten verkünden, ist ein falscher Ansatz. Entscheidend ist doch, dass die Privatwirtschaft Anreize erhält, um ausreichend Wohnungen zu bauen. Die Staatswirtschaft schafft es nicht, die notwendigen 350 000 Wohnungen pro Jahr für die Wohnungssuchenden zu bauen. Die Mobilisierung von privatem Kapital ist unverzichtbar. […] Sie haben immer wieder durch Steuererhöhungen und durch Regulierungen die Baukosten erhöht, und damit erhöhen Sie gleichzeitig die Mieten. Es ist erstaunlich, dass Sie dies nicht zur Kenntnis nehmen. […] Ich glaube, es gibt eine ganze Menge zu tun, aber dies nach marktwirtschaftlichen Grundsätzen, weil das den Menschen, den Mietern mehr dienlich ist."

Es ärgerte mich, dass die Argumente der Marktwirtschaft auf den politischen Ebenen zum Ende der Legislaturperiode immer weniger Früchte trugen. Die hohe Nachgiebigkeit und verringerte Durchsetzungskraft der Bundeskanzlerin gegenüber dem Koalitionspartner SPD führte gerade bei den Mitgliedern der MU zu immer stärkerer Frustration. Der Regierungsstil war auf politischen Konsens ausgerichtet. Dabei gehört der politische Streit unabdingbar zur Entscheidungsfindung in der Demokratie.

Ich wollte deshalb die politische Schlagkraft der MU wesentlich erhöhen und mit großen Veranstaltungen wie den MU-Neujahrsempfang in München und dem Bayerischen Mittelstandstag noch mehr öffentliche Wirkung entfalten. Sich für die Marktwirtschaft Gehör zu verschaffen, wurde jedoch immer schwerer.

Die letzte große Koalition?

Im Wahljahr 2017 erlebten wir zunächst eine Achterbahn der Umfragen. Angela Merkel stand erneut als Spitzenkandidatin zur Verfügung. Mit der Nominierung von Martin Schulz zum Kanzlerkandidaten gelang es der SPD zunächst, einen großen Hype zu inszenieren. Doch im Laufe des Jahres gewann die CDU überraschend die Landtagswahlen in Nordrhein-Westfalen, im Saarland und in Schleswig-Holstein. In den Umfragen konnten wir zunächst gleichziehen. Damit hatte ich nicht mehr gerechnet. Es war in den Wahlkampfveranstaltungen deutlich zu spüren, dass sich das politische Klima wegen der Flüchtlingskrise stark verändert hatte. Zwei Wochen vor dem Wahltermin am 24. September 2017 kam es im Bundestag noch zu einer Generalsaussprache. Die wollten wir nutzen, um unsere politischen Vorstellungen für eine neue Koalition ohne die SPD nach der Wahl darzustellen und die Wähler zu mobilisieren.

Bundesfinanzminister Schäuble rief dazu auf, im Wahlkampf „die Lage unseres Landes mit all den Problemen und Herausforderungen so realistisch wie irgend möglich zu beschreiben, dass wir keine Illusionen schüren und keine unerfüllbaren Versprechen abgeben; denn das ist der Nährboden der Demagogen. Unser Land ist in einer guten Lage, auch mit all den Problemen. […] Aber dass unser Land und die meisten Menschen in unserem Land in einer besseren Lage sind als die meisten anderen auf dieser Welt und zu früheren Zeiten und dass wir in Europa und weit darüber hinaus darum beneidet werden, das sollte man auch zwei Wochen vor der Bundestagswahl nicht in Abrede stellen. […] Aber wirtschaftliche Erfolge sind nicht Erfolge der Politik. Die Politik kann in der Regel wirtschaftliche Erfolge verhindern; das hat sie oft genug bewiesen. Ansonsten kann sie, wenn sie es gut macht, einen Rahmen setzen, dass Arbeitnehmer, Unternehmer und Verbraucher so miteinander arbeiten, dass es zum wirtschaftlichen Erfolg beiträgt. Das haben wir in den letzten Jahren erfolgreich gemacht. Dazu gehört übrigens ganz entscheidend das Vertrauen in die Verlässlichkeit und Nachhaltigkeit von Politik, auch in die Finanzpolitik und in die Nachhaltigkeit öffentliche Haushalte und in die sozialen Sicherungssysteme. Deswegen ist solide Finanzpolitik eine Voraussetzung für wirtschaftliches Wachstum und dafür, dass es den Menschen besser geht."

SPD-Generalsekretärin Katarina Barley ließ uns daraufhin nochmals wissen, niemand in der SPD wolle wieder eine Koalition mit der Union. Und auch wir im Wirtschaftsflügel von CDU und CSU positionierten uns angesichts der Erfahrungen der zurückliegenden vier Jahre und der fortgesetzten Linksdrift der SPD gegen eine neuerliche große Koalition. Die Ausgangslage war damit geklärt. Ich führte einen intensiven Wahlkampf mit vielen Podiumsdiskussionen im eigenen Wahlkreis und bei öffentlichen Veranstaltungen auf Einladung von Mittelstandsverbänden in ganz Deutschland.

Der Wahlabend aber brachte eine böse Überraschung. Zwar erhöhte sich die Wahlbeteiligung auf 76,2 Prozent, nach den zuletzt sinkenden Wahlbeteiligungen ein gutes Signal. Aber CDU und CSU fuhren einen Verlust von 8,6 Prozentpunkten ein und kamen nur noch auf 32,9 Prozent der gültigen Zweitstimmen. Es war das schlechteste Ergebnis für die Union nach 1949. Der Streit über die Migrationspolitik und das Zerwürfnis mit der Kanzlerin ließ meine CSU auf 38,8 Prozent abstürzen. Eine schwerwiegende Niederlage, wie ich sie bisher noch nie erleben musste. Doch für das Wahldebakel wollte niemand Verantwortung übernehmen. Für ein „Weiter so" war ich ab diesem Zeitpunkt nicht mehr zu haben. Ich forderte eine Aufarbeitung der Wahlverluste und warb für die Erneuerung von Partei und Spitzenpositionen.

Mein eigener Erfolg bei den Erststimmen im Wahlkreis tröstete mich etwas. Mit einem Ergebnis von 45,3 Prozent konnte ich mich deutlich vom Gesamttrend absetzen. Meine intensive Wahlkreisarbeit und der enge Kontakt mit den Menschen wurden honoriert. Über das gute Ergebnis konnte ich mich aber auch deshalb nicht richtig freuen, weil mit dem erstmaligen Einzug der rechtspopulistischen AfD in den Bundestag, mit 12,6 Prozent, meine schlimmsten Befürchtungen übertroffen wurden. So hatte es 1930 schon mein Großvater erlebt. Und ich dachte, die Geschichte darf sich nicht wiederholen.

Natürlich respektierte ich die demokratische Entscheidung der Wähler. Aber in der Zersplitterung der Parteienlandschaft sah ich eine Gefahr für unsere Demokratie. Es drohte eine weitere Spaltung der Gesellschaft durch die zum Teil rechtsextremen Parolen der AfD und eine Beschädigung unseres Ansehens und unserer außenwirtschaftlichen Beziehungen.

Um dieser Entwicklung zu begegnen und einen Neuanfang in der deutschen Nachkriegspolitik zu erreichen, machte ich mich für eine Jamaika-Koalition aus CDU/CSU, FDP und Bündnis 90/Die Grünen stark. Die Alternative wäre eine Tolerierung mit einer Minderheitsregierung der Union gewesen, was aber Angela Merkel rundweg ablehnte. Auch aus meiner Sicht wäre ein Regieren ohne sichere Mehrheit angesichts der zu lösenden Fragen ein allzu unsicheres Abenteuer gewesen. Die Sicherung und Erneuerung unserer Marktwirtschaft benötigte eine entscheidungsfähige Regierung.

In keinem Fall wollte ich eine weitere Sozialdemokratisierung der Union in einer Neuauflage der großen Koalition erleben. Dieser Kurs hatte der Union keine wirklichen Erfolge beschert, wie ein einfacher Blick auf die Wahlergebnisse seit 2005 zeigt. Sehr schnell und konkret begannen die Sondierungsgespräche in der Deutschen Parlamentarischen Gesellschaft (DPG) im ehemaligen Reichstagspräsidentenpalais gegenüber dem Reichstagsgebäude.

Für die CSU bekam ich gemeinsam mit Peter Ramsauer den Auftrag, die Themen Wirtschaft und Verkehr zu verhandeln. Am ersten Verhandlungstag kam für die Grünen Anton Hofreiter in den Raum gestürmt und sagte unkonventionell: „Ich bin der Toni, das wird alles schwierig." Doch seine wirtschaftsfreundlichere Kollegin Kerstin Andrae fing ihn sehr schnell wieder ein. Mit der Dauer der Verhandlungen kam immer mehr Pragmatismus zum Vorschein und mir wurde deutlich, wenn die Grünen die Regierungsbank vor Augen haben oder dort Platz nehmen, dann sind sie wie alle anderen.

Die Parteilinken der Grünen waren bei den Verhandlungen ohnehin abgemeldet und die echten Ökos zählten bei den Verhandlungen nicht wirklich. Die Grünen kamen zwar immer wieder auf ihren 10-Punkte-Plan zurück, den sie auf einem Länderrat beschlossen hatten, aber die Grünen-Verhandler waren erheblich flexibler und konstruktiver als die wichtigtuerischen FDP-Strategen, die vor neuer Kraft kaum laufen konnten.

Die Sondierungsgespräche wurden im Detail schon wie Koalitionsverhandlungen geführt. Doch dann endete Jamaika in der Nacht vom 19. auf den 20. November 2017 ganz abrupt, obwohl wir auf der Ziellinie waren. Der FDP-Vorsitzende Christian Lindner verkündete überraschend den Ausstieg seiner Partei aus den Verhandlungen.

Ein Uppercut gegen die Marktwirtschaft. Es war ein sehr denkwürdiger Tag der deutschen Politikgeschichte, den wir in der Berliner Vertretung des Landes Baden-Württemberg erlebten. Die unter meiner Beteiligung ausgehandelten Themen Steuern, Haushalt und Finanzen waren schon positiv unter Dach und Fach, als die Verhandlungen der Parteiführungen plötzlich von Seiten der FDP erheblich beschwert wurden. Ich hatte mich schon am frühen Morgen in der Landesvertretung darüber gewundert, dass alle FDP-Verhandler mit ihren Rollkoffern ins Gebäude kamen. Ich hatte das aber nicht richtig deuten können. Wir waren davon ausgegangen, dass die Verhandlungen über diesen Sonntag hinaus bis zum Abschluss fortgeführt würden.

Nach dem abrupten Ausstieg der FDP am Abend war klar, dass es sich um ein vorher abgesprochenes und vorbereitetes politisches Drehbuch handelte. Ich hatte diese Politikposse noch durchkreuzen wollen, indem ich einigen Journalisten eine kurz bevorstehende Verhandlungseinigung signalisierte. Das passte Lindner nicht ins Konzept. Er herrschte mich an: „Was verkünden Sie da?"

In der Spitzenrunde der Parteiführungen wurden seitens der FDP unterdessen immer neue Argumente gegen einen Kompromiss bei der Reduzierung der Kohleverstromung zwischen fünf und sieben Gigawatt ins Spiel gebracht, obwohl es nur noch minimale Differenzen gab. Die FDP suchte nach einem geeigneten Ausstiegsszenario, obwohl ein Kompromiss noch entstehen konnte. Wie im Sandkasten spielte Lindner den Beleidigten, stand einfach auf und schob alles auf Angela Merkel. Dann holte die gesamte FDP-Delegation wie auf Kommando ihre Koffer und rollte Richtung Ausgang. Eine gespenstische Szene. Kolleginnen und

Kollegen der Grünen hatten Tränen in den Augen. Für sie war der Regierungstraum zusammengebrochen.

Der FDP-Vorsitzende Christian Lindner spulte seine dreiste Politkomödie ab, indem er vor den wartenden Pressevertretern erklärte: „Wir wissen, in welcher schwierigen Lage unser Land jetzt ist, und wir wissen auch um die herausfordernde Situation der Freien Demokraten. Eine solche Entscheidung trifft man deshalb nicht leichtfertig. Es ist besser, nicht zu regieren, als falsch zu regieren." Eine wohlvorbereitete Szene, die man nicht so ohne Vorbereitung aus dem Handgelenk schüttelt. Die FDP flüchtete vor der Verantwortung und der Partnerschaft für mehr Marktwirtschaft.

Wir waren wie vor dem Kopf geschlagen und stocksauer, weil wir erkennen mussten, dass wir wochenlang nur vorgeführt und benutzt worden waren. Es war ein Niedergang der demokratischen Kultur und ein unglaubwürdiger Verhandlungsstil unter politischen Verantwortungsträgern. Lindner und seine FDP blockierten – offenbar aus Angst vor der Verantwortung – einen Neubeginn. Denn die schon weitgehend ausgehandelte Jamaika-Koalition hätte unserem Land zu diesem Zeitpunkt sehr gutgetan. Ein Neuanfang auf der Suche nach Marktwirtschaft wäre dringlich gewesen.

Es lag nun an CDU/CSU, die politischen Scherben zusammenzukehren und für Deutschland eine tragfähige demokratische Regierung zu gestalten. Die Alternativen waren die Rückkehr zur großen Koalition mit Angela Merkel als Bundeskanzlerin oder Neuwahlen. Der gescheiterte SPD-Kanzlerkandidat Martin Schulz eröffnete sofort Nachhutgefechte. Er bezeichnete die Politik und den Wahlkampf von Angela Merkel als skandalös und versuchte, ihr die Schuld am Wahlergebnis der AfD zuzuschieben.

Als risikobereiter Unternehmer in der Politik machte ich mich für Neuwahlen stark. Eine weitere Sozialdemokratisierung der Union in einer großen Koalition wäre zu vermeiden gewesen. Und es galt aus meiner Sicht, die Früchte aus dem Unmut über den FDP-Ausstieg wie aus der Verweigerungshaltung der SPD zu ernten. Von einem starken Stimmenzuwachs für die CDU/CSU war ich ebenso überzeugt wie von einer realistischen neuen Chance für eine Jamaika-Koalition mit den Grünen und einer zwischenzeitlich geläuterten FDP. Die FDP-Führung sah nämlich inzwischen an dem Einbruch in den Umfragen die Folgen ihrer Flucht vor der Verantwortung und Lindner begann bereits zurückzurudern. Ich konnte mich mit meinen politischen Überlegungen aber nicht durchsetzen. Viele Abgeordnete von CDU und CSU hatten ihre Wahlkreise nur hauchdünn gewonnen und fürchteten um ihre Wiederwahl. Hinzukam, dass Angela Merkel und Horst Seehofer auch deshalb kein Interesse an Neuwahlen hatten, weil sie bei dem schlechten Wahlergebnis um ihre Spitzenämter fürchten mussten.

An diesem Punkt griff Bundespräsident Frank-Walter Steinmeier ein. Er führte Gespräche mit den Spitzen von Union und SPD und bestand auf einer schnellen Regierungsbildung ohne Neuwahlen. Es gelang ihm, die SPD-Führung um Martin Schulz zum Kurswechsel zu bewegen, obwohl die Jusos und Teile der SPD-Basis gegen eine weitere große Koalition intervenierten. Es kam zu Sondierungsgesprächen, nach deren Abschluss sich nur 56,4 Prozent der Delegierten auf einem SPD-Sonderparteitag für neue Koalitionsverhandlungen aussprachen – eine ausgesprochen schmale Mehrheit. Martin Schulz änderte vehement seine Meinung und trat wie der große Rettungsengel auf.

Die neuen Koalitionsverhandlungen zwischen CDU/CSU und SPD, die abwechselnd in den Pateizentralen von CDU und SPD geführt wurden, waren für mich ein Albtraum. Durch die Wahl von Wolfgang Schäuble zum neuen Bundestagspräsidenten führten der Interims-Finanzminister Peter Altmaier und Ralph Brinkhaus für die CDU, Olaf Scholz und Christine Lambrecht für die SPD und für die CSU der bayerische Finanzminister Markus Söder und ich als Obmann im Finanzausschuss die Verhandlungen zur Steuer- und Finanzpolitik. Diese Gespräche waren von Anfang an von wenig Vertrauen und seitens der SPD von wenig Respekt geprägt. Insbesondere Olaf Scholz machte allen sofort klar, dass er bestimme, wo es in der Zukunft in der SPD und in der Finanzpolitik entlanggehe und dafür ausschließlich sein Wille maßgebend sei. Sein unkollegiales Verhalten missfiel mir. Er äußerte mir gegenüber auch: „Vergessen Sie, was die Genossen wollen, sie haben nichts zu melden.“ Obwohl er immer betont leise sprach: Dieser Satz sagte mir alles.

Unser Hauptkampffeld waren zunächst die versprochene Abschaffung des Solidaritätszuschlags und das Versprechen, auf Steuererhöhungen zu verzichten. Scholz kündigte sofort an, dass für ihn lediglich eine Entlastung beim Solidaritätszuschlag für die unteren und mittleren Einkommen denkbar sei. Die Gründe dafür waren rein ideologischer Natur. Ich betonte, dass das Bundesverfassungsgericht die Teilabschaffung des Soli als verfassungswidrig ansehen werde. Denn der Bestimmungszweck des Soli entfiel mit Auslaufen des Solidaritätspaktes. Die SPD wollte weiter die niederen Motive einer Neidkultur gegenüber Unternehmen und höher belasteten Steuerzahlern bedienen. Mehrfach hielt ich Scholz dies vor. Er setzte immer nur sein schlumpfiges Grinsen auf und bewegte sich nicht. Die Verhandlungen über die neue Steuer- und Finanzpolitik traten mehrere Tage auf der Stelle, ohne dass ein Ergebnis mit der SPD erzielt werden konnte. Nun sollten die Parteivorsitzenden eine Lösung finden.

Mir war bei dieser Vorstellung nicht wohl. Ich wusste, dass weder Angela Merkel noch Horst Seehofer voll hinter der Forderung im CDU/CSU-Wahlprogramm nach einer ganzheitlichen Abschaffung des Solidaritätszuschlags standen. In einer Sitzungspause trug mir Angela Merkel einen Kompromiss mit einer Freigrenze oder einem Freibetrag beim Soli vor. Ich ging mit ihr gerade zur Essensstation. Bei den für die Verpflegung aufgebauten Wärmebehältern voller Currywürste hob sie den Deckel vor mir hoch und sagte: „Immer diese Extrawürste aus Würselen". Ich wusste nicht, ob sie damit Martin Schulz aus Würselen oder mich persönlich wegen meiner harten Forderung nach ganzheitlicher Soli-Abschaffung meinte. Ich entgegnete ihr in Bezug auf den Soli: „Es muss so wie im Wahlprogramm sein."

Am Ende bestätigten sich meine Befürchtungen. Schulz und Scholz setzten sich mit ihrer Neidpolitik durch. Nur für 90 Prozent sollte der Solidaritätszuschlag fallen und alle Unternehmen sollten weiter voll zahlen. Weder ein Freibetrag noch eine Steuerentlastung für Kapital- und Personengesellschaften war vorgesehen. Betriebe und Arbeitsplätze interessierten nicht.

Inzwischen waren nach der Bundestagswahl schon fünf Monate ins Land gegangen, ohne dass eine Neubildung der Regierung erfolgt war. Die Arbeit des Bundestages ruhte weitgehend. Die SPD lieferte – ohne

Rücksicht auf die laufenden Verhandlungen – ihr Wahlprogramm als Anträge im Bundestag ab und spielte so gleichzeitig potenzielle Opposition und Regierungspartei. Es wurde der Eindruck von Taktiererei, Zerstrittenheit und Unfähigkeit erzeugt, der für zusätzlichen Druck sorgte. So kam es in der Nacht des 7. Februar 2018 in der SPD-Parteizentrale in der Verhandlungsdelegation der CDU/CSU zu einer Endabstimmung über das Verhandlungsergebnis.

Angela Merkel erklärte, dass man in den Verhandlungen mit der SPD einige Kompromisse habe eingehen müssen. Wörtlich fügte sie hinzu: „Aber wir haben auch unsere Handschrift durchgesetzt." Es folgte in der Runde betretenes Schweigen. Einzig Jens Spahn erklärte: „Frau Bundeskanzlerin, was haben wir jetzt: das gleiche wie vorher, nur alles viel teurer." Spahn hatte nur bedingt recht, denn wir hatten in Wirklichkeit weniger. Merkel verstand die Äußerung als Generalangriff. Der sonst so beherrschten Frau standen die Tränen im Gesicht. Emotional, wie ich sie nie vorher erlebt habe, drohte sie: „Ich muss das hier auch nicht weitermachen", beendete die Sitzung und ging. Es war ein Abschluss des Verhandlungsmarathons zum Nachdenken.

Ich bin zu der Auffassung gelangt: Für mein Anliegen der Marktwirtschaft ebenso wie für die Zukunftsstrategie der Union wäre es der richtige Zeitpunkt gewesen, wenn Angela Merkel diese Drohung in die Tat umgesetzt hätte und ein Wechsel mit einem Neuanfang vollzogen worden wäre.

Alle wussten, dass Jens Spahn im Grundsatz richtig lag. Er hatte zwar noch nie ein gutes Haar an der Bundeskanzlerin gelassen, aber er dachte als junger Abgeordneter auch an seine politische Zukunft. Alle wussten, dass eine solche Bemerkung zum falschen Zeitpunkt bei der Bundeskanzlerin auch Folgen haben konnte. Allerdings hatte Spahn mit seiner erfolgreichen Kampfkandidatur um einen Sitz im CDU-Präsidium ein Zeichen gesetzt. Er war selbstbewusst und überzeugt, dass sie nicht mehr an ihm vorbeikonnte. In der Zusammenfassung waren wir Abgeordnete des Wirtschaftsflügels, zu dem auch Jens Spahn gehörte, nicht zufrieden. Aber wir sahen keine wesentlichen Möglichkeiten der Verbesserung mehr. Die Alternative wären nur Neuwahlen gewesen. Doch dazu fehlte den Führungen von CDU und CSU der Mut.

Das war ein eindeutig falsches Signal an die Wirtschaft – ein „Weiter so“ statt mehr Markwirtschaft. In der MU erntete ich dafür reichlich Kritik. Darüber hinaus wurde im Koalitionsvertrag mit wohlfeilen Texten vieles schöngeredet und der SPD ein großer Bauchladen an sozialdemokratischen Herzensanliegen gegönnt. Angela Merkel und Horst Seehofer hatten die Union mit ihrer Angst vor Neuwahlen einer SPD ausgeliefert, die es immer wieder geschickt verstand, mit der Drohung der Ablehnung des Koalitionsvertrages durch die SPD-Mitglieder erheblichen Druck aufzubauen.

Die Berufung des Kabinetts Merkel IV brachte eine zusätzliche herbe Enttäuschung. Die Union als weitaus stärkste Fraktion überließ das Finanzministerium der SPD mit Olaf Scholz als Minister – ein fataler Fehler, wie sich herausstellen sollte. Die CDU/CSU hätte den Posten des Finanzminister niemals hergeben dürfen. Trotz der vielen Zugeständnisse an die SPD brachte deren Mitgliedervotum nur eine Zustimmung von 66 Prozent. Keine gute Voraussetzung für eine Koalition. Es wurde klar, dass diese neue Legislaturperiode von ewigen Auseinandersetzungen geprägt sein würde, und ich fürchtete, dass die Union darauf schlecht vorbereitet war – nicht zu Unrecht, wie sich zeigen sollte. Dennoch gab es für mich einen Anlass zur Freude. Während der vielen Verhandlungspausen konnte ich mit dem damaligen bayerischen Finanzminister Markus Söder wenigstens einen Erfolg für den Wahlkreis unter Dach und Fach bringen – die positive Entscheidung für die große Sanierung des Landestheaters in Coburg.

Die ungewöhnlich lange Dauer der Regierungsbildung verhinderte auch, dass das schlechte Wahlergebnis der Union bei der Bundestagswahl analysiert und in den politischen Gremien intensiv beraten wurde. Natürlich hatten die Parteispitzen daran kein wirkliches Interesse. Jedoch war ich felsenfest davon überzeugt, dass eine versäumte Wahlanalyse der erste Schritt für weitere Wahlverluste in der Zukunft war.

Es ging mir um eine inhaltliche, aber auch personelle Neuorientierung. Das gefiel Horst Seehofer natürlich weniger. Zweifellos hatte ich Respekt vor seiner Leistung als Parteivorsitzender und Ministerprasident nach der für die CSU desaströsen Landtagswahl. Doch in der Flüchtlingskrise hatte er mit dem überzogenen Streit um eine Obergrenzenzahl fast die Einheit der Union zerstört. Ich begrüßte den Wechsel von Horst Seehofer vom Ministerpräsidenten in München zum Bundesinnenminister in Berlin, weil damit ein Neuanfang in München möglich wurde. Ich war mir aber nicht sicher, ob es mit Bundeskanzlerin Merkel eine ganze Legislaturperiode im Kabinett gutgehen könnte.

Seehofer hatte aber nach der Landtagswahl 2013 schon angekündigt, 2018 nicht mehr als Ministerpräsident zur Verfügung zu stehen. Eine Ankündigung, die er wohl selbst schon länger bereut hatte, und so zauderte er, sein Versprechen einzulösen. Die Folge war ein sechsmonatiger steiniger Machtkampf um den Parteivorsitz. Ich riet Markus Söder, nicht den Königsmörder zu spielen und nicht auf alle Angriffe von Horst Seehofer einzugehen. Der wollte auf einmal CSU-Vorsitzender bleiben. Er spielte auf Zeit und versuchte, Söder öffentlich zu beschädigen.

Gleichzeitig erklärte er, er strebe einen ordentlichen Übergang für die CSU an, um Kontinuität zu gewährleisten. Dazu gab es viele Gespräche der Bezirksvorsitzenden und der Vorsitzenden der Arbeitsgemeinschaften, um eine Selbstzerfleischung in der Partei zu verhindern. Als unabhängiger Wahlkreisabgeordneter und MU-Vorsitzender vertrat ich die klare Position meiner MU-Mitglieder. Ich war einer der wenigen, die offen ihren Standpunkt vertraten und auf eine schnelle Entscheidung drängten. So kam es am 1. Juli 2018 zur denkwürdigen Sitzung des CSU-Parteivorstands, die nach mehr als zwölf Stunden Beratung mit einer Rücktrittsankündigung Seehofers endete, die er am nächsten Tag allerdings wieder einkassierte. Es wurde das Bild von „Crazy Horst" gezeichnet.

Das konnte und durfte nicht so weitergehen. Seehofer beschädigte damit die eigene Partei und sich selbst. Ich war mir mit den Freunden in der MU einig, dass es für die CSU die beste Lösung sei, wenn Ministerpräsident und Parteivorsitzender wieder in einer Hand lägen. Im CSU-Parteivorstand hatte ich seit Jahren einen unmittelbaren Sitzplatz neben Markus Söder, der oftmals meine Meinung zur ordnungspolitischen Politik der Sozialen Marktwirtschaft vollinhaltlich teilte. Söder kann Soziale Marktwirtschaft. Er hatte zudem als bayerischer Finanzminister eine impulsgebende Förderung von Wirtschaft, Wissenschaft und Kommunen erfolgreich gestaltet. Es musste bei der CSU einen Neuanfang geben, und

Söder war für mich das einzige infrage kommende politische Alphatier für einen neuen Aufbruch.

Mit Blick auf die bayerische Landtagswahl forderte ich, die Wahlanalyse und Neuaufstellung nicht mit immer neuen Begründungen auf den Sankt-Nimmerleinstag-Tag zu verschieben. Wenn die CDU-Vorsitzende Angela Merkel jetzt sagte: „Ich kann nicht erkennen, was wir bei der Bundestagswahl hätten anders machen können“, dann war dies für mich eine grandiose Fehleinschätzung. Ich stellte die Schlüsselfrage, warum wir trotz hervorragender Wirtschaftsdaten mit einem hohen Vertrauensverlust zu kämpfen hatten. Bayern konnte erstmals mit einer Arbeitslosenquote unter drei Prozent Vollbeschäftigung vermelden. Im Haushalt des Bundes gab es einen Überschuss von 14 Milliarden Euro und bei den Ländern von zusammen 12,6 Milliarden Euro.

Meine Analyse war, dass zu viele Mittelständler das Vertrauen in die Union als eine verlässliche bürgerliche Kraft verloren hatten, weil man nicht erkennen konnte, wo die CDU in ihrer Politik wirklich stand. Deshalb sei unsere Glaubwürdigkeit trotz der Tatsache, dass es dem Land gut gehe, verloren gegangen und damit das politische Gefüge durcheinandergeraten, analysierte ich. Längst seien die Überforderung bei der Steuerbelastung und die Überbürokratisierung zum größten Investitionshemmnis beim Mittelstand geworden. Schon im Wahlkampf 2013 habe man die Soli-Abschaffung versprochen und nicht gehalten. Die Mittelschicht im Land sehne sich nach einer Union, die ihren Versprechungen auch Taten folgen lasse und Prinzipientreue bei Eigentumsschutz und Leistungsgerechtigkeit zeige.

Ich wies noch auf ein weiteres Problem hin. Eine ganze Reihe von Leuten aus unserer Schwesterpartei CDU hätten noch im vergangenen Jahr gehöhnt, der Satz von Franz Josef Strauß, es dürfe keine demokratische Partei rechts von der Union geben, sei ein Satz von gestern. Tatsächlich aber hatte die Sozialdemokratisierung der CDU den Einzug der AfD in den Bundestag begünstigt. Ich verglich die Entwicklung mit einem Felssturz, der zunächst auch nur mit kleinen Abbrüchen beginnt.

Das machte mich bei Partei- und Fraktionsführung nicht beliebter, aber ich war in großer Sorge um die Zukunft der Union und ich hatte die Verantwortung für die MU, die einheitlich meine Position unterstützte.

Der MU-Landesvorstand war nicht mehr bereit, die vielen Vertröstungen in der Mittelstandspolitik zu akzeptieren. Die Unzufriedenheit der Mittelständler wollte und konnte ich auch nicht mehr schönreden. Das Hauptproblem war und blieb die konzeptionelle Schwäche dieser Koalition in der Politik der Sozialen Marktwirtschaft. Die inhaltliche Entkernung durch den Pragmatismus der Bundeskanzlerin zu ersetzen, genügte auf Dauer nicht.

Natürlich war die CDU immer mehr Kanzlerwahlverein als innovative Programmpartei. Aber Merkels Kurs stellte immer mehr die Wirtschaftskompetenz der Union infrage. Das Konzept der Sozialen Marktwirtschaft wurde immer weiter verwässert. Damit drohte die Union die grundsätzliche Anerkennung als die gestaltende Kraft in der Wirtschafts- und Finanzpolitik zu verlieren. Der Versuch, die politische Mitte nach links zu öffnen und sozialdemokratischer zu werden als das Original, brachte der SPD zwar Stimmenverluste bei, säte aber bei den bürgerlichen Stammwählern der Union Misstrauen. Dies wurde durch die Berufung von Olaf Scholz zum Bundesfinanzminister in der neuen Bundesregierung noch verstärkt.

Angesichts dieser Entwicklung entschloss ich mich wegen der Kritik der Mittelständler schweren Herzens, beim Bayerischen Mittelstandstag 2018 die Verantwortung abzugeben und nicht erneut als Vorsitzender zu kandidieren. Ich wollte nicht länger Prellbock oder Feigenblatt für eine völlig unbefriedigende Marktwirtschaftspolitik sein. Auch sah ich beim gleichaltrigen Horst Seehofer, wie man sich durch hartnäckiges Festhalten an Ämtern selbst beschädigen kann. Die Demokratie braucht immer wieder den Austausch von Personen in den politischen Gremien, die Zufuhr neuer Ideen und die Begeisterungsfähigkeit durch jüngere charismatische Temperamente. Den Delegierten der MU schlug ich den ehemaligen bayerischen Wirtschaftsminister Franz Josef Pschierer als neuen Vorsitzenden vor. Er war zwar kein Unternehmer in der Politik, hatte aber Wirtschaftskompetenz bewiesen. Zum Stabwechsel und meiner Verabschiedung anlässlich der Landesversammlung am 1. Dezember 2018 in Nürnberg kam auch unser neuer Parteivorsitzender Markus Söder, den ich gebeten hatte, wenige Tage nach Abschluss der Regierungsbildung in Bayern beim Bayerischen Mittelstandstag über die Zukunft Bayerns, unsere Wirtschaft und vor allem unsere kleinen und mittleren Betriebe unter den veränderten politischen Verhältnissen zu sprechen.

Nach 18 Jahren als Vorsitzender gab ich meinen letzten Rechenschaftsbericht: „Der bayerische Mittelstandstag ist das Schaufenster der Sozialen Marktwirtschaft in Bayern. Denn der Mittelstand ist das Herz der Sozialen Marktwirtschaft. Unsere Familienunternehmen prägen am besten den sozialen Ausgleich. Das erfolgreiche Miteinander in unseren Betrieben ist das beste Beispiel. [...] Wir Mittelständler haben mit unserer praxisnahen und unabhängigen Arbeit Wirtschaftswachstum und Rekordbeschäftigung erreicht. Jetzt sind viele Mittelständler höchst unzufrieden mit der Politik. Bei den Themen Bürokratie, Leistungsgerechtigkeit, Steuern und Fachkräftemangel gibt es starke Defizite. [...] Die Union hat bei der Bundestagswahl und die CSU bei der Landtagswahl massiv an Zustimmung verloren. Deshalb ist es gerade jetzt wichtig, die Vertretung des Mittelstandes als Stimme der praktischen Vernunft in der Politik zu stärken. Die Union ist für mich die einzige politische Kraft, die eine Spaltung unserer Gesellschaft verhindern kann. Wir stehen für Soziale Marktwirtschaft statt Klassenkampf und wir stehen für solide Staatsfinanzen statt Rekordverschuldung. [...]

Als ich das Amt des Vorsitzenden im Jahr 2000 übernommen habe, hatten wir gerade die Bundestagswahl verloren und Rot-Grün war dabei, Wirtschaft und Finanzen im Land zugrunde zu richten. Deutschland wurde zum kranken Mann Europas.

Wir haben Deutschland vom Euro-Defizit-Sünder zu einem Land mit Überschüssen in den öffentlichen Kassen gemacht. Erstmals konnten wir das Ende der kalten Progression, die Einführung einer steuerlichen Forschungsförderung, eine steuerfreie Generationenbrücke für die Betriebe, die Förderung von Wirtschaft und Wohnungsbau erreichen. Dieser Erfolg schafft Stabilität und Vertrauen, schafft Arbeitsplätze, mehrt den Wohlstand und das schafft am Ende die Chancen für Steuersenkungen für mehr wirtschaftliche Dynamik.

Aber es braucht gerade jetzt Zukunftslösungen, die von praktischer wirtschaftlicher Vernunft geleitet sind. [...] Ein „Weiter so" darf es nicht geben, weil sich die Welt um uns herum epochal ändert und alle Wirtschaftsbereiche davon betroffen sind. Die Mittelstandsunion muss direkter Teil der Entscheidungen in der Politik bleiben, damit die Ordnungspolitik der Marktwirtschaft wieder die Oberhand gewinnt. Sie muss in der Zukunft für Aufbruch, für Leistung und unternehmerischen Mut stehen. [...] Die Mittelstandsunion muss der marktwirtschaftliche Fels in der Brandung bleiben." Der MU bin ich weiter eng verbunden. Sie wählte mich zu ihrem Ehrenvorsitzenden und im Wirtschaftsflügel der CDU/CSU-Fraktion blieb ich weiter aktiver Teil der Marktwirtschaftspolitik.

Den neuen zeitlichen Freiraum wollte ich im Deutschen Bundestag für Initiativen und Gesetzentwürfe zu Erneuerung der Sozialen Marktwirtschaft nutzen. Im Fraktionsvorstand und als stellvertretender Vorsitzender der CSU-Landesgruppe fand ich bei unserem Fraktionsvorsitzenden Ralph Brinkhaus und unserem CSU-Landesgruppenvorsitzenden Alexander Dobrindt Unterstützung für meine Anliegen. Angesichts des starken Umbruchs in der Welt galt es, neue Richtungsentscheidungen und Chancen für die Zukunft auszuloten. Das Globalisierungsthema in Verbindung mit der Wettbewerbsfähigkeit des Wirtschaftsstandorts Deutschland in der Zukunft war für mich von hohem Interesse.

Schon fast 60 Jahre zuvor hatte Ludwig Erhard festgestellt: „Die Welt ist schon zu integriert, ist zu sehr miteinander verflochten, als dass irgendein Land für sich sein eigenes Schicksal gestalten kann." Das war ein Blick in die Zukunft, ohne damals zu wissen, dass heute nur mit Verflechtungen und Zusammenarbeit im Bereich der Wirtschaft, der Institutionen, Staaten und der Umwelt eine globale Ordnung erreichbar ist. Die technische Revolution, die Digitalisierung und der europäische Binnenmarkt haben die Frage der internationalen Wettbewerbsfähigkeit Deutschlands verstärkt. Die Leistungsfähigkeit, Exportkraft und Wachstumsentwicklung in Deutschland werden sich nur durch Reformen, neue Ideen und zukunftsweisende Investitionen erhalten lassen.

Ich machte mich deshalb für den 5-G-Netzausbau ebenso wie für Forschungsprojekte der künstlichen Intelligenz oder auch die Klimaziele mit dem CO2-Zertifikatehandel in der Energiepolitik stark. Die Wettbewerbsverzerrungen bei der Unternehmensbesteuerung und die Tatsache, dass die großen Internetkonzerne aus den USA in Deutschland kaum Steuern zahlen, waren für mich ebenso ein wichtiges Thema wie der zunehmende Protektionismus und die anstehenden Finanzmarktentscheidungen im Zuge der Kapitalmarktunion, der Bankenunion, der Fiskalunion und der damit einhergehenden Gefahr, dass die EU in eine Transfer- und Schuldenvergemeinschaftungsunion umgeformt werden könnte. Zusätzlich stand seit dem Jahr 2015 die Überlagerung und Vernachlässigung wichtiger Weichenstellungen durch die nach wie vor ungeregelte Asyl- und Flüchtlingspolitik auf der Agenda. Die EU war erkennbar nicht in bester Verfassung.

Der Schock des Brexit-Referendums wirkte nach, bei dem die britischen Wähler sich zur Überraschung vieler mit einer Mehrheit von 52 Prozent für den EU-Austritt des Vereinigten Königreichs entschieden. Zur jährlichen Klausurtagung der CSU-Landesgruppe Anfang 2015 hatten wir noch den damaligen britischen Premierminister David Cameron nach Wildbad Kreuth eingeladen. Dabei unterstrichen wir unser großes Interesse am Verbleib Großbritanniens als aktiver Partner in einer an die Herausforderungen angepassten EU. Ich verwies im Gespräch auf die vielen gemeinsamen Grundüberzeugungen. Ich war mir sicher, dass die Beziehungen und Gemeinsamkeiten zwischen Großbritannien und Deutschland essenziell für das Funktionieren der EU waren. Cameron versicherte, sein Ziel sei, Großbritannien in einer reformierten EU zu halten. Die Notwendigkeit eines Referendums erkläre sich aus dem Umstand, dass Großbritannien in den letzten Jahren an den Rand gedrängt worden sei. Aus innenpolitischen Gründen müsse er Schritte darstellen, wie Großbritannien mit der EU nicht immer weiter verliere. Für die Mehrheit der Briten sei die Migration und Personenfreizügigkeit in der EU ein Problem. Der Druck durch Migration auf Großbritannien sei in den vergangenen Jahren einfach zu groß geworden. Er wolle das Grundprinzip der Freizügigkeit nicht grundsätzlich antasten, aber so ändern, dass das nationale Sozialsystem arbeitsfähig bleibe. David Cameron gab sich überzeugt davon, dass er das Referendum gewinnen und Großbritannien in der EU halten werde.

Ich sah viel Übereinstimmung in der Landesgruppe mit den politischen Forderungen Camerons. Es war zweifellos im Interesse Deutschlands, Großbritannien als starken Partner in der EU zu halten. Ich warnte auch, dass die EU mit dem Austritt des Vereinigten Königreichs über Nacht ihre zweitgrößte Volkswirtschaft mit der drittgrößten Bevölkerung und den drittstärksten Nettozahler zur Finanzierung des EU-Haushalts verliere. Für die Europäische Investitionsbank bedeute das den Verlust eines starken Anteilseigners, was sich auf die Finanzierung von Investitionen der Wirtschaft negativ auswirken könne. Zudem bedeute der britische Markt einen kräftigen Impuls für die deutsche Exportwirtschaft mit einem deutschen Handelsüberschuss von jährlich mehr als 40 Milliarden Euro.

Am meisten Sorge bereitete mir aber, dass mit dem britischen Austritt die Sperrminorität zur Verteidigung marktwirtschaftlicher Lösungen und gegen die fortschreitende Schuldenvergemeinschaftung in der EU zerstört wurde. Deutschland verlor durch den Austritt Großbritanniens einen wichtigen Partner in der Gemeinschaft, ein Verlust, der vermeidbar gewesen wäre und der Deutschland finanziell teuer zu stehen kommen wird. Warum die Bundesregierung nicht frühzeitig und entschieden für den britischen Verbleib eintrat, wurde mir nie konkret beantwortet.

Die EU sollte eine Union der Freiheit, des Wohlstands und des Rechts sein. Bei Fortsetzung der derzeitigen Entwicklung und der Übernahme immer neuer Aufgaben, für die die Gemeinschaftseinrichtungen nicht geeignet sind, dürfte die EU in naher Zukunft aber nur noch durch ihre Schulden einhergehend mit immer mehr Staatswirtschaft zwangsvereinigt sein. Das ist weder ein dauerhaft haltbarer Kitt noch ein Kurs für mehr Beschäftigung und Wohlstand in der EU.

Rollback oder die Folgen einer Zwangsehe

In der Bundespolitik zeigten sich nach der neuen Regierungsbildung leider recht schnell die Auswirkungen der Fehlsteuerungen, die im Koalitionsvertrag angelegt waren. Zwar war die wirtschaftliche Entwicklung weiter gut – egal ob Wirtschaftswachstum, Beschäftigungsentwicklung oder Lage der Sozialkassen. Die Haushalte von Bund und Ländern schlossen mit Überschüssen ab. Auch auf der kommunalen Ebene besserte sich die Finanzlage, nicht zuletzt wegen der Übernahme von Kosten durch den Bund. Aber es blieb unübersehbar, dass die Neuauflage der großen Koalition eine Zwangsehe war. Die SPD befleißigte sich, möglichst schnell viele ihrer ideologischen Anliegen aus dem Koalitionsvertrag umzusetzen. Die Bundesminister Scholz, Heil und die Bundesministerinnen Giffey, Lambrecht und Schulze wurden auch nicht müde, die Gesetze im Detail weit über den Koalitionsvertrag hinaus ideologisch zu beschweren und auszubauen.

Gleichzeitig wurden Vorhaben der Union nach Kräften blockiert. Im Wirtschaftsflügel der CDU/CSU-Fraktion sahen wir uns öfter zur Gefahrenabwehr für den Wirtschaftsstandort und seine Arbeitsplätze genötigt, damit die Grundsätze der Union wie maßvolle Steuerpolitik, Eigentumsschutz, Wettbewerbsgleichheit, Schuldenbremse, Währungsstabilität, Wachstumspakt und Subsidiarität zumindest nicht weiter auf dem Altar einer angeblich alternativlosen Koalition geopfert wurden. Es schien wie ein Kampf gegen Windmühlenflügel, denn das Bundeskanzleramt ließ die SPD viel zu weitgehend gewähren. Die Lage spitzte sich so zu, dass es zu einem Treffen des PKM-Vorstandes mit der Bundeskanzlerin kam, bei dem die Kritikpunkte sehr klar benannt wurden. Das Ergebnis war die Zusicherung eines Belastungsmoratoriums.

Schon bald aber mussten wir feststellen, dass es die Bundesregierung mit dem versprochenen Moratorium nicht so ernst nahm. Es wurde eine Grundrente ohne Kontrolle der Bedürftigkeit und ohne Gegenfinanzierung beschlossen. Die Folge: Ein Anstieg der Sozialleistungsquote im Bundeshaushalt auf mehr als 51 Prozent. Darüber hinaus wurden die Verschärfung des Grunderwerbsteuergesetzes und des Baugesetzbuches, ein neues Unternehmensstrafrecht, eine Kassenkaufpflicht für kleine Selbstständige, ein Verbot für Werkverträge und Leiharbeit, eine Energieverteuerung, ein Lieferkettengesetz, eine EU-Plastiksteuer, eine nationale Finanztransaktionssteuer, eine Mindestbesteuerung bei Unternehmen, neue Bürokratie bei den Finanzanlagenvermittlern, ein vollumfängliches Verbandssanktionsrecht und eine stärkere Substanzbesteuerung bei der Grundsteuer auf den Verhandlungstisch gepackt. Weitere kostenintensive Beschlüsse im Bereich der Arbeits- und Sozialpolitik ließen die Staatsquote auf mehr als 45 Prozent anwachsen.

Statt finanzielle Freiräume für Investitionen und Konsum zu schaffen, wurden Bürgern und Wirtschaft immer mehr Mittel für Investitionen und Konsum entzogen. Die Wettbewerbsfähigkeit der inländischen Wirtschaft und damit die Wachstumsentwicklung begann Schaden zu nehmen. Dabei hätte man gerade jetzt alle Ressourcen für eine ganzheitliche endgültige Abschaffung des Solidaritätszuschlages und Zukunftsinvestitionen benötigt.

Zu allem Überfluss wurde die politische Arbeit der Koalition im Herbst 2019 vom Ringen um den SPD-Vorsitz gelähmt. Die SPD bot ein öffentliches Schauspiel mit acht Kandidatenduos für den Parteivorsitz. Dabei war auch Bundesfinanzminister Scholz im Gespann mit der in Brandenburg auf dem politischen Abstellgleis gelandeten Klara Geywitz. Scholz tourte nun wochenlang auf 23 Regionalkonferenzen für die SPD-Basis quer durch die Republik, statt sich den umfangreichen Herausforderungen im Bundesfinanzministerium zu stellen. Bei der abschließenden Mitgliederbefragung zum SPD-Vorsitz fiel das Duo Scholz/Geywitz durch. Die neue SPD-Spitze Norbert Walter-Borjans und Saskia Esken bestätigte recht schnell das alte Sprichwort „Schlimmer geht immer".

Gut ein Jahr vor der Bundestagwahl proklamierte die SPD-Führung Scholz dann doch zum Kanzlerkandidaten. Nach dieser frühzeitigen Nominierung war mir klar, dass nun der Dauer-Neidwahlkampf starten würde, den Scholz schon bei den Koalitionsgesprächen vorbereitet hatte. Dazu zählte insbesondere die Mär von den Großverdienern und Millionären, die nun endlich ihren Anteil an der Finanzierung des Staates leisten müssten.

Mit der Wirklichkeit hat dieses Propagandamärchen nichts zu tun. Dass die obersten zehn Prozent der Einkommensbezieher mehr als 50 Prozent zum Einkommensteueraufkommen beitragen und 30 Prozent der Erwachsenen gar keinen Beitrag leisten, verschweigt die SPD lieber. Auch dass unser Steuersystem der Belastung nach Leistungsfähigkeit folgt, bleibt unerwähnt.

Für einen besonders dreisten Angriff auf das Eigentum versuchte Scholz das Urteil des Bundesverfassungsgerichts von 2018 zur Grundsteuerreform zu nutzen. Der Bundesfinanzminister schlug allen Ernstes ein neues Grundsteuer-Reformmodell vor, das hauptsächlich auf den steil angestiegenen Bodenrichtwerten beruhte und damit für nahezu alle Grundsteuerpflichtigen zu deutlich höheren Belastungen führen musste. Es traf auch die Mieter, da die Grundsteuer auf die Mieter umgelegt wird. Dies würde in den ohnehin schon sehr teuren Ballungsgebieten besonders preistreibend wirken.

Die gleichzeitige Klage der SPD über hohe Mieten in Ballungsgebieten entlarvte sich damit zugleich als reine Propagandanummer, mit der von eigenem Versagen gerade im Wohnungsbau abgelenkt werden sollte. Denn gerade in Ländern mit SPD-Regierungsbeteiligung waren die Bundesmittel für den sozialen Wohnungsbau weitestgehend im allgemeinen Haushalt versickert und nicht in den sozialen Wohnungsbau für neue kostengünstigere Wohnungen geflossen. Ganz offensichtlich sollte aber mit diesem Modell auch ein Einfallstor für die Wiedereinführung einer substanzbelastenden Vermögensteuer durch eine spätere Linkskoalition geschaffen werden, indem die Wertermittlung des Wohneigentums als Bemessungsgrundlage diente – ein doppeltes Abkassiermodell, das einer Linkskoalition schon lange vorschwebte. Die politische Linke in Deutschland hatte die Aussetzung der Vermögensteuer wegen der verfassungswidrigen Wertermittlung in den 1990er Jahren nie akzeptiert.

Um dieses Steuerbelastungsmodell zu durchkreuzen, schlug ich in Absprache mit dem bayerischen Ministerpräsidenten Söder eine Öffnungsklausel vor, die den Bundesländern abweichende Berechnungsgrundlagen eröffnete, die nicht auf permanente automatische Steigerungen der Grundsteuer hinausliefen. Das war auch eine Kampfansage an die linken

Kräfte in der Koalition. Im Bundestag wies ich deshalb ausdrücklich auf zweierlei hin: „Das Bundesverfassungsgericht hat in seinem Urteil vom 10. April 2018 nicht die Grundsteuer verworfen, wohl aber die derzeitige Berechnungsmethode. Im Koalitionsvertrag haben wir deshalb vereinbart, eine einfache, transparente und aufkommensneutrale Bemessungsgrundlage zu schaffen. Das wollen wir von der CDU/CSU zügig und korrekt umsetzen." Deshalb gehe es jetzt darum, ob die Grundsteuer eine Objektsteuer nach einer einfachen Flächenbemessung bleibe oder zu einer neuen, bürokratischen und teuren Mietersteuer nach Mieten, Bodenrichtwert und Baujahren werde.

Ich machte deutlich, dass die Union Letzteres für einen Irrweg hielt. „Grundsätzlich ist die Grundsteuer ja eine Objektsteuer, die zur Kompensation von Infrastrukturleistungen und zu nichts anderem in den Kommunen erhoben wird. Deshalb treten wir nachdrücklich für ein Einfach-Flächenmodell ein. Warum diesem Modell jetzt Eckpunkte des Bundesfinanzministers mit einer komplizierten, bürokratieintensiven und wertabhängigen Mietersteuer gegenübergestellt werden, erschließt sich mir nicht. Das war so nicht vereinbart. Das Ministerium kommt nach wie vor nicht mit einer Objektsteuer daher, sondern mit einer verkappten Einkommen- und Vermögensteuer." Wichtig war mir, dass die Reform nicht zu regelmäßigen, automatischen Steuererhöhungen und zu explosionsartigen Mieterhöhungen, zu kostenintensiver Bürokratie und zu neuen Ungerechtigkeiten führte.

Vor allem durften wir aus meiner Sicht auch den mittelständischen Betrieben keine zusätzlichen Lasten aufbürden. Gewerblich genutzte Grundstücke und Gebäude oder Mischobjekte mit fiktiven Mieten nach einem Ertragswertverfahren zu besteuern, war gewiss keine Standortförderung. Wir brauchten Wachstum und keine Überforderung von Gewerbebetrieben, machte ich deutlich.

Zugleich trat ich der Behauptung entgegen, eine Öffnungsklausel sei nicht verfassungskonform. Das Abrücken von einem Bundesgesetz sei nach Art. 125 a Grundgesetz möglich und wegen völlig unterschiedlicher Strukturen und Verhältnisse in den einzelnen Ländern bei der Grundsteuer sinnvoll. Bei der Föderalismusreform sei es gerade der Wunsch aller Länder gewesen, eigene Steuerhoheit zu erhalten.

Am Ende gelang es, die Öffnungsklausel durchzusetzen. In der Folge haben eine Reihe von Bundesländern diese Klausel auch genutzt – ein Beleg für einen lebendigen leistungsfähigen Föderalismus.

Zu einer weiteren scharfen steuerpolitischen Auseinandersetzung mit Bundesfinanzminister Scholz kam es wegen der Finanztransaktionssteuer. Der ursprüngliche Zweck dieser Steuer war es, die Spekulationsdynamik an den Börsen – insbesondere im Hochfrequenzhandel – zu dämpfen. Dies war eine Reaktion auf die Erfahrungen der Weltfinanz- und -wirtschaftskrise. Im Koalitionsvertrag war vereinbart worden, eine solche Steuer im europäischen Kontext einzuführen. Vollmundig hatte Scholz die Finanztransaktionssteuer öffentlich zudem als Finanzierung für die Einführung einer Grundrente dargestellt.

Bei den Verhandlungen mit den europäischen Partnern allerdings scheiterte Scholz. Gleichwohl versuchte er nun eine nationale Finanztransaktionssteuer zu etablieren, die nicht nur mit erheblichen Wettbewerbsverzerrungen und entsprechendem Schaden für den Finanzplatz Deutschland verbunden gewesen wäre. Sie hätte zudem ihr eigentliches Ziel verfehlt und statt der Hyperspekulation vor allem private Kapitalanlagemodelle und die private Altersvorsorge getroffen. Darüber hinaus wären Inländer und Ausländer ungleich behandelt worden. Abgesehen von der Ungleichbehandlung verstieß diese willkürliche Beschädigung von Eigenverantwortung und Eigenvorsorge gegen wesentliche Grundgedanken der Sozialen Marktwirtschaft und konnte so nicht hingenommen werden.

Im Bundestag hielt ich Scholz deshalb am 30. Januar 2020 entgegen: „Im Koalitionsvertrag haben wir festgelegt: ‚Wir stärken den Finanzplatz Deutschland und schützen Steuerzahler vor riskanten Finanzmarkt-Spekulationen.' […] So weit, meine Damen und Herren, dürfte jedem die Notwendigkeit, am Finanzmarkt stärker und deutlicher Leitplanken zu setzen, seit der internationalen Finanz- und Wirtschaftskrise vor gut zehn Jahren bewusst sein." Bereits bei der Debatte zur Einbringung des Bundeshaushalts 2020 am 10. September 2019 mahnte ich deshalb, man müsse von einem Bundesfinanzminister erwarten können, „dass er bereit ist, zunächst Dank an die Steuerzahler für deren Leistungen zu sagen". Und ich fügte mit Besorgnis hinzu: „Wir dürfen jetzt nicht Belastungen für die Zeiten aufbauen, in denen die Steuereinnahmen vielleicht nicht mehr so gut fließen wie heute. Ich sage dies mit Blick auf manche Diskussionen und Forderungen, zum Schuldenmachen zurückzukehren, wie wir sie heute von den Grünen gehört haben, weil das Schuldenmachen derzeit so billig sei, wie sie sagen. Ich kann darauf nur entgegnen: Wo bleibt denn da Ihr Nachhaltigkeitsgedanke? Wer so denkt, denkt nicht über das heute hinaus. Wer so denkt, schadet der Glaubwürdigkeit einer zukunftsgerichteten Finanzpolitik.

Die Politik der schwarzen Null ist erfolgreich und ist ein wichtiges Signal. Deutschland ist damit ein Stabilitätsanker in der EU, ein Anker für einen stabilen Euro. Dazu gehören Ausgabendisziplin, Förderung des Wirtschaftswachstums und eben keine Steuererhöhungen. Die Haushaltspolitik muss sich immer auch dem Effizienzgedanken stellen. Deshalb halte ich es für richtig, dass die Haushaltsansätze stärker geprüft werden. Wir müssen einer Rezession vorbeugen, eine Rezession verhindern. Alles andere wäre verantwortungslos gegenüber den Menschen in unserem Land.“ Ich ahnte zu diesem Zeitpunkt noch nicht, dass diese Warnung vor schlechteren Zeiten schon bald Wirklichkeit werden sollte.

Es war richtig: Unsere Haushaltspolitik war erfolgreich. Wir planten für 2020 zum siebten Mal in Folge mit einem Haushalt ohne neue Schulden. Wir hielten auch die Gesamtverschuldungsgrenze des Euro-Stabilitätspaktes von 60 Prozent des Bruttoinlandsproduktes ein. Alle Indikatoren zeigten nach oben. Was diese Zahlen nicht zeigten: Die großen Koalitionen seit 2013 hatten die guten Konjunkturdaten nicht für mehr Zukunftsfähigkeit, sondern vor allem für die Steigerung konsumtiver Ausgaben genutzt, insbesondere zur Finanzierung des von der SPD mit Inbrunst betriebenen sozialpolitischen Rollback.

Die SPD haderte – und hadert noch immer – mit den von der harten Wirklichkeit erzwungenen Sozialreformen aus der Endphase von Rot-Grün und der hellsichtigen Erkenntnis des SPD-Bundessozialministers im ersten Kabinett Merkel, Franz Müntefering, dass die dauerhafte Finanzierung der Rente ohne Verlängerung der Lebensarbeitszeit nicht möglich sein würde. In der Union ihrerseits schwand als Folge der von Angela Merkel betriebenen Sozialdemokratisierung der CDU zusehends die Kraft und die Bereitschaft in der Partei- und Fraktionsspitze, der ständigen Ausweitung der Sozialausgaben im Sinne besserer Zukunftsvorsorge entgegenzutreten.

Pandemie und Marktwirtschaft

Das Jahr 2020 hatte noch nicht richtig begonnen, da zogen am Horizont mit einem neuen Virus aus China dunkle Wolken auf. Die erste erkrankte chinesische Mitarbeiterin eines deutschen Industrieunternehmens ließ noch nicht erkennen, dass sich in kürzester Zeit der Ausbruch in Wuhan in die ganze Welt ausbreiten würde – mit hohen Erkrankungszahlen, schweren Krankheitsverläufen und hohen Todeszahlen als Folge. Niemand kannte eine Pandemie diesen Ausmaßes – die Politik nicht, die Bürger nicht und die Wirtschaft nicht. Am 11. März 2020 erklärte die Weltgesundheitsorganisation Covid-19 zur Pandemie.

Zwei Wochen später – am 25. März 2020 – stellte der Bundestag erstmalig angesichts der drohenden Einschleppung und massenhaften Verbreitung des neuartigen Coronavirus eine epidemische Lage von nationaler Tragweite fest. Die Bundesrepublik hatte den wohl schwersten Krankheitsausbruch ihrer Geschichte zu bewältigen. Das Ausmaß der Gefahr sollte sich bald schmerzlich bestätigen. In Politik, Gesellschaft und Wirtschaft änderte sich fortan alles im Zeitraffer. Die Krise beschleunigte alle Prozesse, zeigte auch die Schwächen und Versäumnisse der Vergangenheit. Wie in einem Brennglas wurde ein Zustand des Landes sichtbar, der bei Ministerien, Verwaltung und Gesundheitsschutz schwere Defizite offenbarte.

Die Ausbreitung des Virus in Norditalien wurde auf europäischer Ebene nur halbherzig angegangen. Ja, die EU wandte sich sogar nachdrücklich gegen eine Abrieglung der Grenze zur Isolierung der betroffenen Regionen. Erst das Infektionsgeschehen im Tiroler Wintersportort Ischgl oder im rheinischen Heinsberg machten in Deutschland die Dringlichkeit einer Abriegelung der Regionen deutlich.

Ich erschrak, wie wenig vorbereitet die Behörden, Aufsichtsorgane, die Ministerien auf Bundes- und Landesebene, die Krankenhäuser und die Gesundheitsämter waren – und dies, obwohl die Schwächen bereits 13 Jahre zuvor bei einer Stabsrahmenübung aufgedeckt und dokumentiert worden waren. Überall fehlte Schutzausrüstung, Hygienematerial und vor allem Fachpersonal. Die Mängel bei der Digitalisierung sorgten für zusätzliche Probleme. Die Coronapandemie stellte unser Land vor enorme Herausforderungen. Die immer weiter steigenden Zahlen zwangen dazu, die persönlichen Kontakte weiter herunterzufahren, um das Virus zu stoppen. Wir sahen uns unversehens der Herausforderung gegenüber, besonders Menschen in Alten- und Pflegeeinrichtungen besser zu schützen. Denn dort breitete sich die Pandemie besonders rasch aus. Der Schutz des Lebens gehört zu meinem christlichen Selbstverständnis.

Bis weit in das Jahr 2021 war wiederholt die Feststellung der epidemischen Lage von nationaler Tragweite und damit die Anwendung von Maßnahmen des Infektionsschutzgesetzes erforderlich. Es galt das Infektionsrisiko zu reduzieren. Dass hierzu Einschränkungen von Grundrechten sowie staatliche Eingriffe in die Freiheitsrechte und die Berufsausübung für Selbständige erfolgen mussten, hatte ich mir nie vorstellen können. Deshalb war ich sehr motiviert, die Entscheidungen des Ministerpräsidentenkonferenzen, das Handeln der Ministerien und die Beschlussfassungen des Deutschen Bundestages kritisch zu hinterfragen. Denn bei so schwerwiegenden Eingriffen musste die Verhältnismäßigkeit immer gewährleistet bleiben. Dies ist eine wesentliche Grundlage unserer Verfassungsordnung und auch eine Voraussetzung für eine freiheitliche Marktwirtschaft.

Jedoch befürchtete ich auch, dass der Lockdown eine schwere Rezession mit starken Einbrüchen der Wirtschaftsleistung, Liquiditätsproblemen und Insolvenzen auslösen würde. In meinem Abgeordnetenbüro gab es Dauerstress. Mehr als 15 Monate lang gab es eine Flut an Beschwerden, Petitionen und Nachfragen nach Wirtschaftsförderungsmaßnahmen und Hilfsleistungen.

Der Mangel an Schutzausrüstung und Beatmungsgeräten brachte vor allem Bundesgesundheitsminister Jens Spahn stark unter Druck. Er verkündete gegenüber der Öffentlichkeit: Angesichts der hochgradig angespannten Situation und der erheblichen Gefährdung für das deutsche Gesundheitswesen seien Beschaffungshinweise an die Bundesregierung in hohem Maße erwünscht. Diese Aufforderung haben scheinbar einige wenige Abgeordnete zu einem Geschäftsmodell zum eigenen Vorteil genutzt. Die genauen Umstände klärt gegenwärtig die Justiz.

Es musste eigentlich allen klar sein, dass die Ausnutzung einer Notsituation durch Mandatsträger mindestens moralisch absolut inakzeptabel war. Mit ihrem Verhalten haben die beteiligten Mandatsträger Politikern und Unternehmern einen hohen Ansehensschaden zugefügt. Weitverbreitete Vorurteile wurden scheinbar bestätigt und es wurde jenen Stoff geliefert, die gegen Demokratie und Unternehmer hetzen. Viele Medien versuchten zudem, die Abgeordneten unter Generalverdacht zu stellen.

Ich war sehr froh darüber, dass unser Fraktionsvorsitzender Ralph Brinkhaus von allen Fraktionsmitgliedern eine Ehrenerklärung unterschrieben ließ, dass sie keine finanziellen Vorteile aus dem Kauf oder Verkauf von Medizinprodukten im Rahmen des Kampfes gegen die Coronapandemie gezogen haben. Ich war auch für eine Verschärfung der Transparenzvorschriften, wonach das Mandat nicht durch die Gründung von Beraterfirmen kommerzialisiert werden darf. Gerade als Unternehmer in der Politik war ich im Interesse des Schutzes meines Berufsstandes darauf bedacht, mit diesen dubiosen Geschäftspraktiken nicht verbunden zu werden. Dieses Verhalten einiger ganz Weniger beschädigte das Ansehen der Demokratie und der Marktwirtschaft.

Zur Wahrheit der öffentlichen Diskussion gehörte aber auch, dass das Bundesgesundheitsministerium weit mehr eingekauft hatte, als es bezahlen konnte. Statt dies einzuräumen und nach einer finanziellen Lösung zu suchen, beschäftigte das Ministerium lieber einen juristischen Dienstleister, um nachträgliche Mängelrügen zu konstruieren und so die Bezahlung bereits gelieferter und abgenommener Ware zu verweigern. Das brachte vor allem mittelständische Unternehmen zusätzlich in Finanznot. Viele Klagen wurden bei Gericht anhängig gemacht. Und auch auf meinem Schreibtisch landeten etliche Beschwerden von in Existenznot geratenen Firmen.

Die Pandemie brachte Leid, Härten und Entbehrungen für die Menschen in unserem Land mit sich. Harte Schutzmaßnahmen mit dem weitgehenden Runterfahren ganzer Geschäftszweige und des öffentlichen Lebens führten zudem zu schweren wirtschaftlichen Verwerfungen. Ich warb immer wieder dafür, diese Pandemie Schritt für Schritt gemeinsam zu überwinden. Doch Fehlentscheidungen, Streit zwischen Bundesländern auch wegen unterschiedlicher Betroffenheit, ein Kompetenzgerangel zwischen dem Bund und den eigentlich zuständigen Ländern und inkonsequente Strategien erschwerten die Pandemiebekämpfung. Hinzu kam eine zum Teil desolate politische Kommunikation auf Bundes- und Länderebene, die nicht zu einer Stärkung des Vertrauens der Bürger beitrug.

Nach mehr als einem Jahr war die Pandemie, deren inzwischen dritte Welle durch das Land rollte, immer noch nicht unter Kontrolle gebracht worden. Wir zählten in Deutschland bis Ende August 2021 nahezu 3,9 Millionen Infizierte und mehr als 90 000 Tote im Gefolge der Pandemie. Weltweit wütete die Pandemie zwar weit schlimmer, aber die unzureichenden Erfolge in der Pandemiebekämpfung führten in Deutschland immer wieder zur Verlängerung und Vertiefung des Lockdowns.

Wir Abgeordneten verbrachten viel Zeit in Beratungen, Verhandlungen und Diskussionen mit der Bundesregierung, den Virologen, Mathematikern und Medizinern, in denen wir immer wieder auf die Schwächen der Entscheidungen, die ungenügende Kommunikation und die fehlenden Hilfszahlungen hinwiesen. Die Unzufriedenheit über die Ergebnisse des staatlichen Managements der Coronapandemie und über die Rollenverteilung zwischen Exekutive und Legislative kamen im Bundestag zur Sprache. Ich persönlich konnte dem Konklave mit Nachtsitzungen im Kanzleramt nichts Gutes abgewinnen. Das von uns Abgeordneten mit Mehrheit beschlossene Infektionsschutzgesetz hatte eine geringe Einflussnahme und gab nach meiner Auffassung zu viele Kompetenzen des Parlaments preis. Mit dem 3. Bevölkerungsschutzgesetz sollte eine Verbesserung der Rechtsgrundlagen geschaffen werden. Trotzdem wurde gegen die Verfassungslage ein außerparlamentarisches Gremium mit Verweis auf den Föderalismus installiert, das Grundrechtseinschränkungen beschloss, die aber anschließend von den einzelnen Bundesländern völlig unterschiedlich angewandt wurden. Der Bundestag hielt zwar den Parlamentarismus hoch, führte viele Debatten, brachte Anträge und Anfragen ein, wurde jedoch bei vielen Entscheidungen umgangen.

Der Gipfel meines Unverständnisses wurde erreicht, als eine Ministerpräsidentenkonferenz nach einer zwölfstündiger Beratung eine kurzfristige Osterruhe beschloss, die anschließend von der Bundeskanzlerin mit einer öffentlichen Entschuldigung wegen Undurchführbarkeit wieder zurückgenommen werden musste. Das war Absurdistan: Es führte zu einer zusätzlichen Verwirrung bei den Bürgern. Es gab Verunsicherung bei den Menschen und einen weiteren Vertrauenseinbruch, wo das Vertrauen durch die Impfstoffmisere ohnehin schon stark erschüttert wurde. Fehlende Impfstoffe und Tests regten die Menschen zu Recht auf – und auch uns Abgeordnete.

Die Folgen waren offensichtlich. Die politische Zustimmung verschlechterte sich zusehends. Die Bürger forderten einheitliche Regelungen, welche Infektionswerte zu welchen Schritten führen sollten. Ich warb mehrfach für ein vertrauensbildendes Bundesgesetz, um die Transparenz zu erhöhen und die demokratische Legitimation der Maßnahmen zu verbreitern. Dann wäre Schluss damit gewesen, dass einzelne Ministerpräsidenten die Beschlüsse immer wieder unterlaufen und zerreden. Es gab immer mehr Zweifel am Krisenmanagement der Bundesregierung in Verbindung mit der föderalen Struktur. Hinzu kam das Desaster mit der Corona-App, die wegen eines überzogenen Datenschutzes eine effektive digitale Infektionsnachverfolgung verhinderte.

Inzwischen war aber auch offensichtlich, dass nur eine breite, schnelle Impfkampagne die Pandemie eindämmen konnte. Labore in aller Welt arbeiteten mit Hochdruck an der Entwicklung eines solchen Impfstoffs. Das Wettrennen endete mit einem großen Erfolg für die deutsche Forschungsförderung. Dem vom Forscher- und Unternehmerehepaar Özlem Türeci und Uğur Şahin gegründeten Mainzer Unternehmen Biontech gelang es mit staatlicher finanzieller Unterstützung als erstem Unternehmen der westlichen Welt, einen wirksamen Impfstoff gegen das neuartige Coronavirus zu entwickeln. Im Dezember 2020 wurde der Impfstoff von der europäischen Arzneimittelbehörde EMA zugelassen.

In einer Sitzung der Unionsfraktion gab es jedoch Vorwürfe an die Adresse der Bundesregierung, die versuchte, die Verantwortung für den nur schleppenden Impfstart nach Brüssel zur EU-Kommission weiterzureichen. Kanzlerin und Gesundheitsminister erklärten, sie hätten keine

Fehler gemacht, obwohl Uğur Şahin öffentlich sein Unverständnis über die verzögerten Bestellungen äußerte.

Die Impfstoffbestellung war allerdings während der deutschen EU-Ratspräsidentschaft im zweiten Halbjahr 2020 durch die Bundeskanzlerin als alleinige Aufgabe der EU-Kommission zugewiesen worden. Dieses, obwohl die Kommission ein solches Beschaffungsprogramm noch nie geleistet hatte und ihr dazu auch jede Erfahrung fehlte. EU-Kommissionspräsidentin Ursula von der Leyen hätte die alleinige Verhandlung und Verantwortung dafür nie übernehmen dürfen. Sie wollte als große Europäerin persönliche Anerkennung sammeln. Es ging um europäische Symbolpolitik, die sich schädlich auswirkte. Dazu kam aus dem Kanzleramt das Totschlagargument, wir wollen keinen „Impfnationalismus". Wegen des fehlerhaften Beschaffungsmanagements der EU-Beamten gab es aber zunächst viel zu wenig Impfstoff in Europa. Es musste mühsam nachgesteuert werden.

So rissen die Diskussionen nicht ab, ob es klug war, bei der Impfstoffbeschaffung allein auf die Europäische Union zu setzen. Mein Standpunkt dazu war: Nachdem die Europäische Union der vertragliche Zusammenschluss von Nationalstaaten ist, hätte jeder Nationalstaat auch zusätzlich für sich handeln müssen.

Es war kein Ruhmesblatt für die EU, wenn Nicht-EU-Staaten bei der Beschaffung von Impfstoffen deutlich schneller agierten. Großbritannien, Israel und die USA zeigten uns, wie es hätte gehen können. Diese Staaten gingen die Impfstoffbeschaffung wie in einem Unternehmen an, in dem man eine schnelle und ausreichende Produktion mit den Herstellern durch die vorzeitige Errichtung großer Fabriken erreichte. Dagegen gab es in der ganzen EU kaum entsprechende Produktionsstätten. Hier begann man erst nach der Zulassung der Impfstoffe mit dem Aufbau neuer großer Produktionsanlagen. Doch vonseiten der Bundesregierung war die Expertise der deutschen Unternehmer und Manager nicht gefragt. Erst dank der schnellen unternehmerischen Leistung von Biontech konnten schließlich mit einer neuen Produktionsstätte in Marburg mehr als 500 Millionen Impfstoffdosen zusätzlich produziert werden.

Die SPD missbrauchte die schwierige Lage bei der Impfstoffversorgung zum Jahresbeginn 2021 für einen Vorwahlkampf. Obwohl die

Sozialdemokraten in der Bundesregierung allen Schritten vorher zugestimmt hatten, taten sie nun so, als hätten sie daran keinen Anteil. Die SPD schürte die aufkommende Unzufriedenheit in der Bevölkerung und wollte vom Unmut profitieren, ohne selbst auch nur einen Lösungsvorschlag zu unterbreiten.

Als dann Bundesfinanzminister Scholz auf einmal einen SPD-nahen Beamten aus der Hamburger Senatskanzlei als Impf-Sonderbeauftragten der Bundesregierung am Gesundheitsminister und an der Wirtschaft vorbei installieren durfte, führte dies zu einer scharfen Reaktion meinerseits gegenüber der Bundeskanzlerin. Weder Produktion noch Verteilung der Impfstoffe verbesserten sich. Die Komplexität des Beschaffungs- und Verteilungsprozesses war schlicht unterschätzt worden. Bürokratie und Überheblichkeit forderten ihren Tribut. Das Schneckentempo der Impfstarts kostete Gesundheit und Menschenleben. Zusätzlich erschwert wurde die Lage durch ein Zulassungswirrwarr um den Impfstoff der Firma AstraZeneca, bei dem europäische und nationale Zulassungsbehörden gegeneinander arbeiteten. Dass sie ihre Differenzen auch noch in aller Öffentlichkeit austrugen, sorgte für zusätzliche Verunsicherung. Der Folge war, dass große Lieferungen von AstraZeneca ungenutzt auf Halde lagen, weil die verunsicherten Bürger gesundheitliche Schäden durch den Impfstoff befürchteten.

Unterdessen stiegen die Inzidenzzahlen der Pandemie in einer dritten Welle gefährlich weiter an. Der bayerische Ministerpräsident Markus Söder und sein baden-württembergischer Amtskollege Winfried Kretschmann forderten in einem öffentlichen Brief konsequentes Handeln, um insbesondere die Ausbreitung einer inzwischen entdeckten britischen Mutante des Virus zu stoppen. Für die CSU-Landesgruppe organisierte der Vorsitzende Alexander Dobrindt eigene Anhörungen mit sachverständigen Wissenschaftlern.

Ein Worst-Case-Szenario ging von bis zu 100 000 Neuinfizierten täglich aus und einem noch schlechteren Verlauf als bei den ersten beiden Wellen. Als Begründung nannten die Experten die Ausbreitung der Virusmutante B. 1.1.7, die inzwischen für rund 90 Prozent aller Neuansteckungen verantwortlich war. Die Mutante war zuerst in Großbritannien festgestellt worden. Nach den dortigen Studien konnte diese Mutante eine noch gefährlichere und tödlichere Infektion ergeben. Auch machte uns die Vorstellung Sorgen, das Virus könnte weiter mutieren und dadurch die Wirksamkeit der Impfungen vermindern.

Die Kontakte sollten noch stärker eingeschränkt werden. Wir benötigten dringend eine flächendeckende Schnellteststrategie. Vor allem aber bedurfte es eines rascheren Impffortschritts. Ich machte mich deshalb für eine frühzeitige Einbeziehung der niedergelassenen Ärzte und Betriebsärzte zusätzlich zu den Impfzentren stark, um der nur stotternd anlaufenden Impfkampagne mehr Schwung zu verleihen.

Parallel dazu entstand eine Debatte, auf die auch niemand wirklich vorbereitet schien. Die Beschränkungen der Grundrechte waren verfassungsrechtlich nur so lange berechtigt, wie sie dem Schutz der Bevölkerung dienten. Vollständig Geimpfte und genesene Infizierte aber waren nicht mehr infektiös. Sie stellten keine Gefahr mehr dar. Ich bestand daher in der CDU/CSU-Fraktion frühzeitig darauf, dass die Grundrechtseinschränkungen für diese Personengruppen zurückgenommen werden mussten. Dass hier eine öffentliche Diskussion ansetzte, die intendierte, Geimpfte und Genesene sollten nunmehr Sonderrechte erhalten, gehörte zweifellos zu den Tiefpunkten der Corona-Debatten. Es war eine Neiddebatte, die zeigte, wie rasch die gefährliche Situation entstehen kann, dass Grundrechte nicht mehr als selbstverständlich angesehen werden.

Zudem wurde von einigen Gruppen die Forderung nach einer Aufhebung oder Aussetzung des Patentschutzes für die Corona-Impfstoffe erhoben. Es war eine Forderung, die sich mit ihrem vordergründigen moralischen Impetus einer gewissen Popularität erfreute, aber eben auch nichts als populistisch war. Eine auch nur zeitweilige Aufhebung des Patentschutzes hätte zweifellos weitreichende Folgen für die Bereitschaft von Forschern und Unternehmen, hohe Summen in die Medikamenten- und Impfstoffentwicklung zu investieren. Es wäre ein Schlag gegen ein innovatives Unternehmertum. Zudem fehlten in den Staaten, denen die Aufhebung des Patentschutzes zugutekommen sollte, alle Voraussetzungen für den Aufbau einer eigenen Impfstoffproduktion. Beim EU-Gipfel in Portugal erteilte Bundeskanzlerin Merkel Forderungen nach Aufweichung des geistigen Eigentums zu Recht eine klare Absage.

US-Präsident Joe Biden, der die Forderung nach Patentfreigabe zu seiner eigenen gemacht hatte, wirkte für mich dagegen wenig glaubwürdig. Denn die US-Regierung hatte bis dahin eine Ausfuhr von Impfstoffen aus heimischer Produktion nach dem Motto „America First" untersagt. Im Gegensatz dazu hatte die EU bereits rund 200 Millionen Impfdosen exportiert und damit andere Staaten bei ihren Impfkampagnen unterstützt.

Damit Menschen und Wirtschaft neue Perspektiven und Rückkehr zu normalen Verhältnissen bekommen konnten, war auch ein umfangreiches Haushalts- und Finanzpaket mit Zuschuss- und Förderprogrammen von Bund und Ländern nötig. Wir konnten nicht weite Teile der Wirtschaft stilllegen, ohne dafür Entschädigungen zu leisten. Aber auch hier gab es viele Unzulänglichkeiten bei den Programmen und Auszahlungen. Es bedurfte vieler Verhandlungen mit Bundeswirtschaftsminister Peter Altmaier und Bundesfinanzminister Olaf Scholz. Wir verabschiedeten im Deutschen Bundestag das Gesetz zur Umsetzung steuerlicher Hilfsmaßnahmen zur Bewältigung der Pandemie.

Das sogenannte zweite Corona-Steuerhilfegesetz wies ein ganzes Bündel an Maßnahmen aus. Während Industriebetriebe überdurchschnittlich gut durch die Krise kamen, gab es ein großes Problem und massive Kritik von kleinen und mittleren Geschäftsleuten, Händler, Handwerkern, Gastronomen, Selbstständigen und Freiberuflern, weil die Hilfsgelder viel zu spät ankamen und manche Betroffene sogar völlig leer ausgingen. Zur Ankurbelung der Konjunktur wurden eine Senkung der Mehrwertsteuer, eine Entlastung bei der Gewerbesteuer, stärkere Investitionsanreize durch die Erhöhung der degressiven Abschreibung, Überbrückungs- und Liquiditätshilfen sowie Corona-Kredite der staatlichen Kreditanstalt für Wiederaufbau (KfW) beschlossen. Die erleichterten Bedingungen für die Beantragung von Kurzarbeitergeld verhinderten darüber hinaus eine stark anschwellende Arbeitslosigkeit.

Während meiner gesamten Zeit in der Politik hatte ich mich für die ordnungspolitische Rolle der Marktwirtschaft ohne Staatssubventionen stark gemacht. Jetzt befanden wir uns aber in der schwersten Wirtschaftskrise seit Bestehen der Bundesrepublik. Viele Betrieben befanden sich in Existenznot. Die fachliche Ausgestaltung der notwendigen Wirtschaftsfördermaßnahmen aber litt unter der dauerhaften Rivalität zwischen dem SPD-geführten Bundesfinanzministerium und dem CDU-geführten Bundeswirtschaftsministerium. Jede Branche sollte ein spezielles Förderprogramm bekommen, was zu bürokratischen Auswüchsen und Verzögerungen führte. Die Ministerialbürokratie tobte sich aus. Wirtschaftsminister Altmaier wurde von Scholz wie der Tanzbär mit dem Nasenring durch die Manege geführt. Einige CDU-Kollegen forderten, ihn durch Friedrich Merz zu ersetzen, was die Kanzlerin jedoch sofort ablehnte.

Zudem musste jedes Hilfsprogramm auch noch von der EU-Kommission im Zuge der Beihilfekontrolle genehmigt werden, was zu unvertretbaren Verzögerungen führte. Die EU-Kommission tat so, als befinde sich die gesamte Gemeinschaft nicht in einer Katastrophenlage, und prüfte jedes Programm intensiv nach den Beihilferegeln. Wochenlang nahm man sich in Brüssel ungerührt Zeit, während sich die extremen Existenznöte der Betroffenen immer mehr vergrößerten. Zudem drangen in Brüssel Informationen nach außen, die Kommission prüfe im Fall Deutschland ganz besonders intensiv, um zu verhindern, dass die Bundesrepublik wirtschaftlich noch stärker werde und noch mehr Gewicht in der EU bekomme. Das war unerträglich. Schon Abraham Lincoln hatte erkannt: „Man stärkt die Schwachen nicht, wenn man die Starken schwächt."

Im Bundestag warb ich deshalb auch in einer Rede dafür, die Wiederbelebung der Wirtschaft in Deutschland und Europa vorrangig mit marktwirtschaftlichen Mitteln voranzutreiben: „Um die Wirtschaft auf den Wachstumspfad zurückzubringen, sollte eine klare ordnungspolitische Konzeption vorankommen, denn nur dann kann unsere Wirtschaft wieder aus eigener Kraft wachsen. Ein Überbietungswettbewerb für Staatshilfen mit zweifelhaften Lenkungswirkungen oder Schuldenübernahmen nach dem Motto ‚Wer schüttet das größte Füllhorn aus' führt langfristig gewiss nicht zum Ziel. Nötig ist mehr Liquidität für Unternehmen und sind nachhaltige Strukturverbesserungen. Nötig ist Ordnungspolitik statt Strohfeuer. Vorrangig ist eine Verbesserung der Verlustverrechnung. Je früher die Unternehmen ihre Verluste mit den Gewinnen von früher verrechnen können, desto schneller wachsen sie wieder und zahlen neue Steuern. Dem Staat entsteht dadurch kein Einnahmeausfall. Er verzichtet dafür auf Geld, das er ohnehin zurückzahlen müsste. Zwei Krisenjahre in Folge fordern ihren Tribut. Es handelt sich hier auch nicht um eine Form von Steuersenkung, sondern um eine Maßnahme mit Steuerstundungseffekt und vermeidet vor allem Mitnahmeeffekte."

Dies hätte rasche Hilfe ohne Subventionsbürokratie gebracht. Bundesfinanzminister Scholz aber lehnte das aus ideologischen Gründen monatelang ab. Er machte lieber mitten in der Pandemie mit den staatlichen Subventionen Wahlkampf. Ich ließ nicht locker. Mit Markus Söder, Alexander Dobrindt und der AG Finanzen der CDU/CSU-Fraktion hatte ich starke Unterstützer, die von meinem marktwirtschaftlichen Lösungsansatz überzeugt waren. Die Verlustverrechnung wurde dann wenigstens verdoppelt und die Unternehmen in Deutschland hatten unbürokratisch mehr Liquidität zur Verfügung. Das wirkte sich auch positiv auf den Rückgang der Kurzarbeit aus. Waren im Frühjahr 2020 mehr als sechs Millionen Menschen in Kurzarbeit, wurde deren Zahl bis zum Frühjahr 2021 auf unter drei Millionen reduziert.

Auch wenn kein anderer Staat in dieser Pandemie im Verhältnis eine größere Wirtschaftshilfe bereitstellte, hätte man vieles besser machen können, insbesondere bei der Hilfe für Soloselbstständige. Ein Erfolg war, dass wir hier noch eine Härtefallregelung durchsetzen konnten. Für die Hilfe der Kulturveranstalter ließ sich das Bundesfinanzministerium sechs Monate Zeit, die Förderrichtlinien zu veröffentlichen, um dann festzustellen, die Bundesländer sollten sich damit beschäftigen.

Zusätzlich vergemeinschaftete der Staat Risiken, indem er massiv in das Vertragsrecht eingriff und das Insolvenzrecht lockerte, was in der Marktwirtschaft die Falschen hart treffen kann. Denn die Aussetzung des Insolvenzrechts konnte auch zu „Zombie-Unternehmen" führen, die wegen der Aussetzung der Insolvenzregeln am Markt blieben, obwohl ihre Geschäftsmodelle völlig unabhängig von der Coronakrise nicht mehr wettbewerbsfähig waren. Hier drohte eine Wettbewerbsverzerrung zuungunsten gesunder Betriebe. Ich trat deshalb für eine zeitliche Begrenzung und regelmäßige Überprüfung der Maßnahme ein.

Zu großen öffentlichen Diskussionen führten die Notkredite für Großkonzerne wie Lufthansa, TUI und Galeria Kaufhof/Karstadt. Trotz der süßen Medizin der staatlichen Subventionen stand zu befürchten, dass viele Unternehmen in absehbarer Zukunft mit der Existenzfrage konfrontiert sein könnten. Die Überschuldung hatte in der Pandemie zweifellos zugenommen. In einigen Branchen stand ohne Zweifel ein erheblicher Strukturwandel bevor. Meine stete Sorge war, dass der Staat im Kampf gegen die Pandemie mit zu viel Staatsinterventionismus überzog und die ordnungspolitischen Leitlinien der Marktwirtschaft auf der Strecke blieben. Die Krise sollte nicht genutzt werden, um jetzt schnell eine fragwürdige staatliche Industriepolitik durchzusetzen, wie sie Bundeswirtschaftsminister Peter Altmaier schon länger diskutiert hatte.

Das Volumen des aktuellen Rettungspakets belief sich mittlerweile auf mehr als eine Billion Euro, das Dreifache des Bundeshaushalts. Der Bundesfinanzminister legte eine Neuverschuldung für drei Jahre von mehr als 450 Milliarden Euro vor. Eine Staatsverschuldung, wie ich sie mir nie vorstellen konnte. Die Schuldenquote sollte im Jahr 2021 auf über 80 Prozent der Wirtschaftsleistung ansteigen. SPD, Grünen und Linken forderten im Bundestag inzwischen offen die Aufhebung der Schuldenbremse. Noch größere Risiken sah ich allerdings in den südeuropäischen Mitgliedstaaten, die von den verheerenden Folgen der Pandemie viel stärker getroffen wurden. Insbesondere das G7-Land Italien wies schon vor der Pandemie eine Verschuldungsquote von 140 Prozent auf. Die Befürchtung war weit verbreitet, dass Italien einen Zusammenbruch der Währungsunion auslösen könnte.

In dieser Situation wurden Forderungen nach Coronabonds, den alten Eurobonds in neuem Gewande, laut. Die Protagonisten der Vergemeinschaftung der Schulden im Euroraum sahen wieder einmal ihre Stunde gekommen. Ich stellte mich energisch dagegen. Mit den Bonds wäre die letzte Brandmauer des Stabilitäts- und Wachstumspaktes gefallen mit weitreichenden Folgen für den deutschen Staatshaushalt und die Finanzierbarkeit unserer nationalen Ausgaben.

Jedoch wurden die Forderungen in der Politik nach einer Transferunion und einer gesamtschuldnerischen Haftung immer lauter. Wegen der Krise und wirtschaftlichen Not in vielen EU-Ländern müsse eine Ausnahme gemacht werden, wurde argumentiert. Eine letztlich unehrliche Argumentation, denn die Krise sollte das Trojanische Pferd sein, mit dem der Stabilitäts- und Wachstumspakt endgültig zum Einsturz gebracht werden sollte. In Brüssel stimmte Bundeskanzlerin Angela Merkel dann einem für mich mehr als fragwürdigen Verhandlungsergebnis zu.

Mit dem europäischen Wiederaufbaufonds in Höhe von 750 Milliarden Euro wurde erstmals eine Gemeinschaftsgarantie mit teilschuldnerischer Haftung beschlossen. Die EU-Kommission hatte mit ihrer Präsidentin Ursula von der Leyen zudem noch durchgesetzt, dass die Kommission selbst am Kapitalmarkt eigene Schulden aufnehmen durfte. Deutschland soll dafür in einer Größenordnung von 130 Milliarden Euro bürgen. Sie waren einerseits ein Zeichen der europäischen Solidarität, andererseits angesichts der massiven Herausforderungen in der Pandemie auch im Interesse der deutschen Marktwirtschaft. Es blieben aber wichtige und grundlegende Fragen unbeantwortet. Nach meiner Auffassung durften die Mittel aus dem Wiederaufbau nicht dazu genutzt werden, Löcher in den nationalen Haushalten zu stopfen. Die Mitgliedstaaten sollten dazu verpflichtet werden, dass das Geld bei den Unternehmen und Menschen in Europa ankommt und in Strukturverbesserungen und zukunftsgerichtete Bereiche investiert wird. Die Hilfen wurden aber lange Zeit nicht konkretisiert.

Ich hielt es für falsch, der EU-Kommission die Verfügung über den Wiederaufbaufonds zu geben. Der Kommission fehlte jede Erfahrung mit derartigen Projekten. Sie hatte es in den zurückliegenden Jahren schon wiederholt nicht geschafft, die Mittel des EU-Haushalts vollständig abzuwickeln, sodass sich schon die Frage erhob, ob der EU-Haushalt nicht überdimensioniert sei. Meines Erachtens hatte nur die Europäische Investitionsbank (EIB) die notwendige Kompetenz und Manpower für die Abwicklung und Kontrolle eines so umfangreichen Zukunftsprogramms. Ich stieß jedoch bei der Regierung auf taube Ohren. Die Bundeskanzlerin gab im Europäischen Rat lieber nach als für eine marktwirtschaftliche Lösung zu kämpfen.

Ich stellte klar, dass ein solches Programm nicht ohne demokratische Mitwirkungsrechte und Kontrolle des Parlaments und eine effektive Mittelverwendung in Gang gesetzt werden dürfe. Ich monierte, dass es mit einer guten Haushaltsführung nicht zu vereinbaren wäre, wenn der Rückzahlungsplan erst im Jahr 2028 beginnt und 30 Jahre andauern soll. Bei einem Gespräch versicherte mir die Bundeskanzlerin, dass es eine dauerhafte Vergemeinschaftung von Schulden weiterhin nicht geben werde und dieser Wiederaufbaufonds eine einmalige Hilfsleistung wegen der Pandemiekrise darstelle. Auf meine Vorhaltungen, dass die Bundesregierung nicht geklärt habe, was passiere, wenn ein Land seinen Finanzierungsbeitrag und seine Schulden nicht mehr bedienen könne, blieb mir die Bundeskanzlerin eine schlüssige Antwort schuldig. Tatsächlich müssten andere Mitgliedstaaten in die Haftung einsteigen.

Ich verdeutlichte, dass ich sehr wohl für Solidarität in Europa sei, aber man den Menschen die Wahrheit sagen müsse und eine seriöse und transparente Gegenfinanzierung für diesen neuen überdimensionalen Schuldenberg darstellen sollte. Eine Fiskalunion durch die Hintertür an den EU-Verträgen vorbei wollte ich nicht verantworten. Inzwischen waren auch Klagen beim Bundesverfassungsgericht in Karlsruhe anhängig. Dort sah ich den letzten Haltepunkt gegenüber der Bundesregierung, den schleichenden Aufweichungsprozess der EU-Verträge bei der Fiskalunion, Bankenunion und Sozialunion zu stoppen. Die SPD und das von Olaf Scholz geführte Bundesfinanzministerium traten gleichzeitig immer offener für eine Transferunion ein. Die Zinssenkungspolitik der EZB und die Ausweitung ihrer Anleihenkäufe wurden in der Pandemiekrise vielfach befürwortet; sie bedeuteten aber auch einen Vermögensverlust für Sparer und eine schwierige Hypothek für die Zukunft Europas. Die Art und Weise, wie der jungen Generation hier Lasten aufgebürdet wurden, die die Spielräume dieser Generation für eine eigene Zukunftsgestaltung erheblich beschnitt, war aus meiner Sicht kein Zeichen von Verantwortungsbewusstsein und Nachhaltigkeit.

Ich mahnte deshalb in der Plenardebatte zum Bundeshaushalt 2021: „Wir belasten die Zukunft mit weiteren Schulden. Das ist mehr als schmerzhaft. Denn mit dieser finanziellen Bürde werden ganze Generationen zu kämpfen haben. Zwar ist diese weitere erhebliche Schuldenaufnahme im Moment unausweichlich, um einen Zusammenbruch von Unternehmen und Arbeitsmarkt auf breiter Front zu verhindern. Der Kraftakt ist aber nur möglich, weil wir den Kurs der wirtschaftlichen und finanziellen Vernunft in den vergangenen Jahren beharrlich gegen alle Begehrlichkeiten verteidigt haben. Die Schuldenbremse und die Politik der schwarzen Null haben die Spielräume geschaffen, die wir heute zur Krisenabwehr zur Verfügung haben. Nach dem Grundsatz: Spare in der Zeit, dann hast du in der Not. Die richtige Weichenstellung ist auch beim EU-Wiederaufbaufonds gefragt. Die Mittel dürfen nicht unkontrolliert vergeben werden. Der Fonds darf nicht der Einstieg in eine EU-Dauerverschuldung mit Transfer- und Haftungsunion werden. Und ich erwarte von der Bundesregierung, dass sie sich allen Versuchen nachdrücklich widersetzt, den Stabilitäts- und Wachstumspakt dauerhaft aufzugeben.“

Diese Warnung hielt ich angesichts der erkennbaren Leichtfertigkeit für notwendig, mit der Schulden ausgeweitet und das Verschuldungsverbot der EU unterlaufen wurde. Denn diese Entwicklung droht die marktwirtschaftliche Ordnung auszuhebeln. In der CDU/CSU-Arbeitsgruppe Finanzen initiierten wir ein Grundsatzpapier mit Reformimpulsen für den Pakt, der von der EU-Kommission während der Pandemiekrise außer Kraft gesetzt wurde und den Mitgliedstaaten unbegrenzte neue Schulden an den EU-Regeln vorbei ermöglichte. Dagegen intervenierte ich, weil die Wirtschafts- und Währungsunion der Eurozone eine auf Preisstabilität ausgerichtete Geldpolitik der EZB und eine dezentrale Fiskal- und Wirtschaftspolitik der Mitgliedstaaten verlangt. Ich war überzeugt, dass eine unsolide Haushaltspolitik eine dauerhafte Preisstabilität gefährdet. Diese wird jedoch für eine prosperierende Entwicklung einer funktionierenden Marktwirtschaft in Europa benötigt. Andernfalls steigen über kurz oder lang die Steuer- und Sozialabgabenlasten bei gleichzeitig sinkender Wettbewerbsfähigkeit der europäischen Ökonomien mit alsbald steigender Arbeitslosigkeit im Gefolge.

Dieses Damoklesschwert hängt über der Währungsunion, seit sich die EZB auf den Weg der Staatsfinanzierung durch Anleihenkäufe begeben hat und die EU-Kommission Haushaltsündern nicht energisch entgegengetreten ist. Beispiel dafür ist der skandalöse Satz des ehemaligen EU-Kommissionchefs Jean-Claude Juncker, der Frankreich mit den Worten „Frankreich ist eben Frankreich" einen Persilschein für die Ausweitung seiner Staatsverschuldung ausstellte. Mit dem sogenannten Recovery Fund der EU lässt sich kurzfristig ein wirtschaftlicher Kahlschlag durch die Pandemie verhindern. Mittel- und langfristig bedeutet diese neuerliche extreme Schuldenausweitung in der EU eine beträchtliche Gefahr für die Haushaltsstabilität, die Wettbewerbsfähigkeit und die dauerhafte Leistungsfähigkeit und Schuldentragfähigkeit der Gemeinschaft. Zumal ganz offensichtlich weder die EZB noch die EU einen realistischen Plan für den Abbau der Mammutschulden haben. Künftige Generationen werden die hohen Lasten der Pandemie abtragen müssen. Das wird Wasser auf die Mühlen derer sein, die schon immer der EU eine eigene Hoheit von eigenen EU-Steuern einräumen wollen.

Wirecard – ein Anschlag auf die freiheitliche Wirtschaftsordnung

Mitten in das Pandemiejahr 2020 platzte die Nachricht von der Insolvenz des in Aschheim bei München ansässigen Zahlungsdienstleisters Wirecard. In den zurückliegenden Jahren hatte der Konzern immer wieder wegen Berichten über fragwürdige Geschäfte und Bilanzen für Irritationen gesorgt. Dennoch war er im September 2018 in den DAX 30 aufgerückt und hatte dort die Commerzbank verdrängt. Wirecard-CEO Markus Braun verkündete selbstbewusst, Wirecard zeige, dass starke FinTechs auch in Europa möglich seien. Und diese Erzählung fiel auf fruchtbaren Boden.

Doch Ende Januar 2019 berichtete die *Financial Times* (FT) erneut in mehreren Artikeln über Unregelmäßigkeiten beim deutschen Börsenliebling Wirecard. Von Scheinumsätzen, Scheinkunden, Geldwäsche und merkwürdigen Bilanzierungstricks war dort zu lesen. Der Kurs der Wirecard-Aktie brach ein.

Es war nicht das erste Mal, dass es Vorwürfe gegen Wirecard gab. Immer wieder dabei im Brennpunkt: das Asiengeschäft. Immer wieder gab es danach Dementis. Gerade aber das beunruhigte mich. Ich erinnerte mich an das alte Sprichwort: Wo Rauch ist, ist auch Feuer. Deshalb drängte ich auf Aufklärung. Ein Vertreter des Bundesfinanzministeriums wurde in die AG Finanzen der Unionsfraktion eingeladen.

Noch bevor es dort zur Aussprache kam aber verhängte die Bundesanstalt für Finanzdienstleistungsaufsicht (BaFin) ein zweimonatiges Leerverkaufsverbot mit Wirecard-Aktien. Die „ungünstigen Entwicklungen" rund um die Aktie von Wirecard seien „eine ernst zu nehmende Bedrohung für das Marktvertrauen" in Deutschland, begründete die BaFin den Schritt. Wenig später drang durch, dass die Staatsanwaltschaft

München gegen zwei FT-Journalisten ermittelte. War also doch nur alles heiße Luft, was eines der weltweit renommiertesten Wirtschaftsblätter geschrieben hatte? Und waren die Journalisten gar Teil eines Komplotts gegen Wirecard, wie mancherorts angedeutet wurde? Andererseits konnte ich mir nicht ernsthaft vorstellen, dass ein Blatt wie die FT in derartige Machenschaften verwickelt sein sollte. Man hatte mir auch von den hohen Qualitätssicherungsstandards der FT berichtet.

Bei sueddeutsche.de war am Tag der Verkündung des Leerverkaufsverbots zu den Hintergründen zu lesen: „Wirecard arbeitet in einer schwer zu durchschauenden Branche. Das Unternehmen aus Aschheim bearbeitet Millionen von Zahlungen, teils auch in aufstrebenden Entwicklungsländern im asiatischen Raum. Es ist einfach, das Geschäftsmodell in bestimmten Teilen infrage zu stellen oder der Firma etwas zu unterstellen, da es extrem schwierig zu überprüfen ist, ob der Vorgang tatsächlich stattgefunden hat. Das haben Leerverkäufer schon mehrmals ausgenutzt und teils wilde Spekulationen in die Welt gesetzt. Die Aktionäre reagierten oft und ließen die Aktie teils um 40 Prozent schwanken." Also alles nur eine Art Monopoly an der Börse? Das überzeugte mich nicht. Ich wartete also auf die Erklärungen des Finanzministeriums. Doch von dort kamen keineswegs Warnsignale. Vielmehr unterstützte das Ministerium die Haltung der BaFin. Auch wenige Wochen später im Finanzausschuss bei einem Gespräch mit BaFin-Präsident Felix Hufeld gab es keine Hinweise auf das Erdbeben, das in Sachen Wirecard noch folgen sollte. Das Versteckspiel des Bundesfinanzministeriums gegenüber dem Parlament setzte sich noch lange fort.

Was man uns nicht verriet – und erst im Sommer 2020 offenbarte: Die BaFin hatte bereits am 15. Februar 2019 bei der Deutschen Prüfstelle für Rechnungslegung (DPR) eine Prüfung der Halbjahresbilanz 2018 von Wirecard veranlasst. Ein völlig inakzeptables Informationsverhalten. Denn dadurch wurden die Kontrollmöglichkeiten des Bundestages faktisch ausgehebelt. Mit Beschwichtigungen wurde eher Partei für Wirecard ergriffen und das Märchen vom erfolgreichen deutschen Technologieunternehmen weiter genährt.

Man hat uns diese Informationslücke später mit der Verschwiegenheitspflicht begründet. Dabei hätte es durchaus die Möglichkeit gegeben, uns das ganze Bild in einer Geheimsitzung zu erläutern. So aber schien es keinen Grund zur Beunruhigung zu geben, zumal auch die Antworten auf Kleine Anfragen von Bundestagsabgeordneten im Weiteren keine Hinweise auf Unregelmäßigkeiten beim Aschheimer Konzern ergaben. Doch die kritische Berichterstattung riss nicht ab. Ebenso regelmäßig wurde die Kritik von Wirecard-CEO Braun in Abrede gestellt.

Allerdings sorgte nach Monaten die Berichterstattung und die daraus folgende volatile Kursentwicklung von Wirecard beim Aufsichtsrat des Konzerns zunehmend für Unruhe. Der neue Aufsichtsratsvorsitzende Thomas Eichelmann wollte endlich Ruhe in der Diskussion. Er setzte ein Sondergutachten für die 2018er-Bilanz durch. Ein Team von rund 40 Mitarbeitern der Wirtschaftsprüfungsgesellschaft KPMG machte sich Anfang November an die Arbeit.

Ende April 2020 stand fest: Für 1,9 Milliarden Euro in der Konzernbilanz gab es keine Nachweise. Sie waren entweder auf geheimnisvolle Weise verschwunden oder sie hatten nie existiert. Die Konzernführung jedoch tischte der Öffentlichkeit ein neues Märchen auf. Die KPMG-Prüfung habe keine Belege für Unregelmäßigkeiten ergeben, behauptete Braun. Eine in der Tat höchst eigenwillige Interpretation, denn die Zahlen einer Bilanz müssen nachprüfbar sein. Doch bei Wirecard fehlten die Belege.

Wie sich herausstellte, hatte die Wirtschaftsprüfungsgesellschaft EY sich bei ihren Testaten mit Erklärungen angeblicher Treuhänder oder des Vorstands zufriedengegeben, statt auf tatsächlichen Belegen zu bestehen. Spätere Untersuchungen ergaben Hinweise, dass dies offenbar nicht nur für die Bilanz 2018 galt. Dass es sich hier um ein Prüfversagen bereits seit 2014 handelte, wurden von EY später im Untersuchungsausschuss vehement bestritten.

Die BaFin hatte den Testaten von EY ganz offensichtlich ohne jeden Vorbehalt vertraut. Lediglich die Wirtschaftsprüferaufsicht APAS, die dem Bundeswirtschaftsministerium unterstellt ist, war im Verlaufe des Jahres 2019 misstrauisch geworden und leitete ein berufsaufsichtliches Vorermittlungsverfahren gegen EY ein, das nach Vorlage des KPMG-Reports in ein offizielles Ermittlungsverfahren überführt wurde.

Doch es sollte noch mehr als sechs Wochen nach Veröffentlichung des KPMG-Berichtes dauern, bis der Aschheimer Konzern das Bilanzloch auch selbst eingestand. Zuvor hatte EY das Testat für die Bilanz 2019 verweigert – erstmals in ihrer zehnjährigen Prüfphase bei Wirecard. Es sollte jetzt nur noch eine Woche dauern, bis sich der zeitweilige Börsenliebling im größten Bilanzskandal der bundesdeutschen Geschichte in ein Nichts auflöste. Der Schaden summiert sich auf mehr als 22 Milliarden Euro.

Viele Menschen verloren erhebliche Vermögenswerte, nicht wenige ihre gesamte Altersvorsorge. Mein Bundestagspostfach quoll über von Beschwerden und Klagen geprellter Anleger. Die Staatsanwaltschaft München leitete Ermittlungen wegen des Verdachts auf bandenmäßigen Betrug, der Vortäuschung von Einnahmen in Milliardenhöhe, der Marktmanipulation und Geldwäsche gegen die Wirecard-Verantwortlichen ein. Mir war rasch klar: Hier handelte es sich nicht nur um eine Katastrophe für die Anleger. Wir hatten es mit einem massiven Schaden für den Ruf des Finanzplatzes Deutschland und einer Katastrophe für unsere Marktwirtschaft zu tun. Offenbar hatten alle Sicherheitssysteme versagt. Meine Befürchtung war, dass auch das Vertrauen der Bürger in unser freiheitliches Wirtschaftssystem geschädigt werden könnte und die Marktwirtschaft insgesamt in eine Akzeptanzkrise geraten könnte.

Die Erfahrung lehrte, dass ein Fehlverhalten in der Marktwirtschaft gerade in Deutschland sehr schnell in eine pauschale Kritik am Wirtschaftssystem abgleiten konnte. Und der Wirecard-Betrug bot sich dafür geradezu an: Er war ganz offenbar ein Paradebeispiel für kriminelle Energie in der Wirtschaft und für brutalen Egoismus einer betrügerischen Unternehmensführung. Eine Woche nach der Pleite forderte ich in einer Aktuellen Stunde des Bundestages mit Nachdruck Aufklärung und Konsequenzen: „Ich erwarte vom Bundesfinanzminister zügig Aufklärung der vielen noch offenen Fragen: Warum wurde Wirecard nicht im Ganzen als Finanzholding geprüft, sondern nur die ganz vorne einfach vorgestellte Wirecard Bank? Warum wurden Kritiker und sogar Journalisten von der BaFin durch Anzeigen bedroht? Warum hat die BaFin mit einem Leerverkaufsverbot das falsche Signal an den Finanzmarkt gesendet, bei Wirecard sei alles in Ordnung? Warum wurde die Deutsche Prüfstelle für Rechnungslegung beauftragt, die überhaupt nicht auf die Prüfung von Bilanzbetrug ausgerichtet ist? Warum wurde nicht erkannt, dass die Bilanzrelationen nicht stimmen können?“, fragte ich.

Nach einer ersten Analyse brauchten wir aus meiner Sicht eine schlagkräftige Taskforce für Verdachtsfälle von Bilanzmanipulation bei der BaFin, eine Stärkung der Unabhängigkeit des Abschlussprüfers, eine kritische Überprüfung der Rotationsfristen bei den großen Wirtschaftsprüfungsgesellschaften, um einer zu großen Nähe zwischen Prüfern und Geprüften vorzubeugen, und eine klare Trennung zwischen Prüfung und Beratung. „Wir müssen [...] zügig nachrüsten, um das Vertrauen in den Finanzstandort Deutschland wiederherzustellen. Anleger müssen sicher sein, dass Finanzprodukte in Deutschland seriös und vertrauenswürdig sind", unterstrich ich.

Es musste geklärt werden, weshalb die Aufsicht und die regulatorischen Leitplanken so vollständig versagt hatten. Aufsichtsräte, Wirtschaftsprüfer, Wirtschaftsprüferaufsicht, Bankenaufsicht, Bundesbank, Börsenaufsicht und Ministerien – keiner hatte offenbar die Warnsignale ernst genommen oder auch nur gesehen oder sehen wollen.

Als Obmann der CDU/CSU-Fraktion im Bundestagsfinanzausschuss wollte ich diese monatelange Vertuschungspolitik nicht akzeptieren, zumal der Schaden bei frühzeitigem Eingreifen hätte vermindert werden können. Ebenso wie die Opposition wollte ich Aufklärung. Gleichzeitig war das öffentliche Interesse riesengroß angesichts der Tatsache, dass sich ein DAX-30-Unternehmen über Nacht in Luft aufgelöst hatte. Ein bisher einmaliger Fall.

Es wurde rasch offenbar, dass nicht nur Kleinanleger und institutionelle Investoren immense Verluste erlitten hatten. Ein Bankenkonsortium verzeichnete einen hohen Kreditausfall, Vermögenswerte waren in dubiose Kanäle geflossen, es gab offenbar Geldwäsche in großem Stil und viel Marktvertrauen wurde zerstört.

Noch immer aber mauerten die Aufsichtsbehörden bei den Informationen. Das Bundesfinanzministerium spiegelte weiter Ahnungslosigkeit vor. Doch das mochte kaum noch jemand glauben. Intensiv wurde der Skandal noch vor der parlamentarischen Sommerpause im Finanzausschuss diskutiert. Das brachte wenig Klarheit, aber umso mehr neue Fragen.

Dieser Finanzskandal konnte nicht einfach in der Sommerpause liegen bleiben. Deshalb verständigte sich der Ausschuss darauf, noch während der Sommerpause in einer zweitägigen Sondersitzung die Aufklärung voranzutreiben.

Der Ausschuss lud Bundesfinanzminister Olaf Scholz, Bundeswirtschaftsminister Peter Altmaier, die Deutsche Bundesbank und die Präsidenten der diversen Aufsichtsbehörden vor. Am 31. August und 1. September 2020 mussten sie sich bis weit in die Nacht den Fragen der Ausschussmitglieder stellen. Doch die Ergebnisse blieben unbefriedigend. Statt mehr Antworten gab es am Ende immer mehr Fragen.

Bundesfinanzminister Olaf Scholz beantwortete meine Fragen in der von ihm schon im Cum-ex-Skandal zur Perfektion geführten Strategie, möglichst eintönig, uninspiriert und sehr leise wenig zu sagen. Der berüchtigte „Scholzomat" war wiederzuerkennen.

Vor allem verstärkte sich bei mir der Verdacht, dass das Geschäftsmodell von Wirecard nur rudimentär erkannt worden war. Hinzukam kam ein Besuch des zuständigen Finanzstaatssekretärs beim Wirecard-CEO Braun Anfang November 2019 in der Konzernzentrale in Aschheim, um den ein großes Geheimnis gemacht wurde. Die Gesprächsinhalte wurden nur in der Geheimschutzstelle des Bundestages hinterlegt, um zu verhindern, dass sie an die Öffentlichkeit gelangten. Das führte bei mir zu scharfer Kritik. Aufklärungswille war nicht erkennbar.

Hinzu kamen Hinweise auf die rege Tätigkeit von Lobbyisten für Wirecard. Später stellte sich heraus, dass der Wirecard-Konzern zwischen 2016 und 2020 allein mehr als 64 Millionen Euro für Beratung und Beeinflussung von Medien, Behörden und Regierung ausgegeben hatte.

Ich erkannte schon frühzeitig, dass die Hauptverantwortlichen hier eine Art Versteckspiel aufführten. Es galt ganz offenbar, Bundesfinanzminister Scholz vor Kritik abzuschirmen, den die SPD schon im Sommer 2020 – eineinhalb Jahre vor der Bundestagswahl 2021 – als Kanzlerkandidaten ausgerufen hatte. Musste da ein Schutzschirm aufgebaut werden?, fragte ich mich.

Am Ende der Sondersitzungen stand für mich fest: Es wird ohne einen parlamentarischen Untersuchungsausschuss keine Aufklärung geben. Aufklärung aber waren wir den Bürgerinnen und Bürgern angesichts der Dimension des Wirecard-Skandals schuldig.

Ich warb für einen Antrag aller Fraktionen für einen Untersuchungsausschuss, um ein gemeinsames Zeichen für Vertrauen in das marktwirtschaftliche Wirtschaftssystem zu setzen und Aufklärungswillen zu dokumentieren. Doch die Geschäftsführungen der Koalitionsfraktionen konnten sich nicht auf ein einheitliches Vorgehen verständigen. Die SPD hatte vorrangig den Schutz ihres Kanzlerkandidaten Scholz im Sinn, der zwar der Öffentlichkeit großen Aufklärungswillen versprach, diesen aber eins ums andere Mal schuldig blieb.

So kam es am Ende wegen der Koalitionstreue zu einer Enthaltung der Fraktionen von CDU/CSU und SPD. Ich betrachtete das als schwerwiegenden Fehler. So wurde der Wirecard-Untersuchungsausschuss schließlich nur mit den Stimmen der Oppositionsfraktionen eingesetzt.

Die Möglichkeit zur Einsetzung eines Untersuchungsausschusses ist unentbehrlicher Bestandteil des Kontrollrechts des Parlaments gegenüber der Exekutive. Im Untersuchungsausschussgesetz heißt es dazu: Macht braucht Kontrolle. Schon in der jungen Bundesrepublik wurde im März 1950 erstmals zu dem parlamentarischen Instrument gegriffen, und es gilt bis heute gemeinhin als seine schärfste Waffe.

Die Einsetzungsbestimmung ist als klassisches Minderheitenrecht ausgelegt. Der Bundestag hat das Recht und auf Antrag eines Viertels seiner Mitglieder die Pflicht, einen Untersuchungsausschuss einzusetzen, der in öffentlicher Verhandlung die erforderlichen Beweise erhebt.

Ein Untersuchungsausschuss, der häufig als die Fortsetzung des Parlamentarismus mit anderen Mitteln bezeichnet wird, mag in manchem einem Gerichtsprozess ähneln. Seine Verfahren folgen auch im Wesentlichen den Vorschriften der Strafprozessordnung. Er kann Zeugen vernehmen und Sachverständige befragen, Gerichte und Verwaltungsbehörden ermitteln lassen. Doch das Parlament ist kein Gerichtsplatz. Es geht nicht um Strafe, sondern um Aufklärung politisch brisanter Skandale, um politische Verantwortung und um Empfehlungen, wie man erkannte Fehler abstellen kann.

Mir war klar, dass ein solcher Untersuchungsausschuss unter hohem Zeitdruck stehen würde. Er musste noch vor Ende der Legislaturperiode zu einem Ergebnis kommen, sollte die Arbeit nicht der Diskontinuität zum Opfer fallen und damit wertlos werden.

Wegen des absehbar erheblichen Umfangs der Aufklärungsarbeit schien mir ein sogenannter großer Untersuchungsausschuss mit 17 Abgeordneten erforderlich. Doch die SPD-Fraktionsführung trat auch hier auf die Bremse, was mir deutlich missfiel und was ich auch öffentlich anprangerte. Nach wie vor galt das Hauptinteresse der Sozialdemokraten ganz offenbar der Abschirmung ihres Kanzlerkandidaten und nicht der Aufklärung. Die SPD glaubte offenbar, ein kleiner Ausschuss sei die größte Chance, vieles unter den Teppich kehren zu können. Das sollte sich als völlige Fehleinschätzung erweisen.

Zunächst war ich selbst nicht überzeugt, dass ich Mitglied des Untersuchungsausschusses werden sollte. Als Finanzobmann wusste ich, dass bis zum Ende der Legislaturperiode noch mehr als 20 dringliche Gesetzesvorhaben anstanden. Es gab also genug Arbeit für die nächsten Monate.

Dann jedoch kam es zu einem absolut inakzeptablen Vorgang, der mich meine Meinung ändern ließ. Mein Fraktionsvorsitzender Ralph Brinkhaus und mein Landesgruppenvorsitzender Alexander Dobrindt berichteten mir, dass sich die SPD-Fraktionsführung in einer Koalitionsrunde über mich beschwert hatte. Ich würde das SPD-geführte Bundesfinanzministerium zu wenig schonen, warf man mir von SPD-Seite vor.

Der Versuch der SPD, mich angesichts des Wirecard-Desasters wegen kritischer Fragen quasi mundtot machen zu wollen, ging weit über das in einer Koalition gerade noch Akzeptable hinaus. Das wollte und konnte ich mir angesichts des immensen Schadens für Anleger und Gläubiger, der notwendigen Sachaufklärung und auch wegen der Beschädigung des Ansehens unserer Wirtschaftsordnung nicht bieten lassen. Ich beharrte auf der Mitarbeit im Ausschuss und übernahm dort schließlich den stellvertretenden Vorsitz, der der CDU/CSU-Fraktion nach dem Proporz zugefallen war.

Zunächst einigten wir uns in einer Obleuterunde des Untersuchungsausschusses auf einen Fahrplan für die Zeugenbefragung, der eine Schlussberatung des Ausschussberichtes in der letzten Sitzung des Bundestages vor der parlamentarischen Sommerpause 2021 sicherstellte. Die Debatte sollte im Interesse der Sachaufklärung nicht von der heißen Phase des Bundestagswahlkampfes im September überlagert werden.

Unterdessen wurde auf einmal Bundesfinanzminister Olaf Scholz erneut hyperaktiv. Hatte er schon versucht, die Wirecard-Sondersitzungen des Finanzausschusses in der Sommerpause mit einem Aktionsplan für eine bessere Aufsicht medial in den Hintergrund zu schieben, kündigte er nun nach demselben Muster ein Finanzmarktintegritätsstärkungsgesetz (FISG) an, um von der notwendigen Aufklärung des Wirecard-Skandals abzulenken. Die Reaktion in den Medien war verhalten. Die Journalisten durchschauten offenbar das Ablenkungsmanöver. Der Gesetzentwurf ging nicht über den Schnellschuss des Aktionsplans hinaus und blieb damit deutlich hinter dem erforderlichen Änderungsbedarf zurück.

Wir Unions-Finanzpolitiker verlangten weitere Verbesserungen und vor allem die Einbindung der Ergebnisse des Untersuchungsausschusses. Wir traten für ein Ende des zweistufigen Verfahrens der Bilanzkontrolle durch BaFin und DPR ein, dass sich im Fall Wirecard geradezu exemplarisch nicht bewährt hatte. Für das Aufdecken von betrügerischem Handeln sollte im Interesse der Klarheit und der Bündelung der Kompetenzen künftig ausschließlich die BaFin zuständig sein. Dringenden Handlungsbedarf sahen wir zudem bei der Geldwäscheaufsicht. Sobald zu einem Konzern eine Bank gehört, soll sich die BaFin-Aufsicht bei der Geldwäsche künftig nicht nur auf die Bank, sondern zwingend auch auf die Konzernholding beziehen. Auch wollten wir zusätzlich zur Verkürzung der externen Rotationsfrist für Abschlussprüfer auf zehn Jahre einen Wechsel der verantwortlichen Prüfer nach spätestens fünf Jahren. Auch hielten wir eine Stärkung der Aufsichtsräte in ihrer Aufsichtsfunktion gegenüber Vorständen für erforderlich. Bei schwerwiegenden berufsrechtlichen Verstößen durch Abschlussprüfer sollte künftig im Rahmen der Bekanntmachung die entsprechende Prüfungsgesellschaft benannt werden.

Am 4. März 2021 debattierten wir erstmals im Bundestag über den FISG-Entwurf. Dabei betonte ich, dass die Arbeit des Untersuchungsausschusses „auf schwerwiegende Versäumnisse und Fehler bei der Aufsicht durch BaFin und Bundesfinanzministerium" hindeuteten. Ich forderte nicht nur personelle, sondern vor allem auch strukturelle Konsequenzen, um das Vertrauen in den Finanzplatz Deutschland wiederherzustellen. „Ich hatte dazu bereits im Juli 2020 Vorschläge unterbreitet. Ich bin erfreut, manches davon in diesem Gesetzentwurf wiederzufinden. Anderes aber fehlt, wieder anderes ist verbesserungsbedürftig. Ich nenne nur einige Beispiele: Stärkung der Aufsichtsräte, kürzere Rotationszeiten für Abschlussprüfer und mehr Transparenz bei schwerwiegenden berufsrechtlichen Verstößen durch die Abschlussprüfer, Änderungen am bisherigen System der Bilanzkontrolle und Corporate Governance. Vor allem aber müssen die Ergebnisse des Wirecard-Untersuchungsausschusses Eingang in das Gesetz finden. Wir brauchen ein neues durchdachtes Regelwerk. Mit Aktionismus gewinnen wir kein Vertrauen zurück“, mahnte ich.

„Der Erfolg unserer Sozialen Marktwirtschaft beruht auf dem Prinzip der freien wirtschaftlichen Betätigung im Rahmen der politisch gesetzten Leitplanken. Unternehmen wie Wirecard, die diese Leitplanken bewusst missachten, beschädigen das Vertrauen in unsere Wirtschaftsordnung und liefern Vorwände, dieses Wirtschaftssystem zu diffamieren. Aber auch der Staat, der die Einhaltung der Leitplanken nicht oder nur unzureichend kontrolliert, beschädigt dieses Vertrauen.“ Am 20. Mai 2021 konnten wir das neue Finanzmarktintegritätsstärkungsgesetz in zweiter und dritter Lesung im Bundestag beschließen. Bundefinanzminister Olaf Scholz hielt es nicht für nötig, persönlich anwesend zu sein. Es war ein Gesetz, das stark die Handschrift der CDU/CSU-Fraktion trug.

Die dubiose Geschichte von Wirecard hatte 1998 mit der Gründung eines Software-Programmierers begonnen, der eine technologische Verknüpfung des Onlinehandels mit den Netzwerken der Kreditkartenherausgeber entwickelte. Der Geschäftsbereich firmierte unter dem Namen Wire Card.

Zwei Jahre danach stießen die späteren Hauptakteure Markus Braun und Jan Marsalek als Mitarbeiter zur Firma. Wenig später geriet das Unternehmen in Turbulenzen und musste schließlich 2002 Insolvenz anmelden. Die schon ein Jahr zuvor an dem Unternehmen interessierte EBS electronic billing systems, ein Betreiber kostenpflichtiger Porno-Websites, übernahm das insolvente Unternehmen. Noch im gleichen Jahr kaufte das EBS-Tochterunternehmen EBS Mobil mehr als 25 Prozent der Unternehmensanteile der InfoGenie Europe AG, eines Dienstleisters telefonischer Ratgeber-Hotlines zu unterschiedlichen Themen. InfoGenie war im Neuen Markt der Frankfurter Börse gelistet, was noch von besonderer Bedeutung werden sollte.

Die InfoGenie-Aktie entwickelte sich jedoch rasch zum Pennystock, weshalb die Deutsche Börse das Unternehmen vom Neuen Markt ausschließen wollte. InfoGenie wehrte sich jedoch erfolgreich. Ende 2004 wurde schließlich Wire Card in InfoGenie eingebracht und InfoGenie kurze Zeit später in Wire Card, später dann Wirecard, umbenannt. So stieg Wirecard im Zuge eines Reverse-IPO ohne jede weitere Prüfung in den Neuen Markt ein und rückte 2007 in den Tech DAX auf.

Was folgte, war eine rasante Entwicklung mit dem Aufbau eines internationalen Geflechts von 58 Tochtergesellschaften und einem System von Drittpartnern. Ohne jede Scham wurden dabei zunächst vor allem Bezahllösungen für Pornoseiten und Glücksspiel vorangetrieben. Wirecard stand für das wachsende Glücksspielgeschäft im Internet, während die großen Kreditkartenkonzerne auch wegen rechtlicher Änderungen in den USA für diese Zahlungsdienstleistungen nicht mehr zur Verfügung standen. Wirecard hatte auch kein Problem damit, die schmutzigen Zahlungsdienstleistungen umzudeklarieren. Bei Wirecard wurde das schmutzige Geschäft mit dem Geflecht aus Tochtergesellschaften und Drittpartnern verschleiert. Eine wichtige Rolle dabei spielte die Wirecard Bank.

Zwar gab es bereits kurz nach dem Start von Wirecard einen ersten kritischen Analystenkommentar, aber mit der sehr fragwürdigen Wachstumsentwicklung von Wirecard befassten sich nur sehr wenige Journalisten und Analysten. Unkritisch wurde zumeist die große Technologie- und Wachstumsstory des Vorstandes vervielfältigt. Daran änderten auch neuerliche kritische Berichte in den Folgejahren wie etwa der Zatarra-Report aus dem Jahr 2016 nichts. Im Gegenteil: Die Wirecard-Story wurde so erfolgreich, dass der Konzern im September 2018 in den DAX 30 aufstieg.

Um den Wirtschaftsskandal aufzuklären, war diese Entwicklungsgeschichte aus meiner Sicht wichtig. Der Untersuchungsausschuss befasste sich zunächst mit der jahrelang ignorierten Kritik und Frühwarnungen der Medien, erkundete das Marktumfeld und insbesondere das Geschäftsmodell von Wirecard. Dann wurden Mitglieder von Vorstand und Aufsichtsrat der Wirecard AG, Wirtschaftsprüfer, Wirtschaftsprüferaufsicht, Finanzmarktaufsicht, Geldwäscheaufsicht, Börse, Staatsanwaltschaft, Nachrichtendienste und politische Verantwortungsträger befragt und der Bereich Lobbyismus ausgeleuchtet.

Vom *Financial-Times*-Journalisten Dan McCrum und dem Autor des Zatarra-Reports, dem Londoner Analysten Matthew Earl, sowie dem deutschen Analysten Thomas Borgwerth als Sachverständige ließen wir uns zunächst das Geschäftsmodell und die umfangreichen Recherchen und Erkenntnisse zu Wirecard seit dem Jahr 2016 näher erläutern.

Was wir da hörten, erschreckte mich. McCrum und Earl waren offenbar über Jahre von Wirecard beschattet, verfolgt und bedroht worden. Leider ließen sich auch BaFin und Staatsanwaltschaft mit einer unkritischen Haltung gegenüber Wirecard dafür ebenfalls einspannen. Ich hielt es deshalb für geboten, mich für die vielfältigen Schwierigkeiten, die beide durch deutsche Behörden erlitten hatten, zu entschuldigen – eine Entschuldigung, der sich der gesamte Ausschuss anschloss. Beide nahmen diese Entschuldigung tief berührt an.

Die einstige Führung von Wirecard saß mittelweile im Gefängnis, war geflohen oder zumindest Gegenstand staatsanwaltlicher Ermittlungen. Der Skandal hatte jedoch nicht nur eine finanzielle, sondern auch eine politische Ebene: Aufsichtsinstitutionen wie die BaFin, aber auch die Wirtschaftsprüfer hatten jahrelang das Ausmaß der Täuschung nicht erkannt. Auch diesen Aspekt mussten wir aufarbeiten.

Der Ausschuss nahm das Geschäftsmodell von Wirecard intensiv unter die Lupe. Wir gewannen sehr schnell den Eindruck, dass die Konzernstruktur gezielt sehr komplex, intransparent und verschachtelt angelegt wurde. Welche Gesellschaft welche Dienstleistungen erbrachte, war nicht klar zu erkennen. Zudem zeigte sich, dass die Banklizenz der Wirecard Bank AG essenziell für das Geschäftsmodell des Aschheimer Konzerns war.

Vordergründig bestand das Geschäftsmodell darin, die Kreditkartenzahlungen für Onlinehändler abzuwickeln, wobei teilweise Drittpartner zwischengeschaltet wurden, was die Durchschaubarkeit des Systems Wirecard zusätzlich erschwerte. Die Wirecard Bank war mit ihrem Zugang zum SEPA-System und der Kreditvergabe ein absolut zentrales Element in diesem System. Um eine Gesamtaufsicht durch die BaFin zu umgehen, wurde gezielt eine Brandmauer zwischen der Wirecard AG und der Wirecard Bank AG vorgetäuscht.

Das trug zur falschen Einstufung der Wirecard AG als Technologieunternehmen statt als Finanzholding bei, was den Grundstein zum späteren umfassenderen Aufsichtsversagen legte. Bei genauerer Analyse hätte klar erkannt werden können, dass das Geschäft der Wirecard Bank AG nicht unabhängig vom Geschäft des Wirecard-Konzerns stattfand, in beiden Vorständen Personengleichheit bestand und gegenseitige Kreditgewährungen und Abhängigkeiten bestanden.

Eine solche Konzernstruktur hätte normalerweise hohe regulatorische Hürden einzuhalten. Dazu hätten auch eine transparente Organisationsstruktur, eine funktionierende Geldwäscheprävention und umfangreiche Compliance-Regeln gehört. Wesentliche Auslagerungen wären nur mit der Zustimmung der Aufsichtsbehörden zulässig gewesen. Die Wirecard AG mit ihren angegliederten Unternehmen wären im Rahmen einer Gesamtprüfung zu beaufsichtigen gewesen.

Die BaFin und das Bundesfinanzministerium behaupteten dagegen im Untersuchungsausschuss immer wieder, eine Einstufung und Prüfung vom Wirecard als Finanzholding sei nicht möglich gewesen, da nicht mehr als 50 Prozent der Bilanz aus Finanzgeschäften stammte. Die strukturellen Zusammenhänge zwischen Konzern und Bank hatten bei die Analyse ganz offenbar keine Rolle gespielt. Zudem legte Wirecard der BaFin mehrfach Rechtsgutachten von EY vor, die eine Holding-Situation in Abrede stellten. Erst viel zu spät – nämlich im Mai 2020 – dämmerte auch BaFin-Präsident Hufeld, dass Wirecard den Status einer Finanzholding bekommen müsse. Da aber war das Kind längst in den Brunnen gefallen.

Weil die Wirecard-Kunden und ihre Zahlungen für die Produkte Issuing und Acquiring über die Unternehmen des Konzerns abgewickelt und an die Wirecard Bank weitergeleitet wurden, handelte es sich um Kreditgeschäfte. Die Wirecard-Onlinehändler erhielten ihre SEPA-Zahlungen über die Wirecard-Unternehmen und somit wurden diese Bankdienstleistungen – so die Auffassung – für Nicht-Bankkunden erbracht.

Mit dieser Konstruktion erweckte der Konzern formal den Eindruck, die Wirecard-Unternehmen hätten als Dienstleister der Bank fungiert, womit die umfassende Beaufsichtigung umgangen wurde. Rein rechtlich schien die Wirecard Bank der jeweilige Geschäftspartner der Kunden zu sein, tatsächlich lief das Geschäft aber organisatorisch über die unbeaufsichtigten Tochterunternehmen von Wirecard. Es fiel wohl auch niemandem auf, dass zwischen der Bank und den Unternehmen nie Zahlungen stattfanden und lediglich die Buchungen aus den Unternehmen in die Bank übertragen wurden. Die Wirecard Bank verwaltete also nur mehr oder weniger die Zahlen und hatte nie die alleinige Hoheit über das eigene Geschäft.

Im Konzern gab es deshalb auch keinen banktypischen Geschäftsbetrieb. Das Kundengeschäft wurde nicht entsprechend einem Bankbuch geführt, also in Form von Forderungen und Verbindlichkeiten gegenüber Kunden, sondern in einem Industriebuch in Form von Forderungen und Verbindlichkeiten aus Lieferungen und Leistungen. Wirecard vermied damit erfolgreich, als Finanzholding geführt zu werden, und unterlief damit eigentlich erforderliche aufsichtsrechtliche Anforderungen. Es war für mich unverständlich, dass dies der BaFin verborgen blieb.

Dabei hatte Wirecard schon ab dem Jahr 2016 keine Erträge mehr erwirtschaftet und einen negativen Cashflow von 800 Millionen Euro generiert. Die Chimäre vom weltweiten Fintech-Unternehmen drohte zu platzen. Doch mit krimineller Energie – erleichtert durch eine fahrlässige Prüfung und Aufsicht – konnten die Geschäfte weiterlaufen. Man begann das System der Third Party Acquirer (TPA) zu entwickeln, das den Händlern bei der Bezahlung ihrer Kunden mit Visa- oder Mastercard-Kreditkarte die sofortige Gegenleistung garantierte, was aber mit einer sehr geringen Marge einherging und eher nach einem Schneeballsystem mit eigenen Gesellschaften funktionierte.

Diese Drittpartnergeschäfte waren die Ausgangslage eines fortgesetzten, sich beschleunigenden Betrugskonstrukts: Teilweise wurden Händler nur vorgetäuscht. Sie existierten tatsächlich nicht, Einnahmen wurden nur erfunden. Um die Strukturen noch stärker zu verschleiern, wurden die Forderungen gegenüber den TPA-Partnern in eine Treuhandkonstruktion von Wirecard umgeschrieben. Damit wurden große Umsatzsprünge und Geldbestände auf Treuhandkonten von Wirecard zur Verbesserung des Aktienkurses als Erfolgsmodell vorgetäuscht. Es wurde nie kritisch hinterfragt, warum die angeblichen Cash-Bestände nie bei Wirecard in Aschheim ankamen, obwohl das doch bei seriösen Unternehmen üblich ist.

Für diese Treuhandkonten wurde ein Volumen von bis zu zwei Milliarden Euro vorgegaukelt, was aber niemand überprüfte. Nach der Insolvenz im Juni 2020 konnten sie nicht aufgefunden werden. Zuvor waren auch die letzten Reste der Wirecard-Substanz Schritt für Schritt systematisch weiter ausgeplündert worden. Noch im März 2020 gab es eine Überweisung an eine dubiose Gesellschaft namens Ocap in Höhe von 100 Millionen Euro und eine mit einem Betrag über 35 Millionen Euro an die Markus Braun Beteiligungsgesellschaft. Deshalb ist für mich die Aussage von Braun, Wirecard sei ohne sein Wissen geschädigt worden, ebenso unglaubwürdig wie seine Aussage, dass er nichts von den Bilanzfälschungen gewusst habe. Natürlich gilt für Markus Braun bis zu einem endgültigen Urteil die Unschuldsvermutung. Doch es liegt sehr nahe, dass er gemeinsam mit dem flüchtigen Vorstand Jan Marsalek und weiteren Managern viele Anleger, Analysten, Banken und auch die Mitarbeiter mit einem Lügengebäude getäuscht hat. Es ist dem letzten Wirecard-Aufsichtsratsvorsitzenden und dem von ihm veranlassten Sondergutachten von KPMG zu verdanken, dass dieser Schaden endlich aufgedeckt wurde.

Während Gläubiger und Anleger einen Schaden von mehr als 22 Milliarden Euro hinnehmen mussten, verdienten andere gut an Wirecard. Die Wirtschaftsprüfer, die wegen der fehlerhaften Bilanzen stark in der Kritik standen, wurden in den vergangenen zehn Jahren mit 15,4 Millionen Euro honoriert.

Nach den Erläuterungen der Sachverständigen richtete sich unser Interesse zunächst auf die Verantwortlichen bei Wirecard. So luden wir unter anderem den ehemaligen Vorstandsvorsitzenden des insolventen Wirecard-Konzerns, Markus Braun, vor, der aus der Untersuchungshaft in die Sitzung vorgeführt wurde. Vor dem Ausschuss saß ein Mann mit gestresstem, leeren Blick, der sich selbst einst auf eine Ebene mit den US-Technologiemanagern Elon Musk, Steve Jobs und Jeff Bezos gestellt hatte und in einem Anflug von Größenwahn mit dem Projekt Panther die Übernahme der Deutschen Bank plante. Schon Jahre zuvor hatte er seine Wachstumsstory und Vision zum Aufstieg von Wirecard in den Börsenolymp DAX angekündigt. Jetzt gab er sich völlig kleinlaut, verweigerte mit Blick auf das gegen ihn laufende Ermittlungsverfahren die Antwort selbst auf unverfängliche Fragen.

In einer knappen Erklärung stellte sich Braun als Opfer dar, während die Münchner Staatsanwälte in ihm die treibende Kraft hinter dem groß angelegten Betrug sahen. Er forderte, die Gerichte müssten den Verbleib der veruntreuten Unternehmensgelder klären. Rund drei Stunden richtete der Ausschuss Fragen an ihn, nicht nur zu den konkreten Anschuldigungen, sondern auch zu seiner Einstellung zu guter Unternehmensführung oder dem grundsätzlichen Geschäftsmodell eines Unternehmens wie Wirecard.

Dann platzte mir angesichts der Verweigerung jeglicher Kooperation oder jedes Aufklärungswillens der Kragen: „So können sie nicht mit dem Untersuchungsausschuss des Deutschen Bundestages umgehen. Ist Ihnen nicht klar, welchen Schaden Sie dem Wirtschaftsstandort Deutschland und unserem Wirtschaftssystem einer freien Marktwirtschaft zugefügt haben?“ Sein Schweigen aber wollte Braun nicht brechen.

Nach dieser sehr merkwürdigen Sitzung nahm der Untersuchungsausschuss Fahrt auf. Innerhalb eines halben Jahres wurden in mehr als 40 Sitzungen und fast 400 Ausschussstunden mehr als 90 Zeugen befragt. Knapp 800 GB Daten auf elektronischen Laufwerken und hunderte Ordner in der Geheimschutzstelle des Bundestages wurden im Zuge der intensiven Aufklärungsarbeit gesichtet.

Um die Frage nach einer möglichen Rolle der Nachrichtendienste zu untersuchen, wurde der frühere Berliner Justizsenator Wieland als Ermittlungsbeauftragter eingesetzt. Der zweite mutmaßliche Hauptakteur bei Wirecard, Jan Marsalek, hatte sich öffentlich wiederholt mit Beziehungen zu diversen Nachrichtendiensten gebrüstet und mit seinen Kenntnissen über das Nowitschok und es ging darum, den Wahrheitsgehalt dieser Aussagen auszuleuchten.

Als weiterer Ermittlungsbeauftragter durchleuchtete der Wirtschaftsprüfer Martin Wambach von der Wirtschaftsprüfungsgesellschaft Rödl&Partner mit einem Team die Arbeit der EY-Wirtschaftsprüfer, die den Wirecard-Konzern zehn Jahre lang ohne Beanstandung kontrolliert hatten. Das Ergebnis, dass zunächst der Geheimhaltung unterlag, offenbarte ein desaströses Bild.

EY zeigte sich anfangs wenig kooperativ. Die Gesellschaft beharrte darauf, dass nur jene EY von der Verschwiegenheitspflicht entbinden könnten, die seinerzeit auch den Auftrag erteilt hätten. Dies hätte bedeutet, dass Braun und der untergetauchte Marsalek letztlich über die Beweismittel des Untersuchungsausschusses entschieden hätten. Das wäre ein untragbarer Zustand gewesen. Der Ausschuss rief deshalb den Bundesgerichtshof an, der die Haltung von EY Anfang Februar 2020 erwartungsgemäß verwarf. Ein wichtiger Erfolg für den Ausschuss, denn nun musste EY auch die Wirecard-Akten freigeben. Dies könnte für die Frage von Schadenersatzansprüchen der Wirecard-Gläubiger und -Aktionäre gegenüber der Wirtschaftsprüfungsgesellschaft noch von Bedeutung werden.

Böse Überraschungen erlebten wir bei der Befragung von Zeugen aus der Wirtschaftsprüfer- und Finanzaufsicht. Die Wirtschaftsprüferaufsicht APAS hatte zwar von allen Behörden als Erste Vorermittlungen gegen Wirecard eingeleitet. Doch der APAS-Präsident musste eingestehen, wenige Wochen vor der Insolvenz mit Wirecard-Aktien gehandelt zu haben. Einen Tag nach diesem Eingeständnis stellte Bundeswirtschaftsminister Peter Altmaier ihn von seinen Aufgaben frei.

Bei der DPR stießen wir auf einen eklatanten Gegensatz zwischen Theorie und Praxis der Compliance. Deren Präsident durfte nach den geltenden Bestimmungen nebenher nicht mehr als zwei Aufsichtsratsmandate annehmen. Mein Kollege Hauer fand jedoch heraus, dass der aktuelle Amtsinhaber Edgar Ernst drei derartige Mandate ausübte. Die für die DPR zuständige Bundesjustizministerin Christine Lambrecht von der SPD erklärte uns unumwunden, dass es damit schon seine Richtigkeit habe. Es gelte der Arbeitsvertrag von Ernst, der aus der Zeit vor der Anpassung der Compliance-Regeln stamme und deshalb Vorrang habe. Das war eine eindeutige Täuschung der Öffentlichkeit. Man hatte also eine strenge Compliance ins Schaufenster gestellt, wohl wissend, dass sie tatsächlich keine Anwendung fand. Auf die Idee, den Anstellungsvertrag anzupassen, war im Justizministerium erstaunlicherweise niemand gekommen.

In der BaFin bot sich ein noch weit desolateres Bild. Trotz klarer Regeln für Aktiengeschäfte von BaFin-Mitarbeitern gab es dort keinen Überblick über deren Umfang. Mehrfach musste die BaFin die Zahlen zu Aktien-Geschäften nachbessern. Nach Aussage eines Mitarbeiters gegenüber dem *Handelsblatt* verwunderte dies nicht. Der Mitarbeiter offenbarte, Aktiengeschäfte würden meist erst Wochen nach dem Abschluss gemeldet. Von einem echten Prüfverfahren bei solchen Geschäften konnte damit keine Rede mehr sein. Als schließlich Monate später noch der Verdachtsfall eines Insidergeschäfts aufflog, erklärten BaFin-Präsident Felix Hufeld und seine Stellvertreterin Elisabeth Roegele ihren Rücktritt. Es wurde spekuliert, sie seien damit einem Rausschmiss zuvorgekommen.

Die Befragung von Frau Roegele legte freilich noch einen zweiten fragwürdigen Aspekt frei. Sie sagte dem Ausschuss: „Im Februar 2019 haben wir nach meiner Kenntnis erstmals in der Geschichte der Aufsicht von einer bevorstehenden Shortattacke, das heißt im Vorfeld dieser Shortattacke und im Vorfeld einer potenziellen Straftat, erfahren. Regelmäßig erfahren Aufseher von Shortattacken erst, wenn sie vorbei sind. Hier war es anders. Mit Blick auf das Vertrauen der Anleger, die Marktmechanismen und insbesondere die Preisbildung waren wir auf der Basis der damaligen Informationslage – und nur auf der Basis der damaligen Informationslage konnten wir entscheiden – der Überzeugung, dass das Leerverkaufsverbot die richtige und gezielte Maßnahme ist, um Shortsellern, die sich durch die Nutzung von Insiderwissen rechtswidrig Vorteile sichern wollen, einen Strich durch die Rechnung zu machen."

Anders ausgedrückt: Bei Frau Roegele war das Jagdfieber ausgebrochen – leider an der völlig falschen Stelle. Jetzt wollte man es den Shortsellern mal so richtig zeigen. Als Anlass musste eine Information der Staatsanwaltschaft München herhalten, deren Quelle letztlich Wirecard war. Dort hatte man sich eine Räuberpistole der besonderen Art ausgedacht und über eine Münchner Großkanzlei an die Staatsanwaltschaft gestreut. Letztere hatte die Geschichte einfach ungeprüft per Fax an die BaFin übermittelt.

Danach sollten Mitarbeiter der renommierten internationalen Wirtschaftsnachrichtenagentur Bloomberg sechs Millionen Euro gefordert haben, damit sie auf Negativberichte über Wirecard verzichten. In einer nicht unterzeichneten eidesstattlichen Versicherung behauptete zudem ein britischer Staatsbürger, der – wie sich später herausstellte – in Drogengeschäfte verwickelt war, er habe sichere Informationen, dass mit Hilfe der *Financial Times* eine neue Shortattacke gegen Wirecard vorbereitet werde.

Diese Behauptungen waren erkennbar darauf ausgerichtet, kritische Berichterstattung von wichtigen Medien zu kriminalisieren. Jeder, der nur einigermaßen mit dem Wirtschaftsjournalismus vertraut war, hätte erkennen können, dass es sich hier um schlichte Verleumdung handelte.

Anders die BaFin. Statt den Hinweis nüchtern zu prüfen und als das zu entlarven, was er war – ein Märchen –, verfiel die Behörde in helle Aufregung und startete am 15. Februar 2019 die Operation Leerverkaufsverbot, bei der Roegele die Führung übernahm.

Vor dem Untersuchungsausschuss sprachen die Beteiligten auf Seiten der BaFin später recht einheitlich davon, es habe ein Ermittlungsverfahren der Staatsanwaltschaft gegeben. Die ziemlich wortgleichen Formulierungen der BaFin-Zeugen in dieser Sache nährten bei mir den Verdacht einer internen Absprache der Aussagen, um Verantwortung abzuwälzen. Denn ein Ermittlungsverfahren wurde weder im Vermerk der Staatsanwaltschaft erwähnt noch leitete die Staatsanwaltschaft ein solches je ein.

Was dem Ausschuss über die Vorgänge in der BaFin an jenem Freitag, dem 15. Februar 2019, berichtet wurde, offenbarte chaotische Verhältnisse in der Behörde und im Bundesfinanzministerium, das die Rechts- und Fachaufsicht über die BaFin hat. Es gab weder klare Kommunikationsstrukturen noch wurden die verschiedenen Ebenen und alle Fachleute in der Behörde einbezogen. Eine Abteilungsleiterin wurde – offenbar bewusst – übergangen, ein wichtiger Referatsleiter, der nach einem Zahnarzttermin nicht in der Behörde war, gar nicht erst angesprochen. Wichtige Telefonate wurden nicht protokolliert.

Im Alleingang und gegen die Voten anderer Behörden wurde das Leerverkaufsverbot zu Papier gebracht. Begründung: Das Marktvertrauen sei gefährdet, die Folgen einer neuerlichen Shortattacke auf Wirecard könnten den Gesamtmarkt infizieren.

Mit dieser Auffassung freilich stand das Team Roegele so ziemlich allein auf weiter Flur. Die Bundesbank rechnete und analysierte. Ergebnis: Wirecard habe viel zu wenig Gewicht, um die Stabilität des Marktes zu gefährden. Die hessische Börsenaufsicht lehnte ein Handelsverbot mit Wirecard-Aktien ab. Die Handelsüberwachungsstelle der Deutschen Börse schließlich konnte keine Hinweise auf eine bevorstehende Shortattacke feststellen. Es wurde konsequent alles ausgeblendet, was bei der Jagd auf die Shortseller störte – selbst die eigene Erkenntnis, dass die Short-Positionen erst nach den FT-Berichten aufgebaut wurden.

Wann immer die BaFin bei der Vorbereitung des Leerverkaufsverbots an eine Weggabelung kam, organisierte man dort konsequent den Weg des geringsten Widerstandes. Einer nach dem anderen wurde ausgebootet. Das als puren Zufall zu sehen, wäre naiv.

So musste die BaFin am Ende nur noch verhindern, dass sich ihr die europäische Aufsicht ESMA in den Weg stellte. Ein Vertreter der ESMA erklärte vor dem Ausschuss, dass die ESMA in solchen Fällen gar keine eigenständige Prüfung der Fakten vornehmen könne. Doch selbst unter diesen erleichterten Umständen gab es offenbar Probleme. Jedenfalls wurde dem Ausschuss über eine intensive Kommunikation zwischen BaFin und ESMA berichtet.

Am Ende kam aber von der ESMA doch das Go, allerdings ohne dass diese sich die Argumentation der BaFin tatsächlich zu eigen machte. An zentralen Stellen der ESMA-Opinion findet sich mit Blick auf die BaFin-Entscheidung lediglich die Formulierung „ESMA notes“ („Die ESMA nimmt zur Kenntnis“). Ein deutlicher Hinweis, dass es hier entgegen der Darstellung der BaFin keine Prüfung durch ESMA gab.

Das Ergebnis war ein Signal, dass auf die Marktteilnehmer wirkte wie ein staatliches Gütesiegel. Mit dem Leerverkaufsverbot wurde so nicht etwa der Markt geschützt, sondern definitiv ausschließlich und allein Wirecard. Was die BaFin als Bedrohung des Marktvertrauens hinstellte, war nichts anderes als eine normale Marktreaktion nach negativen Presseberichten.

Das Bundesfinanzministerium war als Rechts- und Fachaufsicht für die BaFin eng in den Prozess einbezogen. Das belegen vielfache Kontakte an dem entscheidenden Wochenende. Nun soll die BaFin zwar unabhängig handeln, doch wäre wohl bei diesem ersten deutschen Leerverkaufsverbot besondere Sorgfalt der Aufsicht nötig gewesen. Aber im zuständigen Fachreferat schaute man allein auf die Formalien – und dabei blieb es. Ob die Argumente der BaFin logisch waren, prüfte niemand.

Die Information über das bevorstehende Leerverkaufsverbot ging auch an SPD-Finanzstaatssekretär Jörg Kukies, der als früherer Deutschland-Co-Chef von Goldman Sachs Insider war und ebenfalls keine Fragen stellte. Auch er verwies vor dem Ausschuss auf die Unabhängigkeit der BaFin, die Weisungen ausschließe, was aber nur schlecht mit einer Rechts- und Fachaufsicht in Einklang zu bringen ist. Dass Kukies im

Zweifelsfall auch anders kann und in die BaFin hineingräschte, zeigt ein Vorgang vom Mai 2020. Dem damaligen BaFin-Präsidenten Hufeld schickte er nach dem KPMG-Gutachten kritische Analystenberichte zu Wirecard mit der Bemerkung: „Das liest sich sehr bedenklich. Haben wir das aufgeklärt?“ – Nein, aufgeklärt war das nicht.

Immerhin bedauerte Kukies im Ausschuss die Entwicklung im Fall Wirecard, ohne aber selbst Verantwortung zu übernehmen. Nicht einmal zu einer solchen Geste ließ sich Bundesfinanzminister Olaf Scholz bewegen. Im Finanzministerium seien keine Fehler passiert, also gebe es auch keinen Grund zur Entschuldigung. Verantwortung sah er nur bei anderen. Das Thema Rechts- und Fachaufsicht über die BaFin versuchte Scholz – wie zuvor schon Kukies – vom Tisch zu wischen. Die organisierte Verantwortungslosigkeit beim Fall Wirecard fand bei Scholz ihren Höhepunkt.

Wie schon in der Wirecard-Sondersitzung des Finanzausschusses verfolgte Scholz konsequent die Linie, nur zuzugeben, was die andere Seite schon bewiesen hat. So ließ sich aus den Akten des Ministeriums zwar nachweisen, dass die Leerverkaufsverbotsverfügung auch an die Leiterin seines Ministerbüros übermittelt wurde. Aber vor dem Untersuchungsausschuss gab Scholz den Uninformierten. Er wollte von dem Verbot vorab nichts gewusst haben. Er habe das erst aus der Presse erfahren und danach um Aufklärung gebeten. Nach dem Motto „nichts gesehen, nichts gehört, nichts gewusst“ versuchte Scholz, alles an sich abperlen zu lassen.

Tatsächlicher Aufklärungswillen war da nicht zu erkennen, dafür viel Mühewaltung bei der Verschleierung. Der *Tagesspiegel* kommentierte den Auftritt des SPD-Kanzlerkandidaten tags darauf so: „Finanzminister Scholz liefert im Wirecard-Untersuchungsausschuss ein Beispiel dafür, wie Politiker ihr Tun vernebeln können.“

Das fing bei der Befragung schon mit der Lautstärke seiner Antworten an. Die Aufforderung meines Fraktionskollegen Matthias Hauer, er möge doch bitte etwas lauter sprechen, konterte Scholz arrogant mit der Bemerkung: „Ich rede so laut, wie ich immer rede.“ Um dann noch leiser fortzufahren – und zwar so leise, dass er trotz Mikrofon manchmal kaum zu verstehen war.

Es war die gleiche Marotte, die er auch schon wiederholt im Finanzausschuss aufgeführt hatte. Dass er auch anders kann, wenn er nur will, zeigen seine Interviews und Reden. Was Scholz im Untersuchungsausschuss vollführte, war eine gezielte Missachtung der Parlamentarier, die den größten bundesdeutschen Finanzskandal aufzuklären hatten.

Ich hatte ohnehin nicht erwartet, dass Scholz die Karten offen auf den Tisch legen würde. Sein tatsächliches Aufklärungsinteresse stand in krassem Gegensatz zu seinen öffentlichen Ankündigungen. Er würde wie immer versuchen, sich aalglatt durchzuschlängeln, lautete meine Erwartung. Und so kam es denn auch.

Scholz wollte kaum Berührungspunkte mit Wirecard gehabt haben. 2018, als der Konzern in den DAX aufstieg, sei das kurz Thema bei einem Gespräch mit Staatssekretär Kukies gewesen. Ebenso Anfang 2019 nach den Betrugsvorwürfen der *Financial Times* und wohl auch noch einmal Ende 2019. Sein Staatssekretär Kukies erinnerte sich dagegen gleich an mehrere Gespräche mit seinem Minister über Wirecard, blieb aber bei der Anzahl der Gespräche im Ungefähren. Was dabei gesprochen wurde, blieb im Dunkeln.

Etwas mehr Licht kommt dafür in einen ominösen Besuch von Kukies am 5. November 2019 bei Wirecard-CEO Braun in der Wirecard-Konzernzentrale – zu einem Zeitpunkt, als neben der DPR-Prüfung auch schon die Sonderprüfung der KPMG lief. Eben jenes Treffen, dessen Inhalte noch rund neun Monate zuvor unter strikter Geheimhaltung bleiben sollten.

Ganz „unspektakulär" sei das Treffen gewesen, betonte Kukies. Man habe über Fachthemen wie Kryptowährungen oder Fremdkapitalfinanzierung gesprochen. Zu Betrugsvorwürfen gegen Wirecard, die zu diesem Zeitpunkt bereits im Raum standen, habe er hingegen nichts Neues erfahren. Wirklich schlüssig erklären konnte Kukies den merkwürdigen Besuch beim Betrugskonzern letztlich nicht.

Und Fragen blieben auch hinsichtlich merkwürdiger Überlegungen für eine Wirecard-Rettung noch einen Tag vor der Insolvenz. Gleich in verschiedene Töpfe schaute man im Bundesfinanzministerium, ob Geld für Wirecard mobilisiert werden könnte. Kukies ließ sogar noch ein Gespräch mit der bundeseigenen KfW-IPEX-Bank vorbereiten, bei der ein unbesicherter Kredit für Wirecard über 100 Millionen Euro im Feuer stand. Kukies wolle wohl, dass die IPEX weiter stillhalte oder gar ihr Engagement noch einmal aufstocke, mutmaßte man bankintern.

Kukies indessen behauptete, er habe die IPEX nicht bedrängen wollen. Er sei aber besorgt gewesen, weil zeitgleich die Frage der Zukunft der Lufthansa auf des Messers Schneide gestanden habe. Zwei fast zeitgleiche Pleiten von DAX-Konzernen hätten zu einem Rutschbahneffekt führen können, der in der Coronapandemie doppelt gefährlich gewesen wäre, erläuterte Kukies seine Bemühungen. Es sei jedenfalls nie um eine Sonderbehandlung von Wirecard gegangen. Letztlich wurden alle Pläne durch die rasche Wirecard-Pleite ohnehin überholt.

Eine aktive Rolle jedoch spielte das Bundesfinanzministerium bei Plänen von Wirecard für den Einstieg in den chinesischen Markt. Bereits vor dem deutsch-chinesischen Finanzdialog, zu dem Scholz im Januar 2019 nach Peking flog, bereiteten Emissäre des Aschheimer Konzerns bei Gesprächen in der deutschen Botschaft in der chinesischen Hauptstadt das Terrain vor.

Und so war man bei Wirecard auch erfreut, als der dortige Finanzattaché, ein Entsandter des Bundesfinanzministeriums, mitteilte: „Soeben erreichte mich der aktuelle Verhandlungsstand". Darunter kopierte er zwei Sätze aus einer geplanten Abschlusserklärung für den Finanzdialog, wonach China „fähige und willige" Zahlungsdienstleister aus Deutschland auf den heimischen Markt lassen wollte.

„Diesen Erfolg wird unser Minister auch verkaufen wollen, wenn aus Ihrer Sicht nichts dagegen spricht. Ich denke, diese hochrangige Erwähnung wird Wirecard stark zum Nutzen sein", setzte der Diplomat noch hinzu. Aus Aschheim kam die Antwort: „Das sind wirklich sehr gute Nachrichten und der Minister kann diesen tollen Erfolg natürlich in jedem Fall erwähnen".

Scholz bestritt indessen vor dem Ausschuss, dass Wirecard beim Finanzdialog irgendeine Rolle gespielt habe, und gab auch hinsichtlich weiterer China-Kontakte den Ahnungslosen. Die Kontakte zwischen Wirecard und der Botschaft zur Geschäftsanbahnung gingen jedoch nachweislich während des gesamten Jahres 2019 weiter. Und die Botschaft berichtete kontinuierlich nach Berlin. Mit dabei bei den Pekinger Treffen war mehrfach auch Ulf Gartzke, Partner von Ex-Verteidigungsminister Karl-Theodor zu Guttenberg bei der Beratungsfirma Spitzberg Partners.

Spitzberg Partners gehörte zu einem ganzen Netz von illustren Lobbyisten, die Wirecard engagiert hatte. Neben Guttenberg und Gartzke gehörten auch der frühere bayerische Landespolizeipräsident Waldemar Kindler, der ehemalige Staatssekretär im Bundeskanzleramt und Beauftragter für die Nachrichtendienste des Bundes, Klaus-Dieter Fritsche, der ehemalige Hamburger Erste Bürgermeister Ole von Beust und ein aktives SPD-Mitglied im Berliner Abgeordnetenhaus.

Guttenberg besaß sogar die Unverfrorenheit, einen privaten Besuch bei Bundeskanzlerin Angela Merkel kurz vor deren China-Reise im September 2019 für die Beförderung von Wirecard-Interessen zu nutzen. Merkel war noch bei der Befragung im Untersuchungsausschuss offenbar stocksauer über diese Wendung des Gesprächs. Sie schätze es nicht, wenn private Gespräche mit geschäftlichen Interessen verbunden würden, ließ sie wissen. Guttenberg wollte die Kanzlerin animieren, sich bei der China-Reise für den Markteintritt von Wirecard zu verwenden. Der Weg für geschäftliche Interessen führe nicht über sie. Für solche Fragen sei die Fachebene des Kanzleramtes zuständig, die die Anliegen prüfe, stellte Merkel klar.

So verwies Merkel den Ex-Minister denn auch auf ihren für Wirtschaftsfragen zuständigen Abteilungsleiter Jens-Uwe Röller. Der ließ die Sache kurzfristig prüfen. Wirecard landete schließlich doch auf der Themenliste, hatte aber in Peking kaum Bedeutung. Für ein Hindernis für das Ansprechen des Wirecard-Interesses habe sie aber vor der China-Reise auf Basis der vorliegenden Informationen keinen Anhaltspunkt gesehen, sagte Merkel. „Ich bin sehr verwundert, dass man Sie so falsch informiert hat", entgegnete ich.

Über das Verhalten von Karl-Theodor zu Guttenberg war ich empört und sah mich veranlasst, mich für das Verhalten meines ehemaligen Wahlkreisnachbarn bei der Bundeskanzlerin zu entschuldigen. „Es gibt Dinge, die tut man einfach nicht. Dazu gehört, die Bundeskanzlerin für das eigene Geschäft einzusetzen. Ich kann mich nur für die gesamte CSU entschuldigen, dass Sie in dieser Form mehr oder minder benutzt werden sollten", sagte ich.

Auf meine Frage, ob es seither weitere Treffen gegeben habe und ob sie noch Kontakt zu Guttenberg habe, antwortete Merkel: „Er ist im Augenblick erstorben." „Da geht's Ihnen inzwischen so wie mir. Mir hat er die langjährige, sehr gute Freundschaft gekündigt, weil ich mich nicht gut genug für ihn im Rahmen des Untersuchungsausschusses eingesetzt habe", entgegnete ich.

Ende einer Freundschaft

Nachdem Karl-Theodor zu Guttenberg am 17. Dezember 2020 als Zeuge im Ausschuss befragt werden sollte, gab es viele Presseanfragen, weil ich das einzige CSU-Mitglied im Ausschuss war und bekannt war, dass ich mit Karl Theodor zu Guttenberg als meinem früheren Wahlkreisnachbarn eine enge Verbindung pflegte. Fast alle dieser Bitten um Stellungnahme lehnte ich gerade deswegen ab. Lediglich mit Christian Grimm von der *Augsburger Allgemeinen*, der sich ausführlich mit dem Untersuchungsausschuss beschäftigte, kam es schließlich im Vorfeld der Guttenberg-Befragung zu einem Gespräch. Unter der Überschrift „Der Baron, die Macht und das Geld" schrieb Grimm unter Anspielung auf Guttenbergs Plagiataffäre: „Der Fall des Karl-Theodor zu Guttenberg war der Tiefpunkt vom kanzlerfähigen Politikstar der CSU aus bestem Hause zum gescheiterten politischen Täuscher. [...] Seine Reputation in der Öffentlichkeit war verbrannt, sein Adressbuch mit den Telefonnummern der Staatsspitze nicht. Nun kehrt der 49-jährige in den Fokus der deutschen Öffentlichkeit zurück und muss sich wieder verteidigen." „Wir erwarten, dass Guttenberg den Einfluss von Wirecard auf die Bundesregierung offenlegt", sagte ich Grimm. Ich forderte als Konsequenz aus der Affäre, dass sich Ex-Minister aus dem Geschäft mit der Beeinflussung von Parlament und Regierung heraushalten sollten. „Lobbyarbeit ehemaliger Minister sollte nicht stattfinden, weil sie natürlich ihre Ministerposition in die Waagschale werfen", zitierte mich die Zeitung.

In der Zeugenbefragung im Ausschuss präsentierte sich Guttenberg dann als Opfer von Wirecard. Auch er habe „das von Wirecard in die Weltgeschichte gesetzte Märchen geglaubt", sagte er. Und er ließ den Ausschuss auch wissen, dass sich Spitzberg Partners nicht als Lobby-, sondern als Beratungsunternehmen sehe. Eine Aussage, die der Ausschuss angesichts der Aktivitäten von Spitzberg Partners mit Erstaunen registrierte.

Die öffentliche Berichterstattung im Nachgang zur Zeugenbefragung war nicht positiv. Ich hatte mich dazu zwar nicht öffentlich geäußert. Doch am darauffolgenden Sonntag, den 4. Advent 2020, bekam ich eine bitterböse SMS von Guttenberg. Darin hieß es: „Ich empfehle einem vormaligen Freund ‚A Christmas Carol' von Charles Dickens. Hier findet er eventuell Parallelen zu eigenem Verhalten. Ich bin dankbar, deine Illoyalität erfahren zu haben, wiegt sie doch klarer als scheinbare Freundschaften. Mögen dir einige erhalten bleiben, die du nicht für eine Schlagzeile opfern musst. Das wünsche ich dir zu Weihnachten. Karl-Theodor." Ich dachte mir, ausgerechnet du, KT, der immer nur die populistische Schlagzeile gesucht hat, rügst mein Gespräch mit einer Zeitung.

Unmittelbar auf seine SMS antwortete ich Guttenberg: „Lieber KT, nachdem du viele Jahre jeden Kontakt verschmäht hast, bin ich doch sehr erstaunt über deine ärgerlichen Weihnachtsgrüße. Natürlich interessiert mich, welche Illoyalität und billige Schlagzeile du meinst. Ich habe mich in Untersuchungsausschuss vertreten lassen und im Vorfeld einer Zeugenvernehmung gegenüber der Presse vielfach zurückgehalten, obwohl deine von dir produzierten Schlagzeilen gerade nicht zum Ansehen der CSU beitragen. Deine emotionale Botschaft hat mich persönlich gekränkt. Ich fühle mich den vielen Anlegern verantwortlich, die ihre Altersvorsorge und Geld verloren haben. Vielleicht denkst du an den Schaden für den Finanzplatz Deutschland. Meine Aufgabe im Untersuchungsausschuss sehe ich darin, absolute Transparenz zu schaffen. Vielleicht betrachtest du die Angelegenheit aus dieser Perspektive. Für einen persönlichen Austausch stehe ich dir zur Verfügung. Hans Michelbach." An einem weiteren Austausch schien er nicht interessiert zu sein. Ich hörte danach nichts mehr von ihm.

Ein Fazit

Noch vor den abschließenden Befragungen der Minister und Staatssekretäre zog ich gemeinsam mit meinen Ausschusskollegen von der CDU, Matthias Hauer und Fritz Güntzler, in der Bundespressekonferenz eine ernüchternde Zwischenbilanz. „Wir haben eine BaFin erlebt, die nicht den Gesamtkonzern beaufsichtigt hat, eine Bilanzkontrolle, die keinen Betrug aufdecken konnte, und eine Geldwäscheaufsicht, die niemand ausgeübt hat. Stattdessen gab es ein fatales Leerverkaufsverbot durch die BaFin, fragwürdige Wirecard-Aktiengeschäfte durch einige Aufseher und Banker und eine fehlende kritische Distanz zum Unternehmen Wirecard. Diese festgestellten Versäumnisse laufen alle an einer zentralen Stelle zusammen: bei der BaFin. Damit stellt sich auch die Frage der politischen Verantwortung – von Olaf Scholz und seinen Staatssekretären.

Natürlich hatte auch die Arbeit der Abschlussprüfer, die nicht existente Milliarden testierten, eine verheerende Wirkung. Für bessere Rahmenbedingungen bei der Wirtschaftsprüfung machen wir daher konkrete Vorschläge. Neben diesen gesetzlichen Lehren geht es aber gerade auch um Aufklärungswillen und um politische Verantwortung.

Bei Bundesfinanzminister Olaf Scholz sehen wir leider das Gegenteil von Aufklärungswillen. Das Finanzministerium hat dem Ausschuss wiederholt relevante Unterlagen zu spät vorgelegt. Teilweise so viele Monate nach Fristablauf, dass wir Zeugen relevante Dokumente nicht vorlegen konnten. Das ist nicht nur ein Foulspiel, sondern eine klare Missachtung des parlamentarischen Untersuchungsausschusses.

Wir haben beispielsweise erst kürzlich die Staatssekretäre in den Ausschuss zitiert und befragt, wieso in diesem Falle 111 Ordner zu spät geliefert wurden. Die beiden Staatssekretäre von Herrn Scholz begründeten die Verzögerung vor allem mit angeblich fehlenden Freigaben der britischen Aufsicht FCA.

Aber auf unsere Nachfrage musste das Finanzministerium mittlerweile einräumen: von den 111 verspäteten Ordnern betraf das nur zwei Ordner. 109 Ordner waren davon nicht betroffen. Und bei den zwei Ordnern erfolgte die Freigabe der britischen Aufsicht bereits am 5. Februar, sodass sich auch dafür die Zulieferung Ende März nicht rechtfertigen lässt. Aufklärungswille ist das jedenfalls nicht.

Die betroffenen Zeugen haben wir dann gestern ein zweites Mal vernommen. Wir lassen uns das fraktionsübergreifend vom Bundesfinanzministerium nicht gefallen. Was Herr Scholz vom Untersuchungsausschuss hält, zeigt auch, dass er seinen Aktionsplan genau am Tag vor der Konstituierung des Untersuchungsausschusses vorgelegt hat. Das war ein reines Ablenkungsmanöver. Offenbar redet Herr Scholz lieber über Aktionspläne als über Verfehlungen der BaFin, die seiner Rechts- und Fachaufsicht unterliegt. Die Ergebnisse des Ausschusses konnte er da jedenfalls noch gar nicht berücksichtigen - das erklärt auch, warum der Gesetzentwurf zum Finanzintegritätsstärkungsgesetz unausgegoren ist und warum wir das Placebo-Gesetz nachschärfen müssen.

Das Leerverkaufsverbot der BaFin war handwerklich schlecht, inhaltlich falsch und hat das fatale Signal an den Markt gesendet, dass bei Wirecard alles in Ordnung sei. Das Finanzministerium war vorab informiert und hat keine Reißleine gezogen. Die BaFin wollte beim Leerverkaufsverbot mit dem Kopf durch die Wand: obwohl es ein einmaliger Vorgang bei der BaFin war, wurde wesentliche Kompetenz nicht einbezogen. Auch kritische Stimmen bei Bundesbank, Handelsüberwachungsstelle oder im eigenen Haus fanden kein Gehör. Am Ende wurde übers Wochenende ein Leerverkaufsverbot durchgezogen, das es so nie hätte geben dürfen."

Die Entscheidung

Die Bundestagswahl im September 2021 näherte sich und in der CSU-Landesgruppe und im Wahlkreis wollte ich frühzeitig eine Entscheidung treffen, ob ich nach 27 Jahren im Bundestag noch einmal für ein Mandat zur Verfügung stehe. Ich hielt mich nicht für unersetzlich, aber die großen Herausforderungen durch die Pandemie und die wirtschaftliche Lage machten mir die Entscheidung schwer.

War denn nicht gerade jetzt ein energisches marktwirtschaftliches Engagement zur Überwindung der Coronakrise wichtig, überlegte ich. Im Bundestag sprach ich mit meinem langjährigen Kollegen und Bundestagspräsidenten Wolfgang Schäuble, wie er sich denn beim Thema Weitermachen oder Aufhören entscheiden wird.

„Was machen wir Älteren denn in der nächsten Legislaturperiode?", fragte ich ihn. Schäuble gehörte wie ich zu den acht dienstältesten Abgeordneten im Deutschen Bundestag. Wobei er mich mit 79 Lebensjahren und 43 Jahren als Bundestagsabgeordneter weit übertraf. Seit 1978 war er Parlamentarier. So lange in einer Demokratie in Deutschland in verantwortlichen Ämtern, das hatte es bisher noch nie gegeben.

Er entgegnete: „Mit einer 27-jährigen Zugehörigkeit zum Deutschen Bundestag kann man selbstverständlich mit Respekt aufhören. Ich habe mich jetzt nach längerer Überlegung entschieden. Mir wurde angetragen, in dieser schwierigen Zeit nicht von Bord zu gehen und gerade jetzt in meiner Position des Bundestagspräsidenten dabei zu bleiben." Dieses Argument war für mich absolut nachvollziehbar und ich hatte großen Respekt vor seinem Verantwortungsbewusstsein.

Ich suchte auch die Gespräche mit meinem Landesgruppenvorsitzenden Alexander Dobrindt und meinem CSU-Bezirksvorsitzenden Hans-Peter Friedrich. Beide drängten mich weiterzumachen. Gerade jetzt brauche es Abgeordnete, die die klare Ordnungspolitik der Sozialen Marktwirtschaft vertreten und als Unternehmer authentisch verkörpern könnten. Außerdem hätte ich doch jetzt erst bei der Wahlrechtsreform zur Verkleinerung des Deutschen Bundestages meinen Wahlkreis Coburg/Kronach gerettet.

So zögerte ich die Entscheidung hinaus, was eigentlich nicht meine Art ist und was ich auch mit Blick auf die Verantwortung im Wahlkreis nicht wollte. Im Wahlkreis brauchten Bürger und Parteimitglieder Klarheit. Nach all den Gesprächen mit meinen politischen Freunden setzte ich mich auch noch einmal mit meiner Familie zusammen. Ich wog alle Argumente ab – auch die bedenkliche Entwicklung, dass immer weniger aktive Unternehmer dem Bundestag angehörten. Als ich 1994 erstmals in den Bundestag einzog, waren noch zehn Prozent der Abgeordneten Unternehmer. Bis 2021 sank ihr Anteil auf zwei Prozent. Der Rückzug von Unternehmern aus der Politik ist kein gutes Zeichen. Unternehmer dürfen nicht nur Zuschauer sein, sie müssen auch Mitgestalter sein. Ihre praktische wirtschaftliche Erfahrung und Vernunft ist im Parlament dringend nötig. Aber schließlich stand meine Entscheidung fest. Ich würde nicht noch einmal antreten. Es war an der Zeit, den Staffelstab an die nächste Generation weiterzureichen.

Dennoch beschäftigte mich die Frage, wie geht es mit der Marktwirtschaft weiter, wie bekommt die Politik der Union nach 16 Jahren Bundeskanzlerin Angela Merkel neue Impulse, wie muss eine Politik der Erneuerung in der Zukunft aussehen, wer kann Brückenbauer zwischen Marktwirtschaft, Ökologie und politischer Praxis sein und wer ist in der Lage, das Bundeskanzleramt für die Union wieder zu erobern?

Mir war natürlich klar, dass es auf diese Fragen keine einfachen Antworten gibt. Aber eine Erneuerung der Sozialen Marktwirtschaft im Geiste Ludwig Erhards verflochten mit den neuen ökologischen Herausforderungen des Klimawandels erschien mir die wichtigste Zukunftsaufgabe zu sein. Inzwischen führten zwar viele Politiker Ludwig Erhard im Mund, aber wenn es darauf ankam, wurde die Kluft zwischen Reden und Handeln immer größer. Wenn der Bundeswirtschaftsminister „nationale Champions“ auferstehen lassen wollte, um den globalen Wettbewerb zu vermindern, wenn der Bundesfinanzminister eine uferlose Neuverschuldung plante und einer vergemeinschaftenden Fiskalpolitik in Europa das Wort redete, wenn der Wohnungsbauminister Eigentumseinschränkungen und die marktwirtschaftsfeindliche Mieterpolitik verstärkt, wenn eine Bundeskanzlerin ihre Regierungskunst als eine Aneinanderreihung von vielen bürokratischen Kompromissen versteht, dann ist das Erfolgsmodell von Ludwig Erhard „Wohlstand für alle" und „Wohlstand durch Wettbewerb" in großer Gefahr.

Erhard hatte vor dem „sozialen Untertan" gewarnt, den viele in der Politik gerne verwirklicht sehen wollen, weil sie meinen, der Bürger würde es besser honorieren, wenn er einen Teil von dem, was er zuvor selbst erwirtschaftet hat, als staatliche Subvention mit bürokratischen Hemmnissen wieder zurückbekommt. Vom Prinzip „Leistung muss sich lohnen" war man immer weiter entfernt. Entsetzt war ich, dass auf einmal das Thema Enteignungen in der öffentlichen Debatte der Berliner Politik des rot-rot-grünen Senats wieder populär wurde. Und das 30 Jahre nach Überwindung des Sozialismus in der DDR, der gerade in Berlin heruntergekommene Wohnungsviertel und unbewohnbare Plattenbauten hinterlassen hatte.

Wenn angeblich die geforderten Enteignungen zunächst auch nur für Großkonzerne stattfinden sollten, war zu befürchten, dass das private Eigentum allgemein das nächste Ziel ist. Die Berliner Jusos mit dem stellvertretenden SPD-Bundesvorsitzenden Kevin Kühnert haben die Grenze des freien Eigentums schon auf 20 Wohnungen gesenkt. Der Grünen-Vorsitzende Robert Habeck sah viele alte Menschen in zu großen Wohnungen wohnen und meinte ganz im Stile grüner Vormundschaftspolitik: „Da muss doch etwas zu machen sein." Hinzu kam nach Berliner rot-rot-grüner Politik als „linke Vision" der Mietpreisdeckel, die Ausweitung von Veränderungssperren, bürokratische Hemmnisse wie hohe Bauauflagen und Milieuschutzgebiete oder die überzogenen Sozialbindungsauflagen. Mit dem Wegfall von Verfügungsrechten wird oftmals das Eigentum an Vermögensgegenständen beschwert. Durch eine solche eigentumsschädliche Enteignungspolitik wird die Mangelverwaltung im Wohnungsbau eher größer als geringer.

Genugtuung empfand ich, als das Bundesverfassungsgericht den Berliner Mietendeckel für nichtig erklärt hat. Mit einem sozialistischen Experiment sollte das Mietrecht vom Bund zur Ländersache werden. Einen gerechten Ausgleich zwischen Mietern und Vermietern gab es bei dieser Ideologie nicht. Mit einem Griff in die juristische Trickkiste hatte man sowohl Mietern als auch Vermietern Unrecht getan.

Das Ergebnis dieser rot-rot-grünen Politik war deutlich. Das Angebot an Mietwohnungen war drastisch gesunken, gewerbliche Vermieter stellten notwendige Renovierungen zurück, private Kleinvermieter gerieten mit der Finanzierung ihrer Immobilie in Schwierigkeiten. Wer seine Altersvorsorge auf Wohnungsvermietung aufgebaut hatte, musste gar um seine Existenz fürchten. Darüber hinaus mussten jetzt auch noch zehntausende Mieter mit Nachzahlungen rechnen. Überhaupt ist die Hauptstadt Berlin mit ihrem rot-rot-grünen Senat das beste Beispiel, dass der Staat eben nicht alles besser kann. Wie in einem Brennglas zeigte Berlin die Unzulänglichkeiten ideologischen Handelns auf. Kaum eine Hauptstadt in Europa wird schlechter regiert. Es werden Clankriminalität, Hausbesetzungen und Drogenmissbrauch toleriert – außer wenn der Innensenator kurz vor Wahlen den harten Sheriff ins Schaufenster stellt. Der öffentliche Raum vergammelt. Für die Tatsache, dass man nicht in der Lage ist, einen Hauptstadt-Flughafen in einem angemessenen Zeitraum und akzeptablem Kostenrahmen zu bauen, ernteten wir weltweit Spott und Hohn.

Der politische Opportunismus hat in Deutschland viele Regulierungen der Wettbewerbsabläufe entstehen lassen. Überbürokratische Hemmnisse und ideologische Bevormundung führten zu Attentismus und Stagnation. Deutschland hat sich angetrieben durch die Linksideologen in Teilen vom Erfinder der Sozialen Marktwirtschaft zum Feind der Marktwirtschaft entwickelt. Die Zukunftsfrage stellt sich mir: Woher soll der „Wohlstand für alle" kommen, wenn das „Eigentum für jeden" als Grundlage der Marktwirtschaft verliert.

Eigentum ist Freiheit und der Anreiz für ökonomisches Handeln, für neue Investitionen und notwendige technische Innovationen. Deshalb sollte Eigentum wieder mehr gefördert statt verhindert werden. Wenn Deutschland sich bei den Wohnungseigentumsquoten in Europa mit unter 50 Prozent auf dem vorletzten Platz wiederfindet, ist das ein Offenbarungseid.

Trotz aller politischen Leistungen, die man Bundeskanzlerin Angela Merkel sicher nicht absprechen darf, ist die Bilanz ihrer Regierungszeit durchwachsen. Ein unbefriedigendes Fazit gibt es in der Wachstums- und Marktwirtschaftspolitik. In ihrer Regierungszeit mit drei großen Koalitionen hat sich ihre Politik von der Marktwirtschaft entfernt. Die ständigen Kompromisse mit der SPD haben die marktwirtschaftlichen Grundsätze der Union verwässert.

Oftmals wurde diese Politik als zukunftsweisende Modernisierung verkauft. Doch in der Wirtschaft tätige und traditionelle Union-Anhänger tun sich mit einer Identifizierung mit dieser Politik immer schwerer. Parteiinterne Kritiker verkünden: Angela Merkel habe immer mit der Union-Politik gefremdelt, sie hinterlasse eine erhebliche Zustimmungslücke innerhalb und außerhalb ihrer Partei. Diese Lücke gefährde die Zukunft der CDU und eine weitere Regierungsbeteiligung.

Zweifellos hat sich die Union unter der Kanzlerschaft von Angela Merkel gewandelt. Der schnelle Atomausstieg nach Fukushima, der disruptive Umgang mit der Massenmigration, die teuren Rettungspakete und der Schuldenschnitt für Griechenland oder die Transferunion mit Haftung für fremde Schulden aus dem Corona-Wiederaufbaufonds haben die traditionellen Werte der Unionswähler verstört. Jedoch hatte sie zusätzliche Wählerschaft aus dem rot-grünen Lager damit gewonnen. Die Frage war: Kehren diese Wähler nach Merkels Karriereende wieder dorthin zurück?

Bei aller Kritik gehört auch zur Wahrheit, dass die Wirtschaftszahlen zunächst eine andere Sprache sprechen. Zu Beginn der Amtszeit Merkel im Jahr 2005 war Deutschland von Rekordarbeitslosigkeit, Rekordverschuldung und einer chronischen Wachstumsschwäche gezeichnet. Deutschland war der kranke Mann Europas. Das war das Erbe von Rot-Grün. Dann konnte die Wirtschaft sechs Millionen zusätzliche Arbeitsplätze schaffen, die Staatsschuldenquote unterschritt die 60-Prozent-Grenze des Maastricht-Vertrags. Deutschland begann auf den Stabilitätskurs zurückzukehren. Fallende Zinsen und sinkende Ausgaben für die Arbeitslosigkeit reichten aus, um das Defizit im Staatshaushalt abzubauen.

Die staatliche Sanierung konnte so ohne allzu große Sparmaßnahmen erreicht werden. Der Steuerzahler hatte allerdings eine höhere Belastung zu tragen und die Steuerquote erhöhte sich sukzessiv. Ein Glück für den Wirtschaftsstandort Deutschland war, dass viele Unternehmen in der Weltfinanz- und -wirtschaftskrise 2008/2009 und in der Pandemie 2020/2021 trotz massiver Umsatzeinbrüche ihre Beschäftigten dank des Kurzarbeitergeldes gehalten hatten. In dieser Zeit bewältigte die Kanzlerin vor allem die notwendige Krisenpolitik. Eine umfassende konzeptionelle Reformpolitik aber war aber mit dem Koalitionspartner nicht durchsetzbar.

Mit der Einführung der Schuldenbremse im Grundgesetz wurde ein wichtiges Signal für eine Haushaltskonsolidierung gesetzt. Die höheren Belastungen in Verbindung mit dem demografischen Wandel aber wurden eher in die Zukunft verlagert.

In der Eurokrise hatte sich Angela Merkel für höhere deutsche Finanzbeiträge entschieden und in Brüssel für die Übernahme größerer deutscher Haftungsrisiken gestimmt, um in der Eurokrise das Vertrauen der Kapitalmärkte wiederherzustellen. Hierbei wurden die vertraglichen Festlegungen der Währungsunion mit der No-Bail-out-Klausel mit der Begründung umgangen: „Scheitert der Euro, dann scheitert Europa".

Zu Hilfe kamen die unbegrenzten Anleihenkaufprogramme des EZB-Präsidenten Mario Draghi, die dauerhaft fortgesetzt wurden und bei mir stets Sorgenfalten hervorrufen. Die fallenden Zinsen, der niedrige Kurs des Euro förderten zwar die deutsche Exportwirtschaft, aber gleichzeitig erlitten Sparer und Anleger bei der privaten Altersvorsorge erhebliche Vermögensverluste. Gleichzeitig erhöhte sich die Sozialleistungsquote stetig. Die SPD trug die Kanzlerschaft Angela Merkels nur unter der Bedingung mit, dass sie ihr weit entgegenkam und einer Politik der Umverteilung zustimmte, was wiederum zu einer deutlichen Erhöhung der Staatsquote führte. Es entstand eine Schönwetter Umverteilung, die in guten Zeiten noch finanzierbar war, in schlechteren Tagen aber geradezu zwangsläufig neue Schulden, Belastungen und Überforderungen ergeben musste.

Parallel entstand eine zunehmende Überregulierung und Bürokratisierung, eine staatliche Lenkung, die die unternehmerischen Handlungsspielräume immer weiter einschränken. Statt mehr Wettbewerb und Subsidiarität wurde einer immer schwieriger finanzierbaren Vollkasko-Mentalität das Wort geredet. So sind neben den beitragsfinanzierten

Leistungen der Sozialversicherung inzwischen die steuerfinanzierten Sozialleistungen auf jährlich mehr als 200 Milliarden Euro angewachsen. Und das in Zeiten guter konjunktureller Entwicklung mit Rekordbeschäftigung, in der die Sozialausgaben eigentlich rückläufig sein müssten. Davon entfallen rund 100 Milliarden Euro auf Grundsicherung und Sozialhilfe. Der Etat des Bundesministeriums für Arbeit und Soziales schluckt mehr als 40 Prozent des gesamten Bundeshaushalts. Auf jeden Bürger fallen inzwischen durchschnittlich mehr als 12 000 Euro an Sozialleistungen.

Die Zahlen machen deutlich, dass von den erwirtschafteten Erträgen der deutschen Wirtschaft und ihrer Beschäftigten ein Großteil in die Systeme der sozialen Sicherung fließt. Und zunehmend trat in der Politik der Bundesregierung in den Hintergrund, dass gute Wirtschaftspolitik erst den Spielraum für die Sozialpolitik schafft. Eine produktive und wettbewerbsfähige Wirtschaft ist das finanzielle Fundament der sozialen Sicherung in Deutschland.

Deshalb ist die Politik gut beraten, wenn sie sich bei der Ausgestaltung der Sozialsysteme darauf konzentriert, dass die wirtschaftliche Basis der Unternehmen nicht durch zu hohe Lohnnebenkosten oder durch bürokratische Überregulierung gefährdet wird. Das geht aber nur, wenn der Staat mit Steuer- und Beitragsmitteln absolut sparsam umgeht und dem Bürger immer wieder verdeutlicht, dass alle Sozialstaatsleistungen unter dem Vorbehalt stehen, dass sich die Solidargemeinschaft dies wirtschaftlich auch leisten kann.

Es war ein entscheidender Fehler von Angela Merkel, dass sie Olaf Scholz und der SPD das Amt des Bundesfinanzministers zugestand. Über ein Jahr war er im Dauerwahlkampf als SPD-Kanzlerkandidat, eine Phase, die nahezu bruchlos ab August 2020 in einen Vorwahlkampf zur Bundestagswahl überging. Bis zum Ende der Legislaturperiode schlug er in Verbindung mit Bundessozialminister Hubertus Heil wöchentlich neue Gesetze mit Belastungen der Wirtschaft vor. Wohl auch im strategischen Kalkül, dass dies dem Vertrauen in die Wirtschaftskompetenz der Union massiv schadet und von der eigenen Klientel honoriert wird. Seine Selbstinszenierung als angeblicher Macher zur Bundestagswahl 2021 war jedoch bar jeder Substanz.

Die Verkomplizierung der Steuergesetze und der Marsch in den Steuerstaat waren und sind ein Irrweg, der nunmehr eine große Herausforderung für die Zukunft nach 16 Jahren Bundesregierungen Angela Merkel darstellt. Schon die Finanzplanung von Bundesfinanzminister Olaf Scholz für die Jahre 2020 bis 2025 mit einer hohen Neuverschuldung von rund 480 Milliarden Euro ist auf Steuererhöhungen ausgerichtet. Und die Lage wird sich weiter verschärfen, wenn in den nächsten Jahren die geburtenstarken Jahrgänge in Rente gehen. Steuererhöhungen in den nächsten Jahren aber wären für den notwendigen wirtschaftlichen Aufhol- und Konsolidierungsprozess kontraproduktiv. Noch völlig unabsehbar ist, welche Kostenbelastungen für den Bundeshaushalt und die Sozialkassen durch die Pandemie am Ende zusätzlich entstehen.

Deshalb ist die deutsche Politik gut beraten, wenn sie nach 16 Jahren Regierungszeit von Angela Merkel eine neue Reformpolitik mit Wachstumsorientierung und mehr Marktwirtschaft einschlägt. Dass sich Angela Merkel noch wenige Monate vor Ende der Legislaturperiode von der SPD den Vorsitzenden des Sachverständigenrats Lars Feld als bewährten ordnungspolitischen Wirtschaftsweisen abservieren ließ, hat mich ziemlich fassungslos gemacht. Seit er im Jahresgutachten der Wirtschaftsweisen den staatlichen Mindestlohn abgelehnt hatte und die überhastete Energiewende ohne jegliches Kostenkonzept anprangerte, wurde er von der SPD und den Gewerkschaften hart angegangen und auch von der Bundeskanzlerin gerüffelt. Dabei war er nur gegen den Atomausstieg in nur wenigen Tagen, ohne dass darüber diskutiert wurde, wie die extrem hohen Kosten zu reduzieren sind.

Dass er zudem ein klarer Verfechter der Schuldenbremse ist, um die Verschuldung des Staates zu begrenzen, macht ihn bei der Verschuldungspartei SPD erst recht unbeliebt. Ich war immer überzeugt, dass neues Wachstum, neue Innovationen und Beschäftigung nur mit einer vertrauensvollen Stabilitätspolitik zu erreichen sind. Dies wird der Lackmus-Test für die nächste Bundesregierung sein.

Klar ist, dass SPD, Grüne und Linke alles daransetzen werden, die Schuldenbremse weiter auszusetzen. Die Folgen wären fatal. Wir haben sie bereits zwei Mal am jeweils vorzeitigen Ende von SPD-geführten Regierungen gesehen: Rekordverschuldung und Rekordarbeitslosigkeit.

Dagegen braucht es Mehrheiten im Bundestag. In unserer Demokratie heißt das, für die Überzeugungen der Marktwirtschaft zu kämpfen.

Angela Merkel war zweifellos Krisenkanzlerin. Sie hatte jedoch keine Vision, wie Deutschland in die Zukunft gehen muss, wie der Standort den Wettbewerb mit den USA und China gewinnen und Europa ein ebenbürtiger Player werden könnte. Sie wollte nicht durch polarisierende Diskussionen in die Offensive gehen. Durch ihre Reformverweigerung, emotionslose Gegenwartspolitik und wachstumsschädliche Demobilisierungspolitik wurden Zukunftschancen vertan. Die Defizite bei der Digitalisierung, im Bildungs- und Forschungsbereich sowie die Belastungsprobe für die Wirtschaft durch ein fehlendes Gesamtmodell in der Energie- und Klimapolitik sind unübersehbar. Für die CDU/CSU war das eine schwierige Ausgangslage, neues Vertrauen zu gewinnen.

Meine Hoffnung war, dass die konzeptionelle Schwäche in der Wirtschaftspolitik überwunden wird. Die wirtschaftspolitische Entkernung der CDU/CSU sollte sich nicht fortsetzen. Die Union darf nicht vergessen, dass sie ihre höchste Zustimmung immer dann erhalten hat, wenn sie für das Konzept der Sozialen Marktwirtschaft, der wirtschaftlichen Leistungsfähigkeit als unabdingbare Voraussetzung für die Finanzierung des Sozialstaates stand und nicht sozialdemokratischer als die SPD oder nicht grüner als die Grünen werden wollte.

Schon im Jahr 2019 und 2020 warb ich dafür, dies mit glaubwürdigem Personal zu unterstreichen. Die CDU/CSU wurde nie allein wegen der Programminhalte gewählt, sondern weil die Wähler überzeugt waren, dass sie mit geeignetem Personal mit ordnungspolitischer Grundlage pragmatische Lösungen ohne ideologische Verblendung umsetzt. Deshalb trat ich für die Wahl von Friedrich Merz zum CDU-Vorsitzenden ein, dessen Führungs- und Managerqualitäten ich gut kannte. Ich war überzeugt: Er wäre der richtige Mann für einen Neuaufschlag, den Machtverfall der CDU zu stoppen, der mit der Schaukelpolitik in der Flüchtlingskrise bis zum teilweisen Versagen in der Corona-Politik immer weiterging.

Nach dem Rücktritt von Kramp-Karrenbauer als CDU-Vorsitzende war ich überzeugt, dass nunmehr der knapp unterlegene Friedrich Merz alle Chancen für die neue Vorsitzendenwahl hat. Für die Entscheidung am virtuellen CDU-Parteitag am 16. Januar 2021 war ich sehr zuversichtlich. Doch wiederum hatte Friedrich Merz mit einer zu wenig emotionalen Rede gegen NRW-Ministerpräsident Armin Laschet das Nachsehen. Laschet hatte einfach die Herzen der Parteitagsdelegierten erreicht und trug in der Stichwahl den Sieg davon. Die Wahlentscheidungen in der CDU für Annegret Kramp-Karrenbauer wie auch für Armin Laschet waren eine schwere Niederlage für den Wirtschaftsflügel der Union, der sich für Friedrich Merz stark gemacht hatte. Die Abneigung der Merkelianer gegen seine Person schien unüberbrückbar.

Um eine weitere Spaltung der CDU zu verhindern, hielt ich eine Einbindung von Friedrich Merz als Wirtschaftsminister in Verbindung mit einer Kabinettsumbildung zur Verbesserung unserer Wahlchancen für die richtige Maßnahme. Eine Neuaufstellung des Bundeskabinetts neun Monate vor der Bundestagswahl mit der sofortigen Nominierung eines Kanzlerkandidaten aber scheiterte, weil die Bundeskanzlerin Angela Merkel dies kategorisch ablehnte und die CDU sich nicht traute, gegen die scheidende Kanzlerin aufzustehen. Es war ein weiterer schwerwiegender Fehler.

Schon im Oktober 2018 nach dem Rücktritt von Angela Merkel als CDU-Vorsitzende hatte man die Chance für eine neue Bundesregierung und eine rechtzeitige Neuaufstellung der CDU versäumt. Die Merkelianer klammerten sich an die Macht und nahmen das Argument in Anspruch, dass die SPD während der Legislaturperiode keine neue Kanzlerwahl mitmachen würde. Da war sie wieder, die enge Verknüpfung mit der SPD aus reinem Eigennutz. Eigene Inhalte und Strategien spielten längst keine Rolle mehr. Stattdessen hätte man bei einer SPD-Verweigerung mit neuem Personal eine Neuauflage einer Jamaika-Koalitionsverhandlung angehen müssen und mit dem neuen Bundeskanzler zur Wahl antreten können. Es haben in der CDU wieder einmal Mut, Risikobereitschaft und Entscheidungsfreudigkeit gefehlt.

Die Wahl von Annegret Kramp-Karrenbauer zur CDU-Chefin und ihr frühzeitiger Rückzug im Februar 2020 war die fatale Ausgangslage dafür, dass in der CDU gut ein Jahr lang ein Machtvakuum entstand und eine populäre Perspektive für die Kanzlerkandidatur fehlte. Die CDU dümpelte nach dem Rücktritt von Kramp-Karrenbauer als Parteivorsitzende seit fast einem Jahr dahin.

Markus Söder hatte mit Blick auf die Neuwahl des CDU-Vorsitzenden in einer CSU-Vorstandssitzung erklärt: „Wir mischen uns bei der Parteivorsitzfrage nicht ein, aber für uns ist auch klar, dass der Kanzlerkandidat nur gemeinsam bestimmt werden darf. Vorfestlegungen, dass mit dem CDU-Parteivorsitz automatisch eine Kanzlerkandidatur für die CDU/CSU verbunden ist, gehen natürlich nicht."

Laschet stellte von Beginn an klar, dass er im Falle seiner Wahl zum CDU-Chef Anspruch auf die Kanzlerkandidatur erheben werde. Man werde darüber aber gemeinsam mit der CSU entscheiden. Wer die besten Erfolgschancen habe, solle die Union in den Wahlkampf führen.

Nach der Wahl zum Vorsitzenden gestaltete sich dies dann allerdings völlig anders. Statt die Personalfrage zügig zu klären, ging viel Zeit verloren, die man besser für eine intensive Programmarbeit und neue öffentliche Zustimmung hätte nutzen können. Nun bestimmten tagein, tagaus die Spekulationen über den Kanzlerkandidaten der Union die Schlagzeilen. Auch Bundesgesundheitsminister Jens Spahn, der eigentlich Armin Laschet Treue geschworen hatte, sondierte noch im Geheimen, ob er nicht doch Kanzlerkandidat werden könnte.

In der CDU-Führung aber nahm man die Ansage von Söder angesichts einer verbreiteten Arroganz gegenüber der kleinen Schwester CSU offenbar nicht ernst. Dass die CDU ohne die erfolgreiche CSU kaum einen Bundeskanzler stellen könnte, wurde beiseitegeschoben, auch wenn alle demoskopischen Befunde seit Jahrzehnten diese Einschätzung bestätigten. Trotzdem gab es in der Frage der Kanzlerkandidatur immer wieder Streit zwischen den Schwesterparteien.

Obwohl im März 2021 wichtige Landtagswahlen in Baden-Württemberg und Rheinland-Pfalz anstanden, waren von der CDU-Führung um den neuen Vorsitzenden Armin Laschet nur wenig neue Impulse gekommen. Die Wahlen endeten für die CDU mit schweren Verlusten. Auch dieses Wahldesaster wurde in der CDU wieder schöngeredet.

In einer Videoschalte mit dem Vorstand der oberfränkischen CSU forderte ich nun Markus Söder auf, für eine Kanzlerkandidatur zur Verfügung zu stehen. Ich hatte kein Vertrauen in einen Wahlerfolg der

CDU/CSU mit einem Kanzlerkandidaten Armin Laschet. Vor allem aber fürchtete ich die Folgen einer Regierungsübernahme von Rot-Rot-Grün oder einer Ampel-Regierung für die marktwirtschaftliche Entwicklung des Wirtschaftsstandorts.

Die CDU und CSU gingen sehenden Auges wie 1998 am Ende der Ära Kohl in die Abwahl, fürchtete ich. Inzwischen hatte ich zudem erkannt, dass Armin Laschet bei den CDU-Kollegen im Bundestag viele Kritiker hatte. Es gab viele Zweifel, dass er als Kanzlerkandidat über die notwendige Strahlkraft verfügte, um die Union zu einem Wahlsieg zu führen. Die CSU-Landesgruppe stand geschlossen hinter Söder, weil er nach den Meinungsumfragen überragend mit deutlichem Vorsprung führte und für die notwendige Modernisierung der Union und die Erneuerung der Sozialen Marktwirtschaft stand.

In der Bundestagsfraktion zeichnete sich immer deutlicher eine Mehrheit für Söder als Kanzlerkandidat ab. Es war also keineswegs so, dass allein der in den Medien als „skrupelloser Machtpolitiker" dargestellte Markus Söder von sich aus diese Kandidatur anstrebte. Genau das Gegenteil war die Wahrheit. Er selbst war zunächst nicht der Überzeugung, dass er als CSU-Vorsitzender diese schwierige Kanzlerkandidatur gegen das CDU-Establishment anstreben sollte.

In der CSU war uns die zunehmende Annährung der CDU an die SPD nicht geheuer. Wir wollten neue Ideen für die Zukunft auf den Weg bringen – keinen Überbietungswettbewerb bei den Sozialausgaben, einen wachstumsorientierten Umbau der Steuerpolitik, einen Abbau staatlicher Reglementierungen und Subventionen. Und gleichzeitig die wirtschaftsliberalen und traditionellen Wertorientierungen hochhalten. Immer wieder erinnerte ich an die Warnung von Franz Josef Strauß, wonach rechts von der Union auf Dauer keine demokratisch legitimierte Partei entstehen dürfe.

Dass mit der AfD eine politische Kraft, deren demokratische Grundhaltung alles andere als zweifelsfrei war, stärkste Oppositionspartei im Bundestag war, damit wollte und konnte ich mich nicht abfinden. Ebenso nicht damit, dass Unionswähler aus Frust über die von Merkel betriebene fortschreitende Sozialdemokratisierung der CDU ins Nichtwählerlager wechselten.

Was CDU-Kollegen als Modernisierung schönredeten, war in Wirklichkeit eine fortschreitende politisch-inhaltliche Entleerung und Orientierungslosigkeit ihrer Partei. Eines war für mich klar: Nur mit einem zugkräftigen Kanzlerkandidaten bei der nächsten Bundestagswahl hatte die Union eine Chance, stärkste politische Kraft im Lande zu bleiben, obwohl sich weder Olaf Scholz von der SPD noch Annalena Baerbock von den Grünen als Kandidaten mit Kompetenz aufdrängten.

Bei der Klausurtagung des CDU/CSU-Fraktionsvorstandes am Sonntag, 11. April 2021 erklärten dann sowohl Armin Laschet als auch Markus Söder erstmals offiziell ihre Bereitschaft zur Kanzlerkandidatur. Söder betonte, die Entscheidung werde getragen von einem gemeinschaftlichen Geist der Verantwortung. Er betonte: „Wenn die große Schwester sagt, das ist nicht ihr Vorschlag, und sie hat einen anderen Vorschlag, dann würden wir das auch akzeptieren. Als Vorsitzender der CSU ist man Vorsitzender der kleineren Gemeinschaft, der kleineren Partei. Und es kann überhaupt nur gehen, wenn man breit getragen wird von der CDU, von den Gremien, aber auch von der Fraktion und den Mitgliedern."

Ohne Einbindung der Basis und der Bundestagsfraktion entwickelten die CDU-Führungsgremien einen Schnellschuss und eine eigene Legende und handelten ohne Kompromisse am nächsten Tag mit Beschlüssen ohne Rücksicht auf die Schwesterpartei CSU. Die sehr unterschiedlichen Umfragewerte von Laschet und Söder spielten auf einmal keine Rolle mehr. Dieses machtbewusste Vorgehen konnten wir in der CSU als eigenständige Partei nicht akzeptieren und kamen zu eigenen Unterstützungsbeschlüssen für Markus Söder. Die CSU war völlig geschlossen.

Die ungleich größere CDU, die sich auf alle Bundesländer außer Bayern erstreckt, war erheblich heterogener aufgestellt. Das Rennen um die Kanzlerkandidatur war ohne Zutun der CSU vor allem in der gemeinsamen Bundestagsfraktion durch CDU-Kollegen entbrannt. Führungspersönlichkeiten der CDU machten sich für Armin Laschet stark und begannen einen regelrechten Wahlkampf. Wir in der CSU waren nicht bereit, auf unseren Parteivorsitzenden für den CDU-Vorstandsvorschlag Armin Laschet ohne Chancenanalyse, intensive Beratung und Diskussion zu verzichten.

Die CSU führte fraktionsintern keine Personaldebatte. Wohl aber verlangten mehr als 60 CDU-Abgeordnete vehement eine Diskussion in der Fraktionssitzung am Dienstag, 13. April 2021. Die Stimmung in der Bevölkerung sei unbedingt zu berücksichtigen. „Noch nie ist die Union in Umfragen in so kurzer Zeit in der Wählergunst gesunken. Es ist ein deutlicher Hinweis darauf, was die Bevölkerung denkt, und wir können uns hier nicht abkoppeln von der Mehrheit der Menschen in unserem Land“, hieß es in einer Erklärung der CDU-Kollegen.

Eine Mitgliederbefragung, wie sie die CSU-Landtagsfraktion verlangt hatte, war in der Kürze der Zeit nicht umsetzbar. Deshalb setzte ich mich ebenfalls für eine Aussprache in der CDU/CSU-Fraktion ein. Der Druck war so groß, dass sich die CDU-Führung diesem dringlichen Diskussionsbedarf nicht länger verschließen konnte. So wurden die beiden Parteivorsitzenden Laschet und Söder noch kurzfristig in die Fraktion eingeladen.

Ich traf mich vor der Sitzung mit Markus Söder, gab ihm die Stimmung bei den CDU-Kollegen aus dem Wirtschaftsflügel wieder und bat ihn, für diese Kandidatur zu kämpfen. Armin Laschet hatte wohl mehrheitlich die Rückendeckung der CDU-Führung, aber er war sich über die starke Abneigung in der Bundestagsfraktion durchaus im Klaren. Er wollte noch kurz vor der Fraktionssitzung die Reihenfolge der Vorstellungsreden beim Fraktionsvorsitzenden Ralph Brinkhaus verändern. Doch der ließ sich nicht mehr beeinflussen. Armin Laschet musste als Erster mit seiner Rede beginnen, die er diesmal nicht besonders inspiriert nach einem schriftlichen Konzept vortrug.

Dagegen war Markus Söder in Hochform und entwickelte eine zukunftsweisende Konzeption für eine neue Union, die bei vielen CDU-Abgeordneten Begeisterung hervorrief und großen Widerhall fand. So sprachen sich in einer mehrstündigen Diskussion von 66 Abgeordneten 44 Abgeordnete für den CSU-Vorsitzenden als gemeinsamen Kanzlerkandidaten aus. Ohnehin war er der Favorit der Basis und wir wollten nun die Fraktion so wie bei Franz Josef Strauß 1979 entscheiden lassen. Ich war stolz auf meine Fraktion, weil sie diese schwierige Frage mit korrektem Stil und ohne persönliche Angriffe und Verletzungen diskutierte.

Nach den Medienberichten stieg die Zustimmung für Markus Söder in der Bevölkerung und es entwickelte sich ein gigantischer Vorsprung gegenüber Armin Laschet. Die Umfragen zeigten: Hätten die Wählerinnen und Wähler die Möglichkeit, einen Kanzler direkt zu wählen, würden sich 36 Prozent für Söder, aber nur drei Prozent für Laschet aussprechen, so die damalige Bewertung. Würde Markus Söder als Kandidat aufgestellt, gäben 73 Prozent der bisherigen Unions-Wählerinnen und -Wähler ihre Stimmen erneut CDU oder CSU. Ich war mir sicher, dass Söder auch bei einem Mitgliederentscheid deutlich gewinnen würde. Auch in der Bundestagsfraktion gab es nach meiner Einschätzung inzwischen eine klare Mehrheit für ihn.

Dagegen führten die Unterstützer von Armin Laschet die notwendige Loyalität gegenüber dem frisch gewählten CDU-Bundesvorsitzenden in die Diskussion, die zunehmend aggressiver und spitzfindiger wurde. Irritiert war ich, dass ausgerechnet mein Freund Friedrich Merz besonderen Widerspruch gegenüber Markus Söder äußerte. Denn auf dem CDU-Parteitag war er noch der Konkurrent im Rennen um den Parteivorsitz. In einem Brief, den er über die *Bild*-Zeitung veröffentlichte, schrieb er: „Bei allem Verständnis für die CSU und ihren Vorsitzenden: Macht sich die CSU klar, was es bedeutet, innerhalb von wenigen Wochen den nächsten Parteivorsitzenden der CDU zu demontieren?“ Darauf schickte ich Friedrich Merz eine SMS: „Wenn die CDU die Zeit versäumt hat, nach zwei Jahren den richtigen Bundesvorsitzenden zu wählen, dann kann man das nicht mit einem bis jetzt unbeliebten Kanzlerkandidaten korrigieren.“ Meine Sorge über die Chancen der Union wurden immer größer. Denn es war für mich eine Binsenwahrheit, dass zerstrittene Parteien selbst ihre Wahlchancen deutlich vermindern. Die CSU-Landesgruppe wünschte sich eine schnelle Entscheidung.

Nach Tagen der internen Beratungen kam es am Sonntag, 18. April, und Montag, 19. April, zu den finalen Entscheidungen, bei denen die CSU als kleinere Schwesterpartei von der großen Schwester CDU geradezu nach Machiavelli-Art ausgekontert wurde. Eigentlich sollte an diesem Sonntagabend eine koalitionsinterne Einigung zum Bundesinfektionsschutzgesetz erreicht werden. Da war der Kompromisskandidat Ralph Brinkhaus gebunden. Im Jakob-Kaiser-Haus des Deutschen Bundestages verhandelten die Fraktionsführungen von CDU/CSU und SPD das wichtige Bundesgesetz, das eine bundesweit einheitliche Notbremse beim Pandemieschutz vorsehen sollte und am nächsten Tag in das Bundeskabinett eingebracht werden musste. Die Einigung in der Koalition hatte an diesem Abend absolute Priorität, da es eine Blamage in der Öffentlichkeit gegeben hätte, wenn man sich nach dem Desaster der Ministerpräsidentenkonferenz über den dringlichen Infektionsschutz nicht geeinigt hätte.

Inzwischen hatten der hessische CDU-Ministerpräsident Volker Bouffier und Bundestagspräsident Wolfgang Schäuble die Fäden gezogen. Diese alten Strategiefüchse setzten das Treffen im Reichstagsgebäude durch, wo der Präsident natürlich das Hausrecht hat, das er dann auch offensiv zugunsten von Armin Laschet wahrnahm. Und Schäuble beeinflusste das Rennen wohl wesentlich auch in seiner bestimmenden Art. Er malte schlimme Szenarien für die CDU an die Wand; sie wäre mit einem Kanzlerkandidaten Söder dem Untergang geweiht. Er sah sich in der Rolle des Königsmachers für die CDU.

Bouffier äußerte, er sehe Laschet auf der politischen Linie von Angela Merkel, und meinte, dass mit Laschet nach der Bundestagswahl ein schwarz-grünes Bündnis wie in Hessen erreicht werden könnte. Bouffier behauptete, Laschet sei einfach das bessere personelle Angebot für Schwarz-Grün. Auf das Risiko, dass es am Ende auch Grün-Schwarz oder eine Regierung ohne Union werden könnte, verschwendete er keinen Gedanken.

Am Sonntagabend nahm die CDU-Inszenierung für den Kanzlerkandidaten Armin Laschet ihren Lauf. Medien meldeten, Söder sei mit einem Privatjet in Berlin gelandet. Es wurden Bilder von Dienstfahrzeugen veröffentlicht, die auf dem Weg zum Bundestag waren. Noch in der Nacht werde es eine Entscheidung für den Kanzlerkandidaten Armin Laschet geben, wurde berichtet. Es wurde die Szenerie eines finalen Showdown gemalt.

Das Treffen auf der Präsidiumsebene im Reichstagsgebäude war dann auch kein Zuckerschlecken. Um 23 Uhr trafen sich in einem Besprechungsraum von CDU-Seite Bundestagspräsident Wolfgang Schäuble, Parteivizechef Volker Bouffier, Generalsekretär Paul Ziemiak und der Parteivorsitzende Armin Laschet mit dem CSU-Vorsitzenden Markus Söder, CSU-Generalsekretär Markus Blume und CSU-Landesgruppenchef Alexander Dobrindt. Der angeblich so konsensorientierte und überfreundliche Armin Laschet ging mit einer beinharten Strategie sofort in die Offensive. Er sagte an die Adresse von Söder: „Mit dir verlieren wir die Wahl. Du bist zu polarisierend und außerhalb Bayerns wenig vermittelbar. Meine Botschaft ist, die CDU wird dich niemals unterstützen."

So viel Chuzpe verschlug selbst dem redegewandten Markus Söder zunächst die Sprache. CSU-Generalsekretär Markus Blume erwiderte: „Die These, mit Armin Laschet an der Spitze gewinne man die Wahlen, sei doch deutlich kühner." Doch vor allem Wolfgang Schäuble heizte die Stimmung an, indem er verkündete: „Ihr macht die CDU kaputt." So dürfe man mit dem größeren Partner nicht umgehen. Volker Bouffier meinte, das Verhalten der Schwesterpartei sei schädlich, es gehe um den Bestand der Union. Es sei doch Söder gewesen, der ein Votum der CDU akzeptieren wollte.

Alexander Dobrindt hielt dagegen, das Problem liege doch in der CDU. Dort fehle es ja am Rückhalt für Armin Laschet. Doch Wolfgang Schäuble hielt die Fäden in der Hand und verdeutlichte, dass sich die CDU nicht erlauben könne, einen CSU-Kanzlerkandidaten zu akzeptieren. Bei einem Nachgeben müsste Armin Laschet sofort als CDU-Vorsitzender zurücktreten.

Dieses Vorgehen von Wolfgang Schäuble war für mich nicht überraschend, da er die CSU ohnehin für einen Betriebsunfall in der Parteiengeschichte der Nachkriegszeit hielt. Außerdem war mir schon seit 1996 die Geschichte seiner Kanzlerkandidatur gegen Helmut Kohl für die Wahl 1998 bestens in Erinnerung, die damals bei der CSU keine breite Unterstützung fand. So war auch bei der jetzigen Entscheidung für mich der persönliche Hintergrund offenkundig – neben anderen Argumenten –, die im Ansatz lautetet: Es muss Armin Laschet sein, weil die CDU keine weitere Niederlage übersteht und sie sich nur an der Macht erneuern kann.

Als sich nach einem rund zweistündigen Gespräch immer noch kein Ergebnis abzeichnete, sagte ein entspannter Markus Söder, dass er Armin Laschet als Kandidat unterstützen werde, sollte er es werden. Er fragte ihn, ob dies auch umgekehrt gelte. Laschet blieb beinhart beim Nein und lehnte auch jedes Votum eines anderen Gremiums ab, wie zum Beispiel eine Entscheidung der Bundestagsfraktion. Diese sei nicht legitimiert, eine solche Entscheidung zu treffen. Die Kandidatenkür sei allein Sache der Parteien.

Nachdem das Drehbuch der CDU-Verhandlungsdelegation aufgegangen war, trennte man sich. Die CDU hatte bereits für den folgenden Montagabend den Parteivorstand einberufen, um auf Biegen und Brechen ein Votum für Laschet zu platzieren. So war klar, dass die CSU keine Chance bekommen sollte, Markus Söder durchzusetzen, wenn sich auch weitere CDU-Landesverbände für ihn stark machten. Trotzdem gab es an diesem Montag eine intensive Diskussion in der CDU-Parteizentale der CDU, die aber mit einer Mehrheitsentscheidung für Laschet endete. Die Würfel waren gefallen. Markus Söder überließ Laschet am folgenden Tag die Kanzlerkandidatur.

Viele CDU-Abgeordnete kamen auf mich zu und drückten ihre Fassungslosigkeit über diese Entscheidung ohne Rücksicht auf die Basis und die Meinungsumfragen aus. Und die Umfragen wurden nicht besser. Erschreckt stellte ich fest, dass damit vier verschiedene Koalitionsregierungen im Herbst denkbar wären, die CDU/CSU rund 80 Abgeordnetensitze verlieren würde und die Co-Vorsitzende der Grünen, Annalena Baerbock, Kanzlerin werden könnte.

Am Rande des Plenums sprach ich darüber mit meinem langjährigen Freund Norbert Röttgen über die Stimmung in der CDU. „Ich denke, wir müssen jetzt alles tun, um den Zusammenhalt und den Erfolgswillen der Union wieder zu stärken. Ich kann mir nicht vorstellen, dass wir bei den Grünen auch noch als Juniorpartner in eine Bundesregierung eintreten. Denn einmal Juniorpartner, bleibt man das auch lange. Viele Abwanderer von Union und SPD werden dann Grün wählen“, sagte ich. Noch größere Bedenken hatte ich mit Blick auf ein mögliches Koalitionsbündnis Grün-Rot-Rot, das eine marktwirtschaftliche Ordnung massiv belasten würde. Eine erfolgreiche Aufholjagd des SPD-Kanzlerkandidaten Olaf Scholz hielt ich nicht für möglich.

Mit der Entwicklung war ich gänzlich unzufrieden. Aber Politik beginnt mit der Betrachtung der Realität. Ich warb überall: „Jetzt kommt es darauf an, alles für einen Wahlerfolg der Union zu tun. Es ist klar, dass die Gesellschaft nur aus der Mitte heraus zusammengehalten werden kann und der Union dabei als einzig verbliebener Partei der politischen

Mitte zentrale Verantwortung zukommt. Dazu gehört auch, das Land mit einem konsequenten Kurs der Sozialen Marktwirtschaft aus der Krise der Pandemie erfolgreich in die Zukunft zu führen."

Dies wiederholte ich am 4. Mai 2021 bei einer Videoschalte mit Markus Söder. Die bürgerliche Mitte dürfe jetzt unsere Gesellschaft und unseren Wirtschaftsstandort nicht nach links abdriften lassen, fügte ich hinzu. Er teilte meine Auffassung, dass die Union schnellstens aus der thematischen Defensive herauskommen müsse. Mit den Themen Wohlstand für alle, Freiheit gegen linke Bevormundung, Steuerentlastungen und keine Steuererhöhungen, Klimaschutz und Nachhaltigkeit sowie neues Wachstum durch Investitionen für den Aufschwung nach der Überwindung der Pandemie könnte die Union wieder in die Offensive kommen.

Das Krisenmanagement zur Verhinderung einer Insolvenzwelle, gegen die Auflösung der Schuldenbremse, und die Wirtschaftskompetenz für eine positive Entwicklung der Betriebe und die Überwindung der massenhaften Kurzarbeit musste in den verbleibenden Monaten vorankommen.

Ein Lichtblick in dieser Lage war für mich, dass mein Freund Friedrich Merz die Aufstellungsversammlung in seinem Wahlkreis Arnsberg erfolgreich bestand und damit wieder als starke ordnungspolitische Kraft zur Verfügung stand. Ich gratulierte ihm mit den Worten: „Lieber Friedrich, herzlichen Glückwunsch, es wurde ja Zeit, dass du wieder mal eine Wahl gewonnen hast."

Merz hatte deutliche Worte bei seiner Nominierungsversammlung gewählt: „So wie in den letzten Jahren kann es in der CDU und vor allem in Berlin nicht weitergehen. Die CDU hat ihren Kompass verloren, die Existenz als Regierungspartei ist gefährdet und das Krisenmanagement in der Pandemie wird zu Recht als unzureichend angesehen und Unternehmen ersaufen in einem immer größeren Dickicht von Vorschriften und Verwaltungsanweisungen." Das war wieder der alte Friedrich Merz mit Klartext, den nicht nur die CDU, sondern das Land insgesamt brauchte.

Anlässlich seines Anrufs mit Glückwünschen zu meinem Geburtstag vereinbarte ich mit ihm ein gemeinsames Gespräch mit dem Vorstand des Wirtschaftsflügels, um die Stimmungslage zu besprechen und weitere Initiativen zu starten. Wir waren uns beide darüber einig, dass es nicht hilfreich ist, wenn die nachträglichen Scharmützel fortgesetzt werden würden, die sich Markus Söder und Armin Laschet in Interviews in der *Süddeutschen Zeitung* leisteten.

Dort erklärte Markus Söder: „Ich bin mit dem Ergebnis mehr im Reinen als Teile der CDU-Basis. Dort gibt es ja jetzt gehörigen Diskussionsbedarf. Ich glaube nicht, dass es klug ist, nach den progressiven Merkel-Jahren eine Politik Helmut Kohl 2.0 zu machen. Das wäre viel zu altmodisch. Keiner will die alte Union aus den 1990er Jahren zurück. Wir brauchen einen politischen New Deal statt Old School." Das war zwar alles richtig, aber Laschets Antwort darauf ließ nicht lange auf sich warten: „Ich habe immer gesagt, dass ich keine One-Man-Show will und dass wir ein Team brauchen. Die Breite der Strömungen fehlt mir derzeit in der Aufstellung der aktuellen Bundesregierung." Damit hatte er allerdings Recht und er setzte sich deutlich von der Politik der Bundeskanzlerin ab.

Ich hatte erwartet, dass Laschet nach seiner Nominierung zumindest ein Feuerwerk an Ideen und Zukunftslösungen zündet. Stattdessen folgte er Angela Merkels fragwürdiger Strategie der Wahldemobilisierung ohne konkrete Aussagen. Merkel hatte in den 16 Jahren ihrer Amtszeit manche große Erfolge erzielt, wenn ich auch mit einzelnen Entscheidungen haderte. Was mir imponierte, waren ihr sehr bescheidenes und kollegiales Auftreten, aber auch ihre ungeheure Detailversessenheit. Ohne selbst sehr gut vorbereitet zu sein, war es nahezu unmöglich, bei ihr etwas zu erreichen. Zweifellos waren die Begegnungen mit ihr spannend und man konnte dabei lernen, wie man sich ohne große Emotionen durchsetzt.

Die Zukunft gewinnen

Ich war bereit, in der CSU für ein Zukunftsprogramm zur Bundestagswahl am 26. September 2021 mitzuwirken und im gemeinsamen Wirtschaftsflügel mit der CDU zielführende Vorschläge zu erarbeiten. Die Union muss wieder mehr Lust auf Marktwirtschaft verbreiten. Sie muss ihr Profil in der Wirtschaftskompetenz wieder deutlich schärfen, mit einem Zukunftskonzept punkten, die Vernachlässigung der wirtschaftlichen Themen und Rahmenbedingungen beenden und vor allem Schluss machen mit zu vielen faulen Kompromissen. Nötig ist eine Rückbesinnung auf das Erfolgsmodell der Sozialen Marktwirtschaft mit einem glaubwürdigen Aufstiegsversprechen für alle Menschen. Mit dem Thema Chancengerechtigkeit, mehr Markt statt immer mehr Staat, Leistungsanreize und weniger Bürokratie können weite Teile der Bevölkerung wieder für die Union gewonnen werden.

Die Coronapandemie hat die strukturelle Krise unseres Landes nicht ausgelöst, sondern nur den Reformbedarf überdeutlich sichtbar gemacht: die überbordende Bürokratie, den Digitalisierungsstau, die Energieverteuerung, die Schwächen unserer Wirtschaft im internationalen Wettbewerb durch zu hohe Steuer- und Sozialausgabenbelastungen. Aus dieser Lage kommt Deutschland nur mit einer Modernisierungspolitik heraus, die Verkrustungen aufbricht, wieder deutlich mehr gestalterische Freiräume zulässt, die finanziellen Spielräume für Bürger und Wirtschaft sichert und nicht zuletzt die politische und wirtschaftliche Zukunft mit einem Ausgleich von Ökologie und Ökonomie gestaltet.

Dabei müssen wir auf eine Klimapolitik mit marktwirtschaftlichen Mitteln setzen, weil wir nur durch technologieoffene Ansätze die effektivsten Wege für einen erfolgreichen Klimaschutz gestalten können. Eine planwirtschaftliche Klimapolitik, wie sie Grünen, SPD und Linken vorschwebt, und die damit einhergehende Verbotspolitik führen zur Abwanderung von Unternehmen zu ausländischen Standorten, zur Vermehrung einer ohnehin schon überbordenden Bürokratie und weiteren Verkrustungen, die die Wettbewerbsfähigkeit insbesondere unserer Industrie weiter schwächen. Mit einem Verlust von Wertschöpfung und Arbeitsplätzen ist unserem Land aber nicht gedient. Vielmehr müssen wir Nachhaltigkeit immer in ihrer ganzen thematischen Breite und technologischen Vielfalt betrachten. Erfolgreicher und konsequenter Klimaschutz muss von Anfang an mit wirtschaftlicher Stärke und sozialem Ausgleich in Einklang stehen. Nur so werden wir die Menschen dafür gewinnen. Das gilt auch mit Blick auf die Anhebung der EU-Klimaziele für 2030, aus der sich als Konsequenz auch höhere deutsche Ziele ergeben.

Der Klimaschutz ist zuletzt durch den Beschluss des Bundesverfassungsgerichts vom 24. März 2021 zum Klimaschutzgesetz noch einmal verstärkt in den Fokus gerückt. Der Beschluss erinnert daran, dass wir hier vor einer großen und schwierigen Aufgabe stehen, der wir uns verstärkt stellen müssen. Das werden wir aber nicht mit staatlicher Regelungswut schaffen, die etwa festlegt, wie viele Windräder oder Solaranlagen wo gebaut werden sollen oder welche Quoten einzelne Lebensbereiche zur Reduzierung der Kohlendioxid-Emissionen beisteuern dürfen. Solche staatswirtschaftlichen Auswüchse behindern oder verhindern gar die Entwicklung effizienter Lösungen. Wir müssen vielmehr Lösungen für mehr erneuerbare Energien sowie steigende private Investitionen in Klimatechnologien und Energieeffizienz auf marktwirtschaftlicher Grundlage entwickeln.

Nur so können wir höchste ökologische und ökonomische Effizienz miteinander verbinden. Denn die einzigartige mittelständische Struktur unserer Wirtschaft darf nicht durch immer höhere Standortkosten und die höchsten Strompreise Europas weiter aufs Spiel gesetzt werden. Deutschland sollte als Gesellschaft und als Wirtschaftsstandort gestärkt in eine klimaneutrale Zukunft gehen. Die Energiewende sollte neu gestaltet werden. Ein internationaler Emissionshandel ist allemal besser als aktionistische nationale Alleingänge und Schnellschüsse.

Mehr als ein Jahr Coronapandemie hat der deutschen Wirtschaft hart zugesetzt und auf dem deutschen Arbeitsmarkt deutliche Spuren hinterlassen. Zwar ist die Arbeitslosigkeit auch wegen der Kurzarbeiterregelung nur moderat gestiegen, die Zahl der Erwerbstätigen aber ist um 800 000 gesunken. Einige Branchen haben sich trotz der Coronakrise gut entwickelt, andere konnten ihre anfänglichen Einbrüche inzwischen ausgleichen, wieder andere erzielten sogar Rekordumsätze. Besonders schwierig waren die Sparten im Bereich stationärer Handel, Verkehr, Hotels und Gastgewerbe. Dagegen konnten die Industrieunternehmen, die zu Beginn der Krise besonders stark Federn lassen mussten, die Wertschöpfungslücke deutlich verkleinern.

Wesentliche Gründe für den Erhalt der Betriebe waren, dass die Grenzen für den Warenverkehr offen blieben, die Insolvenzregeln zeitweise ausgesetzt wurden und vor allem die staatlichen Wirtschaftshilfen, die mit den KfW-Hilfen, den außerordentlichen Wirtschaftshilfen für November und Dezember, den Überbrückungshilfeprogrammen und Neustarthilfen im Frühjahr 2021 bereits eine Höhe von 86 Milliarden Euro erreicht hatten. Hinzu kommen die Ausgaben für das Kurzarbeitergeld, mit dem sehr viele Jobs in der Pandemie gesichert wurden und Millionen von Arbeitnehmern der Weg in die Arbeitslosigkeit erspart wurde. Für viele Unternehmen konnte ich durch persönlichen Einsatz einen Rettungsanker schaffen und dazu beitragen, die Arbeitsplätze für die Zukunft zu sichern.

Nach der Entwicklung wirksamer Impfstoffe und dem zügigen Fortschreiten der Impfkampagne kann die Pandemie besiegt werden. Deshalb sind jetzt starke Impulse für einen neuen Wirtschaftsaufschwung und dauerhafte Wettbewerbsfähigkeit unserer Volkswirtschaft mit neuer Kreativität erforderlich. Grundlage dafür ist die Stärkung unserer Sozialen Marktwirtschaft mit stabilen öffentlichen Haushalten und einem gesellschaftlichen Konsens für ein freiheitliches Wirtschaftssystem.

Dafür sind eine Haushaltspolitik der Konsolidierung und ein Belastungsmoratorium bei der Sozialleistungsquote unabdingbar. Die Staatsquote muss nach der Pandemie schnellstens von der Rekordhöhe von 54 Prozent auf ein verträgliches Maß deutlich unter 50 Prozent zurückgeführt werden, um Impulse für die Marktwirtschaft zu erreichen. Wir müssen die staatlichen Sozialleistungen und die Arbeitsmarktregeln auf ihre Effizienz prüfen. Der Gesamtbeitragssatz zur Sozialversicherung darf dabei auch künftig die Grenze von 40 Prozent nicht überschreiten.

Deutschland wird sich einem staatlichen Kassensturz stellen und seine bisherige Ausgabenstruktur einer kritischen Bestandsaufnahme unterziehen müssen. Wir müssen die staatlichen Sozialleistungen und die Arbeitsmarktregeln auf ihre Effizienz prüfen – nachsteuern, wo dies erforderlich ist. Die exorbitante Verschuldung als Folge der Coronakrise darf auch im Interesse der jüngeren Generation, die für eine gute Zukunft unseres Landes neue Freiräume für die Gestaltung benötigt, nicht fortgesetzt werden. Wir müssen gerade jetzt verstärkt darauf achten, dass der Grundsatz „Erwirtschaften kommt vor Verteilen" beachtet wird. Soziale Gerechtigkeit ist nur mit einer prosperierenden Wirtschaftsleistung möglich.

Die 2020er Jahre dürfen kein Krisenjahrzehnt werden. Sie müssen ein Jahrzehnt des Aufbruchs und der Modernisierung werden, das Wettbewerb fördert, Wachstum stärkt, Innovationen ermöglicht und Europa stärkt. Die Politik muss sich wieder darauf zurückbesinnen, dass das Geld, das die Menschen erwirtschaften, nicht zuerst dem Staat gehört, sondern denen, die es erwirtschaftet haben, nämlich Arbeitnehmern und Wirtschaft. Wir müssen risikobereiten Unternehmern Anerkennung zollen, Existenzgründern gute Rahmenbedingungen bieten und unternehmerisches Handeln unterstützen.

Ein Staat, der sich wie in der Programmatik von Grünen, SPD und Linken geradezu kleptomanisch an Einkommen und Gewinnen bedienen will, vernichtet Gestaltungsspielräume, Innovationsfähigkeit und Leistungsbereitschaft. Auch deshalb brauchen wir eine ordnungspolitische Stärkung der Sozialen Marktwirtschaft. Dazu gehört auch eine Staatsbeteiligungsbremse; denn Unternehmen in Staatseigentum und direkte Eingriffe in wirtschaftliche Abläufe sind mit der Sozialen Marktwirtschaft nur schwer zu vereinbaren.

Unsere Soziale Marktwirtschaft muss auch in der Zukunft größtmöglichen Wohlstand bei leistungsgerechter Verteilung schaffen. Die soziale Komponente unserer marktwirtschaftlichen Ordnung steuert einer Vernachlässigung von Menschen entgegen, die sich nicht selbst helfen können.

Menschen, die auf dem Markt kein ausreichendes Einkommen erzielen oder in Not geraten, müssen sich auf die Solidarität der Mitbürger in der Sozialen Marktwirtschaft verlassen können. Mit dem progressiven

Steuertarif sichert sich der Staat die Einnahmen, die für eine Umverteilung zur Existenzsicherung erforderlich sind, und schafft dabei einen zusätzlichen Ausgleich, indem er höhere Einkommen stärker belastet als geringe. Die progressive Belastung hat jedoch ihre Grenzen dort, wo sie sich zu einem Attentismus für die Leistungsbereitschaft entwickelt. Und sie hat nicht zuletzt auch verfassungsmäßige Grenzen.

Die Soziale Marktwirtschaft ist eben nicht eine Art Kompromiss zwischen Kapitalismus und Sozialismus, zu dem sie die politische Linke in Deutschland immer wieder umdeuten will. Vielmehr liegt ihr Grundgedanke darin, dass der Staat in der Sozialen Marktwirtschaft der Schiedsrichter im Spiel der Marktkräfte ist. Er setzt die Regeln und überwacht deren Einhaltung, spielt aber selbst nicht mit.

Am 25. Juni 2021 hielt ich meine letzte Rede im Deutschen Bundestag, die ich vor dem Hintergrund des Aufsichts- und Kontrollversagens im Wirecard-Skandal noch einmal für einen eindringlichen Appell nutzte, die Soziale Marktwirtschaft zu stärken. „Dieser Erfolgsweg der sozialen Marktwirtschaft gerät […] dann in Gefahr, wenn der Staat als Herr über die Leitplanken der sozialen Marktwirtschaft versagt. Ebenso gerät die soziale Marktwirtschaft in Gefahr, wenn der Staat immer stärker und immer kleinteiliger in Wirtschaft und Unternehmensführung hineinregiert. Er muss sich auf seine Leitplanken konzentrieren, und die müssen stimmen und funktionieren! […]

Es ist die große Stärke der sozialen Marktwirtschaft, dass sie freien Wettbewerb mit sozialer Absicherung verbindet. Es ist der freie Wettbewerb, der zu besseren Lösungen führt, zu Innovationen und Investitionen. Nicht der Verordnungsstaat bringt erfolgreiche Lösungen hervor, sondern nur der Wettbewerb der Ideen und der daraus resultierende technische Fortschritt. Das gilt auch für die dringlichen Lösungen beim Klimaschutz. […] Wenn man an einem solchen Tag einen Wunsch frei hat, Frau Präsidentin, dann wünsche ich mir, dass der 20. Deutsche Bundestag die Kraft hat und aufbringt, die Kräfte der sozialen Marktwirtschaft wieder zu stärken.“ Fast alle Abgeordneten erhoben sich nach dieser Rede zum Applaus. Es war ein sehr bewegender Moment.

Bundestagvizepräsidentin Claudia Roth sagte in einer spontanen Laudatio: „Ich kann mich mit großer Zustimmung des Hauses bei Ihnen ganz, ganz herzlich bedanken. Seit 1994 – das ist eine ganz schön lange Zeit – haben Sie diesem Haus als Bundestagsabgeordneter auch Ihr Gesicht gegeben. Sieben Legislaturperioden Dr. Hans Michelbach: Irgendwie waren Sie immer da und haben immer dazugehört. Irgendwie sind Sie aber auch immer der Bürgermeister des Hohen Hauses geblieben. Das sage ich mit hoher, hoher Anerkennung: verwurzelt, verbunden, nah, sogar grünen Frauen gegenüber. [...] Ich möchte mich ganz herzlich bedanken, und das sicher auch im Namen von vielen Kollegen und Kolleginnen aus den unterschiedlichsten Fraktionen: Dank für Ihre wirklich liebenswürdige Klugheit und Dank für Ihre sehr charmante, immer charmante Kollegialität."

Wenige Wochen später verabschiedete ich mich bei einer Klausurtagung im Kloster Seeon zur Vorbereitung der Bundestagswahl am 26. September 2021 von der CSU-Landesgruppe mit einer leidenschaftlichen Botschaft für die Mittelständler, die auch in Zukunft die beste politische Heimat in der Union finden müssen. Ich sprach unserem Parteivorsitzenden Markus Söder, dem Landesgruppenvorsitzenden Alexander Dobrindt und allen Mitgliedern der Landesgruppe meinen Dank dafür aus, dass sie im Wahlprogramm die Grundsätze der Sozialen Marktwirtschaft hochhalten und mit großer Geschlossenheit die bestehenden Herausforderungen in der Wirtschafts- und Finanzpolitik angehen, um die gesellschaftlichen Umbrüche, Veränderungen der geopolitischen Lage, die Klimaziele und Energiewende, die Digitalisierung und den demografischen Wandel zu meistern.

Dazu brauche es nicht den Ruf nach dem starken Staat und keine Rückkehr zur staatlichen Lenkungs- und Schuldenpolitik, sondern eine wachstumsfreundliche und dynamische Steuer- und Marktwirtschaftspolitik, betonte ich. Deutschland und Europa benötigten Reformen und keine Ausweitung und Vergemeinschaftung von immer mehr Schulden. Die politische Handlungsfähigkeit werde auch in der Zukunft von der Leistungsfähigkeit der Privatwirtschaft bestimmt. Die Schuldentragfähigkeit sinke sofort, wenn das Wirtschaftswachstum schwächelt, formulierte ich.

Ich schloss mich uneingeschränkt den Ausführungen von Alexander Dobrindt an, der verdeutlichte, dass die Union für die Balance zwischen den Extremen stehen muss. Eine neue Balance zwischen Ökologie und Ökonomie, zwischen Jung und Alt, zwischen Globalisierung und Verantwortung, zwischen Familie und Beruf und zwischen Integration und Migration. Diese Ziele will ich in der Zukunft auch ohne politisches Mandat als Bürger weiterhin unterstützen und zugleich die junge Generation für eine ausgleichende Politik der Sozialen Marktwirtschaft begeistern. Das Ergebnis einer Umfrage des Instituts für Demoskopie Allensbach vom März 2021 gibt Grund zum Optimismus. Mit 54 Prozent hat die Zustimmung zu unserem Wirtschaftssystem einen Höhepunkt im vereinten Deutschland erreicht. Im Jahr 2005 hatten nur 25 Prozent eine positive Meinung von der Sozialen Marktwirtschaft.

Als Vater von drei Töchtern und Großvater von zwei Enkelinnen war und ist das Thema Nachhaltigkeit im Bereich Klima- und Umweltschutz, aber auch in der Finanz- und Haushaltspolitik für mich von höchster Priorität. Nachhaltigkeit heißt nicht nur, die Gefährdung unserer natürlichen Lebensgrundlagen sehr ernst zu nehmen, sondern auch die gestalterischen Spielräume der nächsten Generationen nicht durch eine auf immer mehr Schulden basierenden Haushalts- und Finanzpolitik zu vernichten. Diese Nachhaltigkeit werden wir am klügsten durch eine Stärkung unserer Sozialen Marktwirtschaft erreichen, in der wir im Rahmen staatlich gesetzter Leitplanken eine freie Entfaltung aller Fähigkeiten sicherstellen.

Literaturhinweise

Stenografische Protokolle des Deutschen Bundestages

Melanie Bergermann/Volker ter Haseborg, Die Wirecard Story, FBV
Ulrich Chiwitt, Kapitalismus. Eine Liebeserklärung, Wiley
Wolfgang Clement/Friedrich Merz, Was jetzt zu tun ist: Deutschland 2.0, Verlag Herder
Peter Dausend, Alleiner kannst du gar nicht sein, dtv
Roman Deininger, Die CSU – Bildnis einer speziellen Partei, Beck
Roman Deininger, Der Schattenkanzler, Droemer
Der Weg zur deutschen Einheit, Dossier Deutscher Bundestag
Marion Gräfin Dönhoff, Deutschland deine Kanzler, Siedler
Ludwig Erhard, Wohlstand für alle, Anaconda
Hanns-Seidel-Stiftung (Hg.), 75 Enthüllungen über eine Partei, Eigenverlag
Hanns-Seidel-Stiftung (Hg.) Geschichte einer Volkspartei: 50 Jahre CSU, Eigenverlag
Haus der Geschichte (Hg.), Unsere Geschichte – Deutschland seit 1945, Kerber
Felix Holtermann, Geniale Betrüger, Westend
Helmut Kohl, Ich wollte Deutschlands Einheit, Propyläen
Norbert Lammert (Hg.), Christlich Demokratische Union – Positionen zur Geschichte der CDU, Siedler
Kurt Lauk, Was würde Ludwig Erhard heute sagen?, Hohenheim
Angela Merkel, Mein Weg, Hoffmann und Campe
Angela Merkel, Dialog über Deutschlands Zukunft, Murmann
Friedrich Merz, Neue Zeit. Neue Verantwortung, Econ
Friedrich Merz, Mut zur Zukunft, Goldmann

Norbert F. Pötzl, Der Treuhand-Komplex, kursbuch.edition
Hans-Werner Sinn, Auf der Suche nach der Wahrheit, Verlag Herder
Franz Josef Strauß, Die Erinnerungen, Siedler
Theo Waigel, Ehrlichkeit ist eine Währung, Econ
Norbert Walter/Klaus Günter Deutsch (Hg.), Mehr Wachstum für Deutschland, Campus